Yury und Sonya Winterberg
»Am liebsten wäre ich Soldat«

PIPER

Zu diesem Buch

Die Kinder des Ersten Weltkriegs waren die erste Generation, die überwiegend alphabetisiert war und uns so direkt an ihrem Leben in dieser Zeit teilhaben lassen kann. Aus Tagebuchaufzeichnungen und einer Fülle bislang unaufgearbeiteter Archivquellen hat das Autorenpaar Yury und Sonya Winterberg Kinderschicksale aus Deutschland, Österreich-Ungarn, Frankreich, England, Italien, Belgien, Serbien, Polen, Russland, USA, Kanada, Australien, Jamaika und China zu Tage gefördert. Dabei kommen auch bekannte Persönlichkeiten zu Wort, die im Ersten Weltkrieg herawuchsen, unter ihnen Simone de Beauvoir, Marlene Dietrich, Heinz Erhardt, Alfred Hitchcock und Anaïs Nin. Berichtet wird von Kindersoldaten wie von Flüchtlingskindern, Besatzungsopfern, jungen Kriegskrankenschwestern oder den Kinder von Deserteuren und Zwangsarbeitern. Ihre Geschichten werden hier erstmals erzählt und ergeben ein erschütterndes und ergreifendes Bild der Urkatastrophe des 20. Jahrhunderts.

Sonya Winterberg, geboren 1970, absolvierte ihren Master in European Media an der University of Portsmouth/UK. Sie lebt und arbeitet als freie Journalistin in Berlin und ihrer finnischen Heimat. Schwerpunkte ihrer Arbeit sind Krieg und Trauma. Gemeinsam mit ihrem Mann, dem Drehbuchautor *Yury Winterberg,* schrieb sie »Kriegskinder – Erinnerungen einer Generation«, erfolgreich im Piper Verlag erschienen.

Yury und Sonya Winterberg

»Am liebsten wäre ich Soldat«

Kinderschicksale im Ersten Weltkrieg

PIPER

München Berlin Zürich

Mehr über unsere Autoren und Bücher:
www.piper.de

Von Yury und Sonya Winterberg liegen bei Piper vor:
Wir sind die Wolfskinder
Kriegskinder
»Am liebsten wäre ich Soldat«

In memoriam
Elisabeth Liebe (1899–1976)

MIX
Papier aus verantwor-
tungsvollen Quellen
FSC® C083411
www.fsc.org

Ungekürzte Taschenbuchausgabe
Piper Verlag GmbH, München/Berlin
Dezember 2015
© Aufbau Verlag GmbH & Co. KG, Berlin 2014
Alle Rechte vorbehalten
Umschlaggestaltung: semper smile, München, nach einem Entwurf
von hißmann, heilmann, hamburg/Sonja Steven
Umschlagabbildung: The Stapleton Collection/Bridgeman
Satz: Greiner & Reichel, Köln
Gesetzt aus der Sabon LT
Druck und Bindung: CPI books GmbH, Leck
Printed in Germany   ISBN 978-3-492-30830-4

Inhalt

Zwei Kinder des Ersten Weltkriegs

Das 20. Jahrhundert sollte gemäß einem 1900 erschienenen Buch der schwedischen Reformpädagogin Ellen Key das »Jahrhundert des Kindes« werden. Yury Winterbergs Großmutter wurde genau an der Schwelle dieses Jahrhunderts geboren. Sie trug den schönen Namen Elisabeth Liebe; und an ihrem 14. Geburtstag begann sie Tagebuch zu schreiben. Da herrschte in Mitteleuropa seit mehr als vierzig Jahren Frieden, so lange wie nie zuvor in der bekannten Geschichte; und einige der führenden Ökonomen gingen davon aus, die Welt sei so global vernetzt und modern, dass Kriege allenfalls noch lokal ausbrechen könnten – und jedenfalls schnell wieder einzudämmen wären. Kindern wurde so viel Aufmerksamkeit geschenkt wie nie zuvor; die Erwachsenen hatten begonnen, deren Probleme ernst zu nehmen. Elisabeths Sorgen waren die gleichen wie die heutiger Teenager, nur dass es das Wort damals noch nicht gab: Man sagte »Backfisch«. Sie ärgerte sich über die Bevormundung der Eltern, aber am meisten ärgerte sie sich über sich selbst; sie liebte es, allein zu sein, aber am meisten liebte sie es, jemanden zu haben, der über die gleichen Dinge lachen konnte wie sie.

Dann kam der Krieg. Erst zogen die Vettern und Onkel ins Feld – einige kamen nicht zurück. Schließlich müssen sich auch die beiden Brüder der Musterung stellen. Sie werden für tauglich befunden und in den Krieg geschickt, obwohl Arthur auf einem Auge fast blind ist. Im Juni 1916 schreibt Elisabeth: »Heute ist ein furchtbarer Tag für uns. Mit der Mittagspost kam Mutters Brief an Arthur zurück, mit dem Vermerk: Vermisst. Armer Arthur, was wird er ausstehen müssen? Nun ist ihm was passiert. Ob er gefangen ist oder verwundet? Es ist ja gar nicht auszudenken. Arthur, was musstest du leiden?« Wochen später, die zwischen Hoffnung und Verzweiflung vergehen, kommt die Nachricht, dass der Bruder noch lebt, Kriegsgefangener in Russland ist. Ein Schicksal, das damals zwei Millionen österreichische und deutsche Soldaten teilten – und für weit mehr als Hunderttausend von ihnen den Tod bedeutete. Arthurs Karten aus dem Lager an Elisabeth tragen die Stempel der russischen Militärzensur und erlauben kaum Rückschlüsse auf die dortigen Zustände; vor allem zeigen sie, wie sehr er Mutter und Schwester vermisst.

Auch Elisabeths erste große Liebe fiel in die Kriegszeit. Sein Name war Fritz Hahn, ein Einjährig-Freiwilliger, der für einige Wochen in ihrem Haus einquartiert wurde. Als sehr gutaussehend beschreibt ihn Elisabeth, und mit gutem Charakter ausgestattet, »kein bisschen eingebildet, obwohl er Grund dazu gehabt hätte« – sei er doch sogar Klassenprimus auf dem Gymnasium gewesen. »Ich würde Fritz sofort heiraten, wenn er nur wollte«, gesteht sie dem Tagebuch: »Aber der bekommt ja viel, viel Hübschere und Bessere als ich es bin – obgleich ich auch nicht hässlich bin.« Als er ins Feld ziehen soll, wird »Brüderschaft geschlossen«: »Wir haben uns einen ›Freundschaftskuss‹ gegeben. Ach, das war der erste in meinem Leben. Werden noch viele kommen?« Nach dem Abschied hat sie von Fritz nie wieder gehört. Schrieb er nicht mehr, weil er gefallen war oder weil er nichts mehr von ihr wissen wollte? Am Tag des Waffenstillstandes 1918 war Elisabeth schon kein Kind mehr. In ihrer makellosen Sütterlinschrift hat sie notiert: »In dieser bitter ernsten Zeit gehe ich nun in die Tanzstunde. Vergnügen hat man ja keins. Ich lerne eben bloß das Tanzen.«

»Wenn ich nur wüsste, was aus dem Fritz geworden ist ...« – diese Frage beschäftigte sie noch im hohen Alter. Bis zu ihrem Tod hoffte sie, Fritz würde eines Tages vor der Tür stehen und erzählen, wie es ihm ergangen war. Sie starb 1976.

Sonya Winterbergs Großvater mütterlicherseits wurde 1909

im Böhmerwald als erstes Kind in eine Bauernfamilie hinein-geboren. Kurz nach Kriegsbeginn 1914 fiel seine Aufnahme in die Grundschule; er gehörte erst zur zweiten Generation der Familie, der es möglich war, Lesen und Schreiben zu lernen. Ein eher un-günstiges Klima sowie karge Böden bestimmten den Alltag, der auch ohne Krieg nicht leicht war. Im Winter war das Dorf oft wochenlang von der Außenwelt abgeschnitten. Der Weg in die Dorfschule führte eine Stunde durch Wald und Wiesen. Von der Arbeit auf dem Hof war der Junge dadurch keineswegs entbun-den. Um fünf Uhr morgens musste er auf den Beinen sein und als Hütejunge oder im Stall mithelfen – und nach der Schule setzte sich die Schufterei fort. Dennoch wurde nicht geklagt – denn so verlief im Dorf der Alltag seit Menschengedenken. Daran änder-te zunächst auch der Krieg nichts, denn in der Abgeschiedenheit Böhmens lebte man fernab von Kampfhandlungen.

Doch dann zogen die Männer fort. Deutsche und Tschechen hat-ten in den Dörfern bisher eher nebeneinander als miteinander gelebt, gingen sich aus dem Weg. Jetzt aber einte sie ein gemein-sames Schicksal – sie alle marschierten für den gleichen Kaiser Franz Joseph in den Krieg. Die Folgen waren verheerend. Mit dem Fehlen ihrer Arbeitskraft wurden große Teile der Wald- und Landwirtschaft lahmgelegt. Die Ernten fielen geringer aus, Frauen und Kinder mussten sich fortan allein zu helfen wissen.

Auch Johanns Vater wurde einberufen und ließ neben dem Sohn noch die Frau und die beiden jüngeren Töchter zurück. Von seinem Stammhalter, dem mit seinen fünf Jahren ältesten der Geschwister, verabschiedete sich der Vater mit den Worten: »Nun bist du der Herr im Hause.« Das war keine Floskel, son-dern eine konkrete Erwartung, gleichbedeutend mit dem Ende der Kindheit. Wenn der Vater in den kommenden Jahren auf Heimaturlaub war, fühlte Johann die Verpflichtung zu zeigen, dass er zu Hause alles im Griff hatte.

Im Januar 1918 kam mit Otto das vierte Geschwisterkind in

die Familie. Seine Kindheit verlief unter einem besseren Stern, denn der Vater kehrte unversehrt aus dem Krieg zurück, und von den politischen und wirtschaftlichen Turbulenzen der 1920er Jahre bekamen sie in ihrem böhmischen Dorf wenig mit – mit einer entscheidenden Ausnahme. Johann war sein erstes Lebensjahrzehnt im von Deutschösterreichern und Ungarn regierten Habsburger Reich aufgewachsen; Otto dagegen wurde in der Tschechoslowakischen Republik als Angehöriger einer misstrauisch beäugten deutschen Minderheit groß. Diese im Oktober 1918 vollzogene neue Staatsgründung war eine direkte Folge der Niederlage Deutschlands und des K.-u.-k.-Imperiums im Ersten Weltkrieg. Die Brüder Johann und Otto reagierten sehr verschieden auf diese Zäsur. Otto lernte Tschechisch, besuchte die höhere Schule in der Stadt und absolvierte als Erster in der Familie das Abitur, während Johann den Bauernhof der Familie übernahm und kaum Berührung mit dem neuen Staat hatte.

Johann stand den Nazis nahe, ob er Parteimitglied war, ist ungewiss – Otto wurde Sozialdemokrat. 1938 holte Hitler beide ungefragt »heim ins Reich«, diesmal ins Deutsche Reich. Später fehlte nicht viel, und Johann hätte seinen Bruder bei der Gestapo denunziert. 1946 mussten beide nach dem nächsten verlorenen Krieg die Heimat verlassen – für immer. Johann starb am Ostermontag 1986 in Württemberg.

Die Urkatastrophe

Die Bezeichnung des Ersten Weltkriegs als »Urkatastrophe des 20. Jahrhunderts« hat sich weithin eingebürgert – und meint, dass die folgenden Katastrophen des Jahrhunderts ohne ihn nicht zu verstehen sind: der Zweite Weltkrieg, der Holocaust, der Bürgerkrieg auf dem Balkan, der unerledigte Dauerkonflikt im Nahen und Mittleren Osten. Dies ist auf das Große und Ganze, das Politische gemünzt; kaum jemand mochte im Jahr

1919 daran glauben, dass die Pariser Vorortverträge, die den Ersten Weltkrieg beendeten, eine Basis für einen dauerhaften Frieden geschaffen hätten. Man hoffte lediglich, Zeit gekauft zu haben, um in den folgenden Jahren die potenziellen Gegner überflügeln zu können.

Doch eine Urkatastrophe war der Erste Weltkrieg auch in einem anderen Sinn. Denn die Kinder, die in jenen Jahren aufwuchsen, wurden lebenslang von ihm geprägt. Gefühle wie Hass und Rache machten aus ihnen die idealen Kämpfer des kommenden Krieges – an der Front ebenso wie in der Heimat. Diese Kinder hatten früh gelernt, Entbehrungen zu ertragen und Opfer zu bringen. Sie hatten von bedingungslosem Heldentum geträumt und erlebt, wie wenig ein einzelnes Menschenleben in einem solchen Feuerschlund zählt. Viele von ihnen entwickelten radikale politische Ansichten und wurden zu Protagonisten der Diktaturen und Gottesstaaten, die das 20. Jahrhundert hervorbrachte. Andere lernten früh, indem sie die dicken Panzer von nationalistischer Erziehung und Propaganda durchbrachen, eigenständig zu denken, dem »gesunden Menschenverstand« der Massen zu misstrauen. Ihr Widerstand nahm später viele Formen an, manifestierte sich auf politischem, sozialem, künstlerischem oder religiösem Gebiet.

Wenn man all diese Lebenslinien verfolgt, begreift man, wie sich aus vielen kleinen Katastrophen eine große formen konnte. Den Schlüssel für dieses Verständnis bildet die häufig dramatisch verlaufene Kindheit dieser Generation. Dabei ist es gleichgültig, ob es sich um normale, scheinbar durchschnittliche Menschen oder um spätere Berühmtheiten handelt. Wir haben sie deshalb in diesem Buch gleichrangig behandelt. Ebenso lässt sich keine scharfe Trennlinie zwischen Kindern und Jugendlichen ziehen, weil, wie Stéphane Audoin-Rouzeau gezeigt hat, in der damaligen Zeit eine solche Trennung nicht existierte. Kinder genossen keinen besonderen Schutz, waren wie Jugendliche de jure völlig rechtlos, waren de facto aber mit zunehmender Kriegsdauer ähnlichen Belastungen ausgesetzt wie die Erwachsenen. Ihre Erfahrungen unterschieden sich nicht substantiell.

Die traumatischsten Grunderfahrungen waren Kampfhandlungen und Pogrome, erlitten oder selbst daran beteiligt, dazu Hunger und Seuchen. All dies führte zum Erleben des Todes als Massenphänomen. Jugendliche wurden, zumeist als Freiwillige, je nach Nation mehr oder weniger regulär als Soldaten in das Kriegsgeschehen einbezogen – und selbst Kindersoldaten gab es in großer Zahl. In der britischen Armee sollen 250 000 Minderjährige als Soldaten zum Einsatz gekommen sein, die nicht das Tauglichkeitsalter erreicht hatten – fast die Hälfte von ihnen soll getötet oder verwundet worden sein. Für andere Länder gibt es keine entsprechenden Erhebungen, doch zeigt diese Schätzung, dass Kindersoldaten damals keineswegs nur in seltenen Fällen zum Einsatz kamen. In früheren Kriegen versuchte man, durch Hunger belagerte Festungen zur Aufgabe zu zwingen. Im Ersten Weltkrieg wollte man ganze Völker aushungern – mit letztlich erschreckendem Erfolg.

In vielem markiert der Erste Weltkrieg den Beginn eines neuen Zeitalters – und auch in diesem: Erstmals wurden die Massenmedien als systematische Waffe für die Propaganda eingesetzt. Ihre Wirkung auf Kinder war dabei noch wesentlich direkter und tiefer als auf Erwachsene (die sich damals dem Sog der Bilder allerdings ebenso wenig entziehen konnten). Wer unsere Zeit verstehen will, muss sich mit dieser »Urkatastrophe« beschäftigen, die sie geprägt hat.

Terra incognita

Diesem Buch ist die Mitarbeit an einem aufwändigen Filmprojekt vorausgegangen, mit dem im Jahr 2014 des Ausbruchs des Weltkriegs vor hundert Jahren gedacht wird. Beteiligt sind ARD und ORF, ARTE, die BBC und viele andere Fernsehstationen.

Die Recherchen für die mehrteilige Serie »14 – Tagebücher des Ersten Weltkriegs« begannen im Frühjahr 2010. Schon damals war sicher, dass der Weltkrieg nicht als eine Abfolge von Schlachten erzählt werden sollte, sondern aus dem Erleben der Menschen von damals – und nicht nur der Soldaten, sondern ebenso der in der Heimat Verbliebenen. 14 Protagonisten wurden ausgewählt – darunter drei Kinder: Marina Yurlova (Russland), Elfriede Kuhr (Deutschland), Yves Congar (Frankreich). Dieses Vorhaben löste bei den beratenden deutschen Historikern Verwunderung aus, hätten doch die Kinder im Ersten Weltkrieg nur sehr wenige Selbstzeugnisse hinterlassen. Dass dem nicht so ist, beweist das vorliegende Buch. Vielmehr erwies sich in der Folge die Substanz des Themas als so stark, dass bei einem zusätzlichen Autorenteam eine zweite Serie in Auftrag gegeben wurde, die sich ausschließlich mit dem Schicksal von Kindern in der damaligen Zeit befasst: »Kleine Hände im Großen Krieg«.

In Ländern wie Frankreich und Großbritannien, aber auch in Australien, Neuseeland oder Kanada wird nicht des »ersten« Weltkriegs gedacht, sondern des »Great War«, des »Grande Guerre«. Dort ist das Wissen um die Millionen Toten noch unmittelbar präsent, gibt es entsprechende nationale Gedenktage, die Jahr für Jahr aufwändig begangen werden. Dagegen kommt der Erste Weltkrieg in der kollektiven Erinnerung der Deutschen kaum noch vor. Womöglich liegt das auch daran, dass es zwischen den Generationen niemals zu einem wirklichen Erfahrungstransfer gekommen ist (anders als, freilich auch mit deutlicher Verzögerung, bezüglich des Zweiten Weltkriegs).

Während der Arbeit an diesem Buch sprachen wir mit vielen Menschen, die vom Schicksal ihrer Großeltern oder Eltern im Ersten Weltkrieg wenig oder nichts wussten. Einen markanten Beleg für diese Geschichtslosigkeit liefert ein Interview, das der Fernsehjournalist Theo Ott 1985 mit der Schriftstellerin Jo Mihaly für die ZDF-Reihe »Zeugen des Jahrhunderts« führte. Jo Mihaly hatte unter ihrem bürgerlichen Namen Elfriede Kuhr im Ersten Weltkrieg ein Kindertagebuch geführt und damit späte, internationale Aufmerksamkeit gefunden. Ott leitete das einstündige Gespräch mit der Frage ein: »Ist dieser Erste Weltkrieg, der sich ja an den Fronten abgespielt hat und wo keine Städte bombardiert wurden, ist er weniger grausam, ist er humaner gewesen als der Zweite?«

Ott war offensichtlich unbekannt, dass im Ersten Weltkrieg durchaus Städte massiv bombardiert wurden, z. B. London, Paris oder Karlsruhe, wenn auch in geringerem Ausmaß als im Zweiten Weltkrieg. Ebenso im Dunkeln müssen Ott die Millionen ziviler Opfer geblieben sein, die aufgrund von Seeblockade oder zusammengebrochener Infrastruktur in Deutschland, Russland, Österreich-Ungarn oder der Türkei schlicht verhungerten – gefolgt von noch höheren Todesraten infolge der weltweit grassierenden Spanischen Grippe. In die Zeit des Ersten Weltkriegs fiel nicht zuletzt der Genozid an den Armeniern mit Hunderttausenden Opfern.

Hatte sich Theo Ott einfach nur schlecht auf sein Interview vorbereitet? Seine Ahnungslosigkeit gewinnt an Bedeutung, wenn man weiß, dass es sich bei ihm um den Schwiegersohn von Jo Mihaly alias Elfriede Kuhr handelt. In der Familie wurde demnach über all das nicht oder nur vage gesprochen – ein spätes Fernsehinterview mit der hochbetagten Zeitzeugin musste reichen. Charakteristisch fiel in der Sendung dann auch die Reaktion von Jo Mihaly aus. Statt einer Antwort auf die Eingangsfrage beschrieb sie übergangslos Lage und Bedeutung ihrer Heimatstadt Schneidemühl im Ersten Weltkrieg.

Mit unserem Buch wollen wir eine Lücke im Verständnis dieser Zeit schließen. Es versteht sich als ein eigenständiger Beitrag, in dem aus einer multinationalen Perspektive ein Panorama des Ersten Weltkriegs entfaltet wird, wie es die Kinder von damals erlebten.

KAPITEL 1

»Die Räder singen Krieg ...«

Der Mond steht groß über dem Kaukasus und erleuchtet Marinas Zimmer taghell. Einsame Glockenschläge verkünden Mitternacht. In dieser sternenklaren, warmen Sommernacht schlafen alle im Haus des Kosakenoberst Yurlov, nur das Mädchen nicht. Sie öffnet das Fenster, lehnt sich hinaus. Direkt unter ihr, zum Greifen nah, dämmern tiefblau und weiß die Schwertlilien, etwas entfernt züngeln wie kleine Flammen rote und gelbe Tulpen. Marina wundert sich, dass der Mond die Farben der Blumen nicht verschluckt. Übernächtigt, wie sie ist, erscheinen ihr manche Dinge überdeutlich, andere umgibt ein Traumschleier. Der betäubende Duft des Flieders, der ins Zimmer weht; das Duett der beiden Nachtigallen im Garten. Romantik ist ihr eigentlich verhasst, viel eher ist Marina auf Abenteuer aus. Mehr als einmal ist sie nachts ausgerissen, hat sich in die Nachbarhäuser der Kosaken geschlichen, den Erzählungen der Alten gelauscht oder mit den Jungen Streiche ausgebrütet, ist am frühen Morgen zurückgeschlichen, um einer Strafe zu entgehen.

Doch in dieser Nacht bleibt sie im Zimmer. Morgens gegen drei erscheint am östlichen Himmel ein grauer Streifen, und die Luft kühlt merklich ab. Sie weht von der See herüber; das Schwarze Meer ist nur zehn Kilometer entfernt. Dennoch hat das Mädchen das Meer kaum je einmal zu sehen bekommen. Die Kosaken in Rajewskaja haben genug mit ihren Pferden und ihren Feldern zu tun und kümmern sich so wenig um die See, wie das Klima es tut, das hier typisch kontinental ist: die Sommer heiß und kurz, die Winter eisig und lang. Bald wird die Familie das alte, blau und gelb gestrichene Haus aus Lehm und Schilf wieder gegen die Stadt austauschen, Jekaterinodar, wo es sich besser leben lässt, wenn die große Kälte kommt und die große Dunkelheit. Marina schleicht zurück ins Bett, wickelt sich fröstelnd in die Decke, schläft ein. Doch jetzt erwacht das Haus. Die Ernte wartet.

Am Abend zuvor hatte Marina dem kopfschüttelnden Vater die Erlaubnis abgetrotzt, ihn auf die Felder zu begleiten. Seine Bedingung: Früh aufstehen wie alle anderen – und arbeiten wie alle anderen. Sie ist munter geblieben, um den Abmarsch nicht zu verpassen. »Nimm Wassili mit, wenn du früher nach Hause willst. Geh nicht allein über die Landstraße.« Das waren die letzten Worte der Mutter vor dem Schlafengehen. Wassili ist der Knecht, der gemeinsam mit dem Kindermädchen in manchem Marina nähersteht als die häufig unnahbaren Eltern.

Die Mutter steht vor der mit Kreide geweißten Wand neben der Kommode, formt ein Wort mit den Lippen, das Marina nicht hört. Sie glaubt, es sei ihr Name. Doch dann mahnt Wassili lauthals zur Eile. Vielleicht ahnt die Mutter, dass sie ihr Kind nie wiedersehen wird. Marina ahnt nichts. Sie muss sich beeilen, wenn sie die Arbeiter noch einholen will, die bereits aufgebrochen sind und fast schon das Ende des Dorfes erreicht haben. Es sind Burschen und Mädchen, nur wenig älter als sie selbst. Sie gehen Hand in Hand. Die jungen Frauen sind geschmückt wie zu einer Feiertagsprozession; im Haar tragen sie Blumenkränze und leuchtende Bänder. Anfangs schämt sich Marina, dass sie in der Eile ein einfaches blaugepunktetes Kleid und nicht ihre festliche Kosakentracht angezogen hat. Doch dann tröstet sie die Erkenntnis, dass sich die jungen Frauen für den künftigen Liebsten herausgeputzt haben – das Letzte, wonach ihr der Sinn steht. Der einzige Mann, den sie bewundert, ist ihr Vater; vor allem auch jetzt, wo er den Zug anführt, in seiner schmucken Uniform, der schwarzen Tscherkesska und dem roten Beschmet. Seine Kopfbedeckung aus dem edlen Fell der Karakulschafe wird er auch in der größten Mittagshitze nicht absetzen.

Marina Yurlova ist so jung wie das Jahrhundert. In diesen

nach dem russischen Kalender letzten Julitagen im Jahr 1914 ist sie gerade vierzehn Jahre alt geworden. In Westeuropa ist es schon August. Nicht nur wegen des Festhaltens an einem veralteten Kalendersystem gelten die Russen im Westen als unzivilisiert und hoffnungslos rückständig. Mit ihrer bedingungslosen Treue zum Zaren, den sie als Statthalter Jesu religiös verehren, stehen insbesondere die Kosaken für jenen Teil Russlands, der noch im Mittelalter lebt. Als Zar Nikolaus II. im Juli 1914 durch seinen Innenminister informiert wird, das Reich sei auf einen Krieg nicht wirklich vorbereitet und sollte ihn daher vermeiden, reagiert dieser pikiert: »Was weiß Er schon? Ist Er etwa direkt mit Gott verbunden und empfängt von ihm Visionen?«

Die Kubankosaken, zu denen Marina gehört, bilden seit Urzeiten die Leibgarde des Zaren, worauf sie besonders stolz sind. Sie gestatten in ihren Staniza genannten Wehrdörfern Fremden nur dann, sich niederzulassen, wenn diese zahlreiche Abgaben entrichten. Geschäfte dürfen sie nicht eröffnen, und Juden ist der Zutritt überhaupt verboten. Doch andererseits gibt es innerhalb der Kosaken, die sich als »freies Volk« bezeichnen, keine Leibeigenschaft, und im Jahr 1914 übertrifft ihr Alphabetisierungsgrad denjenigen von »zivilisierten« Ländern wie Frankreich. Dass Marina fließend lesen und schreiben kann – und in ihrem Alter nicht umstandslos zwangsverheiratet wird –, ist im Rest der Welt alles andere als selbstverständlich.

Als der lange Zug der Erntehelfer hügelabwärts die Ebene der Felder erreicht hat, wollen die Mädchen singen. Es fällt ihnen schwer, sich auf ein Lied zu einigen. »Mein Liebster zieht als Kosak in den Krieg«, schlägt eine vor. Aber es bringe Unglück, vor Sonnenaufgang vom Krieg zu singen, weiß die Nächste. Die Mehrheit setzt sich dennoch durch:

Es weinen die Weiden, die ich pflanzte am Fluss
Es weint mein Herz, weil mein Liebster fortmuss.

So beginnt das Lied. Der Gesang ist noch nicht beendet, als die lange Schar die Felder erreicht hat. Fast fünfhundert Hektar Land besitzt Oberst Yurlov, bepflanzt mit Sonnenblumen, so weit das Auge reicht. Gut für die Gewinnung von Öl oder als am Ofen geröstete Speise für die Wintertage. Kaum zeigt sich die Sonne als riesiger roter Ball am Horizont, erheben die Sonnenblumen die Köpfe, nur um gleich darauf von den Erntehelfern mit scharfen Hieben von den Stängeln getrennt zu werden.

Halb sechs gibt es Frühstück: eimerweise gekochte Kartoffeln, drei Fässer saure Heringe und ein Haufen Schwarzbrotscheiben. Da ist Marinas Rücken schon steif, die Blasen an den Händen sind kurz davor aufzuplatzen. Wie sie es schafft, wieder aufzustehen und bis zur Mittagspause durchzuhalten, weiß sie kaum mehr. Den anderen Mädchen, nur wenige Jahre älter, scheint die Schufterei nichts auszumachen.

Während Marina mit den Schmerzen kämpft, springen die älteren Mädchen nach dem Essen leichtfüßig auf, singen und tanzen Reigen, bewundert von den Burschen, denen die Vorführung gilt. Doch plötzlich erstarren die Mädchen auf einen Schlag. Die Kirchenglocken haben begonnen zu läuten. Und alle vollführen seltsam synchron, als sei es noch Teil ihres Tanzes, eine erschrockene Handbewegung: ein hastig geschlagenes Kreuz.

»Die Glocken läuteten nur, wenn Feuer ausbrach oder sonst etwas Schlimmes geschehen war«, erinnert sich Marina später in ihren Memoiren. »Wie die Glocken klingen, wenn es weder Sonn- noch Feiertag ist – wie machtvoll und ahnungsschwer! Es ist, als riefen sie um Hilfe.« An Festtagen tönen die Glocken orthodoxer Kirchen vielstimmig, hell und leicht, jetzt ist nur ein dunkles Dröhnen zu hören, in monotoner Wiederholung. Es schallt nicht nur aus Marinas Staniza, sondern auch aus dem Nachbarort. Und dann tauchen in der Ferne Reiter auf, die den Hügel hinabgaloppieren. Es sind Kosaken, die ihre Pferde mitten hinein in die Felder lenken. Sie rufen nur ein Wort: »Krieg!«

Krieg verkünden in diesen Tagen die Kirchen vielerorts in Europa. Serbisch-orthodoxe in Belgrad, katholische Wallfahrtskapellen in den Alpen, protestantische Backsteinkirchen in Norddeutschland, ehemalige Moscheen in Mazedonien, auf deren Dächern erst nach dem Balkankrieg vor zwei Jahren das Kreuz den Halbmond abgelöst hat. Tosend brandet der Ruf der 26 Tonnen schweren »Festtagsglocke« der Sophienkathedrale von Nowgorod und der wegen ihres tiefen Tons »Pummerin« genannten Glocke des Wiener Stephansdoms wie auch der uralten Kölner »Pretiosa«, der »Savoyarde« der Basilika Sacré-Cœur in Paris und der Glocken von Westminster Abbey in London. Russen, Deutsche, Österreicher, Serben, Franzosen und Briten lauschen beunruhigt den Klängen. Sie ahnen nicht, dass ihre ganze Welt in diesem Augenblick im Begriff ist unterzugehen, dass nichts mehr sein wird, wie es einmal war.

Als könnten sie die berittenen Kosaken zu Fuß einholen, stürmen ihnen die Burschen aus dem Sonnenblumenfeld nach, in einigem Abstand gefolgt von den Mädchen. Marina stürzt, verliert den Anschluss, stolpert zwischen den mannshoch ragenden Stängeln hindurch, in panischer Angst, zurückzubleiben. Der Dorfplatz, auf dem sie schließlich steht, als sie aus den Feldern herausgefunden hat, ist nicht der von Rajewskaja, sondern der benachbarten Staniza. Der Ataman des Dorfes hält eine Rede, umringt von den Kosaken in ihren weiten blauen und schwarzen Hosen und bunten Hemden, dahinter die Burschen. »Zu den Waffen!«, schreien sie. »Für Zar und Vaterland!«

Weitere Kriegsgründe brauchen die Kosaken nicht. »Kein anderes Volk ist so häuslich und friedlich wie wir«, findet Marina. »Und doch wachsen wir Kosaken, Männer wie Frauen, in der Gewissheit auf, dass der Krieg Anfang und Ende unseres Daseins ist.« Ihre Siedlungen sind keine zivilen Verwaltungseinheiten, sondern entsprechen den Gliederungen der elf Kosakenarmeen. Obwohl keine Berufssoldaten, bestimmt die Armee einen Großteil des Lebens der Männer. Ihre Militärzeit beginnt, sobald sie 18 sind, mit einer dreijährigen Ausbildung, gefolgt von zwölf Jahren im aktiven Dienst, von denen die letzten allerdings in der Nähe des eigenen Heims verbracht werden können; im Anschluss bleiben sie für weitere fünf Jahre Reservisten.

Die Kosaken sind von allen in den Krieg des Jahres 1914 verstrickten Völkern vermutlich am schnellsten in Bewegung zu setzen. Die Männer üben ständig mit ihren Waffen und sind jederzeit marschbereit. Sie erinnern sich bei jedem Krieg aufs neue daran, dass sie vor vielen Jahren Sibirien erobert haben und seither die Grenzen des heiligen Russland verteidigen. Und jetzt auf dem Dorfplatz erinnert sich Marina plötzlich an den alten Brauch der Frauen und Mädchen, den kämpfenden Männern zu folgen und so nah wie irgend möglich beim Heer zu bleiben.

Kaum hat der Ataman seine Ansprache beendet, holen die Kosaken ihre Pferde, Säbel und Gewehre und marschieren in langer Reihe los. Ihr Ziel ist der Bahnhof. Wo ist der Vater? Wo Wassili? Marina weiß es nicht. Wenn sie die beiden treffen will, muss sie sich wohl den Reitern anschließen, um zur Station zu gelangen. Viele Frauen begleiten die Kosaken; sie klammern sich an die Steigbügel, werden von den Männern grob weggestoßen; die von den Hufen der Pferde aufgewirbelten Staubwolken nehmen ihnen den Atem, doch sie geben nicht auf. Marina erinnert ihr Geschrei an das Heulen von Wölfen.

Den Bahnhof, eine Nebenstation der Nordkaukasus-Bahn, gibt es noch nicht lange. Marina ist den Anblick der Lokomotive, die Rauch und Feuer speit, nicht gewohnt, sie fürchtet sich. Bereits der letzte Krieg Russlands, der im Jahr 1905 gegen Japan verlorenging, wurde mit Eisenbahnen und Feldtelefonen, Schützengräben, Stacheldraht und Maschinengewehren geführt. Doch die Kosakenregimenter haben damals nicht eingegriffen. Zu Pferde, mit dem Säbel in der Hand, fühlen sie sich nach wie vor am wohlsten. Die Kosaken führen ihre Pferde in die Güterwaggons, umarmen ihre Frauen ein letztes Mal, folgen ihren Tieren in die gleichen Wagen. Nirgendwo in dem Getümmel sind

Oberst Yurlov oder Wassili zu erblicken. Sollten sie ohne Abschied fortgehen? Schon übertönen laute Befehle den allgemeinen Lärm, gibt der Bahnhofsvorsteher das Signal zur Abfahrt.

Plötzlich stürmt eine Frau mit zwei Säuglingen auf den Armen und weiteren Kindern, die sich an ihrem Kleid festzuhalten versuchen, vor die Lokomotive und beschwört die Frauen, es ihr gleichzutun: »Haltet den schwarzen Teufel auf, der unsere Männer ohne uns in den Tod führen will! Sie werden es nicht wagen, uns zu überfahren!« Sie legt die Säuglinge auf die Gleise; dann packt sie Marina, die ihr gefolgt ist, und wirft das Mädchen auf den Schotter zwischen den Schienen, direkt vor die Lok, die aus einem Ventil heißen Dampf verspritzt und sie fast verbrüht. Dann hört sie den Bahnhofsvorsteher: »Kommt hervor, ihr da! Ich habe einen Wagen anhängen lassen. Ihr könnt ein Stück mit euren Männern fahren.«

Im letzten Augenblick erreicht Marina den hintersten Waggon, in den die Frauen und Kinder gestiegen sind, und erobert eine Ecke für sich. Während der Zug ratternd Fahrt aufnimmt, dringen die Fetzen eines Liedes aus den vorderen Wagen herüber.

> Hey, Frau! Dein Mann ist ein Kosak
> Und sterben muss er, das ist klar
> Für die Heimat, für den Glauben
> Für unser Väterchen, den Zar.

Marinas Schulter schmerzt, das Knie ist aufgerissen, die Hände sind noch von der Feldarbeit mit Blasen bedeckt. Hinter ihr liegt Rajewskaja mit den freundlichen Hügeln, den Sonnenblumenfeldern und den Weinbergen. Marina schreibt: »Was vor mir lag, wusste ich nicht, und ich machte mir keine Gedanken darüber. Wenn es mich nur dem Krieg näherbrachte.« Denn wo der Krieg ist, ist auch der Vater. Glücklich schmiegt sich Marina in ihre Ecke und schläft ein.

Selbst die Räder des Zuges singen. »Krieg«, singen sie. »Krieg!«

KAPITEL 2

Kann ein Mörder schön sein?

Zwei Schüsse in Sarajevo

Einen Monat bevor Marina Yurlova die Glocken des Krieges hören sollte, waren in Sarajevo die Totenglocken erklungen. Reaktion auf zwei Schüsse aus einer Pistole der Marke Browning, abgefeuert am 28. Juni 1914 auf eines dieser neumodischen Automobile vor einem Café in der Balkanmetropole Sarajevo.

Das erste Projektil hatte die Seitenwand der Karosserie durchschlagen und Sophie Chotek, Herzogin von Hohenberg, in den Unterleib getroffen, woran sie innerlich verblutete. Der zweite Schuss hatte ihren Ehemann, Erzherzog Franz Ferdinand, tödlich an der Halsvene verletzt. Sofort nach dem Attentat versuchte der Mörder, ein junger Serbe namens Gavrilo Princip, sich das Leben zu nehmen, schluckte Zyankali aus einem mitgeführten Fläschchen, musste das Gift jedoch erbrechen. Sofort richtete der Täter seine Pistole gegen sich selbst, doch konnte ihm diese von den Umstehenden aus der Hand gerissen werden, woraufhin er von Gendarmen verhaftet wurde.

Bei den Ermordeten handelte es sich um das österreichische Thronfolgerpaar. Ein Grund mehr für die Annahme, dass den Täter ebenso wie seine Mitverschwörer die Todesstrafe erwarten würde. Doch Gavrilo Princip war erst 19 Jahre alt und besuchte noch das Gymnasium. Nach damaligem Recht war er demnach minderjährig und konnte somit nicht hingerichtet werden. Hinter Princip stand eine terroristische Geheimgesellschaft, genannt »Die Schwarze Hand«, die im Sommer 1914 immerhin 2500 Mitglieder zählte. Ihr einziges Ziel war die Herstellung eines »großserbischen Reiches«. Das Motto »Vereinigung oder Tod« nahmen sie ganz wörtlich. Die Drahtzieher, hochrangige Offiziere der serbischen Armee, hielten sich im Hintergrund, während sie nationalistische Jugendliche zu Selbstmordattentätern ausbildeten.

Der jüngste der Attentäter war der 17-jährige Vasa Čubrilović, der mit einer Pistole in der rechten Hosentasche und einer Handgranate am Gürtel nicht zum Zug gekommen war. In einem Brief aus dem Gefängnis schreibt er später an seine beiden Schwestern: »Es war unser Pech, dass keiner von uns ein Erwachsener war. Wir waren dazu bestimmt, Ferdinand zu töten, doch solcher Taten nicht wirklich fähig. Sie erfordern Reife, einen kühlen Kopf und Vorsicht. Eigenschaften, die wir mit 17 oder 18 noch nicht haben konnten. Princip, der den Angriff mechanisch ausführte, war der Wagemutigste von uns.« Čubrilović' Naivität sollte sich fatal auswirken, als er vom Untersuchungsrichter Sefer ins Kreuzverhör genommen wurde. »Ich war eben noch ein Kind, und Sefer verstand es, mich durcheinanderzubringen und mir ein Geständnis abzuringen. Ich nahm die ganze Sache auf die leichte Schulter und machte mir einen Spaß daraus, denn Ferdinand war ja tot.« Er verriet seine Mitverschwörer, ohne sich über die Konsequenzen im Klaren zu sein. »Das Gefängnis mit all den Schlägen, dem Hunger und der Kälte kann nicht annähernd so quälend sein wie das Wissen, dass du einem anderen all das Leid hättest ersparen können und es nicht getan hast.«

Der 28. Juni 1914 war ein strahlend schöner Sonntag. Die Wiener zog es in den Prater, wo sich dann die Kinder mit den Eltern stritten, ob sie wirklich auf der pompösen Hauptallee bleiben müssten, wo die Offiziere in ihren »blitzblauen Uniformen ihre Damen in fabelhaften Toiletten spazieren fuhren«, wie sich die damals achtjährige Margarete Riedl erinnert. Die Herren trugen Zylinder, die Damen Riesenhüte, und auch die Uniformen der hohen Militärs hatten nichts Kriegerisches, sondern waren schmückendes Accessoire. Die Kinder wären lieber

in den »Wurstelprater« mit den Ringelspielen und der Grotten-
bahn ausgewichen, doch natürlich setzten sich die Erwachsenen durch und suchten einen Platz in den überfüllten Kaffee-
häusern, wo die Militärkapellen flotte Märsche spielten. Dort
flitzten »Brezelbuam«, Salamiverkäufer, Bierjungen und Zahl-
kellner artistisch zwischen den eng gestellten Tischen umher.

Im allgemeinen Lärm und der vorherrschenden Fröhlichkeit
fiel es zunächst nicht auf, dass die Musik aufgehört hatte zu spielen. Nur diejenigen in nächster Nähe bemerkten, dass der Diri-
gent das Pult verließ, die Musiker ihre Instrumente einpackten
und leise verschwanden, einer nach dem andern. Erst der Ruf
»Extraausgabe!« machte die Gäste aufmerksam. Sie rissen den
Zeitungsverkäufern die Blätter aus der Hand, waren bestürzt.
Eine Stunde später fand man den eben noch brechend vollen Prater vollkommen verwaist. Wo sich auf der Hauptallee die feine
Gesellschaft im Fiaker präsentiert hatte, trieb der Wind nur noch
Papierfetzen vor sich her, über die unzählige Füße getrampelt
waren und auf denen ein Wort hervorstach: »ERMORDET«.

Sechshundert Kilometer südöstlich von Wien stieg am selben
Tag der 15-jährige Stevan Idjidovic neben den Kutscher der Familie auf den Kutschbock und half die Pferde antreiben. Warum
sie nur zu zweit losfuhren und Stevans Eltern wie auch seine
fünf Geschwister zu Hause blieben, vermochte der Junge nicht
zu sagen. Ziel der Reise war das etwa dreißig Kilometer entfernte Kloster Ravanica, ein bedeutender Wallfahrtsort, zumal an
diesem 28. Juni. Denn an diesem Tag begingen die Serben »Vidovdan«, ihren Gedenktag an die legendäre »Schlacht auf dem
Amselfeld« vor mehr als fünfhundert Jahren. Diese Schlacht gegen die Türken galt ihnen als heiliges Symbol der Verteidigung
des christlichen Abendlandes gegen die muslimischen Osmanen – und zugleich als provokante Inszenierung einer vergessenen Schuld Europas gegenüber den Serben. An jedem 28. Juni
wurden in Ravanica die Gebeine des »Heiligen Großmärtyrers
Fürst Lazar« zur Schau gestellt, jenes Heerführers, der an diesem

Tag im Jahr 1389 auf dem Amselfeld den Tod gefunden hatte. Wie jedes Jahr würden auch diesmal national gesinnte Serben zum Kloster strömen, sowohl aus dem Königreich Serbien als auch aus Montenegro, Albanien und Mazedonien – und vor allem natürlich aus Österreich.

Denn Ravanica lag, wie auch Stevans Heimatdorf Jarak, in Österreich-Ungarn. Sowohl Stevans Großvater als auch der Vater hatten in der österreichischen Armee gedient. Das Habsburger Reich wurde als Doppelmonarchie vom steinalten Kaiser Franz Joseph I. regiert, vereinte dabei jedoch acht Nationen, verteilt auf 17 Länder, unter seinem Dach. Die meisten Untertanen waren Slawen, ohne an der Führung des Staates beteiligt zu sein, während eine deutsche Minderheit das Reich regierte. Einst eine Großmacht von Weltrang, war Österreich-Ungarn zu einem Koloss auf tönernen Füßen geworden. Die Fliehkräfte schienen kaum mehr beherrschbar. Die meisten der hier lebenden Serben fühlten sich vom Kaiser in Wien unterdrückt, wünschten ein panslawisches Großserbien herbei. Jahrhundertelang war Jarak Teil der Grenze zwischen dem christlichen Europa und dem übermächtigen osmanischen Reich gewesen. Inzwischen verlief hier die Grenze zwischen dem erst vor wenigen Jahren gegründeten Königreich Serbien und dem Vielvölkerstaat der Habsburger. Stevan besuchte das Gymnasium in Zemun, das nur durch die Save von der serbischen Hauptstadt Belgrad getrennt war.

Trotz der geringen Entfernung war Stevan noch nie am »Vidovdan« in Ravanica gewesen. Seine Familie versuchte die Loyalität gegenüber dem K.-u.-k.-Reich zu bewahren und stellte dabei die eigene Identität in den Hintergrund. Was trieb ihn ausgerechnet im Jahr 1914 nach Ravanica, während die Familie zu Hause blieb? Vielleicht wollte er gegen die Überangepasstheit seiner Eltern rebellieren. Vielleicht wollte er nur der sonntäglichen Langeweile entgehen.

Die Sonne brannte, die Luft flimmerte in der Hitze. Die Hügelkette Fruška Gora, an die sich das Kloster schmiegte, war schon aus weiter Entfernung zu sehen. Weiß und golden funkelte der barocke Kirchturm des Klosters. Am Fuß des Berges mussten die Pferde zurückbleiben. Eine unüberschaubare Menge von Pilgern strebte dem Wallfahrtsort zu. An ihren farbenfrohen Kleidern ließ sich leicht erkennen, aus welcher der vielen von Serben bewohnten Regionen sie angereist waren. Stevan musste lange warten, bis die Reihe an ihnen war und sie die Überreste des geheiligten Märtyrers in seinem gläsernen Sarg zu sehen bekamen. Den Körper bedeckte schwerer Purpurbrokat, lediglich ein Unterarm war sichtbar, jeden der mumifizierten Finger schmückte ein Juwelenring. Der Kopf fehlte dem Leichnam – er war 1389 auf dem unweit gelegenen Schlachtfeld geblieben.

Die Stimmung unter den Pilgern war gedämpft und melancholisch, von irgendwoher erklangen die klagenden Laute einer »Gajda«, des serbischen Dudelsacks. Stevan saß unter einem Baum im Schatten und stärkte sich mit einer Fleischpastete für die Rückfahrt, als wie aus dem Nichts zwei Gendarmen im Klosterhof erschienen. Eine Stimme schrie: »Erzherzog Ferdinand ist in Sarajevo getötet worden – von einem Serben!« Die Klosterglocken läuteten ohrenbetäubend, und Minuten später war der eben noch überfüllte Platz menschenleer. In großer Eile strebten die Pilger der Straße zu. Die Kutschen bedrängten einander beim Versuch zu überholen. Die andachtsvolle Stimmung war nackter Panik gewichen. An einer Brücke hatten kroatische Soldaten in der Uniform der österreichischen Armee eine Straßensperre errichtet und kontrollierten jede Kutsche, bevor sie sie passieren ließen. Wonach sie suchten, war für den eingeschüchterten Stevan nicht ersichtlich.

»Warum ausgerechnet ein Serbe?« Dieser Gedanke ging Stevan nicht mehr aus dem Kopf, während ihn das Attentat selbst kaum überraschte. Zu groß waren die Spannungen zwischen den vielen Völkern, die die Doppelmonarchie vereinte. Stevan selbst hatte an mehreren Demonstrationen von Studenten und Schülern teilgenommen, die mehr Rechte für die slawische Majorität forderten und sich insbesondere gegen die verhassten Ungarn richteten. Die Ungarn waren die eigentlichen Machthaber in diesem Teil des Imperiums; sie galten den Serben als anmaßend und korrupt, und man beherrschte ihre Sprache nicht, wohingegen man sich auf Deutsch immerhin verständigen konnte. Ein Krieg als mögliche Folge kam Stevan nicht in den Sinn, vielmehr fürchtete er Repressalien gegenüber der serbischen Bevölkerung. Aber wie kann man auch so verrückt sein, dachte er, ausgerechnet am »Vidovdan«, dem heiligen Tag der Slawen, durch Sarajevo spazieren zu fahren und sich als Zielscheibe anzubieten?

Als die Kutsche an diesem Junitag das Dorf erreichte, war es bis auf ein paar streunende Hunde ausgestorben. Eine beklemmende Stille herrschte, die Vorahnung schrecklicher Ereignisse. In den nächsten Tagen verflog diese angsterfüllte Stimmung jedoch wieder. Stevans Familie war voll und ganz mit dem Einbringen der Ernte beschäftigt, die in diesem Jahr besonders gut ausfiel. Bald würde auch die Schule in Zemun wieder beginnen, und so genoss Stevan einstweilen noch die friedlichen Ferienwochen.

Krise im Vielvölkerstaat

Den 13-jährigen Edmund erreichte die Nachricht vom Attentat in München – und löste widerstreitende Gefühle aus. Eigentlich hieß der Junge Ödön, doch hier in Bayern hatte er seinen ungarischen Namen gegen die deutsche Entsprechung eingetauscht. Ödöns Vater von Horváth arbeitete als Diplomat in österreichischen Diensten und gehörte als Angehöriger des ungarischen Kleinadels zu jener von dem Serben Stevan Idjidovic besonders verachteten Spezies. Der Tod des Erzherzogs erschütterte daher ganz unmittelbar Ödöns Familie, die mit ihren Wurzeln die ganze Vielfalt der K.- u. k.-Doppelmonarchie repräsentierte, in Ödöns Worten »eine typisch altösterreichisch-ungarische Mischung: magyarisch, kroatisch, deutsch, tschechisch ...« Die Mutter stammte aus Siebenbürgen, der Vater aus Slawonien. Ödön wurde in dem Adriastädtchen Fiume (heute Rijeka in Kroatien) geboren. Die Familiensprache war Deutsch, die Erziehungssprache Ungarisch: »Während meiner Schulzeit wechselte ich viermal die Unterrichtssprache und besuchte fast jede Klasse in einer anderen Stadt. Das Ergebnis war, dass ich keine Sprache ganz beherrschte. Als ich nach Deutschland kam, konnte ich keine Zeitung lesen, da ich keine gotischen Buchstaben kannte. Erst mit vierzehn Jahren schrieb ich den ersten deutschen Satz.«

Obwohl sich Ödön in München nicht heimisch fühlte und mit schulischen Problemen kämpfte, hatte der Vater die Familie mit Bedacht hierher geholt. Als Diplomat hatte er die Spannungen auf dem Balkan unmittelbarer erlebt als andere und die Familie aus dem permanenten Krisenherd entfernen wollen. Und es waren hautnahe Erlebnisse, die ihn den Balkan meiden ließen. Im Jahr 1903 hatte der Vater in der Vertretung seines Landes in Belgrad gearbeitet – damals nicht nur Hauptstadt des jungen Königreichs Serbien, sondern auch Grenzstadt zum Habsburger Reich. Auch die Familie hatte dort gelebt. In Belgrad wurde der Vater Augenzeuge, wie der serbische König Alexander I. gemeinsam mit seiner Frau auf offener Straße ermordet wurde. Die Attentäter, serbische Offiziere, sahen in dem König, dem Sympathien für Österreich nachgesagt wurden, ein Hemmnis auf ihrem Weg zu einem großserbischen Reich. Das Attentat hatte den gewünschten Erfolg: Die neuen serbischen Herrscher huldigten der Idee des Panslawismus und schlossen sich eng an Russland an. Mehr und mehr ging das Königreich nun auf Konfrontationskurs zum österreichischen Nachbarland. Später gründeten dieselben Offiziere die Organisation der »Schwarzen Hand«, jenen Geheimbund, der im Juni 1914 die Ermordung des Erzherzogs initiieren sollte. Die Ereignisse von 1903 wurden in Ödöns Vater nun wieder lebendig.

Horváth senior wusste, in welch tiefe Krise der Tod des

Thronfolgers die Doppelmonarchie stürzen würde. Kaiser Franz Joseph I. regierte seit 1848 und war mit seinen 83 Jahren längst nicht mehr imstande, den Herausforderungen der Zeit zu begegnen. Kronprinz Ferdinand hatte als Reformer gegolten, der die rigide Politik des Reiches gegenüber den Slawen zu lockern gedachte. Diese Hoffnung war nun zunichte gemacht, wenn auch die Erosion des riesigen Imperiums wohl schon zu weit fortgeschritten war, um den Unabhängigkeitsbestrebungen von Serben und Kroaten, Polen und Tschechen etwas entgegenzusetzen. Ein »Waffengang«, wie es in der Sprache der Zeit hieß, schien nun der einzige Weg zu sein, um eine weitere Stärkung der slawischen Mehrheit in Österreich-Ungarn zu verhindern.

Diesem aufziehenden militärischen Konflikt auf dem Balkan hatte Ödöns Vater die Familie so weit als möglich entziehen wollen – doch wie sich bald herausstellen würde, nicht weit genug.

Deutschland ist kriegsbereit

In weiten Teilen Europas herrschte im Sommer 1914 Abscheu über das Attentat, galt es doch als Beweis für das vermeintlich barbarische Wesen der Balkanvölker. Eine begrenzte Strafexpedition Österreichs wurde allgemein erwartet, löste jedoch wenig Beunruhigung aus. Mit einem auf Österreich und Serbien begrenzten Scharmützel, so wie es das Habsburger Reich beabsichtigte, hatte man selbst wenig zu tun. Solche Konflikte waren die Menschen gewöhnt, zumal auf dem Balkan, wo der letzte Krieg zwischen Bulgarien auf der einen, dem Osmanischen Reich, Serbien, Montenegro, Rumänien sowie Griechenland auf der anderen Seite erst zehn Monate zurücklag.

Der siebenjährige Eduard Mayer aus Bayern, jüngster Sohn eines Nürnberger Verlegers, begann Mitte Juli ein Tagebuch zu führen. Anlass war nicht ein vielleicht bevorstehender Krieg, sondern eine Urlaubsreise in den Oberpfälzer Wald. Der Vater konnte die Fortschritte beim Schreiben meist nicht direkt verfolgen, da er in Nürnberg geblieben war und nur am Wochenende mit dem Abendzug die Familie kurz besuchte. So halfen ihm die älteren Brüder immer mal wieder bei seinen Einträgen, wobei sie sich gelegentlich heimlich über die Naivität des Kleinen lustig machten und ihm vermutlich einige Passagen von unfreiwilliger Komik unterjubelten. Wenn ihn die zehnjährige Schwester bei der Tagebucharbeit unterstützen sollte, musste Eduard ihr dafür zwei Pfennige bezahlen: »Papa hat gesagt, dass vielleicht ein Krieg kommen wird. Weil die Österreicher sehr zornig sind über die Serben. Die Serben haben nämlich den österreichischen Kronprinzen ermordet; wir waren damals gerade auf einem Ausflug im Schießhaus. Als wir fortgingen, war er noch ganz lebendig, und als wir heimkamen, standen viele Menschen an den Plakatsäulen, weil da die Beschreibung von der Mörderei ganz dick aufgepappt war. Der Mörder war sehr frech und hat auch die Kronprinzessin mit totgemacht. Das war aber alles schon im Monat Juni! Die Österreicher aber haben sich das doch gemerkt.«

In der Brauwirtschaft gab es Metzelsuppe. Am Nebentisch saßen die Bauern, vertilgten riesige Mengen an Leberwürsten, Presssack und »große Trümmer«, Blutwürste mit Kraut. Sie sagten, dass der Krieg bald losgehen würde, aber die Mutter schimpfte, die Bauern hätten bloß zu viel getrunken. Sie glaubte, dass Wilhelm II. und der russische Zar Nikolaus, die ja Vettern waren, »friedlich aufgelegt sind und den Krieg nicht hereinkommen lassen«.

Und doch klopfte der Krieg immer mächtiger und begehrte Einlass. Der Vater schickte Zeitungsausschnitte, die besagten, dass die Österreicher bereits Nürnberg verlassen würden, doch die Mutter hatte keine Lust, immer nur vom Krieg vorzulesen. Eduard sollte doch endlich einmal etwas anderes, Schöneres in sein Tagebuch schreiben als immer nur dieses Zeug vom Krieg. Doch die Geschwister, sonst meist uneins, waren diesmal ganz einer Meinung: »Wir möchten schon lieber den Krieg losgehen sehen, weil wir sehr neugierig sind, wie es da zugehen wird.«

Die Kinder teilten eben nicht immer die Sicht, die ihnen von den Erwachsenen vorgegeben wurde. Auch nicht die zwölfjährige Elfriede Kuhr aus Schneidemühl. »Meine Mutter hat mir geraten, ein Tagebuch zu schreiben. Wenn ich fünfzig oder sechzig Jahre alt bin, wird es mir merkwürdig vorkommen, was ich als Kind geschrieben habe. Und doch wird es richtig sein, denn in einem Tagebuch darf man nicht lügen.« Mit diesem Vorhaben begann sie 1914 ihre Aufzeichnungen. Schneidemühl gehörte zur Provinz Posen, lag am östlichen Rand des mit Österreich eng verbündeten Deutschen Reiches. Doch es verwirrte sie zutiefst, als sie das Foto des blutjungen serbischen Attentäters in der Zeitung sah. »Alle sagen, er sei ein Verbrecher, der gelyncht werden sollte. Ich denke dauernd darüber nach, warum er das getan hat. Auf dem Zeitungsbild sah sein Gesicht schön und entsetzt aus. War er vielleicht verrückt?«

Unterdessen verschärfte sich die diplomatische Krise auf dem Balkan. Österreich versuchte Serbien durch ein Ultimatum mit unhaltbaren Bedingungen zu demütigen – Serbien schien aber dennoch bereit, in fast allen Punkten nachzugeben.

Ein Krieg war für Elfriede außerhalb der Vorstellung. Doch selbst wenn es dazu kommen sollte, war sie ohne Sorge. Denn Kaiser Wilhelm hatte zwei mächtige Vettern in Europa, den russischen Zaren Nikolaus und den englischen König Georg V. Im Falle des Falles würden sie dem Cousin zu Hilfe eilen. Wer würde es dann wagen, sich ernsthaft mit Deutschland anzulegen?

Zwischen Kaiser und Zar

Zumindest über einen gekrönten Herrscher gab sich der 1905 geborene Munju Sperber, Sohn strenggläubiger Chassidim, keinen Illusionen hin. Russland mitsamt dem Zaren, das war für ihn das Reich des Bösen. Wenn wieder einmal ein Sturm von Osten her auf sein Städtchen traf und die Holzhäuser einzureißen drohte, dann meinten die Kinder genau über die Ursache des Orkans Bescheid zu wissen: Der Zar henkte wieder einmal unschuldige Juden.

Munju wuchs in Zablotow auf, einem galizischen Schtetl im österreichischen Grenzland kurz vor Russland. Neunzig Prozent der 3000 Einwohner stellten Juden. Zablotow war das Gegenteil eines Ghettos. Die Juden traten selbstbewusst auf, mussten sich nicht assimilieren, konnten ihre Bräuche offen leben. Sie wussten, dass es ihren Glaubensbrüdern nur wenige Kilometer östlich anders erging, die täglichen Bedrückungen und gelegentlichen Pogromen ausgesetzt waren.

Dabei war das Leben der Juden in Zablotow alles andere als ein Zuckerschlecken. Die meisten fristeten ein kärgliches Dasein, konnten sich kaum einmal satt essen. Selbst die bescheidensten Wünsche der Kinder – ein neues Gewand, neue Schuhe – gingen selten in Erfüllung. Ein oder zwei Paar Stiefel mussten häufig für die ganze Familie über den Winter reichen. Bis spät in den kalten Herbst hinein liefen die Kinder barfuß.

In Zablotow gab es mehr Händler als Käufer, mehr Handwerker als Kunden. Nur ein Berufszweig konnte über mangelnde Aufträge nicht klagen: die Flickschusterei. Die Bewohner im Schtetl trieb das Elend jedoch keineswegs in die Verzweiflung, zumal die Not ein Beweis dafür war, dass das Erscheinen des Messias unmittelbar bevorstand. Dies war das ultimative Versprechen, nach dem sich ihr ganzes Dasein ausrichtete. Und selbst wenn das Geld nicht für die Braunkohle zum Heizen reichte: Selbst die Ärmsten brachten das Geld für die Chederschule auf, wo den Jungen Hebräisch und Beten beigebracht wurde. Nichts war in Zablotow so wichtig wie das Lernen – jedenfalls für den männlichen Nachwuchs; denn so konservativ gaben sich die chassidischen Juden, dass Mädchen ihrer Ansicht nach zu Hause am besten aufgehoben waren.

Für die Juden in der Diaspora war Hebräisch eine Fremdsprache, und für die Kinder bedeutete das: doppelt so viel lernen, vom dritten Lebensjahr an. Die säkulare Schule begann für alle im Alter von sieben; dort wurde Polnisch gesprochen – für Munju das nächste fremde Idiom. Hier widerfuhr ihm am ersten Schultag eine schwere Demütigung – niemand hatte ihm gesagt, dass Munju lediglich sein Rufname, sein eigentlicher Geburtsname hingegen Manès sei. Weil er auf diesen ihm nichts sagenden Namen nicht reagierte, galt er als der Dummkopf der Klasse, musste eine Woche lang fünfmal täglich laut aufsagen: »Ich muss mir merken, wie ich heiße. Ich heiße Sperber Manès.«

Der Junge musste sich im Ort zwischen Ukrainisch und Polnisch, Jiddisch und Hebräisch und seiner deutschen Muttersprache zurechtfinden. Er hasste diese babylonische Verwirrung, und doch bereicherte sie unmerklich sein Denken. Das hebräische »Majim« bedeutete für ihn Wasser aus einer Quelle, während das slawische »Woda« aus einem Brunnen kam, und das deutsche Wort »Wasser« stand für jene moderne Erfindung, die es in Zablotow vielleicht erst in ferner Zukunft geben würde: den Wasserhahn.

Es gab kein Gas, keine Elektrizität, keine Kanalisation, keine Wasserleitung in den Häusern. Das Wasser musste aus entlegenen Brunnen geschleppt werden. Manès' Eltern gehörten zu den vergleichsweise Begüterten: Sie konnten einen Wasserträger bezahlen, der ihnen den Weg zum Brunnen abnahm. Und sie konnten es sich sogar leisten, in den Sommerferien in den Urlaub zu fahren. Doch 1914 fiel diese Reise zum großen Kummer von Manès aus. Die Ermordung des Thronfolgers in Sarajevo würde nicht folgenlos bleiben, soviel galt den Juden als sicher.

An einem Freitagabend im Sommer 1914 hatte die Familie das Sabbatmahl noch nicht beendet, als sie durch lauten Trompetenschall aufgeschreckt wurde, der vom Marktplatz immer näher kam. Es war Max, ein Freund des Vaters, doch auch seine Botschaft verkündete Krieg. Vorerst galt nur die allgemeine Mobilmachung (auch Max musste in zwei Tagen einrücken), noch war kein Krieg erklärt – doch niemand zweifelte, dass es gegen Russland gehen würde.

Für Vater Sperber bedeutete Krieg ein Unglück, er hätte den Juden noch nie etwas Gutes gebracht. Doch widersprachen ihm die meisten im Schtetl, vor allem die Kinder. Ein Krieg würde das traurige Schicksal der unter den Pogromen leidenden Glaubensbrüder in Russland lindern. All ihre Hoffnung setzten die Juden auf den guten Kaiser Franz Joseph im fernen Wien und seinen besten Freund, den deutschen Imperator.

Maikäfer flieg ...

Kindern wie Elfriede oder Eduard mussten die beiden Kaiser wie Märchenfiguren erscheinen. Manès träumte gar davon, von Franz Joseph I. auf dessen Burg zu Festmahl und Gespräch geladen zu werden, und zerbrach sich den Kopf darüber, wie er die Schwierigkeit lösen würde, dass das Essen gewiss nicht koscher wäre.

Für die 1901 geborene Marie Luise von Holzing war Wilhelm II. dagegen beinahe so etwas wie ein Nachbar. Ihr Vater hatte lange als Flügeladjutant des deutschen Kaisers im Großen Hauptquartier in Potsdam seinen Dienst geleistet. Der von jeher enge Kontakt des Vaters zum Herrscher wirkte sich auf unangenehme Weise direkt auf Marie Luise aus. Gemeinsam mit ihren beiden Schwestern war sie dazu angehalten worden, im Park von Sanssouci mit der einige Jahre älteren Prinzessin Viktoria Luise zu spielen, der einzigen Tochter Wilhelms II. In den Worten von Marie Luise: »Für die Prinzessin ist im Park ein norwegisches Holzhaus gebaut, eine Spielküche mit lauter kupfernen Geräten, die Prinzessin bereitet Spiegeleier, natürlich muss sie die Pfanne nicht sauber machen.« Auf langen erzwungenen Spazierfahrten fand sie die Prinzessin erst langweilig, dann »blöd«.

Langweilig war zunächst auch ganz Sanssouci, dann in der Steigerung ebenfalls »blöde«.

So wenig wie Marie Luise die allseits bewunderte Pracht des friderizianischen Potsdam schätzen konnte, so wenig war sie mit sich selbst zufrieden. Sie hatte langes dunkles Haar, stahlblaue Augen, ein inneres Strahlen in ihrem Blick. Doch das zählte alles nicht: Sich selbst nannte sie »das dicke Kind«, wurde rot, wenn man sie ansprach, und bekam einen Kloß im Hals, wenn sie auf etwas eine Antwort geben sollte. Bei geringfügigen Anlässen brach sie in Tränen aus, galt als »nah am Wasser gebaut«, worunter sie sich nicht allzu viel vorstellen konnte. War damit die Nähe ihres Hauses zur Potsdamer Seenlandschaft gemeint? Obwohl die Mutter künstlerisch hochbegabt war, phantasievolle Spiele für ihre Kinder erfand, allgemein als tatkräftig und fröhlich galt, fühlte sich Marie Luise von ihr ungeliebt. Sie küsse »durch einen Schleier hindurch«, klagte sie. Den Vater mochte sie viel lieber. Obwohl ranghoher Offizier und somit scheinbar amusisch, wirkte er sensibel, melancholisch und ernst. Seine militärische Karriere verdankte er vor allem dem Umstand, dass er ein exzellenter Reiter war und mehr von Pferden verstand als fast jeder andere im kaiserlichen Heer. Marie Luise wurde der zeitgenössischen Sitte folgend in Matrosenanzüge gezwängt; sie hasste die Einheitskleidung, alles Uniformierte, Militärische. Doch den Vater verehrte sie – und wollte ihre ganze Kindheit über lieber ein Junge sein.

Von außen betrachtet eine perfekte, hochprivilegierte Kindheit. Von innen her schien sie nur in der Umkehrung zu funktionieren. Marie Luise von Holzing invertierte ihren Namen, nannte sich »EIRAM ESIUL nov Gnizloh« – das war mehr als ein Name, das war ein Zauberspruch, eine Schutzformel, die sie hundertfach murmelte, um die Zumutungen des Alltags per Magie in eine andere Richtung zu lenken. EIRAM ESIUL, »geboren im Wassermann« als »Erlkönigs Tochter« in Sumpflöchern hausend – wahrhaft am Wasser gebaut.

1913 war sie aus ihrem schrecklichen Idyll erlöst worden. Prinzessin Viktoria Luise hatte sich verlobt und briet nicht länger Spiegeleier in der Spielküche. Marie Luises Vater wurde zum Oberstleutnant und Führer des Ersten Garde-Dragoner-Regiments befördert. Das bedeutete Umzug nach Berlin. Jetzt ging der Vater im Kriegsministerium auf der Leipziger Straße ein und aus, einem Stadtpalais mit endloser monotoner Front, sparsam durch steinerne Helme und Trophäen geschmückt, die Einfahrtstore von gewaltigen, grob gehauenen Soldatenfiguren eingerahmt.

Berlin war ein Moloch, der alles verschlang, den Vater im Ministerium, die rote U-Bahn, die am Wittenbergplatz hinunter in die Erde stürzte – tägliches Schauspiel auf Marie Luises Schulweg.

Im angesagten »Neuen Club« in den Hackeschen Höfen las zur gleichen Zeit Jakob van Hoddis wieder einmal sein inzwischen berühmtes Gedicht »Weltende« vor:

> Dem Bürger fliegt vom spitzen Kopf der Hut,
> In allen Lüften hallt es wie Geschrei.
> Dachdecker stürzen ab und gehn entzwei
> Und an den Küsten – liest man – steigt die Flut.

Van Hoddis war ebenso wenig ein echter Name wie EIRAM ESIUL; vielmehr handelte es sich um ein Anagramm des jüdischen »Davidsohn«. Sein Gedicht kannte Marie Luise damals vermutlich noch nicht, die später unter dem Nachnamen Kaschnitz selbst eine berühmte Schriftstellerin werden würde. Doch sie teilte jetzt schon den siebten Sinn der Dichter für das nahende Unheil. Und sie wurde selbst eines Zeichens ansichtig, auch wenn es kein Dachdecker war, den Marie Luise stürzen sah, als sie eines Tages im Konservatorium in der Genthiner Straße zum Notendiktat antrat. Eben noch hatte sie Töne in verzwickten Intervallen auf dem Klavier angeschlagen und »wie Vögel auf Telegraphendrähte« aufs Notenpapier gebracht. »Plötzlich ein Ding, groß, merkwürdig, das an der Scheibe vorbeifällt und das man ein paar Augenblicke später unten auf dem Hofpflaster aufprallen hört. Der Lehrer reißt die Hände vom Klavier und schreit, da fällt ein Mensch vom Dach, und alle Kinder werfen ihre Bleistifte hin, dürfen aber nicht zum Fenster laufen.« Der Mensch war die Sekretärin des Konservatoriums, »das verwachsene Fräulein, das den Direktor geliebt hat und heute entlassen worden ist«. Und sie war nicht gestürzt, sondern aus Unglück in den Tod gesprungen. Dies erfuhr Marie Luise allem Fensterverbot zum Trotz umgehend von den älteren Schülern.

Als sie nur wenig später mit der Mutter im Tiergarten spazieren ging, fiel ihr Blick auf einen Baumstamm, an dem ein Zeitungsfetzen hing. »Extrablatt! DER MORD VON SARAJEVO!« Gedankenlos summte sie: »Maikäfer flieg, / Der Vater ist im Krieg.«

Dieser Zauberspruch wurde Wirklichkeit.

KAPITEL 3

Abschied von der heilen Welt

> An die Zeit vor 1914 erinnere ich
> mich nur wie an ein langweiliges Bil-
> derbuch. Alle meine Kindheitserleb-
> nisse habe ich im Kriege vergessen.
> Mein Leben beginnt mit der Kriegs-
> erklärung.
>
> *Ödön von Horváth, geb. 1901*

Erbfeinde

»Heute redeten alle nur über Krieg«, beunruhigt sich der zehnjährige Yves Congar aus Sedan in seinem Kriegstagebuch vom
2. August 1914. Es sind noch Sommerferien in Frankreich, aber
mit der Urlaubsstimmung ist es vorbei. »Alles, woran ich denken
kann, ist der Krieg. Ich möchte ein Soldat sein und kämpfen.«

Yves' Wunsch ist halbherzig. Er ist zwar schon ein erfahrener
Kämpfer – jedoch lediglich auf dem Küchentisch als Anführer
seiner geliebten Zinnsoldaten. Dass der eigentliche Krieg sehr
viel anders sein wird, macht er sich nicht bewusst, doch er spürt
es instinktiv. Während die französische Armee in seiner Heimatstadt Sedan Truppen mobilisiert, sammelt Yves mit seiner Mutter auf einem Feldweg Heilpflanzen für einen Kräutertee, denn
der Junge leidet an einer Magenverstimmung.

Yves Congar wächst wohlbehütet in einer gutbürgerlichen
Familie auf. Der Vater ist Ladenbesitzer und zu alt, um in den
Krieg zu ziehen. Die beiden Brüder sind zwar älter als Yves,
doch nicht alt genug, um einberufen zu werden. So erscheint
der Krieg erst einmal abstrakt. Allerdings ist Pierre, einer der

Brüder, gerade nach Deutschland gereist – und es gibt keine Nachricht von ihm. Ist er interniert worden, oder ist ihm etwas Schlimmes widerfahren?

Yves' Großeltern erinnern sich noch gut an den letzten Krieg – für sie die Katastrophe von 1870/71. Damals verlor Frankreich seine beiden reichen Provinzen Elsass und Lothringen an Deutschland. Sedan spielte in diesem Deutsch-Französischen Krieg eine Schlüsselrolle. Hier wurde die Niederlage Frankreichs besiegelt. Für die Franzosen ist Sedan ein nationales Trauma. Die Deutschen begehen umgekehrt am 2. September den »Sedantag« als alljährlichen Feiertag. Für die Kinder bedeutet das: unterrichtsfrei.

Damit sich eine solche Schmach für die »Grande Nation« nie mehr wiederholt, haben die französischen Heeresstrategen für den Kriegsfall ihren »Plan 17« entwickelt. Er ist als eine »Doktrin des permanenten Angriffs« auf eine rasche Rückeroberung der verlorenen Gebiete in Elsass-Lothringen ausgerichtet. Eine wirksame Verteidigung der französischen Grenzen ist dabei nicht vorgesehen. Frankreichs Gesellschaft ist überaltert, leidet an dramatischem Bevölkerungsrückgang, fürchtet, vom Erzfeind Deutschland militärisch und wirtschaftlich für alle Zeiten abgehängt zu werden. Angriff scheint da die beste Verteidigung zu sein.

Aus den Zeiten des im kollektiven Gedächtnis tief verwurzelten 1870er Krieges stammt ein populäres Schimpfwort der Franzosen für die Deutschen. »Boche«. Es bedeutet: Holzkopf. Und so beginnt Yves Congar seine Aufzeichnungen als Tagebuch des Krieges der Franzosen gegen die Boches: »Journal de la guerre. Franco-Boche 1914 –«. Der Endpunkt muss vorerst frei bleiben. Noch steht die in Sedan besonders spürbare Erbfeindschaft zwischen Franzosen und Deutschen für ihn im Mittelpunkt – ohne eine wirkliche europäische Dimension. Zwar werden Autos, Pferde und Kutschen von der Armee requiriert, und die Verlegung dreier Regimenter von Sedan an die französisch-deutsche

Grenze zeigt Yves, die Lage sei »sehr ernst«. Doch schließlich ist auch Pierre unbeschadet zurück, gerade noch rechtzeitig. Am 4. August unterrichtet der Vater seine Kinder von der offiziellen Kriegserklärung Deutschlands an Frankreich und vom Abzug des deutschen Botschafters aus Paris.

Am nächsten Tag kommen neue Regimenter nach Sedan – und mit ihnen neue Informationen und Gerüchte. Die Congars beherbergen einen Unteroffizier von den 2. Kürassieren samt Pferd und Ordonnanz; er bekommt das Schlafzimmer der Mutter. Mit ihren schneidigen, weithin leuchtenden Uniformen erregen die französischen Reiter Yves' Bewunderung. Wer soll ihnen widerstehen? Und tatsächlich gibt es Nachricht von einem ersten französischen Sieg: »Der Kampf um Altkirch ist inzwischen bestätigt. Unsere Soldaten nahmen die Stadt mit dem Bajonett ein, während die Kavallerie die deutsche Nachhut verfolgte. Elsässer transportierten im Triumph die Grenzpfosten weg, die sie herausgerissen hatten. Ein Sieg erster Klasse wie aus dem Bilderbuch.«

Dieser Sieg »erster Klasse« war freilich nicht mehr als ein kleines Scharmützel mit wenigen Dutzend beteiligten Soldaten. Und während Yves von der Rückeroberung des Elsass träumt, rücken in Wirklichkeit die deutschen Truppen auf seine Heimatstadt vor. Schon ist Kanonendonner zu hören. Eine unaufhörliche Kolonne von Militärfahrzeugen wälzt sich durch die Straßen; 67 zählt der Junge am Morgen und 33 am Nachmittag. Flugzeuge steigen auf. Die Brücken von Sedan werden mit Dynamit vermint. Dieser Krieg wird kein Spaziergang – und er breitet sich unaufhaltsam aus.

»Großer Konflikt«, registriert der Zehnjährige, »zehn Nationen kämpfen. Die Deutschen bombardieren Lüttich, das sich zu verteidigen weiß. Die Belgier haben zwei Brücken gesprengt. Aufgepasst, Deutschland! Halt!«

Der Überfall

Der gerade acht Jahre alt gewordene Eduard Mayer aus Nürnberg sucht in seinem Feriendomizil nach Antworten, weshalb die Menschen in den Krieg ziehen. In der Wirtsstube palavern die Bauern von »Weltkrieg« und »Völkerkrieg«. Ein Mann schlägt mit dem Maßkrug so heftig auf den Tisch, dass alle um ihn herum verstummen. In seinem aufgerissenen Mund gibt es nur noch ein paar wenige Zahnstummel. Er schreit: »Die sollen nur herüberkommen, diese serbischen und russischen Schlawiner, lebendig verlässt keiner mehr unser Bayernlandl. Zusammen hauen wirs mit unseren Mistpretschen, diese windigen Polacken.« Die eindrucksvolle Rede muss sich Eduard von einem der Brüder ins Tagebuch diktieren lassen. Der kassiert dafür fünf Pfennige, aber jeder davon ist nach Ansicht des Vaters sein Geld wert, während die Mutter über dem ganzen Gebrüll Kopfschmerzen bekommt und schnell zu Bett geht.

Eduard reimt sich den Ausbruch des Krieges mit Frankreich folgendermaßen zusammen: »Am Dienstag, den 4. August 1914, steht am Telegramm, dass gestern Deutschland an Frankreich den Krieg erklärt hat, weil die Franzosen so voreilig sind und gar nicht warten können und sich immer schon zu uns herüberschleichen und Bomben auf unsre Bahnen und Brücken herabwerfen, wenngleich der Krieg mit Frankreich noch gar nicht richtig angegangen ist. Wir haben nun zwei Feinde, Russland und Frankreich; eine Ost- und eine Westfront heißt man das.«

Eine Front im Westen und eine im Osten – das ist es, was die deutsche Heeresführung aber unter allen Umständen vermeiden will. Durch ungeschickte Diplomatie hat sich Deutschland in Europa seit Ende des 19. Jahrhunderts zunehmend isoliert, fühlt sich von Frankreich, Russland und England eingekreist, die als Entente ein Bündnis eingegangen sind. Einen Krieg noch führen, solange die Gegner nicht übermächtig geworden sind, lautet das Motto der Generäle, mit dem sie beim Kaiser vorstellig geworden sind. Ihre Strategie folgt dabei einem Plan, der nach seinem Erfinder Schlieffen benannt ist. Statt eines Zweifrontenkrieges soll in einem schnellen Vorstoß Paris eingenommen und Frankreich zur Kapitulation gezwungen werden. Danach erst sollen sich die Truppen gegen Russland wenden. Der entscheidende Faktor dieses Planes ist die Schnelligkeit, mit der die Truppen mobilisiert werden können. Und so erreicht der Krieg mit atemberaubender Geschwindigkeit auch die entlegenste Provinz.

Die 14-jährige Agnes Zenker, genannt Nessi, lebt in Bärenfels, einem abgelegenen Dorf im sächsischen Erzgebirge. Der Vater ist Forstmeister mit einem bescheidenen Gehalt, jedoch stellt ihm als Amtsperson der Staat das Forsthaus immerhin als Dienstwohnung, sodass sich die Familie ein Dienstmädchen und einen Kutscher leisten kann. Nessi ist ein naturverbundenes Kind, das sich im Wald unter Tieren und Pflanzen wohler fühlt als unter Menschen. Als die Mobilmachung kommt, ist die ganze Familie im Hof versammelt. Der Briefträger überreicht dem Vater ein Telegramm. Nessi stockt der Atem: »Wird Papa jetzt etwa zu den Waffen gerufen?« Eine Minute später ist sie einigermaßen erleichtert: Der Stellungsbefehl gilt lediglich Hermann, dem Kutscher. »Er ließ sich erst kriegstrauen. Das war furchtbar traurig. Aber Hermann war so siegesgewiss, hatte so gar keine Angst. Unsere deutschen Krieger sind alle so«, schreibt Nessi in ihr Tagebuch, das sie fortan gewissenhaft führt.

Diese Siegesgewissheit scheint auch das Mädchen zu teilen: »Na, ich glaube, dass wir Lüttich einnahmen. Lüttich war sehr stark befestigt. Die Feinde staunten alle. Zeppelin hat das meiste gemacht. Er hat tüchtig Bomben geworfen.« Das Naturkind ist plötzlich fasziniert. Einerseits irrt Nessi, denn der »tüchtige« Angriff mit einem Zeppelin-Luftschiff auf die belgische Festungsstadt Lüttich am 6. August ist militärisch bedeutungslos. Der dadurch verursachte Tod von sechs Zivilisten scheint geringfügig angesichts der vielen tausend Opfer, die die Schlacht um Lüttich bis zum 16. August fordert. Doch andererseits markiert dieser Bombenabwurf eine erste neue Verschärfung der Kriegführung, der noch viele weitere folgen werden.

Der Ort des ersten deutschen Sieges lässt aufhorchen. Belgien ist ein neutrales Land, das sich schon aufgrund seiner militärischen Schwäche aus Konflikten heraushält. Doch es hat das Pech, den deutschen Aufmarschplänen gegen Frankreich geografisch im Weg zu stehen. Nur ein schneller Marsch durch Belgien vermag dem Schlieffen-Plan zum Erfolg zu verhelfen. Rücksichtslos hat Deutschland dieser strategischen Idee die Neutralität eines Landes geopfert, Belgien ein Ultimatum auf freien Durchzug gestellt – und seine Truppen einmarschieren lassen, obwohl sich die Belgier eine Missachtung ihrer Souveränität verbeten haben. Es ist ein Bruch des Völkerrechts, doch in Deutschland stellt sich das ganz anders dar.

»Da wurden die Glocken geläutet und Fahnen gehisst. Sogar in unserm kleinen Dorf war großer Jubel. Ich dachte nie, dass sich alle so über den Krieg freuten«, wundert sich Nessi. Der Jubel scheint ansteckend zu sein. Ursprünglich hat Nessi ihr Tagebuch begonnen, weil Lehrer und Eltern die Kinder systematisch dazu ermutigt haben und sie sich nicht widersetzen wollte. Doch nun ist es ihr selbst ernst mit dem Schreiben: »Ich freue mich jetzt auch sehr, dass ich den Krieg miterleben kann. Ich bin ganz stolz. Ich freu' mich schon, wenn ich meinen Enkeln mein Kriegstagebuch zeige.«

Vor Deutschlands Angriff auf Belgien hatte das mit Frankreich und Russland verbündete England gezögert, in den Konflikt auf dem europäischen Kontinent einzugreifen. Nun senkt sich auf den britischen Inseln die Waagschale zugunsten einer kriegerischen Intervention. Die deutschen Generäle haben dieses Risiko bedacht – und für unwesentlich erklärt. Schließlich kennt Großbritannien anders als Russland oder Frankreich keine Wehrpflicht, verfügt nur über eine zahlenmäßig kleine Berufsarmee.

Eduard Mayer in Nürnberg ringt indes mit Hilfe seiner Geschwister um eine zutreffende Deutung der Ereignisse: »Dann kamen als Feinde noch England und Belgien herangeschlichen. Die Deutschen haben nicht lange aufgemerkt und sind schnell nach Belgien hineingerumpelt, weil da der nächste Weg ist nach Frankreich. Darüber wurden die Engländer recht zornig und erklärten den Krieg gegen Deutschland. In der Zeitung steht aber, dass in Deutschland nur lauter Krämer wohnen, und da braucht kein Mensch eine Angst haben. Ihre Schiffe können uns auch nicht fürchtend machen.«

Die Träume einer Weltmacht

Großbritannien tritt in diesen Krieg als globale Macht mit all seinen Kolonien und Herrschaftsgebieten: Australien, Kanada, Neuseeland, Neufundland, sogar Nepal. Die Beteiligung des Empire markiert den Übergang von einem europäischen Konflikt zum Weltkrieg.

Das Zimmer des 14-jährigen Alfred aus dem Londoner East End ist spartanisch eingerichtet, fast schäbig. Die riesige Wandkarte, auf der die Ozeane abgebildet sind, würde hingegen wohl bewundernde Blicke ernten, doch Besucher oder gar Freunde lässt der schüchterne und ängstliche Junge weder in seine Kammer noch in sein Leben. Alfred ist ein stiller Beobachter und Einzelgänger ohne Spielkameraden. Stundenlang studiert er an manchen Tagen seine Karte der Weltmeere, notiert aus der Zeitung die Routen aller Schiffe, die gerade auf See sind, folgt ihrem Kurs mit dem Finger auf der rauen, mit Längen- und Breitengraden bedruckten Pappe. Sehnsuchtsorte.

Alfreds tatsächliche Reisen beschränken sich auf London und den Umkreis. Von Reisen über den Ozean kann er nur, was er auch ausgiebig tut – träumen. Darin ist er unersättlich. Wenn er Bücher liest, dann fast ausschließlich Reiseberichte. Wenn er studiert, dann Landkarten oder die Fahrpläne der britischen Eisenbahnen, die er auswendig beherrscht und wahrscheinlich fehlerfrei aufsagen könnte, wenn ihn jemand danach fragen würde. Einmal ist Alfred mit dem Flussdampfer bis zur Themsemündung in Gravesend gekommen. Ansonsten ist er kreuz und quer durch London gefahren mit den elektrischen Straßenbahnen, die es dort seit 1906 gibt. Wenn er seinem Vater bei der Arbeit hilft, kommt freilich keine moderne Technik zum Einsatz. Der Gemüse- und Fischhändler versorgt die proletarische Unterschicht im East End mit preiswertem Essen und benutzt dafür seit eh und je einen alten Pferdewagen.

Alfred ist ein braver Junge, auf den sich die Familie verlassen kann. Geringfügige Wortgefechte gibt es vor allem dann, wenn die Mutter ihn wieder einmal »Fred« gerufen hat. Seinen Vornamen mag er nicht und schon gar nicht die Kosevariante. Da nennt er sich lieber »Hitch« und möchte, dass man ihn nur so ruft. Denn sein voller Name ist Hitchcock, Alfred Hitchcock.

Das Schicksal der britischen Flotte erhitzt die Phantasie des Jungen mehr als alles andere, denn die Ozeane sind britisch. Dieses Selbstbewusstsein hat seinen Grund. Das britische Weltreich umfasst beinahe ein Viertel der Landmasse der Erde und an die 450 Millionen Untertanen, annähernd ein Viertel der Weltbevölkerung. Aufgrund seiner Wirtschaftsdominanz steuert das Empire darüber hinaus die Geschicke formal unabhängiger Staaten wie China, Siam oder Argentinien. Einzig das russische Reich mit seiner gewaltigen Landmasse kann Großbritannien auf Alfreds Karte Paroli bieten, doch mit dem Zaren ist England seit dem Vertrag von Sankt Petersburg 1907 verbündet.

Die Kontinente sind auf Alfreds Karte nur grob ausgeführt, immerhin stechen mit dem Osmanischen Reich und der Doppelmonarchie Österreich-Ungarn noch zwei weitere Imperien ins Auge. Deutschland, vor dessen aggressiven Ambitionen in der englischen Presse immer wieder gewarnt wurde, wirkt dagegen fast klein, scheint schon rein geographisch mit seinem Nachbarn und Rivalen Frankreich genügend beschäftigt. Der schieren Ausdehnung auf der Karte, die den Betrachter fast erschlägt, sieht man freilich nicht an, dass die Großreiche ihre Blütezeit hinter sich haben, an Überdehnung leiden, kaum mehr beherrschbar sind.

Jetzt jedoch ist Kriegszeit; Zeit, die Grenzen auf den Karten zu verschieben. Großbritannien ist formal in den Krieg eingetreten, um dem überfallenen Belgien beizustehen. Doch auch das Empire hat tiefere Gründe, sich an den Schlachtszenen des Jahres 1914 zu beteiligen. Einer ist der Versuch Deutschlands, sich mit der etablierten Seemacht ein Flottenwettrüsten zu liefern, immer mehr und größere Schlachtschiffe zu bauen, statt seine Dominanz als Landmacht auf dem europäischen Kontinent zu festigen. Dabei bekleidet der anglophile Wilhelm II. formal den Rang eines britischen Admirals, verliehen vom englischen Königshaus, und mit seinem Vetter Georg V. hat er in seiner Jugend auf der Insel gemeinsam Krieg gespielt. Fast scheint es, als sei aus diesen Manöverspielen später ernst geworden.

Alfreds Familie ist strikt patriotisch eingestellt. Es sind Abkömmlinge irischer Einwanderer, die aus einfachsten Verhältnissen stammen und sich in die untere Mittelschicht emporgearbeitet haben – und Befürworter des Kriegseintritts ihrer Wahlheimat. Sie leben in Dankbarkeit nicht den damals schon populären amerikanischen, sondern ihren britischen Traum. Noch Alfreds Großmutter konnte weder lesen noch schreiben, unterzeichnete Dokumente lediglich mit einem X. Seinem Sohn ermöglichte Alfreds Vater hingegen den Besuch des jesuitischen Sankt Ignatius College in Stamford Hill, obwohl das finanzielle Einschränkungen bedeutete. Nur jeder Vierte bestand die strenge Aufnahmeprüfung, darunter Alfred, der das Jesuitenkolleg bis zum Sommer 1913 besuchte. Er war ein guter Schüler, herausragend jedoch nur in einem Fach: Geographie. Körperliche Züchtigung stand in der Schule auf der Tagesordnung, das war freilich alles andere als spezifisch katholisch, sondern galt als »gesund und englisch«. Jesuitische Besonderheit: Statt mit einem Stock wurde die Hand mit einem Gummiriemen bearbeitet. Nach drei Schlägen war die Hand taub. Waren mehr Schläge angeordnet worden, musste die Strafe daher auf mehrere Tage verteilt werden. Eine solche Härte der Erziehung ist in der damaligen Welt in der einen oder anderen Form gang und gäbe. »Was mich nicht umbringt, macht mich stärker.« Dieses Diktum des deutschen Endzeitphilosophen Friedrich Nietzsche genießt in der Erziehung fast Gesetzescharakter. Alfred mag menschenscheu sein, doch militärische Ehren würde er für England gern erringen. Einstweilen ist er dafür zu jung.

Für ihn findet der Krieg in einer neuen aufregenden Kunstform statt, dem Kino, obwohl seine jesuitischen Lehrer dies als »frivole Sünde« verteufelt haben. London hat zu dieser Zeit bereits 400 Filmtheater und 80 000 Besucher pro Woche. Die »Wochenschau« zelebriert schon damals in verschiedenen Ländern marschierende Soldaten, winkende Frauen und Kinder. Im Jahr 1914 besucht Alfred Abendveranstaltungen in Navigation an der Londoner Universität sowie Handwerkskurse über Elektrizität, Mechanik. Wahrscheinlich will er zur Marine, anders würde sich die Wahl seines Bildungsweges kaum erklären lassen. Zumal Alfred ihn finanziell zunehmend allein bestreiten muss. Der Vater ist schon vor Kriegsausbruch schwer erkrankt und stirbt kurze Zeit später. Eine Katastrophe für die Familie – und für Alfred das Ende der Kindheit. Über Nacht wird er zum Ernährer der Familie, muss sich eine feste Arbeit besorgen. Statt mit dem Finger auf der Karte dem Weg der Schiffe in ferne Länder zu folgen, berechnet er nun im Auftrag der »Henley Telegraph & Cable Company« Stärke und Kapazität von Elektrokabeln. Vielleicht hat bei der Berufswahl ja eine Rolle gespielt, dass Henley zu den Pionieren bei der Verlegung von unterseeischen Telegrafenkabeln gehört, dabei Indien und Ceylon miteinander verbunden hat sowie als Subunternehmer am unterseeischen Transatlantikkabel zwischen Großbritannien und Amerika beteiligt war. So kann er nun gelegentlich auch an seinem Arbeitsplatz von Amerika träumen.

Seekrank

Während überall in Europa die Glocken des Krieges erklingen, hört die elfjährige Anaïs Nin die Schiffsglocke der *Montserrat*, die zum Mittagessen in die Messe ruft. Das Mädchen kämpft auf dem spanischen Ozeandampfer tapfer gegen die Übelkeit, um ihr vor wenigen Tagen begonnenes Tagebuch mit ein paar Zeilen zu füllen: »Entschuldigung, dass ich mit dem Bleistift schreibe, aber ich bin draußen an Deck. Der Himmel ist grau, das Meer ist mit Schaum bedeckt. Das schlingernde Schiff versucht ständig Kopfstand zu machen und taucht mit dem Bug nach vorn, in mehrere Kabinen ist Wasser eingedrungen.« Dann zählt sie akribisch die Passagiere auf, die besonders unter der Seekrankheit leiden und der Mahlzeit vermutlich fernbleiben werden. In ihrem Pass wird zwar Kuba als Heimatland geführt, ebenso wie bei ihrer Mutter und den beiden jüngeren Brüdern, und Ausgangspunkt der Reise ist Barcelona. Doch geboren ist die eifrige kleine Katholikin in einem Vorort von Paris, und sie schreibt in Französisch.

Die meisten Kinder beginnen im Sommer 1914 ein Tagebuch zu verfassen, weil mit dem Kriegsausbruch eine neue, große Zeit anzubrechen scheint, denkwürdig auch für spätere Generationen. Häufig sind es die Eltern oder die Lehrer, die hierzu ermutigen oder es sogar als Pflicht durchsetzen. Als Anaïs Nin ihr Tagebuch am 25. Juli 1914 begann, war ihre Welt zwar weit und breit friedlich, aber dennoch alles andere als heil. »Letzter Blick auf Barcelona und letzte Gedanken«, überschrieb sie ihre ersten kindlichen Reflexionen. »Berge in majestätischer Schönheit«, der blaue Himmel, »der mich so sehr entzückt«. »Das sanfte Gesicht meiner geliebten Großmama; Großmama, die mich küsst.« »Papa, der arbeitet. Mein geliebter Papa – der größte Pianist, den es gibt, seine Stirn trägt Tausende von Lorbeerkränzen.« Ein Elysium, von dem sie sich nun mit jeder Stunde an Bord des Schiffes weiter entfernt.

Ortswechsel sind für Anaïs eigentlich eine Selbstverständlichkeit. Paris, Berlin, Brüssel, Barcelona und ein Intermezzo in Havanna im Alter von zwei Jahren waren die bisherigen Stationen eines durch und durch kosmopolitischen Lebens. Dennoch erfüllt Anaïs die Atlantiküberfahrt mit sehr gemischten Gefühlen. Die große Schiffsreise ist für das Mädchen vor allem ein großer Abschied, von der Großmutter, vom Vater, von Europa. Und obwohl dort allerorten zum Krieg gerüstet wird, trauert sie der Alten Welt nach. Kinder gewöhnen sich an vieles – an Abschiede aber nie.

Das Idyll, das die Elfjährige in ihrem Tagebuch fast flehend beschwört, ist in Wahrheit schon längst zerbrochen. Schon vor über einem Jahr hat der ständig in erotische Affären verstrickte Vater Joaquín Nin y Castellanos die Familie verlassen – nachdem er das Erbe seiner begüterten Frau durchgebracht hatte. Anaïs verliert über ihn noch kein einziges böses Wort. Die Abgründe einer komplizierten Hassliebe zwischen Vater und Tochter mit inzestuösen Zügen wird sie ihrem Tagebuch erst viele Jahre später anvertrauen. Sie wird bekennen, dass die einzige mit dem Vater tatsächlich verbrachte Zeit den Fotos gewidmet war, die er von ihr machte: »Er wollte immer, dass ich nackt war. Alle seine Komplimente erreichten mich durch die Kamera. Ich fand es herrlich. Wie oft, an wie vielen Orten habe ich für ihn gesessen, für zahllose Bilder.« Umgekehrt wird sie sich an Wutausbrüche und häufige Schläge erinnern und wie sie sich in theatralischen Posen erging, um – meist vergeblich – einer Bestrafung zu entgehen. Wie sie um seine Aufmerksamkeit warb, schon früh versuchte, eine kleine Erwachsene zu werden, weil der Vater mit Kindern wenig anzufangen vermochte – und sich doch fühlte wie eine der weißen Mäuse, die der Vater im Arbeitszimmer hielt, um mit ihnen zu seiner Belustigung Experimente zu veranstalten. All das lässt Anaïs auf dem Schiff hinter sich.

Anaïs wundert sich, dass sie das Deck fast für sich allein hat – selbst wenn die See ruhig ist. Als eine von 121 Passagieren, die in der ersten Klasse untergebracht sind, glaubt sie, dass das Schiff nicht ausgebucht sei. In Wahrheit nehmen die 1000 im Zwischendeck zusammengepferchten Reisenden der dritten Kategorie ihre Mahlzeiten in den Schlafsälen ein und bleiben auch sonst den Luxuspassagieren fern. Der Platz pro Person beträgt bei ihnen 1,80 Meter mal 50 Zentimeter. Die Auswandererschiffe, die täglich aus allen Winkeln Europas in die Neue Welt auslaufen, sind ein perfektes Spiegelbild der Klassengesellschaft zu Beginn des 20. Jahrhunderts. Während sie während der gesamten Überfahrt das Meer fast nie zu sehen bekommen, genießt Anaïs mit ihrer Familie aufgrund eines Empfehlungsschreibens an den Schiffszahlmeister eine Sonderbehandlung.

Dabei ist die Reise in der ersten Klasse vor allem eine Fassade, um den gesellschaftlichen Schein zu wahren. Schließlich ist nicht nur Anaïs' Vater ein bekannter Pianist, auch die Mutter Rosa Nin y Culmell ist Künstlerin, talentierte Konzertsängerin, eine Diva. In Wirklichkeit sind finanzielle Schwierigkeiten ausschlaggebend für die Überfahrt. Anaïs und ihr Bruder Thorvald haben in Barcelona eine Schule besucht, die sich an die Ideen der italienischen Ärztin Maria Montessori anlehnt. Deren Konzept, 1907 erstmals praktiziert, gilt als die derzeit modernste Erziehungsmethode auf dem boomenden Markt der Reformpädagogik. Entsprechend hoch war das Schulgeld. In New York, so hat die Mutter herausgefunden, fällt hingegen überhaupt kein Schulgeld an. Zudem gibt es dort Tanten, Onkel, Nichten und Neffen der Familie, ein dichtgeknüpftes Netz an Beziehungen, um auch schwierige Lebensphasen gemeinsam zu bewältigen.

Solange die *Montserrat* noch vor der spanischen Küste kreuzte, wurden Ausflüge an Land unternommen. Malaga war der letzte Stopp im Mittelmeer. Anaïs empörte sich, dass die Frauen ihr Haus nur verlassen dürfen, um in die Kirche oder zum Stierkampf zu gehen; und allein schon wegen dieser »hässlichen Gewohnheit« verließe sie umgehend das Land, wenn sie hier leben würde. Am Tag darauf hatten sie schon den Atlantik erreicht und ankerten vor Cádiz. Ein kleiner Dampfer brachte die Gesellschaft an Land, die neben Anaïs aus dem Kapitän, dem Zahlmeister und dem Priester bestand. Mama hatte verzichtet, und die Elfjährige war stolz, dass sie auf eigene Faust losziehen durfte, obwohl es schon Abend war. Der Mond ging gerade auf, als sie den Kai erreichten. Unter dem glitzernden Sternenhimmel vertilgten sie große Mengen mit Eis gefüllter Baisers; dann wollten sie gemeinsam singen, und tatsächlich wusste Anaïs ein französisches Kinderlied, das alle kannten: »Marlbrough zieht in den Krieg«.

> Marlbrough s'en va-t-en guerre,
> mironton, mironton, mirontaine,
> Marlbrough s'en va-t-en guerre,
> Ne sait quand reviendra.
>
> Marlbrough zieht in den Krieg,
> Ramtamtam, ramtamtam, ramtamtam,
> Marlbrough zieht in den Krieg,
> Niemand weiß, wann er zurückkehrt.

Jeder sang in seiner Sprache, in das Französisch mischten sich spanische und englische Laute, denn der Gassenhauer wurde damals mit verschiedenen Texten überall in Europa gesungen. Für das Mädchen war das Lied ein weiterer Abschied vom Kontinent – der tatsächlich im Begriff stand, in den Krieg zu ziehen.

Von Cádiz aus würde die Reise 13 Tage lang ohne weitere Unterbrechung nach New York gehen. Nun war Anaïs eine von im Jahr 1914 fast 900000 Einwanderern in die Vereinigten Staaten, die in der Statistik der Immigrationsbehörde auf Ellis Island als »Aliens« geführt wurden. Vorwiegend Italiener, Juden, Polen, Deutsche, Engländer, Griechen, Russen und Ungarn werden registriert. Die seit Jahrzehnten anhaltende millionenfache Auswanderung nach Amerika ist ein Zeichen, dass sich die Gewichte in der Welt nachhaltig verschieben, Europa seine führende Machtposition einbüßt. Die Katastrophe des kommenden Krieges wird ein Übriges dazu beitragen.

Am 11. August um drei Uhr nachmittags läuft die *Montserrat* im Hafen von New York ein. Ein Gewitter tobt über der Stadt, ein Blitz schlägt auch über dem Schiff ein. Heftiger Regen treibt Anaïs vom Deck zurück in die Kabine. Die Freiheitsstatue, immerwährende Verheißung der Ankommenden, ist in dichten Nebel gehüllt, bleibt unsichtbar. Es ist so schwül, dass die feine Sonntagskleidung, die das Mädchen für die Begrüßung der Tanten angelegt hat, binnen kurzem verschwitzt und nass ist. Wegen des Nebels wird die Einfahrt verweigert, fünf Stunden rührt sich das Schiff nicht vom Fleck, ehe es schließlich doch zwanzig Minuten nach acht Ellis Island erreicht.

Als die *Montserrat* in Spanien losfuhr, herrschte in Europa Frieden. Mitten auf dem Atlantik erreichten die Reisenden erste Nachrichten des Kriegsausbruchs. Bei der Ankunft in New York sind bereits 14 Staaten aus vier Kontinenten in den Krieg verwickelt. Weltkrieg, Völkerkrieg. Natürlich ergreift Anaïs leidenschaftlich Partei für Frankreich. Dort lebt ja noch ihr Vater; dort wird ihre Sprache gesprochen. Plötzlich ergreift sie tiefer Hass auf alles Deutsche, »Berserker« seien das, »wilde Tiere«. Da ist vergessen, dass sie ja selbst schon einige Monate lang in Berlin gelebt hat und damals, 1908, mit einer kleinen deutschen Freundin von Zuhause ausgerissen ist – um dem grausamen Vater zu entrinnen. Da ist vergessen, falls sie es überhaupt jemals wahrgenommen hat, dass die *Montserrat* ursprünglich ein deutsches Schiff war, gebaut auf der Vulkanwerft in Stettin.

Dennoch überlagern die ersten Eindrücke des Molochs New York jene entfernten Botschaften. Großstädte ist das Mädchen gewohnt, doch New York ist etwas ganz anderes. In ihrem Tagebuch zeichnet sich Anaïs als verlorenes, winziges Geschöpf, über dem zwei riesige Wolkenkratzer einzustürzen drohen. Sie ist völlig überfordert von der Neuen Welt – und zunehmend auch von dem neuen Krieg. Am 1. September fragt sie ihr Tagebuch: »Was halten Sie vom Krieg? O Schreck, o Graus! Ich würde alles hergeben, was ich am liebsten habe, um Frankreich zu retten. Ich bin sehr beeindruckt. Vertrauensvoll hoffe ich, dass Frankreich gewinnt, aber es brauchte eine große Sache. Ich werde darüber nachdenken, aber es ist ein bisschen schwierig. Adieu.« Ein paar Tage später ist die Lösung zwar noch nicht gefunden, doch immerhin kann sie vermerken: »Dem Krieg geht es gut.«

KAPITEL 4

Überrollt

Eine viel zu große Uniform

Marina Yurlova sitzt mit ihren 14 Jahren als einziges Kind in einem Abteil der vierten Klasse inmitten von Frauen, die ihren Männern an die Front folgen wollen. Ein Soldat geht durch die Reihen der Holzbänke, notiert die Namen der Frauen und der Kosaken, denen sie nachreisen. Marina schweigt verwirrt, als er fragt, wie sie heißt und wo ihr Vater ist.

Die zweite Frage kann Marina gar nicht mehr beantworten, wenn sie ehrlich ist. Denn in den Waggons vor ihr sind fremde Soldaten, nicht mehr der Vater. Wenige Werst nach Abfahrt des Zuges blieb der Waggon mit den Frauen auf freier Strecke plötzlich stehen: Er war während der Fahrt klammheimlich abgehängt worden. Doch die Hoffnung des Stationsvorstehers, die Frauen würden damit Ruhe geben und sich in Richtung ihrer Häuser zerstreuen, erfüllte sich nicht. Sie zogen, schäumend vor Wut, zurück zu der kleinen Bahnstation, stürmten gewaltsam das Büro des Vorstehers, der sich darin verbarrikadiert hatte, und lynchten ihn beinahe. Nur eines konnte ihren Zorn eindämmen: dass einer der nächsten mit Soldaten gefüllten Züge tatsächlich bereit war, sie mitzunehmen.

Jetzt singen in den Wagen vor ihnen die Kosaken ihre Kriegshymnen; die Frauen antworten mit Liebesliedern. Nur Marina blickt lange den Soldaten an. Als er seine Frage wiederholt, gibt sie sich als »Maria Kolesnikowa« aus und nennt als ihre Heimat den Nachbarort von Rajewskaja. Ohne nachzudenken, ist Marina dem Vater hinterhergehetzt; jetzt plagen sie Zweifel.

Was hat sie sich eigentlich dabei gedacht, von zu Hause wegzulaufen – dem Krieg hinterher? Wenn jemand erfährt, dass sie die Tochter des Oberst Yurlov ist, wird man sie zurückschicken. Denn der Oberst würde es ganz sicher nicht gutheißen, seine Tochter an der Front zu wissen.

Unbeirrt bahnt sich der Zug seinen Weg in Richtung Süden. Die Hitze nimmt zu, die armenischen Wüsten scheinen bald erreicht zu sein. Eine Frau vermutet, dass es für die Soldaten gegen die Türken gehen wird. Dabei befindet sich zu diesem Zeitpunkt das Osmanische Reich gar nicht im Krieg. Doch die Türken sind seit Jahrhunderten der Erzfeind der Russen, es scheint eine Frage der Zeit zu sein, bis die alten Rechnungen im Jahr 1914 neu beglichen werden. Russland droht damit freilich ein ähnliches Schicksal wie seinem Kriegsgegner Deutschland – ein Krieg an zwei Fronten bahnt sich an: im Westen des Zarenreiches gegen Österreich und Deutschland, im Süden gegen die Osmanen.

Auch für Marina scheint es kein Zurück zu geben. Sie fahren Tage und Nächte, ununterbrochen. Dann wird ihr Zug wieder auf ein Nebengleis geschoben, muss Ewigkeiten warten, bis es weitergeht. Die Vegetation wird immer spärlicher, die Versorgung der Frauen immer schlechter; ihr Waggon wird an andere Züge gehängt, mit noch mehr Soldaten – doch er wird immerhin nicht ganz vergessen. Und schließlich endet die Fahrt – an der türkischen Grenze. Hier hat sich aus einem Rotkreuzlager bereits eine primitive Siedlung entwickelt, in der etwa 200 Frauen mit ihren Kindern hausen. Deren Männer haben schon in Friedenszeiten hier Dienst getan, die Grenze bewacht.

Doch niemand kümmert sich um sie; niemand fühlt sich zuständig. Marina schließt sich einem Fußmarsch der Frauen an, sie läuft einfach mit, ohne das Ziel zu kennen – wenn es denn eines geben sollte. Treffen sie auf Kosaken, werden sie gut behandelt und mit reichlich Essen versorgt; sind es Soldaten aus anderen Regionen Russlands, wirft man ihnen trockenes Schwarzbrot hin, als wären sie eine Schweineherde – wie Marina sich noch Jahre später empört. Schließlich erreichen sie tatsächlich ein Lager von Kuban-Kosaken. Die Zelte und Schanzen inmitten einiger halbverfallener Steingebäude reichen bis zum Horizont. Eine Kosakeneinheit übt das Exerzieren mit dem Säbel, ein beeindruckender Anblick. So muss der Krieg sein – und Marina will Teil von ihm werden.

Ein paar Kosaken kommen auf die Frauen zu, erkundigen sich nach ihren Namen, zeigen ihnen, in welche Richtung, an welches Regiment sie sich wenden müssen, um ihre Männer zu finden. Eine Frau nach der anderen löst sich aus der Gruppe und verschwindet, schwatzend und lachend. In der sengenden Mittagshitze sind sie angekommen. Als es Abend wird, sitzt Marina allein auf einem Stein und weint. Aller Mut, alle Abenteuerlust hat sie verlassen.

Ein großgewachsener Kosak mit einem Ziegenbärtchen nimmt sich schließlich ihrer an. Wir werden deinen Vater schon finden, versucht er sie zu trösten. Doch das dürfte schwierig werden, denn trotzig beharrt Marina nach wie vor auf dem falschen Namen Maria Kolesnikowa. Sergeant Koslow wird wegen seines Bartes und seines Nachnamens von den Soldaten Kosjol genannt – Ziegenbock. Dennoch respektieren sie seine Autorität und nehmen es hin, als er erklärt, das Mädchen würde so lange in ihrer Truppe bleiben, bis der Vater gefunden sei. Marina schläft in Kosjols Nähe und wird von ihm verpflegt, doch meistens hält sie sich versteckt, denn die Vorgesetzten wissen nichts von ihrer Existenz.

Erwartungsgemäß tut sich keine Spur ihres Vaters auf, doch mehr und mehr beginnt Marina Kosjol zu vergöttern. Nach drei Tagen bringt er sie zum Stabsquartier der Division. Länger will der Sergeant das Versteckspiel nicht wagen. Dort heißt es: »Das Mädchen muss weg. Wir sind doch kein Waisenhaus!« Als Kosjol das weinende Mädchen in seinem zerrissenen blauen Kleid wegbringt, fasst er einen folgenschweren Entschluss. Statt aus dem Lager begleitet er Marina ins Armeemagazin und gaunert einem betrunkenen Glatzkopf eine Uniform ab. Die ist dem Mädchen zwar viel zu groß, doch gegen kleine Gefälligkeiten passen ein Schneider und ein Schuster das nach Mottenpulver riechende Monstrum und die gewaltigen Stiefel mehr schlecht als recht der Statur des Mädchens an. Schließlich bindet Marina ihre Zöpfe über dem Kopf zusammen und versteckt sie unter einer Tschapka. Jetzt sieht sie aus wie ein schmächtiger junger Soldat.

Ein Klotz am Bein ist das Mädchen freilich immer noch – jedoch besser getarnt. Unbedingt will Marina sich nun bei den Kosaken nützlich machen, aller Skepsis zum Trotz. Für Pferde habe sie ein Händchen, behauptet sie, sonst wäre sie ja wohl keine Kosakin – und erntet erst einmal Gelächter, denn den Tieren reicht sie nicht einmal an den Rücken. Doch das Mädchen lässt sich nicht beirren, kratzt den schweren Gäulen die Hufe aus, striegelt die Beine, erst argwöhnisch, dann wohlwollend beobachtet von den Kosaken. Ihre Pferde sind ihnen so wichtig wie das eigene Leben; wer mit denen umgehen kann, verdient sich ihre Achtung. Eines Tages sagt Kosjol: »Ich werde einen Soldaten aus dir machen!«

Die Kosaken kommen

Während Marina Yurlova dem Krieg möglichst nah sein will, dringt er ungewollt in das Leben vieler Kinder ein, die sich dagegen nicht wehren können. Die fünfjährige Emmy Wollschläger lebt auf Gut Lenzienen im Kreis Ortelsburg in Ostpreußen, direkt an der russischen Grenze. Vor den Kosaken herrscht im östlichen Teil Deutschlands panische Angst; sie gelten als brutal und rücksichtslos gegenüber der Zivilbevölkerung – Erinnerungen aus dem Siebenjährigen Krieg, der zwar 150 Jahre zurückliegt, aber tief ins kollektive Gedächtnis geschrieben ist. Der Kosak – ein Kinderschreck wie der böse Wolf oder der Schwarze Mann. Die alten Zeiten sind auch die Ursache dafür, dass Gut

Lenzienen überhaupt an Russland grenzt, genauer: an Russisch-Polen, eine Art Protektorat mit dem Zaren als König. Polen ist seit den Tagen Friedrichs des Großen zerstückelt, aufgeteilt zwischen den umgebenden Großmächten. Damals dehnte Deutschland seine Interessensphäre nach Osten aus – musste aber auf eine Pufferzone gegenüber dem gefürchteten östlichen Riesenreich verzichten.

Eines Nachts im Spätsommer 1914 wird Emmy durch ein rätselhaftes Knistern und Prasseln geweckt. Es erinnert an Johannisfeuer und den Kamin zu Weihnachten. Doch dann reißen die Eltern in ängstlicher Hektik die Fensterläden auf – und das Mädchen schaut mitten hinein in eine Apokalypse. Scheunen und Ställe sowie das erst vor kurzem errichtete neue Haus stehen in Flammen. Feuerwände treiben Lichtkeile in die Dunkelheit, sodass ihre Augen schmerzen; und das dumpfe Getöse zusammenstürzender Giebel betäubt ihre Ohren. Unauslöschlich prägt sich Emmy ein Bild ein, das sie ihr Leben lang nicht mehr verlassen wird: Hunderte Tauben versuchen vergeblich, sich aus ihren brennenden Schlägen zu retten, stürzen ab, verenden unter kläglichem Geschrei.

»Die Kosaken!« Von irgendwoher erreicht dieser Schreckensruf ihr Ohr. Verzweifelt läuft Emmys Mutter mit den Dienstboten in den großen Garten des Gutes. Da stehen drei Soldaten, die das Feuer angezündet haben – doch es sind keine Russen. Sie tragen deutsche Uniformen, und sie haben es nicht einmal für nötig befunden, die Bewohner aufzuwecken, deren Häuser sie eben angezündet haben, obwohl sie deren Heimat gegen die anrückenden Russen schützen sollen. Das Niederbrennen der Ortschaften im Grenzgebiet soll die Verteidigung erleichtern, ein Vorhaben, das die Kriegsbegeisterung der Bevölkerung in Ostpreußen sofort auf den Tiefpunkt sinken lässt – und sich zudem als militärisch vollkommen wirkungslos herausstellt.

Bei der Umsetzung des Schlieffen-Plans hatten die deutschen Strategen damit gerechnet, dass Russlands Armeen sechs Wochen benötigen würden, um loszuschlagen. Nun aber dringen bereits in den ersten Augusttagen des Jahres 1914 zwei gewaltige Armeen in Ostpreußen ein. 500 000 russischen Soldaten stehen lediglich 170 000 deutsche gegenüber, die zudem von den erfahrenen Generälen des Zaren in die Zange genommen werden. Die Deutschen haben Russland für rückständig gehalten und dabei übersehen, dass das Zarenreich in den vergangenen Jahren das höchste Wirtschaftswachstum aller europäischen Staaten erzielt hat und eine aufstrebende Boom-Nation geworden ist. In aller Eile müssen nun Truppen in den Osten verlagert werden, um den Vormarsch der Russen zu stoppen. Die fehlen nun bei der Offensive im Westen gegen Belgien und Frankreich. Der deutsche Plan für diesen Krieg ist damit gescheitert.

Emmy spürt das am eigenen Leib. Nur wenige Tage nach dem Brand auf Gut Lenzienen müssen die Bewohner des Kreises Ortelsburg fliehen. Die Wollschlägers sind spät dran. Scheinbar endlos mit dem Pferdefuhrwerk unterwegs, erwischen sie gerade noch den letzten, aus Viehwaggons bestehenden Zug, der Ostpreußen verlässt. In einem großen geflochtenen Korb werden Wäsche und Kleidung transportiert. Eine Umhängetasche ist mit Goldstücken vollgepackt – sie geht in der allgemeinen Aufregung der Flucht verloren. Die Menschen verlieren buchstäblich den Verstand. Ein Mann zieht eine widerspenstige Ziege hinter sich her; eine verwirrte Frau will sogar ein Ofenrohr mit auf den Transport nehmen. Sobald der Zug das westliche Ufer der Weichsel erreicht hat, leeren sich die Verschläge, erreichen die Familien nach und nach ihre Evakuierungsorte. Emmy und ihre Familie kommen in Landsberg an der Warthe unter.

Die Schlacht von Tannenberg

Auf ihrer Flucht ist Emmy auch durch Schneidemühl gefahren, ein verschlafenes Städtchen in der Provinz Posen, das durch den

Krieg zum wichtigsten Verkehrsknotenpunkt für die deutschen Truppen im Osten geworden ist.

Die zwölfjährige Elfriede Kuhr lebt hier mit einem ihrer älteren Brüder bei der Großmutter, während die Mutter eine Musikschule im fernen Berlin betreibt und der in Danzig ansässige Vater wenig Interesse für die Familie aufbringt. Der Bahnhof ist gleich in der Nähe, und Elfriede kann in diesen ersten Wochen des Krieges kaum schlafen, weil Tag und Nacht der lautstarke und fröhliche Gesang der durchfahrenden Soldaten zu hören ist. Auf die Eisenbahnwagen in Richtung Osten sind mit Kreide Losungen geschrieben wie »Auf nach Petersburg!«, »Nach 14 Tagen Freikonzert in Moskau« oder »Nikolaus, Nikolaus / wir reißen dir die Haare raus«. Doch es kommen seit dem 8. August auch Züge aus der umgekehrten Richtung. Sie transportieren Flüchtlinge wie Emmy aus Ostpreußen.

Die Fliehenden bringen nicht nur ihr weniges Hab und Gut mit; in ihrem Gepäck sind auch Horrorgeschichten. Sie handeln von Raub und Mord und an Scheunentoren gekreuzigten Frauen. Elfriede mag all das kaum glauben, findet es eher komisch. Doch das stille Leiden der Flüchtlinge berührt sie unmittelbar. Ihre Großmutter leitet die Rotkreuzstation am Bahnhof, und Elfriede springt ihr immer wieder bei, wenn es gilt, Kaffeekannen oder Körbe mit Verpflegung zu schleppen. Weil die Mütter zu wenige Windeln haben, sind die Säuglinge blutig gelegen. Elfriedes jüngere Freundin Gretel spielt das sogleich mit ihrer Puppe nach. Sie malt ihr den Po rot an.

All das notiert Elfriede in ihrem Tagebuch, das sie auf ausdrücklichen Wunsch ihrer Mutter am Tag der Kriegserklärung Deutschlands begonnen hat – für spätere Generationen als eine Erinnerung an die »große Zeit«. In bestimmten Abständen schickt sie ihr die Tagebuchblätter nach Berlin. Dabei weiß Elfriede bald nicht, was sie von diesem Krieg halten soll. Da hört sie immerzu von großen Siegen der deutschen Truppen in Belgien und Frankreich – dann gibt es schulfrei. Doch die Westfront ist weit, und in Schneidemühl kommen immer mehr und immer verzweifeltere Flüchtlinge an. Am 14. August begegnet Elfriede am Bahnhof einer klagenden Frau mit einer ganzen Schar Kinder, die immerzu ruft: »Wo sollen wir denn bloß hin?« Elfriede versucht sie zu beruhigen: »Haben Sie bitte keine Angst, der Kaiser sorgt für alle!« Da rollen der Frau ungehemmt Tränen über das Gesicht. Als »Kändchen« spricht sie Elfriede in ihrem ostpreußischen Dialekt an: »Was hat so ein Kändchen keine Ahnung nich!«

Der Krieg kommt näher. Wenn Elfriede in ihrem Zimmer still steht, zittert der Dielenboden. Es heißt im Örtchen, dass seit Tagen eine erbitterte Schlacht im Osten toben würde. Bei einem Spaziergang entdeckt das Mädchen, wie Soldaten am Stadtrand Schützengräben ausheben und Stacheldraht ausrollen. Die Züge von Osten transportieren jetzt nicht nur Flüchtlinge, sondern auch verwundete deutsche Soldaten – und russische Kriegsgefangene. Es gibt einen Menschenauflauf; jeder will die lebende Kriegsbeute sehen. Die Russen tragen Fellmützen statt Helmen und dichte Bärte.

In der Schlacht bei Tannenberg vom 26. bis 30. August wird der russische Vormarsch gestoppt. Eine zahlenmäßig unterlegene deutsche Armee fügt den nach Ostpreußen vorgedrungenen russischen Truppen eine vernichtende Niederlage zu. Bei sehr geringen eigenen Verlusten töten oder verwunden die Deutschen 30 000 Russen und nehmen 100 000 gefangen. Der Versuch der Russen, durch eine schnelle Offensive Deutschland von Osten her entscheidend zu schwächen, ist damit gescheitert.

Später wird in der Schneidemühler Johanneskirche des Sieges gedacht. Für den Pastor ist der Sieg ein Beweis dafür, dass Gott hinter den deutschen Soldaten stand und ihre Waffen segnete. Elfriede Kuhr grübelt über die Berichte, die Russen seien zu Tausenden in den Masurischen Sümpfen umgekommen. Sie stellt sich während der langen Predigt vor, wie sie untergingen: »erst die Brust, dann die Schultern, dann das Kinn, dann der

Mund und alles«. Das Mädchen ist verwirrt: »Am allermeisten war ich über mich selber traurig. Nie kann ich genau unterscheiden, was in diesem Krieg Recht und was Unrecht ist. Ich schreie Hurra über unsere Siege und bin außer mir, weil es Tote und Verwundete gibt.« Das Vaterunser betet Elfriede nicht mit, denn die Floskel »wie wir vergeben unsern Schuldigern ...« scheint ihr im Widerspruch zum Krieg zu stehen. Doch am Ende siegt in ihr doch die Freude. Die kirchliche Zeremonie fällt auf den Sedantag, der 1914 besonders feierlich begangen wird. »Jeden Tag eine Schlacht«, denkt sie, »und wir müssen nie wieder in die Schule!«

Schrecklicher Dienstag

Im nordfranzösischen Sedan gibt es Ende August 1914 keinen Anlass für schulfrei. Die Eroberung von Elsass-Lothringen muss nach geringfügigen Anfangserfolgen als gescheitert gelten; und umgekehrt dringen deutsche Truppen immer tiefer auf französisches Territorium vor. Deutsche Flugzeuge tauchen vor Sedan auf. Obwohl sie einstweilen nur für Erkundungsflüge eingesetzt werden und noch zu leicht gebaut sind, um Bomben abwerfen zu können, sind sie doch Vorboten einer neuen Art der Kriegführung. Triumphierend vermerkt Yves Congar in seinem Tagebuch zwar jeden Abschuss eines deutschen Fliegers, doch es muss ihn zugleich beunruhigen, dass die feindlichen »Tauben«, wie sie in Belgien und Frankreich genannt werden, überhaupt in die Heimat eindringen können.

Und dann kommt der 25. August 1914. »Dienstag, schrecklicher Dienstag! Hier beginnt eine tragische Geschichte, eine traurige und dunkle Geschichte, aufgeschrieben von einem Jungen, der Liebe und Respekt für sein Heimatland im Herzen trägt und ebenso einen Hass gegen grausame und ungerechte Menschen.« So leitet der zehnjährige Yves Congar die Ereignisse in seinem Tagebuch ein. Er spielt, wie so oft, mit seinen Zinnsoldaten. Vielleicht rücken sie gerade auf Berlin vor und nehmen den Kaiser gefangen. Vielleicht helfen sie den bedrängten russischen Verbündeten – oder sie schlagen noch einmal die glorreichen Schlachten Napoleons. Doch in die lautstark unterlegten Träumereien dringt die Stimme von Tere, wie Yves seine Mutter nennt. »Schnell jetzt, Yves, räum deine Soldaten weg, die Deutschen sind nicht mehr weit!«

Und tatsächlich: Schwere Geschütze feuern aus allen Rohren – in der Wirklichkeit, ebenso die Maschinengewehre und andere Feuerwaffen. Selbst Großvater, für den der Krieg von 1870 der Maßstab aller Dinge ist, fragt sich, ob die ganze Stadt explodiert. Die Vorstädte brennen. Und da biegen deutsche Ulanen in die Straße ein, reiten direkt an Yves' Haus vorbei. Ein mit Dynamit beladener Wagen folgt ihnen. Ein barsches Kommando, das für den der deutschen Sprache unkundigen Jungen klingt wie: »aarrarrrncharr« (gemeint ist: Achtung!). Kein Zweifel: Es ist eine Invasion von Barbaren, die nicht einmal artikulierter Laute fähig sind. Plötzlich formiert sich neuer Widerstand. Vor Yves' Augen schlagen Kugeln in die Formation der Ulanen ein. Zwei Pferde sinken tot zu Boden – direkt vor seinem Fenster; etliche Deutsche sind getroffen. Neue Hoffnung, dass die Invasoren zurückgeschlagen werden.

Doch dann hört Yves die Schläge von Gewehrkolben. Die Deutschen durchsuchen bereits die Häuser nach versprengten französischen Truppen. Dann ein Schuss – und ein klägliches Jaulen. Sie haben den Hund des Nachbarn erschossen, um sicherzugehen, dass er bei ihren Patrouillen nicht anschlägt und die Einwohner warnt. Ein deutscher Offizier brüllt auf Französisch: »Silence!« – Ruhe! Dann wummert es gegen ihre Haustür. Sie kommen! Bis zuletzt konnten die Congars nicht glauben, dass ihre Stadt von den Deutschen eingenommen werden könnte. Sie haben ausgeharrt wie fast alle Bewohner Sedans. Jetzt müssen sie sich auf die bittere Realität einer Besatzung durch, wie Yves schreibt, »Unmenschen, Diebe, Mörder und Brand-stifter« einstellen. »Wir wundern uns, dass wir noch am Leben sind«, reibt er sich anderntags die Augen: »Alles fühlt sich ganz unwirklich an, aber wir werden uns dran gewöhnen müssen. Se-dan ist voller Deutscher.«

Einige dieser Deutschen quartieren sich bei den Congars ein. Ein Hauptmann Nemnick lässt ihre Hühner schlachten und bra-ten, ganze vier Stück an einem Morgen; seine Ordonnanz ver-tilgt eines davon für sich allein. Der gute Burgunder aus dem Keller der unfreiwilligen Gastwirte kommt ihm zur Abrun-dung des Mahles gerade recht. Illusionen über seine Beliebtheit bei der Bevölkerung macht sich der Hauptmann nicht. Das be-schlagnahmte Schlafzimmer teilt er sich mit zweien seiner Leu-te – aus Angst vor einem Anschlag auf sein Leben, wie Yves glaubt.

Für Yves bekommt der bislang so abstrakte Geschichtsunter-richt in der Schule plötzlich eine handgreifliche Parallele. Er vergleicht den Einfall der Deutschen mit dem Hunnensturm über Europa vor 1400 Jahren. Nicht immer hält dabei das Aus-drucksvermögen des Zehnjährigen mit dem Ausmaß seiner Em-pörung Schritt. »Sie haben unsere Keller, verlassenen Häuser, die Kiefern und Nussbäume, die Telegrafenmasten und Geld ge-plündert. Sie haben ihren Kriegstribut gefordert, Männer und Tiere, wie einst die Römer und Assyrer. Diese Seite, auf der ich die Wahrheit schreibe, sollte [Kaiser] Wilhelm an den Rücken geheftet werden.« Immerhin ist sich Yves sicher, dass er nie wie-der in seinem Leben etwas so Schreckliches erleben werde.

Nach der Einnahme Sedans marschieren die deutschen Trup-pen zielstrebig auf Paris. Der scheinbar unaufhaltsame Vor-marsch löst eine Panik bei den Bewohnern der französischen Hauptstadt und der Umgebung aus. Auch die dreizehnjährige Marcelle Lerouge aus Bois-Colombe, einem Vorort von Paris, wird von der Furcht ergriffen, die barbarischen Deutschen könn-ten ihre Heimat besetzen.

Bis vor kurzem schien für Marcelle der Krieg eine heroische Angelegenheit zu sein, bestens geeignet, die Überlegenheit der »Grande Nation« über die anderen europäischen Völker zu erweisen. Der Vater stammt aus dem Teil Lothringens, der Frankreich nach dem Krieg von 1870/71 noch verblieben ist. Er selbst ist mit seinen 52 Jahren zu alt, um ins Feld zu ziehen; doch zwei Onkel und ein Cousin von Marcelle wurden sofort eingezogen. Sie konnten es kaum erwarten, das von Deutschland geraubte Elsass und Lothringen zurückzuerobern.

Wie die meisten Bürger von Bois-Colombe ließ auch die Familie Lerouge eine Trikolore aus dem Fenster wehen und hatte wenig einzuwenden gegen die im spontanen Volkszorn erfolgte Zerstörung und Plünderung der von einer deutschen Suppenwürfelfirma betriebenen »Maggi«-Geschäfte in der Innenstadt. Der Vater hat aus einem patriotischen Impuls heraus zwei große Landkarten aufgehängt (eine davon folgt dem Lauf des Rheins), damit Marcelle, sein einziges Kind, den Krieg mit kleinen Fähnchen nachvollziehen kann: Blau-Weiß-Rot für die eigenen Truppen, Schwarz für den Feind. Doch anstatt Siege zu feiern, musste die Familie unter großen Schwierigkeiten die Großmutter aus dem lothringischen Ancerville retten. Und jetzt, Anfang September, geht die Flucht weiter. Zunächst verlässt die Familie Bois-Colombe und kommt bei den Großeltern mütterlicherseits in Paris unter. Doch schon zwei Tage später scheint nicht einmal mehr die Hauptstadt sicher. Man verlässt Paris am 4. September – und benötigt im allgemeinen Chaos einen Tag und zwei Nächte ohne Schlaf, um in das lediglich 240 Kilometer entfernte Caen zu gelangen.

Zur gleichen Zeit hört Yves Congar den Kanonendonner einer gewaltigen Schlacht. Weil der Lärm der Geschütze ebenso zunimmt wie die Nervosität unter den deutschen Besatzungstruppen. Die Hoffnung, die Deutschen würden wieder aus Sedan vertrieben, erfüllt sich nicht; es gibt lediglich einen Wechsel des Regiments. Und doch markieren die Begleitgeräusche der

Kämpfe einen der wichtigsten Wendepunkte des Krieges. In der Schlacht an der Marne, die am 5. September 1914 beginnt und eine Woche andauert, wird der Vormarsch der Deutschen in Frankreich gestoppt. Mit einem Wettlauf in Richtung Nordsee wollen die Deutschen den Durchbruch dennoch erzwingen. Das Unternehmen scheitert. Kriegsbegeisterte naive Studenten werden von britischen Berufssoldaten in der Nähe des belgischen Ortes Langemarck abgeschlachtet – viele von ihnen benötigten die Erlaubnis ihrer Eltern, ins Feld zu ziehen, weil sie noch minderjährig waren. Ihr sinnloser Tod wird von der Propaganda als »heroischer Opfergang der deutschen Jugend« stilisiert. Doch auch der Entente gelingt keine Gegenoffensive. Für die Dauer von vier Jahren erstarren die Fronten im Westen, graben sich die Soldaten in Schützengräben ein, beginnt eine neue Art der Kriegführung: der »Stellungskrieg«.

Auf einer 700 Kilometer langen Frontlinie zwischen der Kanalküste und der Schweizer Grenze entsteht ein tiefgestaffeltes System von Gräben, das einerseits weitere Vormärsche der Deutschen verhindert, andererseits aber den Franzosen auf lange Sicht die Möglichkeit nimmt, die verlorenen Gebiete zurückzugewinnen.

Die Deutschen errichten in den von ihnen besetzten Teilen Belgiens und Nordfrankreichs ein diktatorisches Besatzungsregime. Sie zwingen den eroberten Städten und Gemeinden hohe Tribute auf, beschlagnahmen Fahrzeuge, Tiere und Lebensmittel. Die Stadt Sedan soll zunächst Gold im Gegenwert von 250 000 Francs aufbringen – zahlbar innerhalb eines einzigen Tages. Kurz danach werden weitere 500 000 Francs gefordert – als kollektive Bestrafung, weil in Sedan auf deutsche Soldaten geschossen wurde. Zusätzlich werden den einzelnen Haushalten Abgaben in Form von Geld und Gütern auferlegt. Um ihren Forderungen bei der unwilligen Bevölkerung Nachdruck zu verleihen, greifen die Besatzer zu Methoden, die durch die Haager Landkriegsordnung untersagt sind – und demnach als Kriegsverbrechen gelten. Auch die Familie Congar ist von ihnen betroffen. Gemeinsam mit 145 anderen Bürgern wird Yves' Vater Georges als Geisel, manchmal stunden-, manchmal tageweise festgehalten.

Immer neue Vorschriften erschweren das Leben. So ist es verboten, zu mehr als zu zweit auf die Straße zu gehen. Doch Yves empört besonders, dass es Kindern nicht gestattet ist, Spielzeuggewehre oder Soldatenverkleidung zu tragen: »Nicht einmal zu Hause dürfen wir mehr Soldaten spielen!« Der Junge wehrt sich auf eigene Weise. Mit seinem älteren Bruder Robert beschließt er, die »Boches« zu verhöhnen. Als sie den ersten Deutschen erblicken, spucken sie ihm dicke Rotzklumpen auf die Uniform. Das Opfer starrt Yves entgeistert an, ohne sich zu wehren oder zu rächen. Es ist nur ein einfacher Soldat. Die erwachsenen Bürger entwickeln dagegen eine subtilere Methode, die verhassten Deutschen zu verspotten. Diese haben damit begonnen, von einer Stadtbrücke große Netze hinab in die Maas zu werfen, weil sie glauben, dass die Einwohner Flaschenpost mit Spionagebotschaften flussabwärts schicken. Die herausgefischten Gegenstände werden zur Kommandantur gebracht. Das bringt die Franzosen auf die Idee, Flaschen mit Zetteln in der Maas auf die Reise zu schicken, auf denen steht: »À bas les boches!« (Nieder mit den Boches!) oder in unbeholfener Nutzung der Sprache des Feindes: »Deutsch kapout!« Yves' Vater glaubt sich zu erinnern, dass »merde« mit »Dreck« zu übersetzen ist. Gemeinsam mit dem Sohn übergibt er dem Fluss eine Flaschenpost mit der seiner Meinung nach passenden Bezeichnung für die »Scheißdeutschen«: »Dreck für Deutsch!«

Das von den Deutschen ebenfalls besetzte Lille liegt innerhalb der Reichweite der britischen Artillerie und wird von dieser beschossen. Hier ist es den französischen Kindern verboten, Drachen steigen zu lassen: Die kaiserliche Armee fürchtet, auf diese Weise könnten geheime Botschaften an die Engländer übermittelt und wichtige militärische Ziele kenntlich gemacht werden.

So vergehen die Wochen und Monate unter der Besatzung in weitgehender Monotonie, unterbrochen nur durch gelegentliche neue Schikanen der Deutschen oder die scheinbaren Anzeichen einer erfolgreichen Offensive der Entente. Doch im Mai 1915 bricht für den eben elf Jahre alt gewordenen Yves eine Welt zusammen. Der Tagebucheintrag ist ein einziger Aufschrei: »Das ist ein böser, ein jammervoller Tag. Heute geschah das Märtyrertum eines Helden, der für sein Vaterland starb.« Bei diesem Helden handelt es sich weder um Eltern, Geschwister oder Verwandte – und dennoch um ein geliebtes Familienmitglied: Kiki, den Hund. Die Deutschen haben eine Steuer für die Haltung von Haustieren ersonnen. Die Eltern Congar sind nicht bereit, hierfür neuerliches Geld aufzubringen, zumal angesichts der Vorstellung, dass diese Summen wahrscheinlich für die Herstellung von neuen Waffen und Munition verwendet werden, mit denen französische Soldaten getötet werden. Die Proteste von Yves bleiben vergeblich. »Um 3.30 Uhr erscheint der Tierarzt. Wir geben dem Hund einen Brocken Fleisch, den er gierig verschlingt. Dann binden wir seine Kiefer mit einem Strick so fest zusammen, wie es geht. Während wir seine Beine festhalten, spritzt der Tierarzt Gift in sein Herz. Er ist noch warm, als wir ihn begraben.«

Blut im Schnee

Die Front im Osten zieht sich auf einer Länge von 1600 Kilometern hin – von der Ostsee bis ans Schwarze Meer. Sie verläuft durch Litauen, Polen, Galizien und die Karpaten, durch Wälder und Sümpfe, Steppen und Gebirge. Eine solch gewaltige Frontlinie lässt sich nicht auf gleiche Weise sichern wie im Westen. Die Zivilbevölkerung lebt im beständigen Risiko, von Armeen überrollt zu werden – immer wieder.

Für den zehnjährigen Manès Sperber ist es undenkbar, dass die Truppen des Feindes seine Heimat besetzen könnten. Österreich hat die besten Kanonen der Welt und die stärksten Festungen; wie soll der Russe dagegen ankommen? Doch die Stimmung im galizischen Schtetl verdüstert sich zunehmend angesichts beunruhigender Fragen wie: Ist es Gewitter, was wir da hören? Oder Kanonendonner? Die tägliche Spannung wird unerträglich. Bald kann es keinen Zweifel mehr geben, dass die Truppen des Zaren auf dem Vormarsch sind. Freilich sind die Juden in Zablotow davon überzeugt, dass die österreichische Armee dem Spuk bald ein Ende bereiten wird. Was aber, wenn das Schtetl kurzfristig in die Hände der Russen fällt? Manès' Vater entschließt sich, dieses Risiko nicht einzugehen. Die Familie flieht in das eine Tagesreise entfernte Tracz. Das Dörfchen liegt inmitten dichtbewaldeter Hügel; nicht einmal eine richtige Straße führt hinein, und auf Landkarten ist es nicht eingezeichnet. Hierher wird sich der Russe keinesfalls verirren. Für Manès ist es keine wirkliche Flucht, die die Familie unternimmt – eher eine Urlaubsreise. Verlängerte Sommerferien, schulfrei, kein lästiges Vokabelbüffeln; die Eltern zudem weitgehend mit sich beschäftigt, sodass der Junge ohne Kontrolle der Erwachsenen die Natur um Tracz durchstreifen kann.

Zablotow ist mittlerweile tatsächlich von den Russen besetzt worden, sodass sich die Familie zu ihrem Entschluss beglückwünscht, nach Tracz zu gehen. Doch die Freude währt nicht lange. Versprengte Kosaken tauchen überraschend am Rand des Dorfes auf, fragen einen der ansässigen Bauern aus. Selbst in dieser völligen Abgeschiedenheit scheint es kein Entrinnen vor dem Krieg zu geben. Schweren Herzens kehren die Sperbers in ihr Schtetl zurück. Es ist inzwischen Winter, Chanukka steht vor der Tür. So hoch liegt der Schnee, dass das Pferdefuhrwerk immer wieder stecken bleibt. Eine russische Straßensperre erwartet sie; ein Posten fragt Manès' Mutter nach ihrem Haus. Die Mutter errötet und gibt eine falsche Adresse an. Trotz seiner acht Jahre versteht der Junge, dass der Russe die Mutter »besuchen« will – und ist erleichtert, dass sie gelogen hat.

Das Leben in Zablotow unter den Russen ist nicht einfach, doch die vom Vater befürchteten Übergriffe bleiben vorerst aus. Das Städtchen zu verlassen ist verboten. Die Wachposten müssen bestochen werden. Es sind nicht die Besatzer, von denen die größten Schwierigkeiten ausgehen, sondern Seuchen, die der Krieg mit sich im Gepäck führt. Weil Typhus im Ort grassiert, lässt der russische Kommandant Bethäuser und Schulen schließen, zieht eine Bannmeile um das Schtetl. Die Juden ignorieren das Verbot, versammeln sich weiterhin zum Abendgebet, schicken die Kinder nach wie vor in die Chederschule, selbst dann noch, als sich zum Typhus eine Pockenepidemie gesellt. Der Tod hält Einzug im Schtetl. Laute Totenklagen dringen Tag und Nacht an Manès' Ohr; entstellte Leichen werden in düsteren Prozessionen durch den Ort getragen. Der Junge ist verstört und fasziniert zugleich. Die Russen vermauern nun die Bethäuser, stellen Wachen vor die Schulen; doch die Juden holen die Thora aus der Synagoge und treffen sich heimlich in Privathäusern zum gemeinsamen Gottesdienst.

Anfang 1915 gerät Zablotow in die Frontlinie. Zunächst sind die Bewohner erleichtert, hoffen sie doch auf Befreiung durch die österreichische Armee. Zunächst müssen sie freilich den Durchzug der besiegten russischen Regimenter ertragen. Plünderungen beginnen, zumeist gegen Mitternacht. Die Soldaten schrecken nicht einmal vor den Häusern der Typhus- und Pockenkranken zurück: Wer genug Wodka trinkt, ist ihrer Ansicht nach vor einer Ansteckung gefeit. Es ist kein Pogrom; die Russen kümmern sich nicht darum, ob es Juden, Polen oder Ruthenen sind, die sie drangsalieren. Für die Bewohner wird es dadurch nicht leichter. Zudem lernen sie bald, den eigentlich ersehnten Vormarsch der eigenen Truppen zu fürchten, denn Zablotow gerät zwischen den Fronten in das Feuer sowohl der russischen als auch der österreichischen Artillerie. Die Menschen verlegen ihr Leben mehr und mehr in die Keller, über die allerdings die wenigsten Häuser verfügen, weshalb die reicheren Juden des Ortes die Armen bei sich aufnehmen. Unter denjenigen, die bei den Sperbers unterkommen, ist auch Manès' Lehrer.

Ihm folgt, von Neugier getrieben, der Neunjährige aus dem Keller. Der Lehrer will Essbares und Medizin besorgen; er ist militärdiensterfahren – und wählt den Weg über den Friedhof, weil sich dort im Notfall am ehesten Deckung finden lässt. Der Plan funktioniert nicht wirklich: Die österreichische Artillerie schießt sich gerade auf die Grabsteine ein. Lehrer und Schüler suchen Schutz, wollen das Ende des Beschusses abwarten, als ein russischer Reiter auf sie zukommt. Eine Granate explodiert direkt unter dem Leib des Pferdes, schleudert Tier und Mensch in die Luft und zerreißt beide in Stücke. Blutige Fleischfetzen prasseln direkt vor Manès auf den Boden, färben den Schnee rot. Der Lehrer ruft dem Jungen zu, er solle die Augen schließen und an nichts denken. Doch der ist im Grauen gefangen. Das Leben erscheint ihm von nun an wie ein Glücksspiel, wie blindes Schicksal. Es ist das Ende seiner Kindheit.

Die Russen werden vertrieben, und die Bewohner atmen auf. Jetzt ist das Schlimmste überstanden, so denken alle. Doch nur wenige Tage später sind die Russen erneut in Zablotow. Gerade noch rechtzeitig fliehen die Sperbers, diesmal in die Provinzhauptstadt Kolomea. Wieder erobern die Österreicher das Städtchen zurück, diesmal für immer, glauben die Menschen, die sich nun voller Tatkraft ans Aufräumen, Ausbessern und Reparieren ihres größtenteils zerstörten Städtchens machen. Doch im Sommer 1915 brechen die Russen am Dnjestr durch – und sorgen für neue Gefahr. Diesmal wird den Bewohnern die Entscheidung über Bleiben oder Gehen von den Behörden abgenommen; das gesamte Schtetl muss geräumt werden. So überstürzt ist dann am Ende die Flucht in den Süden der Bukowina, dass die Sperbers zum ersten Mal in ihrem Leben das Verbot übertreten, am Sabbat nicht zu fahren.

Im Herbst können sie wieder heimkehren. Die Wände ihres Hauses sind von Schüssen durchsiebt, und auch sonst ist die

Not groß. Die frommen chassidischen Juden sind von doppelter Zuversicht erfüllt: »Wenn der Messias jetzt nicht kommt, wann dann?«

Ähnliche Erfahrungen macht zur selben Zeit die 1902 geborene Prive Schächter, deren Nachname direkt auf den Beruf ihres Vaters hinweist. Sie ist das zwölfte Kind eines jüdischen Schächters in Jadowa in der Bukowina, rund fünfzig Kilometer von Zablotow entfernt. Über Glück und Unglück entscheidet oft nur eine Wegscheide. Der erste Angriff der Russen endet direkt vor Jadowa – das Mädchen sieht von ihrem Haus aus, wie das Nachbardorf in Flammen aufgeht. Doch später wird auch das eigene Schtetl zum Spielball des Krieges, wechselt immer wieder den Besitzer. Das Leben unter den wechselnden Herren ist vollkommen unberechenbar; die Schächters sind ebenso wie die anderen Bewohner ständig den Launen der Militärs ausgesetzt.

Prives Vater bekommt einen Peitschenschlag von den Russen, darf später aber deren Ochsen schlachten und wird reichlich mit Fleisch entlohnt. Prive wird Zeugin einer wundersamen Verwandlung der Soldaten. Komplett in Uniform, sind sie unnahbar und häufig aggressiv, haben die Russen sich aber niedergelassen und die Stiefel ausgezogen, um die Fußlappen zu trocknen und die Füße auszulüften, entspannen sich ihre Gesichter; sie werden gelassen und gutmütig.

Als die Österreicher den Ort zum zweiten Mal zurückerobern, erhängen sie den ruthenischen Schweinefleischhändler des Dorfes als vermeintlich russischen Spion. Prive verstört die Zurschaustellung des Hingerichteten zutiefst; doch an ihrer grundsätzlichen Haltung dem Krieg gegenüber ändert es nichts. Sie besucht die deutschsprachige Schule in Jadowa, und obwohl ihre Lehrer antisemitisch eingestellt sind, hegt sie tiefempfundene patriotische Gefühle für Österreich und Deutschland. Einer ihrer Brüder ist schon vor Kriegsbeginn nach Amerika emigriert; er wird sich später, nach dem Kriegseintritt der USA, freiwillig an die Front melden – um gegen die Mittelmächte zu kämpfen.

Da zwei jüngere Brüder in der österreichischen Armee dienen, wäre es denkbar, dass sie aufeinander schießen müssten.

Einer dritten Invasion durch die Russen will sich die Familie nicht aussetzen. Zu Fuß fliehen die Eltern, Prive und ihre ältere Schwester Sure nach Siebenbürgen; der Marsch dauert 14 Tage. Eine Kuh, die sie als einzige Habseligkeit mit sich führen, ernährt sie in dieser Zeit mit ihrer Milch. Im Hochgebirge werden sie von einem Gewitter überrascht, dessen elementare Gewalt Prive fast noch mehr verängstigt als die von Menschen gemachte Gewalt des Krieges. Später erreicht die Familie ein Dorf in der Nähe von Linz. Es fällt ihnen nicht leicht, außerhalb ihrer traditionellen Lebenswelt Fuß zu fassen. In seinem Schtetl war Prives Vater als Schächter ein Angestellter der jüdischen Gemeinde. Koscher essen und Samstag nicht arbeiten – ein Ding der Unmöglichkeit bei fast allen angebotenen Arbeitsstellen. Schließlich findet die ganze Familie ein Einkommen in der Linzer »Solo«-Zündholzfabrik. Die Arbeit dort ist so gesundheitsschädlich, dass die Betriebsleitung Kompromisse schließen muss, um überhaupt Beschäftigte zu finden. Weil ihre Lunge permanent dem giftigen Schwefeldampf ausgesetzt ist, erkrankt Prives Schwester schwer. Die Familie gibt die Arbeit in der Zündholzfabrik auf und lebt in bitterer Armut. Doch an eine Rückkehr in die Heimat ist in Zeiten des Krieges nicht zu denken.

Im Frühsommer 1916 fliehen die Sperbers ein letztes Mal aus Zablotow. Diesmal ist Wien das Ziel. Bei einem Großonkel machen sie Zwischenstation. Der fromme Rabbiner erklärt Manès die Leiden als selbstverschuldet durch ihre Sünden. Manès' Vater und er selbst trügen keine Schläfenlocken und würden zu wenig beten. Und in der polnischen Schule würde ihm nichts beigebracht, was gottgefällig sei. Demütig stimmt Manès dem Großonkel zu, doch im Innern hat er nur Spott. Es geht doch nach Wien, in die Stadt des Märchenkaisers, der auf alle Fragen und Nöte eine Antwort weiß. Seinen Rufnamen »Munju« legt Manès von nun an endgültig ab – Beweis, dass ein neues Leben für ihn beginnt. Der Vater hat eine wesentlich pessimistischere Einschätzung, fürchtet den Abstieg in die Armut für sich und die Familie. Am 27. Juli 1916 kommen sie in der österreichischen Hauptstadt an. Manès Sperber wird Zablotow, den Ort seiner Geburt und seiner Kindheit, nie wiedersehen.

Ein Massaker

Der Erste Weltkrieg löst Flüchtlingsbewegungen in einer Dimension aus, wie sie Europa seit den Zeiten der Völkerwanderung nicht mehr erlebt hat. Hunderttausende fliehen vor der russischen Armee aus Ostpreußen und den polnischen Gebieten. Aus Galizien strömen 100 000 Juden in Richtung Wien. Aus Belgien fliehen mehr als 800 000 Menschen vor den vorrückenden Deutschen. Sie alle nehmen in Kauf, ihre letzten Habseligkeiten zu verlieren, entwurzelt zu werden, zu verarmen. Aber ihnen bleibt kaum eine andere Wahl. Schließlich scheint alles besser, als der Willkür des Feindes ausgeliefert zu sein. Doch was, wenn die Soldaten des eigenen Landes zu Feinden werden?

Als die Sommerferien 1914 zu Ende sind, bricht der 15-jährige Stevan Idjidovic nach Zemun bei Belgrad auf, sechzig Kilometer von seinem Heimatdorf Jarak entfernt, um wieder den Unterricht am Gymnasium zu besuchen. Die Mobilmachung der österreichischen Armee hat die Familie nicht betroffen; Vater Mosije ist 49 und damit jenseits der Wehrtauglichkeit, seine beiden Söhne sind zu jung. Allerdings müssen sie ihr Haus mit drei österreichischen Offizieren teilen, die in ihrem Wohnzimmer hocken, auf Messtischblättern militärische Operationen planen, sich von der Mutter und Stevans Schwestern bekochen und bedienen lassen und in den Betten der Familie schlafen. Ungeniert plaudern die Offiziere davon, man werde den »Schweine-Serben« eine Lektion erteilen – vielleicht in der Annahme, die serbische Herbergsfamilie verstünde kein Deutsch. Doch jenseits des beleidigenden Tonfalls sorgen die belauschten Gespräche bei den Idjidovics für Beruhigung – denn von Krieg ist da noch keine Rede.

Den Zug kann Stevan auf dem Weg ins Gymnasium nicht nehmen; dieser steht ausschließlich der K.-u.-k.-Armee zur Verfügung. Die eigenen Pferdekutschen sind samt den Kutschern für militärische Zwecke requiriert worden, sodass sich Stevan mit einem gemieteten Gefährt nach Zemun aufmacht. Die Reise ist beschwerlich; immer wieder werden sie angehalten, kontrolliert und befragt. Endlich angekommen, steht Stevan an der Wohnung seiner Zimmerwirtin vor verschlossenen Türen: Frau Obermeier hat sich wegen des kommenden Krieges zu Verwandten nach Wien gerettet.

Auch die Schule ist geschlossen. Stevan erfährt, dass die eine Hälfte der serbischen Lehrer verhaftet wurde, die andere Hälfte in letzter Minute nach Belgrad geflohen ist. Es ist niemand mehr da, der die Schüler unterrichten könnte. Die Verhaftungen sind Teil einer systematischen Ausschaltung der serbischen Intellektuellen und geistlichen Führer; von den Internierungen sind orthodoxe Priester, Schriftsteller, Journalisten und Studenten betroffen. Alle serbischen Zeitungen wurden in Österreich-Ungarn eingestellt; sogar die kyrillische Schrift hat man in der Doppelmonarchie verboten.

Nach beschwerlicher Rückreise findet Stevan sein Heimatdorf vollgestopft mit Ponton-Booten vor, die von Pioniereinheiten zur Save transportiert werden, wo ein Brückenkopf im Entstehen ist. Nachts streifen unzählige Soldaten durch die Höfe, werden dabei immer wieder von pflichtbewussten Hofhunden angegriffen. So sind die ersten Opfer der österreichischen Invasion Wachhunde des eigenen Landes. An die Hundert von ihnen werden allein in Jarak erschossen.

Mit ohrenbetäubenden Kanonaden, die an Schlaf nicht denken lassen, bereitet die Artillerie die Invasion des Königreiches Serbien vor. Auf der anderen Uferseite der Save sind keine serbischen Soldaten; ungehindert können die österreichischen Truppen über den Fluss setzen. Es würde ein Spaziergang werden, sind die bei Stevan einquartierten Offiziere überzeugt. In schmucken Uniformen, mit frisch gewichsten Stiefeln, glänzenden Rangabzeichen und Orden marschiert die kaiserliche Armee in die Schlacht von Cer, einem Berg in der Nähe der Save. Eine Woche später befinden sich die gleichen Soldaten auf dem Rückzug über den Fluss. Sie sind nicht wiederzuerkennen. Ihre Uniformen sind zerrissen; viele tragen Verbände, sind verwundet; eine straffe Ordnung ist nirgends zu erkennen. Die schlecht ausgerüsteten und zahlenmäßig unterlegenen Serben haben sie in eine Falle gelockt und besiegt. Ein Viertel der ausgerückten 200000 österreichischen Soldaten ist getötet, verwundet oder gefangen genommen worden.

Die besiegte Armee scheint zu fürchten, dass sich die Serben in der Habsburger Monarchie mit ihren Brüdern im benachbarten Königreich Serbien verbünden – und statuiert ein Exempel. In der Nähe des Friedhofs von Jarak errichten sie improvisierte Galgen und henken fünf ältere, schon ergraute serbische Bauern und eine junge Bäuerin. Worin ihr vermeintliches Verbrechen bestanden hat, ist nicht ersichtlich. Dabei vollziehen die Österreicher die Exekutionen in aller Öffentlichkeit – und fotografieren sich selbst während der Tat: grinsend. Sie versuchen auch, geplünderte Waren im Dorf zu verkaufen, doch niemand lässt sich dort auf einen solchen Handel ein. Und viel Zeit bleibt ihnen nicht, denn die serbische Armee startet ihrerseits eine Gegenoffensive, versucht mit starken Verbänden über die Save zu setzen.

Stevan ist begierig zu erfahren, was da in unmittelbarer Nähe seines Dorfes vor sich geht, klettert auf den großen Nussbaum auf dem Grundstück. Doch die Sicht auf die Truppenoperationen ist durch andere Bäume weitgehend versperrt; was er sieht, sind seltsam geformte Wölkchen von Schrapnells, die am Himmel explodieren. Nun will Stevan erst recht mehr sehen; und so verfällt er auf die Idee, den Glockenturm der Kirche von Jarak als Beobachtungspunkt zu wählen. Was er sieht, ist aus Sicht der Serben erschreckend. Ein Teil von ihnen hat bereits das andere Ufer erreicht; der Rest steht auf der eigenen Seite bereit. Doch die Brücke, über die sie eindringen, ist durch die österreichische Artillerie in der Mitte zerstört; die übergesetzten Truppen sitzen nun in der Falle, sind am Brückenkopf dem feindlichen Feuer von allen Seiten ausgesetzt – ohne auf Verstärkung hoffen zu können.

Kein besserer Blick auf das Geschehen ist denkbar als von der Kirchturmspitze in Jarak. Doch als Stevan die Schritte schwerer Stiefel auf den knarrenden Stufen hört, wird ihm klar, dass ihm dies nicht allein aufgefallen ist. Er hört Stimmen, in Deutsch; es sind Offiziere, die sich einen Überblick über die Kämpfe verschaffen wollen. Wenn sie ihn hier auf dem Kirchturm treffen, werden sie ihn als Spion erschießen – so viel ist Stevan klar. Und wahrscheinlich werden sie sich an seiner ganzen Familie rächen. Verzweifelt sucht der Junge nach einem Ausweg, bis er auf ein Versteck verfällt, ein Loch, in dem er früher mit den Nachbarsjungen Fledermäuse gejagt hat. Jetzt kriecht er da hinein, hält die Luft an, während die österreichischen Offiziere das Kampfgeschehen beobachten: Sie rechnen mit einem glorreichen Sieg und werden Zeugen, wie in der Schlacht von Cevrntija 4000 serbische Soldaten bei geringen österreichischen Verlusten sterben. Die triumphierenden Reden der Militärs empören den Jungen in seinem Versteck, sodass er eine unbedachte Bewegung macht und einen lockeren Dachziegel zum Fallen bringt. Sofort verstummen die Offiziere, einer von ihnen sagt leise: »Wir sind hier nicht allein. Sergeant, untersuchen Sie diese Öffnung da!« Stevan weiß, dass er verloren ist. Schon vermeint er, einen Schatten näher kommen zu sehen, der in der Hand eine Pistole hält. Doch plötzlich wird die Kirche in ihren Grundfesten erschüttert, ein Donnern lässt Stevans Trommelfelle beinahe platzen. Dann hektische Schritte, die sich eilig entfernen. Die serbische Artillerie hat die Kirche als strategischen Punkt ausgemacht und unter Beschuss genommen. Jetzt könnte der Junge noch durch eine Granate getötet werden, doch einstweilen atmet er auf und schleicht sich vorsichtig in sein Haus zurück.

In den folgenden Tagen ist es ruhig im Dorf. Die Toten werden in Massengräbern bestattet; es gibt keine Truppen mehr im Ort, so als wäre der Krieg inzwischen schon wieder vorbei. Die Dörfler sind um diese Jahreszeit traditionell mit Schnapsbrennen beschäftigt, ein Unternehmen, das mit Ruhe und Geduld angegangen werden muss. Daran mangelt es zunächst auch nicht. Der intensive Duft von frisch angesetzter Maische aus Pflaumen, aus der einmal Sliwowitz werden soll, erfüllt die Luft. Doch dann hören sie erneut Kanonendonner. Inzwischen geübt, die an- und abschwellenden Geräusche des Krieges zu interpretieren, glauben die Dorfbewohner, dass gerade eine neue serbische Invasion im Gange ist, diesmal direkt von Belgrad auf Zemun zu – und dann weiter entlang der anderen Flussseite. Bestätigt werden sie in ihrer Einschätzung durch die Aktivitäten neu eingetroffener österreichischer Truppen, die um das Dorf herum Schützengräben ausheben. Tatsächlich kommen die Einschläge der Artillerie immer näher, weshalb Stevans Familie beschließt, im Keller des Hauses Zuflucht zu suchen.

Der unaufhörliche grummelnde Geschützdonner hat auf Stevan eine einschläfernde Wirkung – und als er am 10. September 1914, einem Donnerstag, in der Frühe erwacht, ist Jarak in serbischer Hand. Doch einen Tag später sind die feindlichen Truppen schon weitergezogen, verfolgen anscheinend die Österreicher. Stevan hilft mit, die Toten zu begraben, zumeist sind es Serben, die beim Sturm auf das Dorf gefallen sind; einige Österreicher liegen in den Schützengräben. Niemand im Dorf hat die geringste Ahnung, wie der Krieg gerade verläuft, wie nahe oder fern sie selbst dem Geschehen sind. Sie fühlen sich in einem Niemandsland.

Am 13. September entdeckt Stevan als Erster im Ort, dass sich Reiter nähern. Es handelt sich um ungarische Ulanen, eine Vorhut der K.-u.-k.-Armee. Sie wollen von dem Jungen wissen, ob sich serbische Soldaten im Ort aufhalten. Stevan verneint. In der folgenden Nacht gießt es in Strömen. Doch in das Trommeln der Regentropfen mischen sich unverkennbar die Marschschritte einer nahenden Armee. Die Österreicher sind im Begriff, sich ihren Besitz wieder anzueignen. Stevan, mittlerweile gewöhnt an das Auf und Ab des Krieges, beunruhigt das kaum. Schließlich waren sie schon zuvor Staatsbürger des Kaisers aus Wien – und werden es nun wieder sein.

Am anderen Morgen weckt Stevan ein Geräusch, das ganz anders ist als alles, was er in den vergangenen Wochen gehört hat. Es ist das Prasseln eines übermächtigen Feuers. Niemand außer ihm ist noch im Haus; die Familie steht bereits aufgeregt auf der Straße. Ein paar hundert Meter entfernt brennt die gesamte Westseite des Dorfes. Die Bewohner rennen aus den Häusern. Schüsse fallen. Sie scheinen die Wahl zu haben, erschossen zu werden – oder zu verbrennen. Ein Gedanke hämmert in Stevans Kopf: Warum tun die Soldaten das? Es sind doch Bürger ihres eigenen Landes, die sie töten! Dann reißt ihn die Mutter aus seinem Schockzustand: Wir müssen fliehen! Sofort!

Sie flüchten über Hecken zur Ostseite des Dorfes, erreichen die Felder, wo sie sich etwas sicherer fühlen, hetzen über die Brücke eines Drainage-Kanals – und laufen direkt einer Gruppe Soldaten in die Arme. Es sind Ungarn, angeführt von einem kroatischen Sergeanten, die bereits eine größere Gruppe von Frauen und Kindern in ihre Gewalt gebracht haben. Stevans Schwester Danica hat in der Schule Ungarisch gelernt, redet auf die Soldaten in ihrer Muttersprache ein, entspannt die Situation ein wenig. Die Frauen und Kinder dürfen gehen, zurück ins Dorf. Auch den Männern wird bedeutet zu verschwinden, doch dann trifft Stevans Vater eine Kugel in den Rücken.

Die Familie rettet sich in ein Eckhaus des Dorfes. Dort versuchen sie Mosijes Blutung zu stillen. Stevan soll sich im Alkoven verbergen, falls die Soldaten wiederkommen. Was aber wird dann mit dem Vater? Während Stevan noch grübelt, sieht er durch eine Ritze seines Verstecks Flammen. Die Soldaten haben das Nachbarhaus in Brand gesteckt – und nähern sich dem seinigen, mit Fackeln in den Händen. Als der Junge sein Versteck verlässt, ist die Familie bereits weg, geflohen wahrscheinlich, hoffentlich, vielleicht aber schon tot, verschwunden jedenfalls.

Verbrechen gegen die Zivilbevölkerung geschehen in diesen ersten Kriegswochen allerorten. So wird der Vormarsch der Deutschen durch Belgien von zahlreichen Übergriffen begleitet. Die Truppen haben einen kampflosen Durchzug erwartet und sind vom erbitterten Widerstand der Belgier überrascht. Sie reagieren mit Geiselnahmen und Erschießungen, missbrauchen Zivilisten als menschliche Schutzschilde. Die Maßnahmen fordern mehr als 6000 Todesopfer – und bilden den Humus für propagandistische Legenden. Deutsche Soldaten würden Nonnen kreuzigen und abgehackte Kinderhände im Tornister als Trophäen mit sich führen. Erfundene Geschichten, die weltweit verbreitet werden, für Empörung sorgen – und immer mehr Jugendliche motivieren, in den Krieg einzutreten, um solcher Barbarei ein Ende zu machen.

Die tatsächlichen Gräuel sind schlimm genug. Russische Soldaten verüben bei der Einnahme der galizischen Festung Przemyśl ein Pogrom an den dort lebenden Juden. Französische Soldaten vergehen sich bei der Einnahme von Ortschaften in Elsass und Lothringen an den dort lebenden Deutschen. Am grausamsten aber gehen die Österreicher auf dem Balkan vor.

All das weiß Stevan nicht, als er aus dem brennenden Haus rennt, die davor wartenden Soldaten überrascht, sich nach Hakenschlagen und Verstecken zum Fluss rettet, seine Kleider ablegt, in die Save springt – und schwimmt. Als die Österreicher ihn entdecken, als die Kugeln um seinen Kopf schwirren, ist er schon fast am anderen Ufer …

KAPITEL 5

»Ach wäre ich Jeanne d'Arc ...«

> Ich ärgerte mich sehr, weil ich erst
> zwölf Jahre alt und kein Mann bin.
> Was nützt es, ein Kind zu sein, wenn
> Krieg ist. Man muss Soldat sein. Ein
> Kind ist im Krieg gar nichts wert.
> *Elfriede Kuhr, 1914*

Es sind beides Erfindungen des 19. Jahrhunderts: Der Begriff der Kindheit und das Fliegen sind Kennzeichen der Moderne. Die Kindheit als heiliger Raum in einem bürgerlichen Europa, die Ideale des französischen Philosophen Jean-Jacques Rousseau, der die Unschuld des Kindes als besonders schützenswert betrachtete und es deshalb auch getrennt von der Welt der Erwachsenen erziehen und beschulen wollte.

Das Fliegen hingegen hat für Erwachsene wie Kinder etwas Magisches. Noch denkt niemand an eine kommerzielle oder gar militärische Nutzung der neuen Fortbewegungsart – stattdessen stellt man sich die Zukunft aufregend und abenteuerlich vor.

Die Etablierung des Kindheitsbegriffs und die Realisierung des uralten Menschheitstraums vom Fliegen wird zu Beginn des 20. Jahrhunderts auch im Alltag sichtbar. Durch die modernen Fertigungsmethoden der Industrialisierung werden die Begriffe mit Hilfe von Groschenheften, Postkarten, Spielwaren, Brettspielen und anderem für jeden erschwinglich popularisiert. Diese Entwicklung trägt schließlich auch zur schnellen Etablierung einer kulturell geprägten und propagandistisch genutzten Heimatfront in den beteiligten Kriegsländern bei. Ein nicht unwesentlicher Teil dieser Propaganda besteht in der Idealisierung und Romantisierung des Krieges.

Die frühen Flugmaschinen waren zugleich Spielzeug und Inspiration. Im Jahr 1914 war das Flugzeug kaum zehn Jahre alt. Dabei hatte es vorwiegend der Unterhaltung und dem Ansehen der »tollkühnen Männer« gedient. Und in der Tat hatten bis dato wenige Armeen das Potenzial der Flugzeuge gesehen. Zu anfällig und instabil waren die Maschinen, ganz abgesehen von den Widrigkeiten durch Wind und Wetter.

Doch mit dem Beginn des Krieges hatte die Öffentlichkeit verstanden, dass das Fliegen eine Frage nationalen Ansehens war und die Vorherrschaft über Technik und Luftraum mit sich brachte. Der deutsche Graf Zeppelin war jedem Kind in Deutschland ebenso ein Begriff wie der Name seines französischen Fliegerkollegen Blériot, der 1909 den Kanal überflogen hatte, in seiner Heimat.

Der Krieg hatte auf den Schlachtfeldern kaum begonnen, da drang er auch in die Klassenzimmer ein. Die Schulen der sich zivilisiert nennenden europäischen Staaten verstanden sich selbst als Bollwerke des humanistischen Geistes – bis zum August 1914.

Adieu ist verboten

»Man darf jetzt kein Fremdwort mehr sagen, ja nicht ›adieu‹. Es heißt ›Guten Tag‹, ›Lebwohl‹, ›Auf Wiedersehen‹, ›Grüß Gott‹ usw.«, schreibt die 14-jährige Nessi aus Sachsen in ihre Tagebuchkladde und kommentiert aufatmend: »Ich finde das sehr schön; wozu müssen wir denn alle diese fremden Grüße und Wörter haben!«

Die zwei Jahre jüngere Elfriede Kuhr aus Schneidemühl braucht dagegen erst eine Weile, um den Sinn der neuen Regel zu verstehen, die der Lehrer verkündet hat. Das Wort »Adieu«

ist so sehr in ihrem täglichen Sprachgebrauch, dass sie es nicht als französisch empfindet. Aber es kommt noch eigentümlicher: Auch »Mama« fällt in die Kategorie der unerwünschten Begriffe. Stattdessen soll Elfriede ihre Mama von nun an »Mutter« nennen. Dagegen sträubt sich alles in ihr. Letztlich aber fügt sich Elfriede den Wortverboten. Schließlich dient ja alles einem guten Zweck: »Wir haben eine kleine Blechkasse gekauft, in die wir jedes Mal fünf Pfennige legen wollen, wenn wir uns versprochen haben. Der Inhalt der Kriegssparkasse wird zum Einkauf von Strickwolle verwendet.« Und auch für das ungeliebte »Mutter« findet sich schließlich ein passabler Ersatz: »›Mutter‹ ist nicht zärtlich genug. Ich will ›Muttchen‹ sagen.«

So leicht tut sich die 1901 in Berlin geborene Marie Magdalene Dietrich nicht. Seit ihrem dritten Lebensjahr lernt sie Französisch, und seit sie in Charlottenburg auf die Auguste-Victoria-Schule geht, ist sie ganz vernarrt in die junge elegante Französischlehrerin Marguerite Bréguand. Nach Schulschluss verbessert sie auf Spaziergängen mit ihr die Aussprache; sie ahmt Frisur und Kleidung der geliebten Lehrerin nach, macht ihr kleine Geschenke. Vielleicht ist das fremde Idiom, ihr Lieblingsfach in der Schule, auch ein Trost, denn glücklich scheint die Zwölfjährige seit dem Tod ihres Vaters nur selten zu sein. Die Mutter hat einen neuen Mann, Leutnant von Losch, Offizier bei den Königlichen Grenadieren, der unentwegt raucht – und Säbel sammelt. Das Mädchen nennt sich inzwischen Marlene und scheint nicht allzu traurig, als der Krieg den Stiefvater frisst. Doch leider verschwindet auch Marguerite Bréguand sofort nach Kriegsausbruch aus Marlenes Leben, muss fluchtartig zurück in die Heimat. Der nunmehr allgegenwärtige Franzosenhass setzt Marlene Dietrich schwer zu; und so benutzt sie auf provozierende Weise nun erst recht französische Ausdrücke und Floskeln. In irgendeine »Kriegssparkasse« zahlt sie da nicht ein, nimmt stattdessen die Tadel ihrer Umgebung unbeeindruckt entgegen.

»Blutrauschige Barbaren«

Dabei ist in Frankreich der Hass auf alles Deutsche nicht geringer.

Die 1908 in Paris geborene Simone de Beauvoir fürchtet sich 1914 zunächst vor einem Einfall von Japanern in ihre Heimat, weil man ihr gesagt hat, »Krieg bedeute den Einfall von Fremden in ein Land« – und was kann fremder sein als jene fernöstlichen Menschen, die aus dem Stadtbild nicht mehr wegzudenken sind, weil sie an den Straßenecken exotische Fächer und bunte Papierlampions verkaufen. In ihren »Memoiren einer Tochter aus gutem Hause« erinnert sich Simone de Beauvoir rückblickend, wie sie ihren Irrtum erkannte: »Aber nein. Unsere Feinde waren die Deutschen mit den spitzen Helmen, die uns schon Elsass und Lothringen weggenommen hatten und deren groteske Hässlichkeit ich aus den ›Hansi‹-Albums kannte.«

Hansi lautete der Künstlername des elsässischen Grafikers und Zeichners Jean-Jacques Waltz. Im Jahr 1913 erschien seine weithin beachtete »Geschichte des Elsass, den Kindern erzählt vom Onkel Hansi«. Dabei greift er auf ein eher subjektives Geschichtsverständnis zurück, das sich dann aber unaufhaltsam seinen Weg in tausende französische Kinderzimmer bahnt. In grauer Vorzeit seien die Elsässer frei und »Teil des großen gallischen oder keltischen Volkes gewesen«. Die Gallier und Kelten zeichneten sich durch Stärke und Mut aus. Die Frauen seien schön gewesen, hätten prächtige Kleider getragen und kostbaren Schmuck geliebt. Über die germanischen Nachbarn äußert er sich weniger schmeichelhaft: »Sie lebten auf der anderen Seite des Rheins und waren Wilde. Sie hatten lange, ungepflegte rote Haare, buschige Bärte, wie heute, aber sie trugen noch keine Brillen. Sie bedeckten sich mit Tierfellen, die mit Dornen zusammengehalten wurden. Wenn es viele waren, hätte man glauben können, es handle sich um ein Rudel Bären oder Wölfe.« Für Hansi ist der Hass zwischen Elsässern und allem, »was von der anderen Seite des Rheins kommt, so groß, dass die Grausamkeiten des letzten Krieges nicht ausreichen, um ihn zu erklären«. Er rühre aus Zeiten, »als man die Geschichte noch nicht schrieb, denn es ist das Blut dieser Ahnen mit Waffen aus Stein und Bronze, das in unseren Adern fließt, es ist das Blut derjenigen, die während so vieler Jahrhunderte ihre Häuser und ihre Familien gegen die barbarischen Banden verteidigt haben«.

Mit solch geistigem Rüstzeug ausgestattet, macht sich die kleine Simone de Beauvoir die heilige Sache Frankreichs wider den Erzfeind zu eigen. Sie zertritt eine Zelluloidpuppe, weil auf ihr »Made in Germany« steht – was ihr nicht sehr schwer fällt, da diese ihrer Schwester gehört. Schmerzlicher wäre der Verlust eines ebenfalls aus Deutschland stammenden silbernen Messerbänkchens, welches sie aus dem Fenster werfen will, was durch die Erwachsenen in letzter Sekunde vereitelt werden kann. Unbedenklich ist es dagegen, dass die Sechsjährige alle Vasen mit französischen, britischen und russischen Fähnchen dekoriert, und dass sie mit bunten Stiften »Vive la France!« an die Wände pinselt, quittieren die Großen in einer Mischung aus Stolz und Ironie mit dem Satz: »Simone ist furchtbar chauvinistisch.«

Es gibt nichts, was dem Feind nicht zuzutrauen ist. Simone de Beauvoir nimmt keine Gummidrops mehr von Fremden an, weil es ja allgemein bekannt ist, dass die Deutschen in Frankreich vergiftete Bonbons auslegen. Eduard Mayer aus Nürnberg hingegen erfährt zur gleichen Zeit zu seinem größten Entsetzen, »dass französische Ärzte deutsche Offizierskleider anziehen. Dann schleichen sie sich über die Grenze herüber und wollen die Brunnen verfälschen und das deutsche Wasser vergiften; auch möchten sie die Cholera in Deutschland gerne zur Einführung bringen.«

Schlimmer noch treiben es aus Sicht von Eduard die Belgier. Dass deren Land von den Deutschen überfallen wurde, spielt für ihn keine Rolle – wie sollte es auch, wenn selbst die deutschen Intellektuellen die Rechtmäßigkeit der Invasion nicht in Zweifel zogen. Bei der Wiedergabe der vermeintlichen Gräueltaten stößt der Achtjährige allerdings an die Grenzen seiner sprachlichen Ausdruckskraft: »Die Belgier sind nämlich sehr hinterhältige Menschen, und das heißt man auf Deutsch ›Frankierisch‹ (Eduard meint ›Franktireurs‹). Sie schießen aus den Dachfenstern heraus, oder sie locken unsere Soldaten in ihr Haus hinein, und dort werden sie vergiftet und dann ermordet. Auch Kanäle (Eduard meint ›Kanaillen‹) gibt es in Belgien, das sind die Frauen, diese sitzen in heimlichen Ecken und knallen darauf los, wenn ein Soldat vorbeigeht, damit dieser recht erschrickt und oft auch tot hinfällt.«

Derartige Geschichten produzieren die Zeitungen aller kriegführenden Länder in großer Zahl. Sie sind grotesk übertrieben – und wenn selbst die meisten Eltern ihnen Glauben schenken, sind die Kinder der Macht dieser bildstarken Warnungen schutzlos ausgeliefert. Dabei fehlt es ihnen an historischer und politischer Einordnung, die ihnen die Zeitungen nicht liefern, denn die wenden sich eigentlich nur an die Erwachsenen.

So ist Eduard ganz und gar empört über die Horrorszenarien der gegnerischen Presse, ohne dass ihm die Ähnlichkeit zu den Gräuelberichten im Heimatblatt auffiele. Nur Täter und Opfer sind da vertauscht. »Die Belgier lassen in ihre Zeitungen hineindrucken, dass die Deutschen grausame und blutrauschige Barbaren sind, die ihre Feinde auf den Erdboden hinnageln, ihnen Ohren und Nasen abschneiden und kleinen Kindern und Säuglingen ganz ohne Grund die Augen ausstechen und in rohem Zustande zum Frühstück auffressen.«

Eduards Vater durchschaut diese Mechanismen, weiß als Verleger bestens, wie Medien in Kriegszeiten funktionieren, scheint aber weder Zeit noch Neigung zu besitzen, seinen Sohn behutsam auf diese Widersprüche hinzuweisen. Er beschränkt sich auf ironische Kommentare, deren Sarkasmus der Junge nicht versteht: »Papa glaubt aber nicht, dass deutsche Soldaten kleine Kinder ganz roh verspeisen.«

Die Juden sind schuld

Im Ersten Weltkrieg sind die Angehörigen aller Nationen tief davon überzeugt, angegriffen zu werden und ihr Vaterland verteidigen zu müssen. Die ursprünglichen Kriegsgründe, die komplizierte Mechanik der Bündnisse, das Versagen der Diplomatie scheinen als Erklärung bald nicht mehr auszureichen. Denn immer mehr Länder treten dem Konflikt bei – und immer geringer wird die Aussicht auf baldigen Frieden. Die Menschen suchen nach anderen Deutungen, wer die eigentlichen Urheber des Weltenbrandes sind, und greifen wie so oft in der Geschichte auf die Juden als angebliche Sündenböcke zurück. Es ist dabei auffällig, dass sich derartige Anschuldigen auf beiden Seiten der Frontlinie ausmachen lassen.

Viele Deutsche beschuldigen die Juden, als internationale Hochfinanz am Krieg zu verdienen und ihn daher seit langem im Stillen vorbereitet zu haben. Sie verdächtigen sie des Drückebergertums und setzen im Laufe des Krieges eine »Judenzählung« durch, die beweisen soll, dass die Juden in überdurchschnittlich hoher Zahl ihrer Verpflichtung, in der Armee zu dienen, nicht nachkommen würden. Das Ergebnis wird nie veröffentlicht – für die Urheber der Verschwörungstheorie war es vernichtend ausgefallen.

Tatsächlich sind die deutschen und österreichischen Juden in großer Zahl patriotisch gesinnt. Sie bemühen sich um Assimilation, selbst um den Preis, einen Teil ihrer Identität zu verlieren. Dies belegt auf eindrucksvolle Weise der Sammelband »Wir Kinder hatten ein herrliches Leben ... Jüdische Kindheit und Jugend im Kaiserreich 1871–1918«, in dem die Herausgeber das Spannungsfeld zwischen der eigenen Kaisertreue und der Auseinandersetzung mit dem weitverbreiteten Antisemitismus bei jüdischen Kindern dokumentieren.

Obwohl unterschwellig allgegenwärtig, konnte sich in jenen Jahren der Antisemitismus dennoch nur bedingt ausbreiten, galt

Kaiser Wilhelm II. doch als »judenfreundlich«. Zu seinen engsten Beratern gehörten die sogenannten »Kaiserjuden«, Bankiers und Industrielle.

Dies blieb im Ausland nicht unbemerkt, und so konnte sich vor allem in Großbritannien und dem angeschlossenen Empire umgekehrt die Idee ausbreiten, die Juden stünden auf der Seite der verhassten Deutschen. Sie werden pauschal der Spionage verdächtigt und zahlreichen Anfeindungen ausgesetzt. Selbst gebildete und kosmopolitisch Denkende schrecken vor Klischees und Stereotypen nicht zurück. Das bekommen jüdische Kinder überall auf der Welt zu spüren.

Elias Canetti wird im Sommer 1905 in Rustschuk, im heutigen Bulgarien, als ältester Sohn in eine spaniolische Kaufmannsfamilie geboren. Sein Vater Jacques, ein umtriebiger Händler, siedelt die Familie 1911 aus geschäftlichen Gründen nach Manchester um, wo er nur ein Jahr später plötzlich noch sehr jung stirbt. Elias ist sieben, die Mutter über Nacht mit drei Kindern allein. Auf Anraten von Verwandten zieht sie nach Wien, wo Elias und seine beiden Brüder erst einmal Deutsch lernen. Bis dahin haben sie neben dem muttersprachlichen judenspanischen Ladino in England nur Englisch und etwas Französisch gelernt. Jetzt will die Mutter, die nie besonders religiös war, ihre Kinder endgültig assimilieren. Einzig der Großvater sähe es gern, wenn ihnen eine religiöse Erziehung angedeihe und Elias langsam auf die Bar Mitzwa vorbereitet würde.

Elias selbst ist sich seiner jüdischen Herkunft nicht wirklich bewusst. Dass er als »anders« wahrgenommen wird, kommt ihm nicht in den Sinn. Er besucht eine öffentliche Grundschule in Wien. Sein bester Freund ist Paul Kornfeld. Eines Tages, die beiden sind auf dem Nachhauseweg, ruft ihnen ein älterer Schüler provozierend »Jüdelach!« hinterher. Canetti versteht nicht, Paul schaut ihn ungläubig an. »Wie, du verstehst nicht?« Paul kennt diese und ähnliche Beschimpfungen nur zu gut. Als Elias das Erlebte zuhause thematisiert, nimmt das seine Mutter nicht weiter ernst. »Wir waren für sie etwas Besseres, nämlich Spaniolen«, schreibt Canetti später. Das bedeutet für sie keineswegs, dass Elias deshalb nicht mit Paul befreundet sein soll. »Du musst immer mit ihm gehen, damit ihn keiner schlägt«, findet sie.

Als die Familie kurze Zeit später in die Schweiz zieht, besucht Elias das Gymnasium in Zürich. Hier hat er sein Schlüsselerlebnis im Lateinunterricht. »Billeter, der Lateinlehrer, sagte, ich würde immer meine Hand zu schnell heben, wenn er der Klasse eine Frage stelle. Als ich mich wieder einmal meldete, schneller war als Erni, ein Klassenkamerad, der etwas mit dem Stoff kämpfte, gab mir Billeter zu verstehen, ich solle mich zurückhalten, und ermunterte Erni mit den Worten: ›Denk mal nach, du kommst drauf. Wir werden uns doch nicht von einem Wiener Juden alles wegnehmen lassen.‹ Das war eine Ansage, und ich fühlte mich natürlich erst einmal verletzt. Doch ich wusste, dass der Lehrer ein guter Mann war, der einfach einen schwachen Schüler vor einem wachen schützen wollte.«

Doch es bleiben nicht die einzigen Erfahrungen mit dem Anderssein, und Elias hätte nicht im Traum daran gedacht, welche Wirkung eine kleine Unfreundlichkeit des Lehrers haben würde. Explosionsartig entlädt sich in den kommenden Monaten der Antisemitismus in der Schule gegen Elias und seinen Mitschüler. Für Elias wird diese Erfahrung ein Schlüsselerlebnis für seine spätere schriftstellerische Arbeit sein.

Doch auch jenseits des Atlantiks erlebten jüdische Kinder in der Zeit des Ersten Weltkriegs, dass sie nicht immer willkommen waren. Molly Lyons wird 1910 in Kanada geboren. Der Vater ist Landwirt und Pferdezüchter und kommt aus einer großen jüdisch-orthodoxen Familie – mit Molly sind es sieben Kinder. In dem kleinen Dorf, in dem sie leben, gibt es zehn jüdische Familien unter den mehrheitlich deutschen Einwanderern. Als der Erste Weltkrieg beginnt, sind die Fronten schnell klar. Die Deutschen machen aus ihrer Abscheu vor den Kriegsgegnern, zu denen Kanada zählt, keinen Hehl und noch weniger aus ihrem

Antisemitismus. Einzig die galizischen Einwanderer auf der anderen Seite der Eisenbahnstrecke übertrafen sie in ihrem Hass. Viele von ihnen kannten aus der Heimat die Pogrome und fanden, dass auch in der neuen Welt kein Platz für Juden sei. Das Kindermädchen der kleinen Molly ist eine Deutsche und jagt ihr immer einen Schrecken ein, wenn sie ihren Schützling zu Bett bringt. In wenig schmeichelnden Worten erklärt sie Molly, dass die Freimaurer zu Pessach gern die Kinder der Christen töten. Molly, deren Vater ebenfalls zu einer Loge gehört, ist entsetzt. Ihr Papa soll ein Kindsmörder sein? Doch ihn fragen, das traut sie sich nicht.

Molly erlebt die eigene Familie als einen Hort der Fröhlichkeit. Doch wenn sie vor die Tür treten, ändert sich die Stimmung meist schlagartig. Immer wenn sie mit dem Nachbarskind spielen will, wird sie von deren Mutter mit einem »Judenschwein« verjagt. In der Schule sind es häufig die Lehrer, die aus ihren Vorlieben für bestimmte Schüler kein Geheimnis machen. In der zweiten Klasse ist es Miss Hintner, die ihre Klasse vor eine folgenreiche Abstimmung stellt. Wer hat eine Frage korrekt beantwortet? »Katie, die Deutsche, oder Molly, die Jüdin?« Das Votum der deutschen Klasse fällt eindeutig für Katie aus. Fortan lernt Molly auch in der Schule, was es heißt, jüdisch zu sein. Wie selbstverständlich wird auch sie, im fernen Kanada, von ihren Mitschülern für den Krieg in Europa verantwortlich gemacht.

Deutsche Kriegshelden

Feindbilder, je unrealistischer, desto besser, sind die eine Seite der Indoktrinierung. Die Wahrheit ist immer das erste Opfer des Krieges – dieses Bonmot stammt aus jenen Tagen. Es gibt fast keine Lüge, die Kinder in den ersten Kriegsmonaten nicht glauben würden; doch aus Sicht der Propaganda ist es nicht ausreichend, zu hassen. Kinder brauchen Helden. Ihnen sollen sie nacheifern; ihr Vorbild soll es ihnen später leicht machen, Entbehrungen künftig klaglos hinzunehmen, die sich in der Heimat mehr und mehr einstellen werden, je länger der Krieg dauert.

Elfriede Kuhr und die Schule stehen auf Kriegsfuß. Ihre Leistungen schwanken zwischen ausgezeichnet und ungenügend – stabil sind sie nur auf einem Gebiet: Betragen. Dieses gilt als so miserabel, dass die 1902 geborene Elfriede Dauergast im Zimmer des Direktors ist. Doch am 23. September 1914 hat sie aus Sicht der Lehrer eine Sternstunde.

Am Tag zuvor hat das deutsche U-Boot U 9 in der Nordsee innerhalb von nur einer Stunde drei britische Panzerkreuzer torpediert und versenkt, eine militärische Glanzleistung. »Alle freuen sich über die Tat des kleinen Unterseebootes«, notiert Elfriede im Tagebuch, »Kapitänleutnant Weddigen ist der Held des Tages.« Dabei wird es nicht bleiben; Otto Weddigen wird einer der am höchsten dekorierten und bewunderten »Helden« des Kriegs werden, dessen auf Bierkrüge oder Wandteller geprägtes Porträt bald nahezu jede deutsche Stube ziert.

Ausgerechnet im Naturkundeunterricht will der Lehrer von den Schülerinnen wissen, wie ein U-Boot aussieht. Elfriede ist die einzige, die es weiß. Ihr Kreidebild an der Tafel bringt ihr großes Lob ein. »Warum wisst ihr andern nicht, wie eine so wichtige Waffe wie ein U-Boot aussieht?«, fragt Herr Schiffmann die Mädchen. »Nehmt euch ein Beispiel an der Kuhr, die hält wenigstens die Augen offen.« Elfriede platzt fast vor Stolz, während der Lehrer den Rest der Naturkundestunde nicht mit dem Körperbau von Walen oder Fischen verbringt, sondern mit dem Zeichnen von Kriegsschiffen, Torpedobooten und Minensuchern.

Am selben 23. September denkt auch Nessi im Erzgebirge in ihrem Tagebuch über einen deutschen Helden nach, der sich zum Ausweis seines Übermenschentums nicht einmal in Lebensgefahr begeben muss: »Der Kaiser unterhält sich mit allen Soldaten und ist so gut. Alles schwärmt für den Kaiser. In einem

Buch hab' ich gelesen: ›Ein solcher Kaiser ist ein halber Sieg!‹ Das ist doch herrlich!! So was haben die Feinde nicht.«

Elfriede Kuhr mag es da handfester, kein Wunder angesichts der schlechten Betragensnote. Akribisch notiert sie Verlustzahlen und die unvorstellbare Anzahl an Kriegsgefangenen; doch der Landkrieg imponiert nur durch Masse, nicht durch Heldentaten. Seit die Fronten im zermürbenden Schützengrabenkrieg erstarrt sind, gibt es bald kaum mehr Siegesmeldungen – und schulfrei wird nur noch gegeben, wenn die Deutschen in einer Schlacht mindestens 50 000 Gefangene gemacht haben. Weitaus abenteuerlicher mutet da der Seekrieg an. »Die *Emden* ist der Liebling der Deutschen«, notiert das Schulmädchen im November 1914: »Sie lachen über ihre Taten wie über die Taten eines lustigen Schuljungen. Ich weiß nicht, wie viele feindliche Schiffe sie schon versenkt hat.«

Tatsächlich sind die Kaperfahrten des kleinen Kreuzers bemerkenswert. Innerhalb von zwei Monaten versenkt oder kapert die »Emden« im Indischen Ozean 23 Handelsschiffe und zwei Kriegsschiffe – Letztere trotz zum Teil überlegener Bewaffnung. Dennoch wird der erfolgreichste Kreuzer der kaiserlichen Marine nur drei Tage nach Elfriedes begeisterter Tagebuchnotiz in einem Gefecht zerstört, nachdem insgesamt 16 britische, französische, russische, japanische, australische und neuseeländische Kriegsschiffe Jagd auf die »Emden« gemacht haben. Die Heldengeschichte der »Emden« wurde, eine seltene Ausnahme in diesem Krieg, sowohl von der gegnerischen als auch der neutralen Presse mitgeschrieben. Doch nach dem Ende der »Emden« gibt es aus deutscher Sicht kaum noch Erhebendes vom Krieg auf den Meeren zu berichten. Im Dezember 1914 wird in der Schlacht bei den Falklandinseln die deutsche Überseeflotte fast völlig vernichtet. Die Marine agiert von da an nur noch in der Nordsee und im U-Bootkrieg.

So muss sich auch Elfriede rasch nach neuen Helden umsehen, zumal U-Boot-Kommandant Weddigen im März 1915 bei einem

Gefecht ums Leben kommt. Sie findet sie in den Bezwingern der Lüfte, den Piloten, die eine ganz neue Waffengattung meistern, die es zuvor in der Geschichte noch nie gegeben hat: »In unsern Papierwarenhandlungen gibt es Postkarten zu kaufen, auf denen die Fotografien unserer berühmtesten Fliegerhelden sind. Immer wenn ich zwanzig Pfennig gespart habe, kaufe ich mir eine Fliegerpostkarte. Ich will ein ganzes Album von ihnen anlegen.«

Wie nichts anderes nähren die Jagdflieger im Ersten Weltkrieg die Illusion eines sauberen Kampfes – zwischen Gentlemen. Die meisten deutschen, britischen und französischen Jagdflieger pflegen zumindest in den ersten Kriegsjahren einen ritterlichen Kodex; sie tragen gleichsam Duelle in der Luft aus. Versagt bei einem der Flieger die Maschine durch technischen Defekt, dreht der Gegner gelegentlich sogar ab. Einen abgeschossenen Piloten, der sich auf den Boden retten konnte, weiter ins Feuer zu nehmen gilt als unehrenhaft. So begeistern sich vor allem auch die Kinder für derartige Helden der Lüfte. Die beiden populärsten Flieger in Deutschland sind ab Mitte 1915 der Dresdner Max Immelmann, genannt »Adler von Lille«, und vor allem Oswald Boelcke aus Halle an der Saale. Boelcke gilt einerseits als Erfinder der modernen Luftkampftaktik und ist andererseits Lieferant für populäre Anekdoten. Im August 1915 rettet er einem französischen Knaben das Leben, der in einem Kanal zu ertrinken droht – und erhält dafür die »Rettungsmedaille am Band«.

Immelmann und Boelcke sind eng befreundet, ihr Leben – und Sterben – verläuft erstaunlich parallel. Den höchsten preußischen Tapferkeitsorden »Pour le Mérite« erhalten beide im Januar 1916, am selben Tag. Immelmann wird im Juni desselben Jahres durch *friendly fire* der eigenen Luftabwehr abgeschossen; Boelcke stirbt wenige Monate später nach der Kollision mit einem anderen deutschen Flugzeug. So scheint es, als hätte nur widriges Schicksal, doch kein Feind sie je besiegen können – Stoff, aus dem Legenden sind. »Neben viele Fotos habe ich schon ein Sterbekreuz malen müssen«, seufzt Elfriede Kuhr 1916, als sie ihr Fliegeralbum auf den neuesten Stand bringt. Doch neue Helden stehen schon bereit, vor allem Ernst Udet und Manfred von Richthofen (den die Franzosen »Diable Rouge«, roter Teufel, nennen), die bis 1918 mit je 62 und 80 Luftsiegen die erfolgreichsten Fliegerasse des gesamten Krieges sein werden.

»So was haben die Feinde wirklich nicht!«, finden die deutschen Kinder. Deren Helden sind aus ihrer Sicht ganz und gar entartet. So vermerkt der neunjährige Eduard Mayer im Dezember 1915: »Ein französisches Mädchen hat hohe Kriegsauszeichnungen bekommen, weil sie viele deutsche Soldaten, welche in französischen Lazaretten lagen, im geheimen ermordete und weil sie für die Franzosen eine Spionin machte.«

Diese von der deutschen Propaganda frei erfundene Räuberpistole macht erst dann überhaupt einen Sinn, wenn man sie im Licht einer anderen Geschichte betrachtet. Im Oktober 1915 ist die englische Krankenschwester Edith Cavell durch ein deutsches Militärgericht zum Tode verurteilt und hingerichtet worden. Cavell hatte britischen, französischen und belgischen Kriegsgefangenen zur Flucht verholfen. Die Exekution der Krankenschwester löste eine beispiellose Empörungswelle im Vereinigten Königreich aus – und entwickelte sich in der Folge für die Deutschen zu einem medialen Desaster. In zahllosen Zeitungsartikeln, Büchern und Filmen wurde Edith Cavell zur Märtyrerin und Heldin verklärt.

Heroisches Frankreich

Ein halbes Jahr nach ihrer Ankunft in New York gesteht sich die noch nicht ganz zwölfjährige Anaïs Nin ein, dass sie an ihrem neuen Leben zwei Dinge nicht mag: die Schule im Besonderen – und Amerika im Allgemeinen. Die Schule ist englischsprachig, und sie quält sich mit Vokabeln, Aussprache und Schreibweise. »Mary Christmas« hat sie sich vor ein paar Tagen selbst gewünscht; aber alles kommt ihr »schwarz, schwarz, schwarz« vor: Wetter, Schule, Straße. Sie hasst den allgegenwärtigen Lärm, wo sie doch Stille liebt; sie hasst die Hochhäuser, die den Blick auf den Himmel versperren; sie hasst die Stadtlandschaft, die aus Asphalt, Beton und Chrom besteht anstatt aus Bäumen, Flüssen und sanften Hügeln.

Folgerichtig sehnt sich Anaïs mehr denn je nach ihrer französischen Heimat zurück, die freilich an der Last des Krieges schwer zu tragen hat. Die Nachrichten aus Europa findet das Mädchen beunruhigend, vor allem, dass Teile Frankreichs von den Deutschen, diesen »unsäglichen Barbaren«, besetzt sind. So träumt sie sich in eine heroische Vergangenheit zurück, wünscht sich ins Zeitalter von Jeanne d'Arc und Jeanne Hachette. Die eine hatte mit 13 Jahren ihre entscheidenden Visionen, die ihr befahlen, Frankreich aus den Händen der fremden Invasoren zu retten, die andere war vermutlich erst 16, als sie durch ihr kühnes Eingreifen die Stadt Beauvais vor der Eroberung bewahrte. Oder wie wäre es, in der Zeit von Charlotte Corday zu leben (die ihr Attentat auf den »Tyrannen« Marat mit dem Tod auf dem Schafott bezahlte) – »als jede Frau eine Heldin« wurde? »Ach, vielleicht wird die Heldin zu spät kommen!«, seufzt Anaïs im Tagebuch: »Und dann gibt es kein Frankreich mehr!!«

Aus diesen düsteren Erwägungen reißt das Mädchen ausgerechnet eine fortwährende innere Zwiesprache mit der vor 500 Jahren hingerichteten Jungfrau von Orléans, in Tag- und Nachtträumen und langen Reflexionen.

Am 25. Januar 1915 erscheint ihr im Schlaf Jeanne d'Arc, die ihr ein Lied singt: »Nur Mut, Anaïs, rette Frankreich, da dies Dein Wunsch ist.« Also stürmt das Mädchen – und es geschieht ein Wunder: »Eine Viertelstunde später riefen alle Städte: Sieg! Es lebe Frankreich! Es lebe Jeanne d'Arc, die Anaïs Kraft gegeben hat!« Doch nach dem Erwachen schämt sich die kleine Heldin: »Eitle Illusionen«, vertraut sie dem Tagebuch an, »das sind Dinge, die so albern sind wie ich selbst, leider.«

Doch zehn Monate später – es ist schon wieder ein neuer schwarzer Winter – eröffnet sich dem Mädchen in Manhattan zum ersten Mal so etwas wie ein kleines Wunder. Sie hat sich des siebenjährigen Bruders Joaquinito angenommen und ist mit ihm zum Riverside Drive an der Ecke zur 93. Straße gepilgert, wo sich der Mutter zufolge ein Denkmal von Jeanne d'Arc befinden soll. Anaïs ist wieder einmal traurig und niedergeschlagen. »Da erschien uns Jeanne d'Arc im blassen Schimmer eines winterlichen Sonnenstrahls«, schreibt sie. Das Monument ist erst vor drei Tagen eingeweiht worden; frische Blumen schmücken es. Die mittelalterliche Heldin ist strahlend jung in schwerem Panzer auf einem Schlachtross dargestellt. Fasziniert von der Kraft der Statue träumt sich das Mädchen wieder einmal fort, bis Joaquinitos Stimme von fern an ihr Ohr dringt: »Anaïs, lebt sie?«

Den Beistand der seligen Johanna von Orléans benötigt Anaïs auf keinem Schlachtfeld, sondern in der Schule. In ihre Klasse gehen auch einige deutsche Kinder. Die Sympathie der meisten Amerikaner ist bei den Franzosen, obwohl die Vereinigten Staaten sich im Krieg bisher neutral verhalten. Wenn es aber um die Notenvergabe geht, sind die Lehrerinnen unbestechlich. In einem Brief an den Vater, der immer noch in Frankreich ausharrt, muss Anaïs von ihrem »Kriegsschauplatz (der Schule)« bekennen: »Die Schlacht der Prüfungen, und die Deutschen haben sie gewonnen; sie ließen uns alle in entsprechend schlechter Verfassung zurück.«

KAPITEL 6

Die Schule rüstet auf

Das preußische Bildungssystem hat einen schlechten Ruf. Unwillkürlich wird man an die im Juli 1914, unmittelbar vor Kriegsausbruch, erschienene Satire »Der Untertan« von Heinrich Mann erinnert, die das Gymnasium als »unerbittlichen, menschenverachtenden, maschinellen Organismus« geißelte. Als Höhepunkt der seelischen Verkrüppelung der Schüler mag gelten, dass für Heinrich Manns Protagonisten Diederich »die Macht, die kalte Macht, an der er selbst, wenn auch nur leidend, teilhatte, sein Stolz war. Am Geburtstag des Ordinarius bekränzte man Katheder und Tafel. Diederich umwand sogar den Rohrstock.«

Wer sich mit der Erziehung in der Kaiserzeit in Deutschland beschäftigt, bekommt den Eindruck, dass an den Schulen in erster Linie Zucht und Ordnung regierten. Lehrer waren dazu angehalten, ihre Schüler wie Gesetzesbrecher in Besserungsanstalten zu behandeln, um sie nicht allein zu hörigen, kritiklosen Untergebenen zu formen, sondern sie darüber hinaus, insbesondere in der Arbeiterschicht, mit ihrer unveränderlichen Rolle in der Klassengesellschaft vertraut zu machen. Es war üblich, dass Lehrer Schüler körperlich züchtigten, sie beleidigten, mit Hausaufgaben überhäuften und mit militärischem Drill zu Gehorsam zwangen. Auf weiterführenden Schulen wurden insbesondere die Jungen hart herangenommen, manchmal so hart, dass es sogar zu einigen aufsehenerregenden Selbstmorden unter Schülern kam. Das gesamte Schulsystem war darauf ausgelegt, die Macht der deutschen Eliten abzusichern, indem die soziale Mobilität behindert wurde. Weiterführende Schulen, die den Zugang zu höherer Bildung und Schlüsselpositionen der Macht eröffneten, standen nur Jungen und wenigen Mädchen der reichsten fünf Prozent der Bevölkerung offen.

Doch es waren die deutschen Territorien gewesen, in denen ab dem Ende des 16. Jahrhunderts erstmalig die allgemeine Schulpflicht für Mädchen und Knaben eingeführt und damit beispielgebend für die übrige Welt wurde. Während in Preußen die Erziehung der Kinder zu gehorsamen Untertanen Ausgangspunkt des Schulwesens war, versuchte das humanistische Bildungsideal die Erziehung des freien, selbstbestimmten Menschen in den Mittelpunkt zu stellen. Trotzdem blieb das preußische Modell Vorbild bei der Einführung der Schulpflicht in vielen Ländern von Japan, über die USA und Südamerika bis ins Osmanische Reich. Zu Beginn des 20. Jahrhunderts war die Einführung der Schulpflicht weitgehend abgeschlossen, wenn sie auch nicht überall, vor allem im ländlichen Raum, konsequent durchgesetzt werden konnte. Dies führte erstmals in der Geschichte der Menschheit dazu, dass Personen unterschiedlichster Herkunft selbst über ihr Leben, ihr Erleben und schließlich auch ihre Gefühle schriftlich Auskunft geben konnten. In fast allen Gesellschaften gab es mit der flächendeckenden Alphabetisierung ein hohes Aufkommen von Briefen, Tagebüchern und Memoiren. Auch in der Tagespresse nahmen Kinder und Jugendliche erstmals Raum ein. Es bildete sich die erste Generation, die länderübergreifend ihre Gedanken, Gefühle und Erlebnisse aufzeichnen und der Nachwelt mitteilen konnte.

Dies galt nicht nur für Europa, sondern ebenso für scheinbar rückständige Gegenden. So zum Beispiel in Palästina, wo noch unter osmanischer Herrschaft im öffentlichen Diskurs Kinder und Jugendliche hauptsächlich als Metapher für die Erneuerung der Gesellschaft wahrgenommen wurden. In konkreteren Darstellungen wurde von ihnen als Trägern des Revolutionsmottos »Einheit und Fortschritt« (»ittihad ve terakki«) gesprochen; sie verkörperten Anlagen, in die die Gesellschaft investieren sollte. Bereits seit 1880 sah die osmanische Regierung Schulen als Schlüssel für die Zukunft ihres Reiches. Ab 1900 besuchten etwa 500 Jungen aus allen Jahrgängen in Jerusalem Gymnasialschulen, die neben Türkisch auch Französisch, Mathematik und andere Fächer, die für den Staatsdienst befähigten, unterrichteten. Jerusalem war in vielerlei Hinsicht ein Experimentierfeld für neue Schulformen. In die Zeit um 1914 fielen Schulgründungen unterschiedlichster Art. Mädchenerziehung wurde ebenso erwogen wie berufliche Ausbildung und religiöse Erziehung in Islam und Judentum, wobei es auch zu einer Stärkung der lokalen Sprachen Arabisch und Hebräisch kam. Eine Konsequenz, die mit der Bildung in allen Ländern einherging, war weniger der erhoffte Gehorsam der Untertanen als vielmehr die Herausbildung neuer Eliten, die häufig progressive Ideen verfolgten.

Es wäre falsch, zu glauben, dass Militarismus und Nationalismus als schulisches Lernziel und Teil der Kinder- und Jugendkultur vor 1914 unwidersprochen geblieben sei. Die Kolonialisierung und der Aufbau einer starken Kriegsflotte, beides Lieblingsprojekte von Kaiser Wilhelm II., spielten im Unterricht eine wichtige Rolle. Doch die Lehrpläne glorifizierten den Krieg (der freilich in gewissen Abständen als unausweichlich dargestellt wurde) an sich keineswegs, sondern eher »soldatische Tugenden«: Disziplin, Gehorsam, Kameradschaft, Aufopferungsbereitschaft.

Es war kein Zufall, dass bei Kriegsausbruch die deutsche Arbeiterschaft den in Europa höchsten Organisierungsgrad aufwies. Sie profitierte vom flächendeckenden Bildungsangebot, nahm sich die nützlichen Elemente und steuerte mit eigenen Weiterbildungsangeboten einer aus ihrer Sicht reaktionären Ideologie entgegen. In der Mittelschicht gab es erste Ansätze einer Friedensbewegung, die zwar noch in den Kinderschuhen steckte, aber in den Jahren vor dem Krieg enorm an Einfluss gewann. Ihr waren insbesondere die weiterführenden nationalistischen Schulen ein Dorn im Auge. So wurden im Vorwort von »Martha's Tagebuch« von Hedwig Gräfin Pötting (einer 1897 erschienenen jugendgerechten Bearbeitung von Bertha von Suttners Roman »Die Waffen nieder«) Eltern und Lehrer aufgefordert, »die Kinder nicht mehr zum Völkerhass, sondern zur Menschenliebe zu erziehen, sie nicht mehr ausschließlich an die Bewunderung der Kriegshelden, sondern an die Verehrung der Kulturhelden« zu gewöhnen.

Allerdings waren viele Lehrer der Sekundarstufe Reserveoffiziere und die Lehrpläne der Fächer Deutsch und Geschichte hatten einen Schwerpunkt in den königlichen Dynastien und ihren Kriegen. Zehntausende Jungen nahmen außerdem in ihrer Freizeit an Angeboten uniformierter Jugendgruppen teil, die sie in Waffenkunde, Schießen und Militärtaktik unterwiesen.

Auch in England war militärische Erziehung eine Selbstverständlichkeit, und trotz aufkommender Ressentiments gegen den einstigen Verbündeten Preußen blieb zu Beginn des neuen Jahrhunderts Bewunderung für das deutsche Bildungswesen spürbar. In »A Girl among Girls« von E. A. Gillie, um 1910 entstanden, unterrichtet die junge Engländerin Gertrude in einem deutschen Pensionat in Wiesbaden und erlebt, wie hier Kaisers Geburtstag gefeiert wird: »Man stellte verschiedene Szenen aus der Geschichte nach. In einer schlugen die Mädchen, um sie noch realistischer zu machen, vor, das Donnern von Kanonen aus der Ferne tönen zu lassen. Dazu wurden im Nebenzimmer Papiertüten aufgepustet und zum Platzen gebracht.« Gegen ihren Willen muss Gertrude zugeben, dass man mit solchen Dingen im »Vaterland« umzugehen weiß, und auf die Frage der Institutsleiterin, ob ihr das Fest gefallen habe, antwortet sie: »Sogar sehr, bei dieser Art von Feierlichkeiten sind Sie uns überlegen, glaube ich«, was ihr ein zustimmendes Lächeln seitens der Vorsteherin einbringt.

Die neue Kriegspädagogik

Die im deutschen Lehrplan bereits vorhandenen militaristischen und nationalistischen Anklänge nehmen ab August 1914 deutlich zu; der Ton wird rauer. Jetzt predigen Lehrer, die sich bislang gegen das Elitäre und die Autoritätsgläubigkeit an den Schulen gewehrt haben, Vaterlandsliebe und unterstützen den Krieg. Die bürgerliche Mittelschicht steht dem Krieg positiv gegenüber, was zu einer Art nationaler Selbst-Mobilisierung führt. Zwar erblicken Teile der Arbeiterschaft und der Bauern im Krieg vor allem eine Bedrohung für sich, ihre Familien und ihre Existenz, doch spiegelt sich das nicht im politischen Geschehen wieder. Seit Kaiser Wilhelm II. vor dem Reichstag erklärt hat: »Ich kenne keine Parteien mehr, ich kenne nur noch Deutsche!«, herrscht »Burgfrieden« in Deutschland. Der wird auch von der eigentlich in scharfer Opposition zum Kaiser befindlichen SPD mitgetragen und nur gelegentlich von einer radikalen, zu Beginn des Krieges deutlich in der Minderheit befindlichen Gruppe um Karl Liebknecht gestört.

Lehrer nutzen den Krieg und den anfänglichen Hurra-Patriotismus in allen Fächern, egal ob Sport, Mathematik oder Deutsch; sie beginnen im Unterricht Kriegshelden zu glorifizieren und das Interesse ihrer Schüler für Waffen und Kriegswesen auszuloten. Während Historiker lange glaubten, dass all dies im Ersten Weltkrieg mit einer primitiven Pädagogik einhergeht, zeigt die neuere Forschung, dass das Gegenteil der Fall ist. Durch die Einbindung von Sozialdemokratie und liberalem Bürgertum in die Burgfriedenspolitik können kontroverse Standpunkte in der Pädagogik im Dienst für das große Ganze überwunden werden, bekommen die Lehrer plötzlich ganz neue Freiheiten. Solange sie ihren Unterricht dafür benutzen, den Krieg pädagogisch zu unterstützen, können sie ganz neue, engere Beziehungen zu ihren Schülern aufbauen. Als fortschrittlich geltende Lehrmethoden, wie zum Beispiel das gemeinsame Studium der Tagespresse und der Austausch darüber im Unterricht, das Anfertigen von Autobiografien und Kriegstagebüchern, stellen einerseits das Erleben der Kinder in den Mittelpunkt, während zugleich Nationalstolz und Militarismus kultiviert werden.

Der Straßburger Philosophieprofessor Theobald Ziegler beschreibt diese Veränderung in seinen »Zehn Geboten einer Kriegspädagogik«. Zu den prägnantesten gehören:

Du sollst auf Zucht und Ordnung sehen unter deinen Schülern und sie nach wie vor anhalten zu pflichtmäßiger Erfüllung dessen, was ihnen obliegt. Denn du bist deinem Volke heute mehr als je verantwortlich für die nächste Generation. Aber darum sei doch kein Schultyrann, heute weniger als je, und verstehe die Kunst, gelegentlich auch fünf gerade sein zu lassen. Und gib ihnen nicht viel auf: sie müssen ja täglich die Zeitung lesen.

Du sollst den Krieg nicht zum Amüsement werden lassen für die Schuljugend; denn er ist eine gar ernste Sache. Darum feiere nicht jeden Sieg durch einen schulfreien Tag.

Du sollst im Geschichtsunterricht viel von Schlachten reden und dich freuen, dass du es wieder tun darfst unbeschrien; deine Jungen interessieren sich dafür und können sie in den Pausen gleich umsetzen in die Praxis: das tut ihnen gut. Und du sollst sie sachte hinweisen auf das Schreiten der Gottheit in der Geschichte, das sich heute so wunderbar und wundervoll unter uns offenbart.

Du sollst dir überlegen, ob nicht wirklich ein Unterschied ist zwischen Mann und Frau und zwischen dem Heldentum des Mannes und dem Heldentum der Frau; deshalb darfst du dir die Frage der Koedukation wohl wieder zum Problem werden lassen, auch wenn du schon Geheimer Studienrat bist. Denn wir brauchen männliche Männer und wir brauchen frauliche

Frauen, und jeder Teil hat seine besondere Gabe und Aufgabe im Krieg.

Du sollst dich freuen, dass es aus ist mit dem Jahrhundert des Kindes; denn das war ein ganz törichtes Schlagwort. Unsere Heerführer sind Männer zwischen 50 und 70 Jahren, und auch die rührenden Knaben, die als die Jüngsten so todesmutig hinausziehen ins Feld, werden als ernste Männer heimkehren von ihrer schweren Männerarbeit und auch der Zeit nachher ihren Stempel aufbürden.

Zieglers Gebote werden erstmals am 10. September 1914 im Schwäbischen Merkur veröffentlicht und dann unzählige Mal in allen relevanten Zeitschriften für Lehrer und Pädagogen abgedruckt. In ihrer Mischung aus reaktionärem Inhalt und moderner Vermittlung erweisen sie sich als raffinierter und wirkungsvoller als die verbreitete Erziehung zum Kadavergehorsam. Und wenn man aus heutiger Sicht Zieglers Erleichterung darüber nicht teilen mag, so hat er doch recht, dass es nun in Kriegszeiten aus ist mit dem »Jahrhundert des Kindes«. Dieser um 1900 ausgerufene Leitspruch der schwedischen Reformpädagogin Ellen Key, die den »Seelenmord an den Schulen« anprangert und eine nahezu autoritätsfreie Erziehung empfiehlt, geht damals dann doch zu weit.

Doch wie reagieren die Schüler auf die Neuerungen? Ein Teil der Pädagogik besteht darin, jene Schüler ernst zu nehmen, die dem Krieg gegenüber negativ eingestellt sind. Anders als im Zweiten Weltkrieg ist Trauer zugelassen, wird in Schulaufsätzen auch thematisiert, ohne sogleich »stolz« sein zu müssen. Doch freilich wird versucht, Gefühle von Schmerz und Unbehagen durch ein trotziges »Jetzt erst recht!« aufzufangen. Wird nun nicht mehr mit Drill indoktriniert, vermitteln die Lehrer ihre Wertvorstellungen zwar subtiler und differenzierter als zuvor – doch diese haben sich in der Substanz nicht geändert.

Während die Jungen angehalten sind, sich das Leben der Soldaten vorzustellen, sollen sich die Mädchen in Hingabe üben. Ihre Aufsätze, aber auch ganz praktische Übungen, kreisen um das Stricken, Kinder hüten, verwundete Soldaten besuchen, eigene Bedürfnisse zurückstellen und die Opferbereitschaft, die sie angeblich brauchen, um gute deutsche Frauen und Mütter zu werden. Die Vermutung, dass Mädchen weniger Kriegsrelevantes zu hören bekommen als Knaben, ist aber grundfalsch. Da bei ihnen der Unterricht in den Naturwissenschaften als weniger wichtig erachtet wird, machen die sogenannten »gesinnungsbildenden Fächer« wie Deutsch, Geographie und Geschichte den anderthalbfachen Umfang aus, verglichen mit dem Stundenplan der Jungen.

Die Rolle der Mädchen an den Schulen fällt recht unterschiedlich aus. Während etwa zwei Drittel der Klassen im Deutschen Reich koedukativ sind, gibt es kleine, aber feine Trennlinien zwischen den Geschlechtern. In den Klassenzimmern sitzen Mädchen zumeist auf der einen, Jungen auf der anderen Seite. In Preußen gibt es bis zum Juni 1916 ausschließlich männliche Lehrkräfte. Nur in reinen Mädchenklassen unterrichten mit Beginn der Kriegspädagogik häufig auch weibliche Lehrkräfte. Da für Mädchen in den »gesinnungsbildenden Fächern« keine gesonderten Lehrmittel zur Verfügung stehen, unterrichten auch die »Fräuleins« ihre Mädchen beispielsweise in Kriegsführung und lassen sie die römische Strategie der Punischen Kriege mit dem zeitgenössischen Kurs der britischen Marine vergleichen; sie studieren Kriegsschiffe, Torpedo- und Unterseeboote; sie verfassen Aufsätze über die Belagerung Antwerpens und den Fall der Festung in Lüttich; und sie schreiben Tagebuch.

Im April 1915 wird in Berlin das »Zentralinstitut für Erziehung und Unterricht« gegründet, das für die Verbreitung von Unterrichtsmaterial im gesamten Deutschen Reich maßgeblich ist. Zu den Themen seiner einführenden Vorträge zählen unter anderem »Die militärische Ausbildung unserer Schulkinder«,

»Kriegshilfe durch die Schule«, »Kriegsaufsätze in der Grund-schule«, »Kriegsaufsätze an weiterführenden Schulen«, »Unsere Kriegsgedichte«, »Kriegstagebücher von Schülern« und »Kriegs-zeichnungen von Schülern«. Das Institut organisiert ebenfalls im Frühling 1915 eine viel beachtete Ausstellung mit dem Ti-tel »Schule und Krieg«, die visuell darlegen soll, weshalb die klassische Schulerziehung nicht mehr aktuell ist. Es zeigt neue Lehrmittel wie Kriegsalben, Postkarten, Feldpostkorresponden-zen zwischen Schülern und Soldaten, Aufsätze und Zeichnun-gen von Schülern. Die Presse reagiert überwiegend positiv und betont, dass die Exponate verdeutlichen, wie sehr die Kinder den Krieg unterstützen. Sie verehren Hindenburg, Kriegsschif-fe, Zeppeline, Flugzeuge und Unterseeboote. Das Berliner Ta-geblatt schreibt etwa, dass die »Schulen genau wissen, wie sie das Wesentliche des Krieges ihren Schülern einprägen«. Noch Jahre später blicken Politiker stolz auf die äußerst erfolgreiche Ausstellung zurück. Die ersten Kriegsjahre haben die Schulerzie-hung weitreichend verändert.

Im verbündeten Österreich-Ungarn ist die Situation ungleich komplizierter. Für den Vielvölkerstaat ist Nationalismus eher schädlich, begünstigt er doch separatistische Bestrebungen; eine emotionale Bindung mit dem Habsburger Reich wird vor allem durch die ins Unirdische entrückte Gestalt des greisen Kaisers Franz Joseph I. herzustellen versucht. Dessen Tod im Jahr 1916 ist ein entsprechender Schock, die pompös zelebrierte Beiset-zung für viele Schulkinder das einprägsamste Einzelerlebnis des Krieges, wonach nicht wenige von ihnen glauben, nun werde Österreich das Kriegsglück unwiderruflich verlassen. Die Ar-meeführung misstraut den Lehrern, vor allem denen nichtdeut-scher Herkunft, darunter insbesondere den Tschechen. Bereits im Mai 1915 spricht der Generalstab von »Hochverrat« unter Teilen der Lehrerschaft.

Mobilisierte Kinder

Wie in Deutschland und Großbritannien werden auch in Frankreich die Kinder schon früh in den Krieg einbezogen. Der Historiker Stéphane Audoin-Rouzeau hat hierfür den Begriff der »mobilisierten Kinder« geprägt. Seiner Ansicht nach wurden Kinder in allen kriegführenden Staaten, aber vor allem in Frankreich Ziel einer weitreichenden Propaganda. Neben den üblichen Mitteln von Literatur über Spielzeug bis hin zur Schule ist es in Frankreich zusätzlich die katholische Kirche, die sich besonders um die Kriegserziehung der Kinder kümmert. So organisiert sie beispielsweise auf Initiative einer Privatschule in Bordeaux einen »Kinderkreuzzug«, der die Kinder in eine »Armee des Gebets« einteilt, deren Mission darin besteht, bei Gott den Sieg Frankreichs und seiner Verbündeten zu erbitten, Frontabschnitte im Gebet zu begleiten und ihnen besonders in der Stunde des Kampfes in Gedanken beizustehen.

Ein Pendant zum deutschen »Burgfrieden« ist die von Staatspräsident Raymond Poincaré deklarierte »Union sacrée« (»Heiliger Bund«). Sozialistische Politiker treten in die bürgerliche Regierung ein; auch hier ist die innenpolitische Einigung die Voraussetzung für eine umfassende Einbeziehung der Schule in die mentale Kriegsvorbereitung. Dort ist der Krieg das Erste und das Letzte, was den Kindern täglich in Erinnerung gerufen wird. Der Rektor der Académie von Poitiers drückt es 1916 in einer Ansprache so aus: »Eine außergewöhnliche Zeit wie die unsrige kann keine gewöhnlichen Kinder ertragen. Wenn ihr ein Herz habt, könnt ihr es nicht hinnehmen, dass man sich für euch opfert, ohne dieses Opfers würdig sein zu wollen.«

Die Pädagogen registrieren eine Veränderung im Spiel der Kinder, zum Beispiel in einem Rundschreiben des Kultusministeriums vom Mai 1915: »Alle Kinder haben den Krieg ›gespielt‹ und ihre Person und die sie umgebenden Gegenstände in Elemente des Kampfes umgewandelt. Der größte Teil dieser Spiele ist gewalttätig, grob und zugegebenermaßen grausam.« Im von Schützengräben durchzogenen Frankreich ist der Tod ohnehin allgegenwärtig – doch allzu häufig ist er auch eine Folge dieser »gewalttätigen Spiele«, wie die Erwachsenen beklagen. Kinder kommen beim Spielen in Bunkern, Kanälen und Gräben durch Einstürze, Explosionen oder Ertrinken ums Leben.

Audoin-Rouzeau beschreibt Situationen, in denen Kinder im Rollenspiel Erlebtes aus dem Alltag nachstellen, »wie im Falle der kleinen Mädchen, die im Hof einer Schule beobachtet wurden, wo sie spielten, wie einer Frau die Nachricht vom Tode ihres Mannes überbracht wird, und dabei mit einer erstaunlichen Echtheit die Bewegung des Erschreckens, die Ohnmacht, das wieder Zusichkommen, das Ansichziehen der unsichtbaren Kinder und bald (die erneute) Ohnmacht nachahmten«.

Der Zugriff auf die Kinder ist in Frankreich, das wenig organisierte Aktivitäten für die Jungen kennt, schwieriger als beispielsweise in Deutschland, wo der Staat ein Heer an Jugendsozialarbeitern beschäftigt, während in den angelsächsischen Ländern die Pfadfinder stark vertreten sind oder in Italien in aller Regel die Einbindung in die örtliche katholische Gemeinde gegeben ist. Darüber hinaus wird das Schulleben in fast allen Landesteilen durch den Krieg erheblich erschwert. Die Beschlagnahmung von Schulmobiliar, das Fehlen von Lehrern, die den Stellungsbefehl erhalten haben, aber auch von Schülern, die in der Landwirtschaft helfen müssen, schwächen die allgemeine Durchsetzung der Schulpflicht. In Frontnähe muss der Unterricht zudem unter erschwerten Bedingungen abgehalten werden wie in Reims, das unter permanentem Artilleriebeschuss leidet. Bis zur schließlich angeordneten Evakuierung der Stadt wird hier versucht, wenigstens etwas Normalität zu bewahren und den Schulunterricht bis zuletzt aufrechtzuerhalten. Dafür nutzt man die Weinkeller der für ihren Champagner berühmten Stadt, wo täglich zwei- bis dreitausend Kinder lernen und sogar Prüfungen ablegen.

In den Schulaufsätzen der französischen Kinder ist ein wiederkehrendes Thema nicht etwa die Siegesgewissheit, die in Deutschland zu überwiegen scheint, sondern der Hass auf den Feind. Ein Aufsatzthema stellt Grundschülern, die grade erst Lesen und Schreiben gelernt haben, beispielsweise die Aufgabe: »Übertragen Sie den Wolf und das Lamm auf den aktuellen Krieg. Bedenken Sie vor allem die Art und Weise, wie unsere Feinde den Krieg provoziert haben!«

Häufig schreiben die älteren Kinder von tiefen Gefühlen der Trauer und Verzweiflung angesichts des Todes von Angehörigen und der Abwesenheit der Väter. Ein Aufsatzthema für den Volksschulabschluss lautet »Der Neujahrstag in der Familie«. Ein Schüler schreibt dazu Folgendes:

»Das neue Jahr findet alle in Trauer wegen dieses schrecklichen Krieges, der so viele Opfer fordert. In unserer Familie waren wir besonders unglücklich, denn direkt am Tag zuvor hatten wir eine sehr schlechte Nachricht erhalten: einer unserer Cousins war auf dem Schlachtfeld an der Yser getötet worden, als er seine Pflicht als guter Franzose erfüllte. Am Neujahrsmorgen hatten wir, als wir uns begrüßten, eher das Bedürfnis zu weinen, als uns ein gutes und glückliches Jahr zu wünschen. Am Abend saßen wir am Kamin, fast ohne zu sprechen, und wir dachten an unseren lieben Cousin, den wir nicht mehr wiedersehen würden, und auch an all unsere tapferen Soldaten, die so heldenhaft für die Verteidigung des Landes kämpfen. Ich werde mich das ganze Leben lang an diesen Neujahrstag 1915 erinnern und die verdammten Deutschen immer hassen.«

KAPITEL 7

Lesen und lesen lassen

Für kleine Patrioten

Auch im Ersten Weltkrieg ist es üblich, dass Kinder in der Ersten Klasse Lesen und Schreiben mit Hilfe einer ABC-Fibel erlernen.

Das »Alphabet de la Grande Guerre – pour les enfants de nos soldats« (Alphabet des Großen Krieges – für die Kinder unserer Soldaten) von André Hellé ist eines der meist verwendeten französischen Anfängerlesebücher seiner Zeit. Hier lernen die Kinder neben dem Alphabet auch Grundzüge französischer Geschichte sowie Hintergründe des Krieges. Von A wie Alsace (Elsass) bis Z wie Zouave (Angehöriger der nordafrikanischen Hilfstruppen) gibt es ein von Hellé gemaltes, einfach einzuprägendes Bild, darunter einen kurzen, leicht verständlichen Erklärungstext.

In England hatte man bereits seit der Jahrhundertwende die Jüngsten an den Patriotismus herangeführt. »An ABC for Baby Patriots« ist eine illustrierte britische Fibel von Mary Francis Ames aus dem Jahr 1899. Ames versuchte hier, die kleinen Untertanen sowohl in Politik als auch im Alphabet zu unterrichten. Einerseits waren die Reime einfach gehalten, gleichzeitig zählten sie mit sehr schlichtem Humor die britischen Kolonialtugenden auf. Die Fibel war nur eines von vielen Beispielen für Englands Glauben, dass es ein Recht auf die Eroberung und Ausbeutung anderer Länder hatte. Alles, was im Interesse Großbritanniens lag, durfte mit Waffengewalt durchgesetzt werden, das lernten hier schon die Jüngsten. Jeder Buchstabe des Alphabets stand für ein Thema, das in einem Vierzeiler erklärt und durch eine

Illustration verstärkt wurde. Schon Kleinkinder konnten sich die Verse und die damit verbundenen Wertvorstellungen schnell einprägen.

»A is the Army
That dies for the Queen;
It's the very best Army
That ever was seen.«

»Am Anfang steht die Armee, die für die Königin stirbt. Es ist die allerbeste Armee, die man je gesehen hat.« Bereits den ABC-Schützen wird hier der Heldentod als ein erstrebenswertes Lebensziel angeboten.

C is for Colonies.
Rightly we boast,
That of all the great nations
Great Britain has most.

Hier wird auf die Kolonien verwiesen, von denen Großbritannien im ausgehenden 19. Jahrhundert zu Recht behaupten konnte, die meisten zu besitzen. Ein Fünftel der Landmasse gehörte damals zum Königreich. Eine Tatsache, die anscheinend dem D zu verdanken war:

D is the Daring
We show on the Field
Which makes every enemy
Vanish or yield.

»Daring« (Wagemut oder Kühnheit) wurde demnach auf den Schlachtfeldern der Welt gezeigt und führte regelmäßig dazu, dass die Gegner entweder flohen oder sich ergeben mussten. Der Vers wird mit einem humorigen Bild illustriert, das einen englischen Offizier mit gezücktem Schwert und Revolver darstellt, der auf sechs Franzosen zugeht, die bereits die Flucht ergreifen. Die Verfasserin der Fibel ging hier noch von der Jahrhunderte alten Erzfeindschaft zwischen Frankreich und Großbritannien aus und konnte nicht ahnen, dass im Ersten Weltkrieg überraschender Weise beide Länder alliiert sein würden. Die militärische Überlegenheit, die hier demonstriert wird, führte zur Übernahme immer neuer Überseegebiete, auf die sich der Buchstabe K bezieht:

> K is for Kings;
> Once warlike and haugty,
> Great Britain subdued them
> Because they'd been naughty.

Hier sieht man in der Illustration mehrere Könige, die in Ketten abgeführt werden: vorn zwei weiße gekrönte Häupter, dahinter zwei afrikanische »Negerkönige«. Kriegslustige und hochmütige Könige, von Großbritannien gebändigt, weil sie ungezogen gewesen waren. Eine solche koloniale und rassistische Attitüde wurde zu dieser Zeit in der sich zivilisiert nennenden Welt nicht im Geringsten hinterfragt. Diese, aber auch ähnliche Fibeln der Zeit stellten die Welt in einer verniedlichten Form dar und vereinfachten die Realität, in dem sie Erwachsene als kindgleich behandelten, wie zum Beispiel die Könige, die »ungezogen« waren und »gebändigt« werden mussten.

Die nationalistische Propaganda der Vorkriegszeit kam zu einem anderen Teil auch subtil und indirekt daher. Der Imperialismus als Idee war im kulturellen Kontext verwurzelt und selbst in scheinbar unpolitischer Kinderliteratur wie den »Dschungelbüchern« des Literaturnobelpreisträgers von 1907 Rudyard Kipling omnipräsent. Schauplätze waren dort das koloniale Britisch-Indien sowie Afghanistan zur Zeit der Anglo-Afghanischen Kriege. Kiplings 1897 geborener Sohn John ist Teil jener Generation, die mit dem »ABC for Baby Patriots« das Lesen lernte und das daraus gewonnene Weltbild mit auf die Schlachtfelder des »Großen Krieges« nimmt. Johns Schicksal ist tragisch: Seinem dringenden Wunsch, in den Krieg zu ziehen, steht sowohl seine Jugend und mehr noch seine extreme Sehschwäche im Weg. Dem einflussreichen Vater gelingt es dennoch, eine Sondergenehmigung für den Sohn zu erwirken. John fällt 1915 in Frankreich, da ist er gerade 18 geworden. Lebenslang gibt sich der berühmte Vater, Schöpfer von unsterblichen Figuren wie Mowgli, Balou, Bagheera oder Shere Khan, die Schuld am Tod seines Sohnes. Er dichtet einen Zweizeiler, der, obwohl formal von ebensolcher Schlichtheit, im krassen Gegensatz zur selbstzufriedenen Gewissheit der patriotischen Fibel steht:

> If any question why we died
> Tell them, because our fathers lied

> Wenn jemand fragt, weshalb wir starben
> dann sagt, weil unsre Väter uns belogen haben.

Lieb Vaterland, magst ruhig sein

Im September 1914 erscheint pünktlich nach den Sommerferien die neue Ausgabe der Jugendzeitschrift »Jung-Coeln« mit dem Aufmacher »Lieb Vaterland, magst ruhig sein: Der große Kampf 1914«, geziert von einem heroischen Titelbild und ausführlichen Texten zum Krieg. Es ist nicht ganz klar, ob das am häufigsten zitierte (und kritisierte) gleichnamige Kriegsbilderbuch der Zeit von Arpad Schmidhammer vor oder nach dem Titel in der »Jung-Coeln« publiziert wurde. In einfachster Form versucht der Autor, Ursachen und Ziele des Krieges verständlich zu machen: Michl (Deutschland) und Seppl (Österreich) hegen und pflegen ihren Garten. Doch der Nachbarsjunge Lause-witsch (Serbien) hört nicht auf, Seppl zu ärgern, und hofft, dass der große Bruder Nikolaus (Russland) ihm mit einer Tracht Prü-gel für die Nachbarn aushilft. Es kommt, wie es kommen muss. Eine große Prügelei, deren Resultat der wieder hergestellte Frie-den im Garten ist.

Fortan werden die Kinder in den ihnen zugedachten Zeit-schriften auf dem Laufenden gehalten: wie die kaiserliche Fami-lie in Zeiten des Krieges lebt, wo die Fronten verlaufen und al-lerlei Nützliches aus der Waffenkunde. Ein anderes Periodikum veröffentlicht zur gleichen Zeit folgendes Gedicht:

DEN KINDERN

Ihr wisst nichts von der Zeit,
wisst nur, dass irgendwo im Weiten
ein Krieg geschlagen wird,
und zimmert Holz zu Schwert und Schild und Speer
und kämpft im Garten selig euer Spiel,
schlagt Zelte auf,
tragt Binden mit dem roten Kreuz.
Und hat mein liebster Wunsch für euch Gewalt,
so bleibt der Krieg
für euch nur dunkle Sage allezeit [...]

Dennoch sollt ihr einst Krieger sein
und sollt einst wissen, dass durch euer Blut
Vergangenheit und Ahnenerbe
und fernste Zukunft rollt [...]

Stil und Inhalt des Gedichtes heben sich deutlich von der naiven Reimerei der damaligen Gebrauchslyrik ab. Kein Wunder: Der Autor ist kein Geringerer als Hermann Hesse. Dass allerdings ausgerechnet er, ein Pazifist aus der neutralen Schweiz, eine solche Ermunterung zum Heroismus verfasst, zeigt, wie weitverbreitet damals die Auffassung vom Krieg als dem »Vater aller Dinge« (ein Diktum des griechischen Philosophen Heraklit) ist.

Die Menge der an Kinder und Jugendliche gerichteten Weltkriegsliteratur ist unüberschaubar. Vor allem in den ersten Monaten, geprägt von der Euphorie der frühen Siege, erscheint Buch um Buch. Die Bandbreite der thematischen wie auch stilistischen Ausrichtung ist dabei beachtlich. Wilhelm Momma behandelt in Fortsetzungsbänden mit Titeln wie »Waffenbrüder« und »Wider die halbe Welt« den Krieg als eine Art Naturschauspiel: »Wir haben den ersten, wuchtigen Anprall einer über uns herfallenden Welt zurückgeworfen, haben das heranflutende, schäumende, brausende Meer eingedämmt, wie man der Brandung einen Damm entgegensetzt. Schon rollten die ersten Wogen dieses hungrigen, brandenden Meeres über die Grenzen herein ins Land. Ostpreußen zitterte vor den Kosaken, über elsässische Städtchen flatterten Befreiung verheißende Grüße französischer Flieger. – Sie sind zurückgerollt, wie die Flut an einer Felsenküste. Das Land ist frei vom Feind! Wie ein Jauchzen klang es, wie bitterer, wuchtiger Trotz. Was schadete es, dass hier und da ein Tröpfchen der hüpfenden Flut den Weg über den Damm hinweg fand?«

In diesem Text wird vermieden, den Gegner zu verunglimpfen, durch die Entpersonalisierung des Geschehens tritt das Leiden des Krieges freilich weit in den Hintergrund: Dem Meer tut es nicht weh, wenn es am Damm gebrochen wird. Ganz anders Alfred Sternbeck, der in seinem Buch »Der Weltkrieg in Frankreich« eine angeblich wahre Episode nutzt, um völkerpsychologische Betrachtungen über das Wesen des Feindes anzustellen, die sich geschickt auf klassische Jugendlektüre beziehen: »Was die Deutschen beerdigen konnten, das gaben sie der Erde, Freund wie Feind. Leider dachte der Franzmann anders. Nicht einmal seinen eigenen Kameraden gab er immer die letzte Ehre. Ein deutscher Kamerad wurde dicht vor dem französischen Gra ben abgeschossen. Ein paar Sanitäter gingen hinaus, offen das rote Kreuz zeigend, ohne Gewehre, um ihn zu holen. Natürlich wurden sie beschossen. Als die Franzosen merkten, dass dem Gegner an dem Toten gelegen war, begannen sie ihn als Köder zu benutzen und schleppten ihn bald hierhin, bald dorthin, legten sich dahinter in den Anstand und warteten. Die Patrouillen kamen und erhielten ein mörderisches Feuer. Die Grausamkeit ist bekanntlich ein Hauptwesenszug aller Romanen. Sie sind die klassischen Tierquäler. Ihre Volkshelden sind Gladiatoren, Toreros, Banditen, Jakobiner, Freibeuter und Apachen aller Art. Wir haben kein Recht, uns über Volkseigentümlichkeit oder Volksfehler ein abwertendes Urteil zu erlauben. Auch der germanische Charakter bleibt davon durchaus nicht ausgenommen. Die Frechheit ist nur, dass ein Volk, welchem – wie in diesem Kriege schon tausendmal bewiesen – jede Scheu vor der Unantastbarkeit des Todes abgeht, die auch das niedrigste Naturvolk im hohen Grade besitzt, es wagen kann, sich zum Hüter der heiligsten Ideale europäischer Gesittung aufzuspielen. Da hört doch alles auf!« In seinem Eifer hat der Autor freilich übersehen, dass die Begeisterung für Apachen eine Erfindung des urdeutschen Volksschriftstellers Karl May ist.

Das Schicksal der Zivilbevölkerung in Ostpreußen bildet wiederum einen Schwerpunkt in der Mädchenliteratur. In Maria Czygans »Deutsche Mädel – Erzählung aus Ostpreußens Schreckenszeit« wird den jungen Leserinnen einiges zugemutet, was die Schilderung vermeintlicher Grausamkeiten seitens der Feinde betrifft. Georg Gellert lässt sein Buch »Unter russischer Gewaltherrschaft – Erzählung aus dem Weltkriege 1914« im galizischen Lemberg spielen, das damals zu Österreich gehört und Ende August 1914 für mehrere Monate von der Armee des Zaren besetzt wird. Zwar kann die drohende Vergewaltigung der Heldin durch einen russischen Offizier gerade noch abgewendet werden, doch wird auch hier die Kulisse der Bedrohung sehr explizit geschildert.

Selbst vor den Kleinsten macht der Krieg nicht halt. So lässt Gertrud Römhildt im Bilderbuch »Für unser Kriegskind« abends beten:

Hilf uns Deutschen, lieber Gott,
Gib uns Milch und Butterbrot;
Doch der Feind im Schützengraben
Soll von alledem nichts haben.
Mach, dass unsre Truppen siegen,
Dass wir wieder schulfrei kriegen.

Dabei wird der Krieg geradezu verniedlicht: In der Kindergeschichte »Hänschens Ritt zu Hindenburg« von Else Ury ist Hänschen traurig, weil er den Weihnachtsabend ohne den Vater verbringen muss. Da meint Onkel Max: »Wenn unser Hindenburg gewusst hätte, dass euch der Vater heut so fehlt, hätte er ihm sicher den Urlaub bewilligt.« Daraufhin reitet Hänschen nachts auf seinem Pfefferkuchenpferd nach Russland und gelangt schließlich zu Hindenburg. ›Du bist ein braver Junge‹, sagt der, ›und wirst einmal ein tüchtiger Soldat werden. In der Weihnachtsnacht geht jeder Wunsch in Erfüllung – also such dir nur deinen Vater im Schützengraben und nimm ihn mit heim!‹ Dann beugte er sich wieder über seine Pläne und Karten, denn er hatte noch viel zu tun. Hänschen trat wieder hinaus zu seinem Pfefferkuchenross, fasste einen kühnen Entschluss und ließ sich den Pfefferkuchenschwanz schmecken. Denn eine Brotkarte hatte er nicht bei sich.« Um den Vater zu finden, gilt es, den Maulwurf zu fragen, der am Eingang zu den Schützengräben Posten steht. Der setzt sich bedächtig die Brille auf die Nase und beginnt in einem dicken Schützengraben-Adresskalender zu blättern. »Dachsstraße, Nummer 157, im Gasthaus zum fidelen Regenwurm. Aber da findest du in deinem Leben nicht allein hin, mein Sohn, ich werde dich führen, meinte er freundlich.«

Die Autorin Else Ury, 1877 geboren, ist der unangefochtene Star unter Deutschlands Kinderbuchautoren. 1905 hatte sie mit »Was das Sonntagskind erlauscht« ihre erste Buchveröffentlichung und gehört seit 1909 zu den etablierten Autorinnen der Mädchenzeitschrift »Das Kränzchen« sowie weiterer Jugendzeitschriften. Nicht alles, was im Kinderbuch und vor allem in den Kriegsjahrgängen der vielen Periodika geboten wird (neben »Jung-Coeln« und »Das Kränzchen« seien beispielhaft noch Meidingers und Auerbachs Kinderkalender, Scherls Mädchenbuch oder »Österreichs Deutsche Jugend« erwähnt), ist märchenhaft oder phantastisch. Es gibt auch sehr viel Sachinformation, häufig in Form von Fotos. Dabei bemüht man sich, Themen aufzugreifen, von denen man glaubt, dass sie Kinder spezifisch interessieren. So begegnen diese tierischen Kriegshelfern wie Brieftauben, Kriegshunden, die Verwundete aufspürten, oder treuen Pferden. Doch sie erhalten auch detaillierte topographische Informationen über den Kriegsverlauf oder erhaschen einen Blick auf die »dicke Bertha«, aus deren Rohr sie ein deutscher Soldat anlächelt. Dass dieses Geschütz Tod und Verderben bringt, bleibt ausgespart.

Berühmt wird Else Ury vor allem durch ihre »Nesthäkchen«-Reihe, von welcher bis 1915 bereits die Bände »Nesthäkchen und ihre Puppen«, »Nesthäkchens erstes Schuljahr« und »Nesthäkchen im Kinderheim« erschienen sind. »Nesthäkchen und der Weltkrieg« aus dem Jahr 1916 ist das wohl populärste deutschsprachige Kinderbuch während der Kriegsjahre. Der Schutzumschlag verweist auf eine Textstelle im Buch, in der ein Globus beim Umräumen des Schulhauses zu Boden fällt. Und da war Polen auf der Weltkugel zertrümmert, und Russland ziert eine dicke Beule, was den Lehrer zu dem hämischen Kommentar veranlasst: »Wollen es als eine gute Vorbedeutung für unsere Ostheere ansehen, dass Polen von ihnen erobert wird und Russland seine Beule wegkriegt.«

Else Urys weiteres eigenes Schicksal ist denkbar grausam. Weder ihre überragende Popularität noch ihre ausgewiesene vaterländische Gesinnung bewahren die jüdische Autorin davor, von den Nationalsozialisten im Jahr 1943 in Auschwitz ermordet zu werden.

»Kriegsheftelesbua«

Kinder sind nicht nur Konsumenten, sondern in bescheidenem Umfang auch Akteure bei der Verbreitung literarischer Kriegszeugnisse. Der 1906 geborene Eduard Mayer aus Nürnberg wird selbst zu einem kleinen Rädchen in der Propagandamaschinerie. Vater Anton, Inhaber eines Musikverlages in Nürnberg, nutzt seine Vertriebswege, um neben Noten und Anleitungen für das Spiel volkstümlicher Instrumente auch »Kriegshefte« an den Mann zu bringen. Das Geschäft lässt sich blendend an; bereits für die ersten beiden Ausgaben gibt es aus dem Stand über 300 Abonnenten, die sich auf ganz Nürnberg und das umliegende Land verteilen. Auch Anton Mayers Kinder werden eingespannt; schon als Achtjähriger trägt Eduard im näheren Viertel aus – und erhält vom Vater drei Pfennige für jedes ausgelieferte Heft. Drei bis vier Stunden am Tag dauert die Arbeit; und obwohl er oftmals drei bis vier Stockwerke steigen muss, hat Eduard am zweiten Tag schon 93 Pfennige verdient. »Kriegsheftelesbua« nennen ihn die Leute, was den Jungen ärgert, doch Mama erklärt ihm, später würde er stolz darauf sein, dass er in dieser schweren Zeit daheim mitverdienen geholfen hat. Bald gesellen sich zu den Kriegsheften auch Kriegslieder, die der Vater selbst hat drucken lassen. Die Lieder werden mit der Post verschickt – und Eduard wird vom vielen großzügigen Belecken der Marken fast schlecht. Zehn Tage später hat er schon so viel verdient, dass er seine beiden Schwestern in die Stadt ausführt und ihnen Schokolade und Schuhe für die Puppen kauft.

Die Leute reißen Eduard in den ersten Kriegsmonaten die Hefte mit schlichten Titeln wie »Krieg« oder »Sieg« fast aus der Hand und entlohnen ihn extra, weil er ihnen bereits vorab erzählt, welche aufregenden Neuigkeiten darin stehen. Doch bereits im März 1915 hat sich die Stimmung gedreht, und viele Leute nehmen ihm die Hefte nicht mehr ab. Der Krieg solle endlich aufhören, sagen sie, überall würden die Menschen hingemordet. Eduard hat die ältere Schwester als Helferin mitgenommen, die auch gern an den Nebeneinkünften teilhaben würde. Doch als eine Frau sagt: »'naus werfe ich euch mitsamt dem Kriegsheft«, erklärt die Schwester, nie wieder mitzugehen. Im Juni wird ein Mann fast handgreiflich: »Die Zeitungen- und die Kriegsheftelesverkäufer sind die größten Schwindler und machen das beste Geschäft, weil die Leute, diese dummen Luder, alle Lügen glauben.« Dann droht er Eduard. »Wenn du noch einmal kommst, werfe ich dich mitsamt deinem Heft bäuchlings die drei Stiegen hinunter!« Im August 1915, der Krieg geht gerade in sein zweites Jahr, hat auch Anton Mayer genug mit der Hefteleswirtschaft, verramscht seine Restbestände in der benachbarten Buchhandlung und widmet sich wieder dem Kerngeschäft: dem Vertrieb zeitlos bayrischer Heimatschnulzen, vor allem seiner Erfolgsserie »Daheim in den Bergen«. Das läuft im Frieden wie im Krieg.

Zu dieser Zeit fühlt sich der nunmehr neunjährige Eduard bereits als abgeklärter Veteran des Krieges, der sich selbst schon ganz erwachsen fühlt und zu altklugen Urteilen neigt: »Die heutigen Kinder sind fast übergeschnappt vor lauter Kriegsbegeisterungen.«

Die Erfahrungen als »Kriegsheftelesbua« kommen Eduard nicht nur finanziell, sondern auch im Zuge eines allmählichen Reifungsprozesses zugute. Im Hause des Verlegers Mayer werden vier deutsche Tageszeitungen regelmäßig gelesen, dazu kommen gelegentlich neutrale Presseorgane und manchmal sogar »Hetzblätter« des Feindes (wie Eduard sie nennt). Der erste Tagebucheintrag des Neunjährigen zum Thema Pressezensur stammt vom Oktober 1915 und liest sich noch so, dass es seine

Lehrer wohl gefreut hätte: »Wenn man jetzt in den Zeitungen was lesen will, bleibt man oft auf einmal stecken, weil ein weißer Fleck daherkommt, statt Buchstaben. Papa sagt, solche Flecken heißt man konfiszierte Artikel. Die Redakteure verstehen diese Fremdwörter schon und kommen dann ins Zuchthaus, weil auf dem weißen Fleck eine Frechheit aufgedruckt war, und da musste der Herr General sich recht ärgern und alles wieder wegradieren, was sehr viele Arbeit machte.«

Doch mehr und mehr registriert sein Tagebuch die krassen Gegensätze zwischen dem Heroismus, wie ihn die Zeitungsschreiber verbreiten, und der zunehmend schlechten Stimmung der Menschen angesichts von Versorgungsengpässen und sozialer Ungerechtigkeit. Er vergleicht die immerwährenden Siegesmeldungen der Mittelmächte mit denen der Entente und entwickelt zunehmend ein Gespür für Diskrepanzen. Da liest ihm etwa die Mama aus der Zeitung vor, dass die Franzosen gern in deutscher Gefangenschaft sind und von da gar nicht mehr wegwollen. Doch Eduard weiß, dass sich im neunzig Kilometer entfernten Ingolstadt ein großes Lager mit etwa 50 000 Internierten befindet – und er erinnert sich an die auch in der Nürnberger Presse verbreiteten Steckbriefe entflohener Gefangener, auf deren Ergreifung Belohnungen ausgesetzt worden sind. Fühlen sie sich doch nicht so wohl? Der Junge gelangt zu einem ernüchternden Schluss: »Was die Wahrheit ist, kann ich auch nicht sagen.«

KAPITEL 8

Kriegsspiele

Zu den wegweisenden Errungenschaften der neuen Kriegspädagogik gehört in Deutschland, dass sich 1915 eine umstrittene
und zuvor nur von besonders progressiven Lehrern praktizierte
Methode flächendeckend durchsetzt: der »freie Aufsatz«, wobei
die Schüler im Rahmen des gesteckten Themas ihre ganz eigenen Gedanken entfalten dürfen. Einer der frühen, so verfertig-
ten Texte trägt den Titel »Kleine Soldaten«:

»Auf allen Straßen und Gassen wimmelt es jetzt von kleinen Soldaten. Dort geht ein vierjähriger Junge in feldgrauer
Uniform. Stolz blickt er um sich, ob man ihn auch sieht. Hier
kommt eine fröhliche Schar großer Jungen herangezogen. Der
Anführer geht voran und schwenkt die Fahne. Dicht hinter ihm
folgt ein Knabe mit einer Trommel. Er klopft so tüchtig auf das
Fell, dass einem die Ohren wehtun. Die anderen marschieren in
gleichem Schritt und Tritt wie richtige Soldaten. Auch an ihrer
Ausrüstung fehlt nichts. Eine Papiertüte dient als Helm, eine
geleerte Pappschachtel oder Zigarrenkiste als Tornister. Wie
wird die Mutter zanken, wenn sie ihr Scheuertuch sucht, das
als Mantel auf den Tornister geschnallt ist. Ein hölzerner Säbel vollendet die Ausrüstung. Draußen beginnt der Kampf. Vorher werden zwei Abteilungen gebildet. Es vergeht eine Weile in
heftigem Streit, denn keiner will Franzose oder Engländer sein.
Endlich ist die Teilung gelungen. Nun geht's los! Mancher Franzose wird eine Beule heimtragen, manches Höslein wird einen
tüchtigen Riss bekommen, mancher sorgfältig gepackte Tornister wird auf dem Schlachtfelde liegen bleiben. Todmüde kommen die kleinen Kämpfer am Abend nach Hause und fallen wie

hungrige Wölfe über das Abendbrot her, das die fürsorgliche Mutter bereitgestellt hat. Von ihrer Heldentat erzählend, vergeht der Abend, bis die müden Augenlider zufallen.« Die farbige Schilderung ist für wert erachtet worden, in einem zeitgenössischen Buch über die Kinder im Krieg abgedruckt zu werden. Sie enthält auch eine Schlusspointe, denn der Aufsatz endet mit dem Stoßseufzer: »Schade, dass ich kein Junge bin!«

Das Mädchen, dessen Name nicht überliefert ist, fand es offenbar fade, sich in ihre vorgegebene Geschlechterrolle zu fügen, als kleine Krankenschwester die verwundeten kleinen Soldaten zu pflegen und ihnen Kirschsaft als Medizin zu geben. Es ist keine Neuigkeit, dass Kinder Krieg spielen. Sie haben das schon vorher getan, mit Zinnsoldaten, Spielzeugkanonen und Holzschwertern – als eine Beschäftigung unter vielen; »Cowboy und Indianer« oder »Räuber und Gendarm« waren meist beliebter.

Eduard Mayer hat die Soldaten in der ersten Begeisterung nach Kriegsausbruch losziehen sehen – als ginge es zum Münchner Oktoberfest, wie er in sein Tagebuch schreibt. Und sein Vater schenkt ihm eine echte Soldatenmütze: »damit ich besser in die jetzige Zeit hineinpasse«. Die Todesanzeigen in den Zeitungen sind dagegen abstrakt, zumal die eigene Familie vorerst nicht betroffen ist. Der große Krieg selbst wirkt zunächst auf ihn wie ein großes Spiel.

Doch aufgrund eines allmählich zunehmenden Wissens über die wirklichen Kämpfe erhalten die Spiele einen teilweise gespenstischen Realismus. In Schulaufsätzen aus dem Jahr 1915 beschreiben Breslauer Grundschüler mit Hingabe ihre ausgefeilten Requisiten und Insignien: riesige Gräber für die Toten, Pickelhauben aus Papier mit Federn, Uniformen, Reituniformen mit Spitzen, Zelte, Schulterbesatz, Schwerter, Eisenkreuze, Stacheldraht, Schützengräben, Schlachtpläne, Spielzeuggewehre und Papierflieger. Die Kinder erzählen von Schlachten, die sie mit bis zu 150 anderen schlagen.

Für Eduard Mayer sind die Nachbarsjungen »der Feind«. Sie haben richtige Helme – und der ältere Bruder erklärt, dass jenseits der Hofmauer Russland liegt. Beim Spiel, findet Eduard, »geht es immer sehr feindselig und ganz echt zu, wie im Krieg«. Sogar einen Schützengraben haben sie auf dem Hof gebaut; der ist so tief, dass der Kleine nicht einmal herausschauen kann. Was einmal die Löcher für das »Schusserspiel« waren (eine Art Murmeln, jedoch aus Ton geformt), sind jetzt »Granattrichter«. Beim Prügeln mit den Nachbarsjungen haben sie bald auch einen neuen Verbündeten. Er heißt Josef, doch sie nennen ihn nur den »Russ«. Dabei ist seine russlanddeutsche Familie mit ihm vor der Armee des Zaren geflohen, hat ihr ganzes beträchtliches Vermögen verloren. Für Eduard ist das alles sehr verwirrend, denn die Russen sind doch die Nachbarsjungen! Außerdem spricht Josef nicht gut Deutsch. Wie kann er dann zu ihnen gehören?

Immer mehr Lehrer werden laut Eduards Tagebuch »kafau«. Das heißt eigentlich »k. v.« – kriegsverwendungsfähig. Weil Eduard die Genese des Begriffs unklar ist, beschimpft er Drückeberger als »kafaul«. Doch die Lehrer sind nicht »kafaul«. Ihr Weggang an die Front führt zu massivem Unterrichtsausfall – bald gibt es kaum mehr als zwei Stunden Schule pro Tag, manchmal lediglich eine. Die verbliebenen Lehrer werden mehr und mehr durch Kriegsveteranen ergänzt, denen Gliedmaßen fehlen oder die blind sind, sowie durch Senioren und weibliche Lehrkräfte. Ihnen allen ist gemeinsam, dass es ihnen kaum gelingt, sich als Autoritäten gegenüber den Kindern zu behaupten.

So bleiben die Jungen zunehmend sich selbst überlassen. Denn auch zu Hause tragen die Väter oft schon Feldgrau oder kämpfen verbissen an der »Heimatfront« – und die Mütter finden zwischen der Sorge um die Lebensmittelbeschaffung und der immer häufiger werdenden Notwendigkeit, ein Beschäftigungsverhältnis einzugehen, kaum noch Zeit für den Nachwuchs. Im Januar 1916 liest Eduards Mama ihrem Sohn einen warnenden

Zeitungsartikel vor. »Wie die Alten sungen, so zwitschern die Jungen«, ist er überschrieben und behandelt die immer extremeren Kämpfe zwischen Kindern und Jugendlichen: »In Großstädten kämpfen schon Stadtviertel gegen Stadtviertel und bewerfen sich mit großen Steinen und misshandeln sich mit Schürhaken und noch anderen gefährlichen Schießwaffen.«

Das Phänomen ist weitverbreitet. So kämpfen in den Wiener Arbeitervierteln die Kinder Bezirk gegen Bezirk, Straße gegen Straße, so wild und brutal, dass regelmäßig die Polizei eingreifen muss. Die Erwachsenen sind gespalten, wie sie reagieren sollen.

Vor 1914 wurde es nicht gern gesehen, dass sich Kinder auf der Straße herumtrieben, was sich mit dem Kriegseintritt schlagartig änderte. Der evangelische Pastor Günther Dehn beschreibt, wie in Berlin-Moabit, einem klassischen Arbeiterviertel, Kinder mit Feuereifer Soldat spielen – bis die Frauen einschreiten. Angesichts der Sorge um die Liebsten an der Front können sie das laute Spiel auf den Straßen nicht ertragen. Die Kinder sollen lernen, dass Krieg kein Spiel ist, finden viele Mütter.

Dabei ist das bloße Kriegsspiel manchen Kindern bald zu langweilig. Zu den am häufigsten gestohlenen Gegenständen gehören in den ersten Kriegsjahren Waffen; häufig sind es Jungen, die sich an echten Schusswaffen vergreifen, und so verzeichnen die Behörden schon bald einen Anstieg der selbst verursachten Schussverletzungen bei Kindern. Besonders gefährlich ist diese Art der Freizeitbeschäftigung naturgemäß in jenen Gegenden, die sich in Frontnähe befinden, umkämpft sind – und dabei den Besatzer wechseln.

Bertram Regius, 1911 in Sastawna geboren (damals Österreich, heute Ukraine), eignet sich gemeinsam mit anderen Knaben Kriegsgerät an, das von fliehenden Soldaten weggeworfen wurde. Mehr noch als für Waffen, die ihnen von den Erwachsenen recht schnell weggenommen werden, interessieren sie sich für die Munition. Man kann die Kugel aus der Gewehrpatrone herausnehmen, das Schießpulver ausschütten und zur Explosion bringen. Man kann es freilich auch weiter treiben, wie die drei Brüder des Dienstmädchens, das sich um Bertram kümmert, dessen Vater Hofrat und ziviler Richter ist. Die Jungen haben einen Blindgänger gefunden. Tatsächlich gelingt es ihnen, den Zündmechanismus in Gang zu bringen. Durch die Detonation kommen alle drei ums Leben.

Können all diese Auswüchse und Unglücksfälle selbstredend nicht den Beifall der Erwachsenen finden, wird dennoch in der deutschsprachigen Presse das kindliche Kriegsspiel gelobt: »Die Buben sollen das Schießen lernen und das Exerzieren, denn diese müssen einmal das ganze Land, welches die Soldaten jetzt erobern, verteidigen, damit uns das kein Volk mehr wegnehmen kann.« Auf diese Weise wird vorausschauend der Krieg schon an die nächste Generation weitergetragen. In der gleichen Zeitung steht auch ein Zigarettenverbot für Minderjährige: »Die Glimmstängel und der Rauchtabak reichen nicht mehr für alle großen Männer«, stellt Eduard Mayer fest, »und darum dürfen Kinder nicht alles zusammenrauchen, sonst ist das eine rechte Verschwendung.« Verantwortungsbewusstsein wird von den Jugendlichen demnach auf allen Gebieten eingefordert.

Da verwundert es dann kaum noch, dass selbst die Kirchengruppe des Kindergottesdienstes über eine eigene »Wehrkraftabteilung« verfügt und pünktlich zu Weihnachten, am 26. Dezember 1915, gleich nach dem Gebet zu einer Felddienstübung ausrückt. Die männlichen Mayer-Geschwister sind selbstredend mit bei der Sache. Ihr »Hauptmann« ist selbst erst siebzehn Jahre alt, trägt aber einen richtigen Soldatenrock mitsamt einem echten Säbel. Eduard hält ihren Anführer für einen Mustersoldaten, weil er die Kommandos unwahrscheinlich laut herausschreien kann. Gottes Segen ist ihnen auf alle Fälle sicher, denn der Herr Pfarrer ist während der ganzen Übungen dabei und wird am Abend »von der ganzen Abteilung vors Haus hingestellt. Dann hält er eine schöne Anrede und lobt unsere Tapferkeit und wir schreien Hurra, bis alles kracht in den Nachbarhäusern.«

Selbstverständlich ist auch die Schule von Wehrübungen nicht ausgenommen. Ausflüge mit der Klasse münden häufig in ein Manöver. Stolz resümiert Eduard am Ende eines ereignisreichen Tages: »Ich wurde viermal schwer verwundet und einmal wurde ich getötet. Dann mussten wir uns, die Lebendigen und die Toten, unter einen Baum hinstellen und wurden fotografiert.« So macht es richtig Spaß – das Töten und Getötetwerden.

Der Krieg inspiriert das Spiel – und macht es dann teilweise auch wieder zunichte. So muss im Sommer 1915 der Schützengraben in Eduards Garten zum größten Bedauern der Kinder einem Gemüsebeet weichen – die Ernährungssituation hat sich verschärft und erfordert Selbstversorgung.

»Frisch-fröhlicher Geschützkampf«

Bereits vor 1914 erfreuten sich Spielzeugsoldaten bei den kleinen Jungen der deutschen Mittelschicht großer Beliebtheit. Doch das meiste Spielzeug, das im Deutschen Reich verkauft wurde, war nichtmilitärischer Art wie Puppen, Holzeisenbahnen und naturwissenschaftliche Experimentiersets. Spielzeughersteller verzichteten auf deutsche Insignien an ihren Waren, weil sie fürchteten, dass dies dem Geschäft mit dem Ausland schaden würde – immerhin achtzig Prozent der Spielwaren fanden ihren Absatz außerhalb Deutschlands.

Aus französischer Sicht stellt sich die Situation freilich anders dar. Seit der Jahrhundertwende litten die französischen Spielwarenhersteller unter einer wahren Invasion von in Deutschland produzierten Spielsachen – der Markt wurde geradezu mit deutschen Produkten überschwemmt. Nur durch eine Neuordnung der einheimischen Industrie konnten sich die französischen Hersteller noch behaupten. Zwei größere und etwa vierzig kleinere Aktionäre gründeten die »Société Française de Fabrication de Bébés et Jouets (SFBJ)«, die »Französische Gesellschaft zur

Herstellung von Puppen und Spielen«. Eine ihrer populärsten Produkte war Bleuette, eine Puppe, die ab 1905 exklusiv für die Abonnentinnen der wöchentlich erscheinenden Mädchenzeitschrift »La Semaine de Suzette« hergestellt wurde. Die Zeitschrift brachte wöchentlich neue Schnittmuster für Puppenkleider nach der aktuellen Mode.

Ab 1914 ändert sich die Mode für Bleuette deutlich und passt sich an die neue Situation an. So ergreift Bleuette nun einen Beruf und wird Krankenschwester. Damit einher geht eine Schwesterntracht mit Rot-Kreuz-Emblem und, da sie natürlich im Feldlazarett arbeitet, ein Militärmantel für die kältere Jahreszeit. Eines der beliebtesten französischen Brettspiele ist das graphisch aufwändig gestaltete »Jeu de la Victoire« (»Das Siegesspiel«). Die Illustration des Grafikers Guy Arnoux besteht aus 63 Quadraten, die jeweils eine antideutsche Karikatur zeigen, die es je nach Würfelglück zu überwinden gilt. Deutsches Spielzeug ist nun selbstredend aus den Geschäften verbannt.

Der Boykott der deutschen Spielzeughersteller und der Verlust ausländischer Kunden zwingen die heimischen Fabrikanten, sich auf den Markt im Inland zu konzentrieren. Zu ihrem Glück ist hier die Nachfrage an Kriegsspielzeug beinahe unersättlich. Das Weihnachtsgeschäft beginnt für den deutschen Handel auch damals schon im Herbst. Die Spielwarenhersteller überbieten sich mit großen Ausstellungsflächen in den Kaufhäusern größerer Städte, wo sie ganze Miniaturlandschaften mit Infanteristen, Unterseebooten, Zeppelinen, Flugzeugen und Waffen aller Art aufbauen.

Im Gegensatz zur Vorkriegszeit befinden sich nun überall deutsche Embleme an den Spielzeugen. Die Kinder sollen sich schon im Spiel mit ihrer Armee, ihrem Vaterland identifizieren. Gegen Ende 1915 ändert sich allerdings die Nachfrage deutlich, wobei dies vorerst vor allem mit der veränderten wirtschaftlichen Lage der meisten Familien zu tun haben dürfte; noch ist die Faszination der »großen Zeit« ungebrochen. Wer es sich leisten kann, kauft weiterhin Brettspiele wie »Die Jagd nach der Emden« oder das Unterseeabenteuer »U-100«. Spielzeug-Luftgewehre und -Maschinengewehre verkaufen sich ebenfalls überaus zufriedenstellend.

Dabei sind immer neue Ideen gefragt. Ein besonders findiger Hersteller aus Leipzig lässt sich eine Spielzeughandgranate patentieren, bestehend aus zwei Schrauben, die in einer länglichen Gewindemutter stecken, die wiederum mit Sprengstoff gefüllt ist. Beim Aufprall nach einem Wurf explodiert das Geschoss ähnlich einer echten Handgranate. Und noch eine Erfindung wird geboren, die Generationen von Schülern erfreut: die Stinkbombe. Ab dem Frühjahr 1916 können diese heiß begehrten Spielsachen im Schreibwarengeschäft gleich neben Bleistiften und Schulfibeln gekauft werden. Bald darauf allerdings verlieren die geliebten Kindergewehre aus Sicht von Eduard ihren eigentlichen Reiz, denn man darf nicht mehr mit ihnen schießen, »weil mit den Zündplättchen Pulver unnütz verschwendet und verräuchert wird«.

Ein Beispiel für den zunehmenden Militarismus im Kinderzimmer gepaart mit autoritären Erziehungszielen ist das äußerst beliebte »Deutsch-strategische Gesellschaftsspiel Artilla, ein frisch-fröhlicher Geschützkampf«, empfohlen »für unsere 6–15 jährigen Jungens«: »Es kommen mit dem Patentspiele nachstehende Kommandos zur Ausführung: Ganzes Bataillon! Achtung – Stillgestanden! Richt euch – Augen rechts – Augen links – Präsentiert das Gewehr – Schultert das Gewehr – Das Gewehr über, halbrechts um – halblinks um – Rechts um – Links um – Kehrt – Front – Vorwärts marsch – Laufschritt – Feuer – In Reihen gesetzt! Rechts um! – Gerade aus! Ganzes Bataillon in Reihen gesetzt! Links um! Halt! Rührt euch! etc. etc. ... Durch diese ungewöhnliche, imposante Erscheinung wird ein ganz besonderer Reiz auf die Jugend ausgeübt, dieselbe wird zum Nachdenken veranlasst, kann sich die Kommandos, Gefechtslage und Kriegslist nach bestem Wissen und Nachdenken selbst wählen und schaffen, was nicht nur von pädagogischer Bedeutung ist, sondern auch erzieherischen Wert hat, indem es vielmehr belehrend auf die Jugend wirkt und diese gleichfalls auf ein höheres Niveau stellt.«

Die erste Uniform

Auch Uniformen sowie nachgemachte Orden und Medaillen sind beliebtes Spielzeug, gelten aber wenig im Vergleich zu den echten Pendants aus der Erwachsenenwelt. Das wiederum ruft schon bald Eltern, Lehrer und Beamte auf den Plan, die auf diese Entwicklung mit Besorgnis reagieren. Doch auf dem Schwarzmarkt gibt es einen regen Handel mit Orden und anderen Abzeichen. Insbesondere Lehrer, die selbst gedient haben, reagieren ärgerlich, wenn ihre Schüler mit den offensichtlich unrechtmäßig angeeigneten Auszeichnungen im Unterricht auftauchen.

Der 1911 im rheinländischen Bedburg geborene Richard Nettersheim erinnert sich, wie schwer das Soldatsein von früh an einem noch nicht Fünfjährigen fallen konnte. Am 27. Januar 1916 hat die Mutter beschlossen, dem Wunsch ihres im Schützengraben liegenden Mannes zu entsprechen, ein Foto des kleinen Richard anzufertigen und an die Westfront zu schicken. Was bietet sich da geeigneter an, als den Sprössling in die schmucke Gala-Uniform zu zwängen, die er gerade erst zu Weihnachten geschenkt bekommen hat? Es ist Kaisers Geburtstag, Feiertag also, da tragen ohnehin alle Knaben ihr militärisches Ehrengewand – und Peter, der ältere Bruder, hat schulfrei, sodass er den Kleinen die Viertelstunde zu Fuß bis zum Atelier des Fotografen begleiten kann.

Es herrscht klirrender Frost, und die Mutter hat vergessen, Richard Handschuhe und einen warmen Mantel mitzugeben. So stapft der Kleine mit Pickelhaube und Schleppsäbel durch die eisige Kälte; die linke Hand am Säbelgriff bald schon blau gefroren, will er wenigstens die rechte in die Tasche stecken, als ihn Peter barsch zurechtweist. Die Hand eines Soldaten leger in der Hosentasche? Noch einmal ein solcher Verstoß gegen die militärischen Vorschriften und er werde ihm auf die Hände hauen! Es bleibt nicht bei der Drohung. Der Kleine heult und wird nun erst recht vom Bruder gemaßregelt, wie peinlich ein Soldat sei, der weint! Richard kommt als Häufchen Elend beim Fotografen an. Dort wird der Kleine neben einer Gipsbüste des deutschen Kaisers in Positur gestellt.

Eigentlich ist Fotografieren damals eine spannende, geheimnisvolle Angelegenheit, die die Kinder begeistert. Doch selbst der Trick mit dem Vögelchen will bei dem Jungen nicht funktionieren. Es gelingt ihm zwar, Haltung zu bewahren und den Säbel festzuhalten; bei späterer Betrachtung stellt sich für Richard Nettersheim freilich der folgende bleibende Eindruck her: »Wie unschwer aus meinem traurigen Antlitz und den verweinten Augen zu erkennen ist, stellt das Foto alles andere als das Idealbild eines frohgemuten, wackeren Vaterlandsverteidigers dar.«

Bloß keine Puppen!

Dass Jungen Schlachten schlagen oder in niedliche Uniformen gesteckt werden, ist ein seit langem anzutreffendes Phänomen, das zur weitverbreiteten Kriegsbegeisterung seinen Teil beigetragen haben mag. Doch dass sich auch Mädchen plötzlich für martialische Unternehmungen begeistern, ist völlig neu – mindestens gegenüber den vergangenen Jahrzehnten, in denen in der Erziehung viel Sorgfalt darauf gelegt wurde, weibliche Heranwachsende von Männerdingen fernzuhalten und auf ein Dasein im Heim und am Herd vorzubereiten.

Elfriede Kuhrs jüngere Freundin Gretel ist dementsprechend geschockt, als sie von ihrer Hausnachbarin das Geständnis empfängt, sie könne nicht mehr mit Puppen spielen: »So kleine Puppen, weißt du – das ist nichts im Krieg.« Gretel will wissen, was stattdessen gespielt werden soll, und ist traurig über die Antwort, weil sie ihre Puppen so sehr liebt: Soldat! Elfriede hat sich ein kleines gelbes Buch gekauft, in dem das komplette Exerzierreglement für Offiziere der Infanterie beschrieben ist. Neben allen Kommandos gibt es auch Zeichnungen der Griffe, mit denen die Infanteristen Gewehre, Bajonette usw. »kloppen« müssen. Zwei Nachbarjungen haben aus Brettern die perfekten Waffen für das Exerzieren hergestellt. Eigentlich will Elfriede, die das Spiel initiiert hat, einfacher Soldat sein, um mit den anderen im Gleichschritt marschieren zu können. Doch selbst der älteste Hofjunge Fritz plädiert dafür, dass niemand außer Elfriede für die Funktion des Leutnants infrage komme. So muss die Zwölfjährige die anderen mit Kommandos wie »Stillgestanden!«, »Rührt euch!« oder »Sprung auf, marsch, marsch!« in Trab halten. Insbesondere der aus Elfriedes Sicht zum Üben unverzichtbare Befehl »Hinlegen« sorgt bei den Müttern der Spielenden für Empörung, kommen die Kinder doch regelmäßig mit dreckigen Kleidern und Hosen nach Hause. Elfriede selbst trägt auf dem Hof nur noch Turnhosen – ein Leutnant im Kleid, wie sollte das denn gehen?

Speziell für ihre Freundin Gretel erfindet Elfriede ein Rollenspiel. Gretel, die keine Lust aufs Exerzieren hat, wird zur »Krankenschwester Martha«, Elfriede hingegen mutiert zu einem Leutnant vom »Garde-Ulanen-Regiment« namens »von Yellenic«. Zwar ist Gretel skeptisch, ob der Adelstitel für Elfriede nicht etwas übertrieben ist, doch ansonsten ist sie Feuer und Flamme für das Spiel. »Wir spielen mindestens mit hundert Personen, die natürlich in Wirklichkeit gar nicht existieren«, schreibt Elfriede in ihrem Tagebuch, »wir haben sie erfunden, du, das ist gerade das Schöne. Wir kennen die Personen genau, ihre Eigenschaften und Absonderlichkeiten. Leutnant von Yellenic ist oft rasend in irgendeine erfundene junge Dame verliebt, am meisten aber in Schwester Martha; die ist nur leider in einen Major von Höcker verheiratet, und darum darf er sie nur aus der Ferne anbeten.«

Freilich gehört es sich letztlich für einen Leutnant v*on* Yellenic, nicht auf dem Boden zu bleiben und stupide Kommandos der Infanterie zu befehligen, sondern in die Lüfte zu steigen – dort, wo sich die Helden dieses Kriegs am ehesten ihren »Pour le Mérite« verdienen. Elfriede nimmt das hierfür nötige Szenarium überaus ernst: »Ich habe den grünen Gartentisch aus der Laube mitten in Tante Otters Garten gezogen, die beiden grünen Bänke aufeinandergestellt und oben auf den Tisch montiert. Das ist mein Flugzeug, ein ›Fokker-Doppeldecker‹. Er heißt ›Floh‹. Von Gretels altem Puppenwagen hab ich ein Rad als Propeller angemacht, ein anderes als mein Steuer. Ein alter Wurzelstock ist mein Maschinengewehr, mit dem ich durch die Drehungen des Propellers schießen kann. So machen es die richtigen Kampfflieger«, schreibt Elfriede kenntnisreich im Tagebuch. »Ich sitze als ›Leutnant von Yellenic‹ zwischen den beiden wackligen Bänken auf dem Tisch, und dann geht's los. Gretel steht als ›Schwester Martha‹ unten und winkt. Ich wackle mit den Bänken, drehe mein Steuer und fliege immer höher und höher, ziehe Kreise und werde von feindlichen Fliegern durch Maschinengewehrfeuer angegriffen, das ich wie rasend erwidere: ›Tack-tack-tack-tack-tack …‹ Meistens siege ich, es kommt aber auch vor, dass ich so wackle, dass ich samt den aufeinandergetürmten Bänken runterknalle. Dann hat es mich erwischt, und ich stürze entweder ab oder rette mich in letzter Minute durch Notlandung oder Fallschirm.« Dann ist die Stunde der Krankenschwester Martha gekommen, die in Gestalt der feurig-begeisterten Gretel Realität und Spiel bald kaum noch auseinanderhalten kann: »Das Nette ist, dass Gretel immer so leidet, wenn ich abstürze: ›Leutnant Yellenic, haben Sie was gebrochen? Die Hirnschale vielleicht?‹ Und ich hinke an ihrem Arm ins Lazarett. Das ist die Gartenlaube. Da pflegt sie meine Wunden.«

Für Elfriede wiederum bricht irgendwann die Realität ins Spiel ein. Sie kommt in Gestalt des von ihr sehr geliebten Onkels Bruno, der jeden Fronturlaub nutzt, um Schneidemühl einen Besuch abzustatten. Zu Weihnachten 1915 humpelt das Mädchen in dessen voluminösen Schaftstiefeln in der Stube auf und ab. Sie sind ihm sowieso zu schwer, weshalb er sie in der Heimat zurücklassen will. Elfriede aber beschließt plötzlich, nach Abschluss der Schule Tänzerin zu werden. Dann will sie einen Tanz namens »Der tote Soldat« aufführen und die wuchtigen Stiefel tragen. Der Onkel, eher an sterbende Schwäne auf der Bühne gewöhnt, lässt sich überreden und verehrt seiner Nichte die Stiefel.

Als Onkel Bruno im Oktober 1916 wieder einmal vom Schlachtfeld heimkehrt, hat er den Helm eines belgischen Soldaten im Gepäck. Der Helm hat vorn zwei tiefe Einstiche. Das Innenleder wie auch das lederne Sturmband sind blutverkrustet. »Er lag am Boden wie eine Schüssel voll Blut«, erklärt Onkel Bruno. Elfriede hat da schon längst den Helm näher inspiziert und eine Inschrift gefunden: »van Glabeke, César«. Jetzt hat das Schicksal des mutmaßlich toten Helmbesitzers plötzlich eine Bedeutung. Onkel Bruno überlässt ihr auch den Helm als Spielrequisit. Doch Elfriede treibt anderes um. Über das Rote Kreuz schreibt sie einen Kondolenzbrief an die Mutter des getöteten Feindes, obwohl sie anschließend Gewissensbisse bekommt: »Das ist schon ein starkes Stück, dass ein deutsches Schulmädchen um einen gefallenen Franzosen weint. Leutnant von Yellenic! Sie sind verrückt! Einfach kriegsverrückt! Man muss sie wirklich sterben lassen.« Doch die Phantasiefigur des adligen Leutnants hat längst ein Eigenleben bekommen und lässt sich nicht mehr einfach so aus der Welt schaffen.

KAPITEL 9

Heimat, Front und Heimatfront

Im Frühjahr 1915 herrscht unter den Militärs Ratlosigkeit. Sie alle haben an einen raschen Sieg nach kurzem Kampf als Ausgangspunkt für ertragreiche Friedensverhandlungen geglaubt. Doch bereits im ersten Monat des Krieges verloren sowohl Deutsche wie Franzosen jeweils 300 000 Soldaten. Die kleine britische Berufsarmee wurde bei den Kämpfen in Belgien fast vollständig ausgelöscht. Noch entsetzlicher waren die Verluste bei den russischen und österreichischen Truppen an der Ostfront: Jeweils eine Million Soldaten starben bis Weihnachten 1914, zu jenem Zeitpunkt, als der Krieg schon vorbei gewesen sein sollte – ohne dass ihr Tod der einen oder anderen Seite einen entscheidenden Fortschritt gebracht hätte. Die Verluste sind so ungeheuer, dass angeordnet wird, keine Listen mit den Namen der Gefallenen mehr in der Presse abzudrucken. Nicht verhindern kann man freilich die Totenmessen in den Kirchen und die Todesanzeigen in den Zeitungen, die so dennoch ein Bild vom Ausmaß des Sterbens zeichnen. Niemand weiß mehr, wie ein Frieden eigentlich aussehen könnte.

Die Westfront ist erstarrt, Schützengräben ziehen sich in einer Länge von 750 Kilometern durch Frankreich und Belgien. Es zeigt sich, dass durch die extreme Feuerkraft der Maschinengewehre auf der einen Seite und die vielfältigen Verteidigungsmöglichkeiten in einem ausgebauten Schützengrabensystem auf der anderen die Defensivkräfte gegenüber den Angreifern haushoch überlegen sind. Doch dies widerspricht der althergebrachten Strategie, wie sie seit Generationen bei der Offiziersausbildung gelehrt wird. »In der Defensive werden unsere Truppen nach und nach ihre physischen und moralischen Qualitäten einbüßen«, erklärt etwa Joseph Joffre, Oberbefehlshaber der französischen Streitkräfte. »Eine kraftvolle Offensive ist das einzige Mittel, diese Gefahr zu bannen und den Feind zu schlagen.« Der Sieg scheint ein Akt der überlegenen Willenskraft zu sein – die jede Partei für sich reklamiert. Also werden im Frühjahr 1915 von beiden Seiten Soldaten dichtgestaffelt aus dem Schutz der Gräben hinaus ins Niemandsland getrieben, wo sie eine leichte Beute der Verteidiger sind. Die höheren Offiziere agieren Kilometer hinter der Frontlinie, empfangen keine direkten Eindrücke von den sinnlosen Gemetzeln und tun sich daher schwer, die grundlegenden Fehler ihrer Strategie einzusehen.

Als alle herkömmlichen Angriffstaktiken versagen, erproben die Militärs zunehmend den Einsatz neuer Waffen, um durch die starre Frontlinie zu brechen und die Verteidigungslinien des Feindes aufzurollen. Vor allem die Deutschen betätigen sich auf diesem Gebiet; einerseits weil sie die damals führende Industrienation sind, andererseits weil ihnen die Überlegenheit der Entente an Menschen und Rohstoffen bewusst ist. Moralische Bedenken spielen keine Rolle, nur die wenigsten Wissenschaftler weigern sich, ihre Begabung in den Dienst des Krieges zu stellen. Flammenwerfer sollen Soldaten aus der Deckung von Bunkern und Unterständen treiben. Schließlich werden, erstmals im belgischen Ypern im April 1915, die Soldaten einer bislang vollkommen unbekannten Bedrohung ausgesetzt: dem Giftgas. Zudem gibt es zahlreiche neue Arten von Bomben und Granaten. Manche von ihnen sind vor allem auf Splitterwirkung und breite Streuung berechnet – sie sollen die Gegner nicht in erster Linie töten, sondern möglichst viele von ihnen verletzen. Das Kalkül: Verwundete müssen versorgt werden, binden Ressourcen und können dennoch nicht mehr kämpfen. Sie kommen den Feind teurer zu stehen als ein Toter. Der Krieg wird zur Funktion der Ökonomie, und wahrscheinlich wäre niemals in großem Stil Giftgas eingesetzt worden, wenn seine Herstellung nicht überaus preiswert gewesen wäre. Der Sieg rückt durch all das dennoch nicht in greifbare Nähe; die neuen Waffen führen jedoch dazu, dass der Hass der Soldaten auf die Feinde wächst und wächst, eine allgemeine Verrohung der Männer in den Schützengräben ist die Folge.

Weil all das nicht hilft, ruhen die Hoffnungen darauf, durch neue Verbündete eine Ausweitung des Krieges zu bewirken. Während die Konfliktparteien des Sommers 1914 alle mit dem Gefühl einer inneren Notwendigkeit ins Feld zogen, ihr Land vor äußerer Bedrohung schützen zu müssen, locken diese Nationen Versprechungen auf Gebietsgewinne und eine allgemein bedeutendere Stellung in der Weltpolitik. Italien ist eigentlich mit Österreich verbündet, doch weil eine Ausdehnung der eigenen Grenzen fast immer zuungunsten des Habsburger Reiches erfolgen müsste, tritt das Land im Frühjahr 1915 an der Seite der Entente in den Krieg ein, nachdem ihm diese das Trentino, das Isonzogebiet und Teile Albaniens im Fall des Sieges zugesichert hat. Für die Mittelmächte beteiligt sich dagegen Bulgarien im Oktober 1915 am Weltkrieg, rückt gemeinsam mit Österreichern und Deutschen gegen Serbien vor, um Gebietsverluste aus dem letzten Balkankonflikt rückgängig zu machen – und sich an Gegnern von einst zu rächen.

Doch gekämpft wird in diesem Krieg nicht nur in den Schützengräben, sondern auch in den Fabriken, auf den Feldern, den Schulen. Ein neues Wort wird dafür geprägt: Heimatfront. Und je wichtiger diese neue Frontlinie wird, desto stärker gerät der Durchhaltewille der Menschen in der Heimat in den Fokus der Militärs – ihn zu brechen erscheint am Ende als ein ebenso vielversprechender Weg zum Sieg wie die Vernichtung des Gegners auf dem Schlachtfeld. Das gilt vor allem für die Westfront, wo der zermürbende Stellungskrieg im Gange ist. Der Angriff auf die Heimatfront wird bald mit allen Mitteln geführt. Bombenangriffe auf friedliche und kaum verteidigte Städte haben vor allem eine psychologische Wirkung.

Von den Opferzahlen her weitaus massiver sind die Versuche, durch Blockade die gegnerische Bevölkerung auszuhungern. Die mächtige britische Flotte beherrscht die Nordsee. Seit Jahresbeginn 1916 erweist sich die Seeblockade als effektiv und bringt Deutschland in eine zunehmend ausweglose Lage. Der Handel im Kaiserreich erleidet Einbußen von mehr als fünfzig Prozent, die im Landesinnern nicht ausgeglichen werden können, zumal die Kriegsjahre von Missernten begleitet sind und Arbeitskräfte fehlen, um die Ernte einzubringen. Um mit den geringer werdenden Ressourcen zurechtzukommen, werden immer mehr Lebensmittel rationiert bzw. nur nach Vorlage von Bezugskarten ausgegeben. Es beginnt in Deutschland mit Mehl, Butter, Milch, Fleisch. Selbst in England werden 1916 Lebensmittelkarten eingeführt, um von Exporten weitgehend unabhängig zu bleiben. Doch gelingt es hier wie auch in Frankreich weitgehend, die Versorgung während des Krieges zu gewährleisten.

Socken stricken für den Sieg

Die Unterstützung aus der Heimat für die Soldaten, aber auch für die unmittelbar Leidtragenden des Krieges, vor allem die Flüchtlinge, ist gut gemeint, nützlich, wird von den Empfängern dankbar entgegengenommen – und bildet dennoch in der ersten Zeit einen harten Kontrast zwischen Gemütlichkeit und Grauen. In den Stuben wird gestrickt, was das Zeug hält. Mädchen, die sich aus Hausarbeiten bisher herausgehalten haben, entwickeln plötzlich großen Eifer.

Die 1901 geborene Marcelle Lerouge strickt mit den Frauen im Haushalt um die Wette, weil Cousin Eugène, der bei Verdun Verteidigungsanlagen errichtet, warme Sachen braucht. Onkel Maurice, der in Belgien kämpft, wünscht sich einen »französischen Krieg, das heißt einen richtigen Krieg« – und flucht über den »Krieg der Maulwürfe«, der ihnen aufgezwungen wird.

Postwendend sendet Marcelle ihm einen Schal an die Front. Die Familie ist nach der überstürzten Flucht aus dem Pariser Vorort Bois-Colombe wieder heimgekehrt, da es den Deutschen nicht gelungen ist, bis zur Hauptstadt vorzurücken. Marcelle geht wieder zur Schule und vom Stricken abgesehen ist der Krieg für sie zunächst kaum zu spüren.

Irgendwann muss das Mädchen von der Mutter gebremst werden, weil die Soldaten jahreszeitbedingt keine Pullover mehr benötigen – die Tochter sattelt daher auf die Anfertigung von Hosenträgern für die kämpfende Truppe um. Später näht sie Sandsäcke. Solche Fürsorge haben die Soldaten tatsächlich dringend nötig; noch häufiger als gegen den Feind kämpfen sie (neben Ratten und Läusen) gegen Regen und Feuchtigkeit. An manchen Tagen harren sie stundenlang in knietiefem, eisig kaltem Schlamm im Schützengraben aus, ohne eine Möglichkeit, die erfrorenen Füße zu trocknen oder gar zu wärmen. Eine Schreckensnachricht scheint direkt zu bestätigen, wie wichtig das Stricken ist: Nur wenige Wochen nachdem er an die Front ging, ist Cousin Eugène gestorben. An Fieber heißt es zunächst; später stellt sich heraus, dass er Opfer einer Typhusepidemie geworden ist. Onkel Maurice bekommt dagegen noch seinen »richtigen Krieg«; im Juni 1915 wird er durch Schrapnells verwundet – eine Verletzung, von der er nie wieder vollständig genesen wird und die ihm das »Croix de Guerre« einbringt.

Socken reichen freilich nicht, der Krieg verschlingt vor allem Unmengen an Geld. Der Staat bedient sich bei der Beschaffung von Finanzen aller erdenklichen Quellen – nicht zuletzt der Opferbereitschaft der eigenen Bevölkerung. Zusätzlich werben humanitäre Organisationen um Spenden für die Leidtragenden des Krieges. Den Appell an die Hilfsbereitschaft der Bevölkerung können die Kinder wirksamer und leidenschaftlicher vortragen als jeder Erwachsene.

Gehüllt in einen Mantel, den die Mutter aus einem blauen Stück Offizierstuch der französischen Armee geschneidert hat, paradiert die siebenjährige Simone de Beauvoir auf einem Pariser Boulevard mit einem blumengeschmückten Körbchen und sammelt Spenden »für die kleinen belgischen Flüchtlinge«. Es regnet geradezu Geldstücke, »und das Lächeln der Vorübergehenden gab mir zu verstehen, was für eine bezaubernde kleine Patriotin ich sei«, schreibt de Beauvoir in ihren Memoiren, freilich nicht ohne hinzuzufügen: »Es gehört für ein Kind nicht viel dazu, ein kleiner Affe zu werden.« Allerdings wird der naive Idealismus des Mädchens immer wieder auf eine harte Probe gestellt. Da wird sie auf der Straße von einer Frau heftig angegangen, warum sie für die belgischen Flüchtlinge sammeln würde – wo es doch ebenso französische gebe? Sie weiß keine Antwort. Und als sie ihr Geld bei dem franko-belgischen Hilfskomitee abliefert, in dessen Auftrag sie sammelt, erklärt die Leiterin unumwunden, jetzt könne sie endlich ihre Kohlen bezahlen.

Ähnliche Vorgänge geschehen im Lager der Mittelmächte. Die Deutsche Elfriede Kuhr hat ihr Spielzeug schweren Herzens für Flüchtlinge hergegeben, nur um es wenig später im Besitz der Tochter jener Dame wiederzusehen, die die Spendenaktion koordiniert. Dennoch lässt sie sich nicht entmutigen. Immer wieder werden in der Schule Sammlungen veranstaltet: »In unserer Klasse stehen zwei Holzkisten. Die eine dient zur Sammlung von altem Eisen, die zweite zur Aufbewahrung von Kupfersachen. Einen großen 20-Liter-Kupferkessel hab ich Großmutter bereits ausgespannt. Wir haben immer Pflaumenmus darin gekocht. Jetzt werden Patronen daraus gemacht.« Bei späteren ähnlichen Aktionen ist die Großmutter allerdings immer weniger bereit, sich etwas ausspannen zu lassen. Elfriede schielt nach Töpfen, Kesseln, Schalen, Leuchtern, Schnallen, Haken und Besteck – nach allem, was irgendwie metallisch ist. Unter den Klassen in ihrer Schule ist ein wildes Wettsammeln entstanden. Elfriedes Klasse, die vierte, ist kurz davor, den Sieg davonzutragen. Es fehlt nur noch ein Quentchen … Doch die Großmutter weigert sich zunehmend, die letzten Gegenstände herzugeben, die den Haushalt in Gang halten: »So musste meine kleine Armee Bleisoldaten in den Tod«, klagt Elfriede im März 1915. »Ich packte die Unglücklichen immer zu zweit in einen riesigen Blechlöffel und hielt ihn über die Gasflamme. Die Helden in ihren hübschen blauen Uniformen schmolzen den Tod fürs Vaterland, das Blei wurde silbern und schwer und flüssig. Am liebsten hätt ich geheult.«

Dabei ist Großmutters Hilfsbereitschaft über jeden Tadel erhaben. Sie arbeitet im Vorstand des »Vaterländischen Frauenvereins« und leitet die Rotkreuzstation auf dem Schneidemühler Bahnhof. Wegen der besonderen Bedeutung des Städtchens für die Transportlogistik des deutschen Heeres ist das Aufkommen an Menschen hoch. Tag und Nacht halten hier die Züge, vollgestopft mit Soldaten auf dem Weg an die Front oder in den Heimaturlaub, mit Verwundeten, Flüchtlingen und Arbeitern. Sie alle wollen versorgt werden, bevor sie weiterreisen. »Großmuttchen kam erst gegen fünf Uhr morgens vom Bahnhofsdienst zurück, sie war todmüde«, notiert Elfriede. »Aber als ich um halb acht zur Schule ging, war sie schon wieder auf den Beinen.«

Anfangs ist die Spendenbereitschaft sehr hoch; die örtlichen Mittelständler, Bäcker, Metzger und Kolonialwarenhändler, geben viel und gern, sodass eine staatliche Fürsorge gar nicht nötig ist. Doch dann werden die Lebensmittel immer knapper, und die Menschen können kaum etwas von ihren Vorräten entbehren. Immer häufiger empfängt Elfriedes Großmutter Anweisungen, manche Durchreisende nicht zu versorgen, weil ein späterer Transport noch wichtiger sei – sie ignoriert diese Befehle, so gut sie kann.

Der Großmutter – und den Soldaten – beizustehen ist für Elfriede Ehrensache. Weil der Bahnhof »wegen Spionagegefahr« für die Schneidemühler gesperrt ist, bindet die Großmutter der Enkelin eine gestempelte Rotkreuzbinde um den Oberarm. Die Hilfe ist eine gute Gelegenheit, ihr Spiel als »Leutnant von Yellenic« aufzunehmen. Als Offizier kommt man natürlich an allen

Posten vorbei, tagträumt sie, während sie Seife in die Rotkreuz-bude bringt. Elfriedes Freundin Gretel würde gern mitspielen – doch ohne Binde geht das nicht. »Wann kommst du wieder?«, will sie wissen, und Elfriede zuckt mit den Schultern: »Wahrscheinlich erst morgen früh, es geht sicher die Nacht durch.«

Es bleibt nicht bei dieser einen Nacht – und auch nicht beim Seifebringen. Vor allem für den Nachschub des frisch gebrühten Kaffees ist Elfriede zuständig. »Na, kleines Fräulein, auch tüchtig im Krieg?«, wird sie von einem Landsturmmann gefragt, und eine Dame vom »Vaterländischen Frauenverein« lobt, bevor das Mädchen antworten kann: »Sehr tüchtig! Sie schleppt die Kaffee-Eimer wie ein alter Eisenbahner.« Die Nebenwirkungen der nächtlichen Hilfsaktionen zeigen sich in der Schule: »Es war in der Religionsstunde. Auf einmal simste es ganz fein in meinen Ohren, als ob in beiden Ohren eine Mücke simste. Dann war es, als rausche ein See, und alles fing an zu schaukeln. Dann war es schön leicht und dunkel.« Elfriede ist ohnmächtig geworden.

Goldsucher

Obwohl oder vielleicht weil die Kinder freiwillig zahlreiche Opfer erbringen, um den Sieg der eigenen Seite zu ermöglichen, werden immer neue Möglichkeiten ersonnen, sie für den Krieg einzuspannen. Eine Spezialität, die es nur bei den Mittelmächten gibt, vor allem in Deutschland und Österreich, vereinzelt aber auch in der Türkei und in Bulgarien, ist das »Nageln«. Dabei werden in hölzerne Plastiken Nägel eingeschlagen, bis die Oberflächen der Objekte ganz und gar metallen sind. Für einen Stift aus Eisen sind ein paar Pfennige fällig, für einen vergoldeten dagegen bis zu 300 Mark. Benagelt werden: Kreuze, historische Figuren, Stadtwappen und nicht zuletzt überdimensionale Vergrößerungen des von den Deutschen abgöttisch verehrten Siegers der Schlacht von Tannenberg, General Hindenburg. In

Berlin erbringt die Benagelung des Kriegshelden die Summe von 1,15 Millionen Goldmark. Doch in Wiesbaden hämmern begeisterte Patrioten – viele von ihnen sind minderjährig – in eine Figur des Siegfried aus dem Nibelungenlied Nägel im Spendenwert von 2,5 Millionen Goldmark. Kinder sind für diese Art der Kriegsfinanzierung besonders empfänglich, und so wird auch in Schulen fleißig gepocht. Das gegnerische Ausland quittiert derartige Aktionen mit gut christlicher Empörung – in seinen Augen offenbart vor allem Deutschland vor aller Welt durch solchen Götzenkult sein barbarisches Wesen.

An »Kriegsanleihen« nimmt hingegen fast niemand Anstoß, obwohl es hier um unvergleichlich höhere Summen geht. Hierbei lockt der Staat den Geldgebern durch astronomische Renditeversprechen – zahlbar allerdings erst nach dem siegreichen Kriegsende, denn die Zeche soll der unterlegene Gegner begleichen. Schon aus diesem Grund sind bereits zu einem frühen Zeitpunkt alle Friedensbemühungen, die auf Ausgleich, einem Unentschieden basieren, zum Scheitern verurteilt. Der Krieg treibt seine Teilnehmer unerbittlich in die Pleite – ein vollständiger Sieg ist unumgänglich, um festzustellen, wer am Ende die finanzielle Last tragen soll. Die Kriegsanleihen sind daher wenig mehr als eine schleichende Enteignung der Bevölkerung auf freiwilliger Basis. Scheinbar wendet sich diese Art der Kriegsfinanzierung fast ausschließlich an die Erwachsenen – schließlich geht es um Milliarden. Aber selbst hier beginnen die Kleinen eine wichtige Rolle zu spielen. Vor allem in den Tagebüchern der deutschen Kinder spielen die Kriegsanleihen und die erbrachten Summen eine wichtige Rolle.

Elfriede Kuhr stolpert dabei nicht nur über die schwer vorstellbaren Summen, sondern auch über ein Wortungetüm namens »Königlich-Preußische Staatsschulden-Tilgungskasse«, die in Berlin für die Rückzahlung der Darlehen zuständig sein soll. In der Schule rufen Aushänge dazu auf, bei Eltern, Verwandten und Bekannten für Gelder zu werben. In die erste Anleihe zahlt

Elfriede fünfzig Mark ein – ein Drittel dessen, was sie an Patengeschenken auf ihrem Sparkassenkonto hat –, während die Großmutter dreihundert Mark gibt. Vier Milliarden werden so im September 1914 in die Kriegskasse gespült, im März 1915 zusätzliche neun Milliarden. Dennoch wird bereits im September 1915 eine dritte Anleihe aufgelegt – sie erbringt sogar zwölf Milliarden Mark. So überwältigend ist das Ergebnis, dass der Kaiser höchstpersönlich zur Feder greift: »In Würdigung des überraschend großen Erfolges wünsche ich der Schuljugend meinen Dank zum Ausdruck zu bringen und bestimme, dass in den Schulen der Monarchie am morgigen Tage der Unterricht ausfällt. Berlin 24. Sept. Wilhelm I. R.«

»Ich muss das noch mal in Zahlen schreiben: 12 020 000 000 Mark«, staunt Elfriede: »Ach, liebes Tagebuch, da ist nun auch Großmutters Opfer drin. Ich glaube, das deutsche Volk hat alles Geld gegeben, das es noch hatte.« Zumindest für die sächsische Forstbeamtentochter Agnes Zenker, genannt Nessi, scheint es zu stimmen: »Wir geben auch unser Sparkassengeld.« Und dennoch werden noch sechs weitere Kriegsanleihen folgen. Bei der im März 1916 anstehenden geht tatsächlich die erbrachte Summe erstmals zurück. Entsprechend steigt der Druck der Autoritäten. Eduard Mayer ärgert sich im Tagebuch, »weil selbst die armen Kinder so gequält werden. Diese können kein Geld mitbringen und werden dann von den reichen Schülern bespöttelt und sagen diese, die Nichtzeichner dürfen bei den Kriegsanleiheschulausflügen nicht mitgehen. Manche Lehrer eifern immer an und sagen, selbst auch der Ärmste kann sein Scherflein beitragen.« Der Junge vermutet, dass die Lehrer mit ihrem Engagement auf einen Orden spekulieren. Tatsächlich winkt ihnen das »Verdienstkreuz für Kriegshilfe«, das als eine hohe Auszeichnung gilt und die Nennung des Geehrten im Reichsanzeiger nach sich zieht.

In Österreich wird eine besonders raffinierte Methode gewählt, um auch diese »Ärmsten« in die Finanzierung einzubeziehen. Dort beträgt die Mindestsumme, die gezeichnet werden muss, hundert Kronen. Weil diese Summe das Guthaben der meisten Kinder übersteigt, können diese bei der Bank ein Darlehen aufnehmen, das den fehlenden Rest abdeckt – und werden so von früh an zu Schuldnern im Dienste des Vaterlandes. Das stärkt das Selbstwertgefühl der Kleinen ganz ungemein, weitet das Problem zunehmender Verarmung aber auf die künftigen Generationen aus. In Deutschland bringen die Schulkinder bei den Kriegsanleihen fast eine halbe Milliarde Mark aus eigener Tasche auf; um ein Vielfaches höher sind noch die Beträge, die die Erwachsenen aufgrund der Initiative ihrer Sprösslinge zeichnen.

Im Laufe des Krieges geraten die Mittelmächte in immer größere wirtschaftliche Bedrängnis. Entsprechend verlieren ihre Währungen auf dem internationalen Finanzmarkt, zum Beispiel gegenüber dem Dollar, dramatisch an Wert. Einen Ausweg bietet das krisensichere Gold – doch gerade das wird in den Privathaushalten als eine letzte Reserve zurückgehalten, anstatt es in den Geldkreislauf zu bringen und damit letztlich der Reichsbank zuzuführen. Wieder einmal nehmen die Behörden den Umweg über die Kinder, um an das Ersparte der Bürger zu kommen. Sie sollen ihre Familie und Nachbarschaft davon überzeugen, die Goldmark in nominell ebenso wertvolles Papiergeld einzutauschen. Die Lehrerverbände unterstützen die Aktion an ihren Schulen unter der Losung »Konnt' ich auch nicht Waffen tragen, half ich doch die Feinde schlagen« – mit beachtlichem Erfolg. Fast die Hälfte der Zunahme des Goldvorrats der Reichsbank im Jahr 1915 geht auf die Sammlung der Schulen zurück. Die erbrachten Summen sind erstaunlich; so liefert etwa das »Berliner Reform-Gymnasium Bismarckschule« bis zum Januar 1916 fast 250000 Mark Goldgeld ab. Die Schulkinder werden zu »Soldaten an der Heimatfront« ernannt oder auch als »Gold-Landsturm« bei der »Gold-Mobilmachung« bezeichnet. Waren die kleinen Sammler besonders eifrig, fällt der Unterricht aus – dann ist »goldfrei«. Zu den besonderen Belobigungen gehören unter anderem auch eine Papiergeldtasche in Schwarz-Weiß-Rot und eine Anstecknadel mit der Aufschrift »Goldsucher«. Eine ganz besondere Belohnung ist das Versprechen, dass der im Feld stehende Vater oder große Bruder für jedes gelieferte Goldstück einen Tag Urlaub bekommt.

Ab 1916 wird zunehmend dazu aufgerufen, Schmuck und andere Wertsachen aus Gold in Gegenstände aus Eisen einzutauschen. Der passende Slogan »Gold gab ich für Eisen« stammt hierbei aus dem preußischen Befreiungskampf gegen Napoleon vor einhundert Jahren und ist ein voller Erfolg. Auch nach Plünderung des Sparkassenkontos ist so beispielsweise Nessis Bereitschaft, dem Vaterland zu Hilfe zu eilen, noch längst nicht erloschen. Im Herbst 1915 hatte sie beschlossen, sich von ihrem liebsten verbliebenen Besitz zu trennen: »Ich gebe meine Lieblinge, meine beiden Kaninchen Fritz und Liese, zum Roten Kreuz. Das gibt schon Fütterung für ein Paar Soldatenstiefel. Grauchen und Purzelchen gebe ich auch, wenn sie groß sind. Das ist dann für mich ein richtiges Opfer und nützt auch schon ein bisschen.« Doch zu Nessis heimlicher Erleichterung ist die Gabe verschmäht worden: »Die lieben kleinen Dingerchen hatten zu kleine Fellchen ...«

Doch im Mai 1916 wird sie konfirmiert – und nur einen Monat später trennt sie sich von den Geschenken: »Ich habe verschiedene Goldsachen, hauptsächlich von der Konfirmation, die ich sehr lieb habe. So kann ich auch mal endlich ein wirkliches kleines Opfer fürs Vaterland bringen«, jubelt das Mädchen aus dem Erzgebirge.

Zwangsverpflichtet

Die 1902 geborene Polin Anna Kukla weiß hingegen nicht, ob sie sich freuen oder es beklagen soll, dass ihre Familie all ihre Goldwährung in Papiergeld getauscht hat. Sie lebt in dem schlesischen Dorf Groß Dubensko (heute Dębieńsko); zu Hause spricht sie polnisch, doch ihr »Kriegstagebuch« führt sie in gestochener Sütterlinschrift; Unterrichtssprache in der Schule ist Deutsch. Polen existiert in der Zeit des Ersten Weltkriegs nicht als eigenständiger Staat; seine Provinzen sind zwischen Preußen, Russland und Österreich aufgeteilt. Etwa die Hälfte des Landes ist als sogenanntes Königreich Polen in Wirklichkeit der Herrschaft des russischen Zaren unterworfen – die Unterwerfung geht dabei so weit, dass in Russland der Begriff Polen vermieden wird und durch »Weichselland« (Privislinsky Krai) ersetzt worden ist. Anna hingegen ist deutsche Staatsbürgerin, und in ihrem Erdkundebuch taucht Polen umgekehrt nur für den russisch annektierten Teil auf. Kein Wunder, dass Anna in ihrem Tagebuch patriotische Gefühle für ihre ethnische Heimat vermeidet und eine kaisertreue Fassade bewahrt, zumal ihre Aufzeichnungen Teil eines offiziellen Schulprojektes gewesen sein dürften, obwohl wir nicht wissen, ob der Text benotet wurde oder überhaupt den Lehrern vorgelegt werden musste. Annas Sohn Eryk bedauert, mit seiner Mutter nie über das Tagebuch gesprochen zu haben – er fand es erst nach ihrem Tod im Jahr 1990 auf dem Dachboden des Hauses.

Zu den allfälligen Sammlungen äußert sich Anna ohne einen eigenen Kommentar: »Wir sollten alle wollene Sachen in die Schule bringen. Ich habe auch ein kleines Paket in die Schule getragen. Aus diesen Sachen wurden Decken für die Soldaten gemacht. Bald darauf wurde bekannt gemacht: Alles Metall, was aus Blei, Messing oder Kupfer ist, sollen wir in die Schule bringen.« Derartige Passagen wirken wie eine Pflichtübung, bestimmt für das Auge des Lehrers: »England wollte uns aushungern lassen. Deshalb werden Brotmarken auf Mehl gegeben. Die Leute dürfen nicht so viel Mehl kaufen, wie sie wollen. Wenn die Regierung dafür nicht gesorgt hätte, so müssten wir verhungern.«

Andere Einträge von Anna lassen wiederum aufhorchen: »Wie die unglückliche Schlacht bei Lublin war, sind viele aus unserem

Dorf gefallen. Damals wurden die jungen Burschen eingezogen. Wenn hier der Feind in unser Land käme, so möchte er die jungen Burschen alle gefangen nehmen. Unser Kaiser möchte keine Soldaten.«

Annas Tagebuch ist ein durchgehender kurzer Text ohne Unterteilung in Daten. Daher kommen zwei Schlachten in Krasnik bei Lublin in Frage. Die erste endete im August 1914 mit einem österreichischen Sieg; doch erst die zweite Schlacht von Krasnik im Juli 1915 wurde mit deutscher Beteiligung geführt, was den Tod junger Männer aus Annas Dorf plausibel macht. Dieser Kampf endete mit der Einnahme von Lublin durch die Mittelmächte im August 1915. Der letzte Satz der Passage mutet seltsam an. Wieso möchte der Kaiser keine Soldaten, obwohl er doch oberster Kriegsherr der Deutschen ist? Wir vermuten, dass Anna, die nicht in ihrer Muttersprache schreibt, auf verkürzte Weise folgenden Gedanken hegt: Der gute Kaiser will eigentlich keinen Krieg, er ist ihm aufgezwungen worden; wenn es nach ihm gegangen wäre, hätten nicht so viele aus unserem Dorf fallen müssen.

Warum aber tituliert sie die Schlacht als »unglücklich«, obwohl jedes Mal vor Lublin die »eigene Seite« gesiegt hat? Aus polnischer Sicht gibt es in diesem Krieg eine eigene Seite in Wirklichkeit nicht. Zwangsweise kämpfen Hunderttausende Polen auf russischer, österreichischer oder deutscher Seite gegeneinander; in späteren Kriegsjahren schlagen sich polnische Freiwillige jeweils für jene Macht, die ihnen am glaubwürdigsten einen eigenen unabhängigen Staat verspricht. Das sind anfangs die Deutschen, die nach der Eroberung des russisch besetzten Teils ein Königreich Polen ausrufen – doch für die Untertanen ändert sich nichts; Unterdrückung und Diskriminierung halten an, weshalb viele polnische Soldaten letztlich bei den Alliierten kämpfen, wo sie einen eigenen Verband, die »Blaue Armee«, bilden. Polen töten Polen, diese Zerrissenheit zieht sich durch Anna Kuklas Tagebuch. Das setzt schon zu Kriegsbeginn ein,

als das Mädchen, ganz im Gegensatz zu den heroischen Anspra-
chen in den Kirchen anderer Nationen, die traurige Predigt des
eigenen Pfarrers hervorhebt. Die Kinder in Frankreich, England,
Deutschland, Österreich und anderswo sehen sich als »Soldaten
an der Heimatfront«. Nur Anna kämpft nicht. Für die Polen
gibt es keine Heimatfront.

Liebesgaben

Der alltägliche Krieg im Schützengraben ist grausam und unerbittlich. Er lässt sich nur durch emotionale Zuwendung über-
stehen. Um den Überlebenswillen zu behalten, brauchen die
Soldaten das Gefühl, dass zu Hause ihrer gedacht wird, dass
ihre tägliche Aufopferung im Schützengraben einem Sinn dient.
Frauen schreiben daher fast täglich an ihre Männer, Kinder fast
wöchentlich an ihre Väter. Doch was ist mit denen, die keine so
engen Bindungen haben? Im Jargon der Zeit nennt man sie die
»vergessenen Soldaten«.

Vor allem für sie sind die »Liebesgaben« bestimmt, die Schulmädchen einem ihnen zugeordneten Krieger in rascher Folge
zukommen lassen. Das sind neben Lebensmitteln und den un-
vermeidlichen Socken vor allem auch Briefe, die die Herzen der
Soldaten erwärmen sollen. Eine solche Herzenserwärmung ist
nach der Lesart der Zeit Frauensache, und so beteiligen sich die
Jungen an dem Briefkontakt mit den »Vergessenen« praktisch
nicht. Die ausführlichen und sehr persönlichen Antwortschrei-
ben aus dem Schützengraben zeigen, wie wichtig ihnen die Post
aus der Heimat ist. Dabei lösen die Nachrichten der Mädchen
bei den Soldaten häufig sehr emotionale Reaktionen aus. So legt
eine stolze Gymnasiastin dem Direktor ihres Lyzeums einen
Brief vor, der folgendermaßen beginnt: »Mein lieber Kamerad,
hoffentlich bist Du nicht böse, dass ich diese Anrede und das Du
gebrauche. Es ist mir nicht anders möglich, denn Du hast Dich,

durch Dein herrliches Paket, zu einem meiner besten Kameraden gemacht.« »Kamerad« ist damals für die Soldaten ein kostbares Wort, das nicht leichtfertig gebraucht wird – und bedeutet, füreinander notfalls mit dem Leben einzustehen.

Die 1908 in Wien geborene Margaretha Witeschnik-Edlbacher hingegen erhält die Antwort eines Soldaten, die mit »Liebes Fräulein« beginnt. Sie hat ihm einen gehäkelten Tabaksbeutel geschickt, gefüllt mit Rauchwaren, Zuckerstücken und einem gezeichneten Christbaum. Ihr Alter hat sie aber vergessen zu erwähnen – und so muss sie anhören, wie sich die Mutter gegenüber einer Nachbarin mokiert, die Achtjährige hätte ja einen regelrechten Liebesbrief bekommen.

Margaretha besucht eine von Nonnen geleitete Volksschule im III. Bezirk; der Turnsaal ist zum Lazarett umfunktioniert. Weil ihr der Vater einmal ein Päckchen Zigarren für die Verwundeten gespendet hat, darf das Mädchen das kostbare »Liebespackerl« eigenhändig übergeben. Und dennoch bleibt in der kafkaesk anmutenden Szene, an die sich Margaretha lebenslang erinnert, Heimat und Front klar getrennt: »Mir war bang, als ich an der Hand einer ›Ehrwürdigen Mutter‹ die Treppen zu den Verwundeten hochstieg. Vor dem Saaleingang musste ich meine Schuhe ausziehen. Ich wurde zu einem Bett geführt. Selbst reichte ich nicht hinauf, um die Gabe auf die Bettdecke zu legen. Ich sah nur einen großen Deckenberg. Den Kopf des armen Mannes sah ich kleiner Zwerg auch nicht. Beim Verlassen des Saales sah ich mich flüchtig um und sah nichts als graue Berge! Graue Decken! Nichts rührte sich, ich glaube, es war Mittagsruhe. Sicher waren viel Leid und viele Schmerzen unter den Decken verhüllt!«

Italien – Die neue Front

Je mehr Länder dem Weltkonflikt beitreten, je mehr neue Schauplätze für die Kämpfe entstehen, je gewaltiger die Heere sind, die gegeneinander marschieren – desto näher rücken Heimat und Front zusammen. Für die Kinder ist die unmittelbare Nähe zum Krieg ein besonders einschneidendes Erlebnis.

Der 1904 geborene Giovanni Cossio lebt in Santa Maria, einem Dorf im Friaul im äußersten Nordosten Italiens – in Nachbarschaft des Isonzo gelegen, einem Fluss im Grenzbereich zwischen Italien und Slowenien, das damals Teil des Habsburger Reiches ist. Der Isonzo wird Namensgeber für insgesamt zwölf Schlachten werden, die zu den blutigsten des Weltkriegs gehören; das Friaul als Aufmarschgebiet des italienischen Heeres ist von dem Kriegseintritt Italiens sofort unmittelbar betroffen. Von hier aus will das italienische Heer nach Triest und in die Laibacher Tiefebene durchbrechen. Die Ausgangslage scheint günstig, denn die meisten österreichischen Truppen sind an der Ostfront gegen Russland gebunden, wo sie schwere Verluste erleiden. An der neuen Isonzofront müssen sie sich auf Verteidigung beschränken und sind dabei den Italienern im Verhältnis 1:4 unterlegen.

Italien war seit 1882 Teil eines mit Deutschland und Österreich geschlossenen geheimen Defensivbündnisses, weshalb bei Kriegsausbruch in den verbündeten Ländern allgemein davon ausgegangen wurde, Italien würde an der Seite der Mittelmächte in den Krieg eintreten. Doch Italien hatte sich mit dem Verweis, es sei nur ein Verteidigungspakt, zunächst zur Neutralität bekannt. Gegen den Willen der Mehrheit des einfachen Volkes haben die nationalistisch und imperial fühlenden Eliten im Frühling 1915 den Kriegsbeitritt erzwungen.

Giovanni hat da längst schon das Gefühl, sich mit dem Krieg bestens auszukennen, obwohl er in Italien noch gar nicht begonnen hat. Denn in der Mühle von Sclaunicco, wo die Familie ihr Korn zum Mahlen bringt, ist eine ganze Wand mit den farbigen Titelbildern der Sonntagsbeilage des »Corriere della Sera« behängt. Die Illustrationen behandeln das aktuelle Wochengeschehen, und so hat der Zehnjährige bereits Darstellungen von Begebenheiten aus den ersten Monaten des Weltkriegs gesehen. Da sich Italien zu diesem Zeitpunkt neutral verhielt, gab es für die Zeichner keinen Grund, die Kämpfe heroisch zu verklären. Erinnerten die Bilder von Kavallerieattacken mit gezogenem Säbel anfangs eher noch an die Napoleonischen Kriege, wurden sie zunehmend drastischer, je präzisere Nachrichten von der völlig neuen Art des Kämpfens die Redaktion erreichten. Und so hat Giovanni bereits Bilder gesehen, wie Soldaten vor den Schützengräben im Stacheldraht verbluten, als wenige hundert Meter vor dem Haus der Familie Soldaten damit beginnen, ebensolche Schützengräben auszuheben.

Die Kriegserklärung Italiens ist für die Menschen in den Dörfern und Kleinstädten des Friaul eine Katastrophe. Dabei ist es nicht die große Politik, die sie beunruhigt. Die ländliche Region ist von tiefer Armut geprägt, die Schufterei auf den Feldern ist schwer und bringt wenig ein. Die ersten Häuser haben gerade erst elektrisches Licht bekommen, was allgemein bestaunt wird. Immer mehr Bewohner haben daher seit der Jahrhundertwende Arbeit in Deutschland oder Österreich gesucht, wo sie vor allem in Gießereien beschäftigt wurden – selbst schon Kinder im Alter von zehn oder elf Jahren, wie sich Giovanni Cossio erinnert: »obwohl die Priester darauf bestanden, die Kinder in ihrem Heim zu belassen«. Dass Deutsche und Österreicher nun über Nacht abstoßende Feinde sein sollen, trifft die Kinder wie ein Schock. »Wer konnte das glauben?«, fragt sich Giovanni. »Mit Österreich und Deutschland waren wir Italiener doch alliiert, und die Gießereien dieser Länder waren doch voll mit unseren Leuten. Wer konnte sich so etwas vorstellen?«

Die hektische Rückkehr der Gastarbeiter ist die erste Wirkung des Kriegszustandes. Gleichzeitig werden die Dörfer in der Region von Udine zum Durchmarschgebiet der italienischen Heeresverbände. Die Kavalleristen in ihren schmucken Uniformen werden vor allem von den Jungen bewundert, während die älteren Mädchen sich mehr für die Bersaglieri interessieren, mit

Fahrrädern ausgestattete Eliteinfanteristen aus dem Süden, die einen auffälligen Fez auf dem Kopf tragen und denen der Ruf vorauseilt, ebenso gute Sänger wie Liebhaber zu sein.

Die Soldaten singen neben pathetischen Hymnen besonders gern ein Spottlied, das auf die ärmlich lebenden Kinder des Friaul seltsam wirkt:

L'Italia ricca ricca	Italien ist reich, so reich
e l'Austria poverina	Und Österreich so arm
ci manda I suoi soldati	Schickt uns seine Soldaten
in cerca di farina	Suchen Mehl auf unsrer Farm

Die »Domenica del Corriere« verzichtet inzwischen auf allzu realistische Darstellungen. Was Giovanni da jetzt zu sehen bekommt, sind begeisterte italienische Soldaten mit Edelweiß an der Mütze, die nach vorn stürmen – und umgekehrt Österreicher, die entweder flüchten oder sich dem überlegenen Gegner ergeben. Darstellungen des Todes betreffen ausschließlich die Seite der Feinde – sofern es nicht gilt, das heroische Opfertum eines eigenen Soldaten herauszustellen, wobei der Hinweis auf die posthum verliehene Tapferkeitsmedaille nicht fehlt.

Anfangs ziehen tatsächlich noch viele Soldaten begeistert in die Schlacht. Schließlich gilt es die »unerlösten Gebiete«, vor allem die italienisch geprägte Region um Triest, in den »Schoß der Mutter Italia heimzuholen«, wie der Dichter Gabriele D'Annunzio verkündet, den die Kinder bald als Helden verehren, weil er als Kampfflieger immer wieder durch Tapferkeit und Bravourstücke in den Lüften auffällt.

Doch die versprochenen raschen Siege bleiben aus, daran ändern auch die vielen fliehenden Österreicher auf den Titelbildern der »Domenica del Corriere« nichts. Bis Dezember 1915 kommt es zu vier Isonzoschlachten – sie enden ergebnislos und lösen angesichts der schweren Verluste eine innenpolitische Krise aus. Zunehmend ändert sich für die Kinder in der Provinz

Udine die Zusammensetzung der Familien: Die Männer werden eingezogen – so muss Giovanni Cossio drei Brüder verabschieden, die ins Feld müssen. Der Junge verspürt keine Neigung, es ihnen später einmal gleichzutun – von früh an weiß er, dass er einmal Priester werden will. Immerhin bleibt ihm der Vater erhalten, der das Glück hat, die Altersgrenze knapp zu verfehlen: Wehrpflichtig sind die Jahrgänge ab 1873; Vater Cossio wurde schon 1871 geboren.

Auch sonst ist der Krieg auf jede Weise spürbar. In Giovannis Haus wird ein kleines Lazarett eingerichtet. An die Stelle der einberufenen Männer des Dorfes treten einquartierte Soldaten, die alle zwei Monate ihren Fronturlaub in den Dörfern dicht hinter den Linien verbringen – wo sie mehr und mehr ein neuer Bestandteil der Familie werden. Die Kinder schließen schnell Freundschaft mit ihnen. Wenn sie wieder zurück zu ihrem Regiment müssen, vergessen sie zur Freude der Knaben in der Eile des Aufbruchs mitunter aufregende Dinge: Pfeifen, Schnitzmesser und manchmal sogar einen Teil ihrer Bewaffnung, den die Jungen dann verstecken, um heimlich mit dem Karabiner oder der Pistole zu spielen. Zum Kummer der Mütter hinterlassen die Soldaten vor allem aber auch Läuse in rauen Mengen, von denen die Kinder nur mit radikalen Maßnahmen wieder zu befreien sind.

So nahe ist manchmal die Kampfzone, dass die Kinder den Ruf des Königshauses »Savoia, Savoia, Italia!« hören, wenn die eigenen Soldaten losstürmen – und die Antwort der Feinde: »Urrà!« Schnell lernen sie, die Geräusche der Gewehre zu unterscheiden: »Tac-punf« klingt es für sie, wenn der Gegner schießt, die eigenen Waffen bringen dagegen nur ein »punf« hervor. Der 1908 geborene Aristide Pagani aus Sclaunicco kann nachts die Flammenspuren der explodierenden Schrapnells sehen, die ihn an Feuerwerk erinnern und faszinieren. Für die Stunden des Tages hat sich der eben erst eingeschulte Aristide in einer Baumkrone einen Beobachtungsposten gebaut, um herauszufinden, ob die Schlacht gut verläuft – oder ob nicht vielleicht doch das Unmögliche geschieht und die Feinde die Stellungen überrennen, um sein Dorf einzunehmen. Von seinem Ausguck kann der Kleine bestens sehen, wenn die Soldaten üben, mit scharfgemachten Handgranaten zu werfen; und bald kann er mit den von der Front Kommenden fachsimpeln, fragt sie über die Lage aus und ist bitter enttäuscht, wenn die Nachrichten schlecht lauten (was meistens der Fall ist). Die Soldaten betrachten den gerade einmal Achtjährigen zu dessen großem Stolz als einen der ihren – und teilen mit ihm das, was Kameraden eben so untereinander teilen: Zigaretten und Alkohol.

In der sechsten Isonzoschlacht kann im Sommer 1916 die österreichische Grenzstadt Görz erobert werden – endlich einmal ein Sieg, der in der italienischen Wochenschau entsprechend gefeiert wird. Aristide weiß es allerdings schon wieder besser. Zwar erfährt er nicht die Verlustzahlen: 100 000 Tote und Verwundete, während die Gegenseite 40 000 zu beklagen hat. Doch die Berichte der heimkehrenden Soldaten lassen ihn die Ausmaße des Gemetzels ahnen.

Zur gleichen Zeit beginnt Italien, inspiriert von Erfolgen der Russen an der Ostfront und der Deutschen im Westen, eine neue Infanteriegattung auszubilden: die »Arditi« (die »Mutigen«). Es handelt sich um kleine Stoßtrupps, die durch gezielte Vorstöße Teile eines feindlichen Schützengrabens erobern und dann von innen aufrollen sollen. Ganz in der Nähe von Aristides Dorf werden die ersten »Arditi« ausgebildet. Der Junge freundet sich mit einem von ihnen an – und wird Zeuge einer schrecklichen Verwandlung, die ihn lebenslang nicht loslässt. Kurz bevor sie in die tödliche Schlacht geschickt werden, erhalten die »Arditi« Beruhigungsspritzen. Aristide vermutet, dass es die gleichen Injektionen sind, die im Dorf die trächtigen Stuten bekommen, damit ihnen die schmerzhafte Geburt des Fohlens gelingt. Eines Tages begegnet Aristide seinem neuen Freund, der gerade wieder in die Schlacht ziehen soll und eine Spritze erhalten hat.

Seine Augen sind rot, der Blick ist stumpf und leer – er ist nicht länger er selbst.

Das Unglück der Soldaten kann freilich im Hinterland für findige Geschäftemacher zum Glück werden. Giovanni Cossios Vater entwickelt einen schwunghaften Handel mit den Soldaten. Vor allem Wein kaufen sie ihm zu überhöhten Preisen ab, mit dem sie sich betäuben, bevor es wieder ans Töten und Getötetwerden geht.

Durch den Kriegseintritt Italiens entsteht nicht nur eine neue Frontlinie, sondern eine neue Art zu kämpfen, die es bisher in der Geschichte so noch nicht gegeben hat: die Schlacht im Hochgebirge. Die Isonzofront zieht sich nordwestlich des Friaul nach Südtirol und in die Dolomiten. Hier wird ein »vertikaler Krieg« geführt, wird um Bergkuppen anstatt um Grenzstädte gerungen. Pioniereinheiten treiben gewaltige Tunnel in die Berge; manche zum Schutz der eigenen Truppe – andere aber werden bis zu hundert Meter weit in Richtung der Feinde getrieben, mit Dynamit vollgestopft und anschließend gesprengt. Bei diesen Explosionen verschwinden ganze Berge von der Landkarte. In manchem Kriegswinter sterben in den Dolomiten mehr Soldaten durch Lawinen als durch direkte feindliche Waffeneinwirkung. Allerdings helfen beide Seiten hierbei kräftig nach, indem sie durch Artilleriebeschuss gezielt Schneeberge über den feindlichen Stellungen einstürzen lassen.

Der Vater der 1907 geborenen Wilhelmine Simmerle arbeitet in Wien als »Plänezeichner« im Eisenbahnministerium – angesichts der logistischen Herausforderungen des modernen Krieges eine kriegswichtige Tätigkeit, die ihn vor der Einberufung schützt. Er stammt aus Südtirol, was ihm als Grund ausreichend scheint, sich nach der Kriegserklärung Italiens freiwillig zu melden – alte Animositäten sind plötzlich wichtiger als die Sorge um die Familie. Die Mutter will unbedingt verhindern, dass ihr Ehemann Soldat wird, tränenreich und flehend. Doch es hilft alles nichts. Der Vater rückt zu den Tiroler Kaiserjägern ein.

Während der Ausbildungszeit in Böhmen schickt er fast täglich Feldpostkarten an sein einziges Kind, und Wilhelmine, die gerade erst Schreiben gelernt hat, antwortet eifrig. Doch als es an die italienische Front in eine Hochgebirgsstellung am Col di Lana geht, werden die Grüße immer seltener – und bleiben schließlich ganz aus. Ist ihm etwas zugestoßen – oder kann die Post aus den Dolomiten nur unregelmäßig befördert werden? Mutter und Tochter wissen es nicht – und müssen sich daher auf andere Weise jede erdenkliche Information über die Kämpfe am Col di Lana beschaffen. Die offiziellen Meldungen sind lapidar. Nur einmal, am 9. März 1916, erwähnt der offizielle österreichisch-ungarische Heeresbericht, den man in den Zeitungen nachlesen kann, den Berg: »Im Abschnitte des Col di Lana und am San Michele kam es gestern zu lebhafteren Artilleriekämpfen.«

Wegen der fürchterlichen Verluste im Jahr 1915, als zahlreiche Infanterie- und Alpini-Kompanien durch meterhohen Schnee über die Steilhänge immer wieder vergeblich gegen die österreichischen Stellungen angerannt sind, haben die Italiener den 2500 Meter hohen Berg »Col di Sangue« getauft – »Blutberg«. Im Dezember 1915 wurde die Strategie geändert, italienische Pioniereinheiten sollen den Berg unterminieren. Damit die Österreicher das Unternehmen nicht entdecken, arbeiten die Soldaten lediglich mit Handbohrern sowie Meißel und Schlegel; Maschinen sind verboten. Spätestens im März 1916 sind die Bohrgeräusche dennoch auf österreichischer Seite nicht mehr zu überhören. Es beginnt ein Nervenkrieg. Ein Gegenstollen wird in großer Eile angelegt, in der Hoffnung, durch eine Sprengung den feindlichen Tunnel zum Einsturz zu bringen, bevor dieser vollendet ist. Der Versuch misslingt.

Und obwohl der Heeresbericht hiervon nichts meldet, gelangen Gerüchte von dem Minenkrieg auch nach Wien – wo sie Wilhelmine und ihre Mutter in blanke Panik versetzen, obwohl sich das Kind beim besten Willen nicht vorstellen kann, wie das gehen soll: etwas so Gewaltiges und Massives wie einen

Berg zum Bersten zu bringen. Doch dann fliegt der Berg, aus-gelöst durch die Explosion von fünf Tonnen Nitrogelatine, am 17. April 1916 um 23.30 Uhr tatsächlich in die Luft. Am Tag darauf meldet der Heeresbericht: »An der Kärntner und Tiroler Front hielten die Geschützkämpfe mit wechselnder Stärke an. Am heftigsten waren sie am Col di Lana, wo sich das feindliche Feuer abends zum Trommelfeuer steigerte. Nach Mitternacht setzten die Italiener hier zu einem allgemeinen Angriff an. Die-ser wurde abgeschlagen. Später gelang es dem Feinde, die West-kuppe des Col di Lana an mehreren Stellen zu sprengen und in die gänzlich zerstörte Stellung einzudringen. Der Kampf dauert fort.« Und zwei Tage später: »Der Gipfel des Col di Lana ist im Besitz des Feindes.«

Wilhelmine und ihre Mutter erfahren aus den Depeschen zwar nicht, dass – obwohl aufgrund des Aussetzens der Bohrgeräu-sche die Österreicher sicher sein mussten, dass die Sprengung unmittelbar bevorstand – der Divisionsbefehl dennoch lautete, die Stellung auf dem Berg zu halten. Sie können auch nicht wis-sen, dass zweihundert Mann der Kompanie getötet wurden und die übrigen nach dem erfolgreichen Sturmangriff der Italiener in Gefangenschaft geraten sind. Dies mit Ausnahme eines einzigen Soldaten, den die Explosion in eine Schlucht geschleudert hat-te, von wo er auf die österreichische Seite kriechen konnte – zu schwer traumatisiert, als dass er von dem Geschehen berichten könnte: Sein Sprachzentrum ist gelähmt.

Dennoch werden sie sich so etwas oder Ähnliches ausgemalt haben; es scheint zu diesem Zeitpunkt für Wilhelmines Vater keine Hoffnung mehr zu geben. Waren es die Gebete, die ge-holfen haben?, fragt sich das Mädchen, als plötzlich die über-raschende Nachricht kommt: Der Vater lebt – er ist kurz vor der Sprengung durch Artilleriefeuer schwer verletzt worden, viel-leicht an jenem im Heeresbericht erwähnten 9. März. Doch was ist mit ihm anschließend geschehen? Wilhelmines Mutter findet heraus, dass die verwundeten Kaiserjäger nach Prag ins Spital gebracht werden. Sofort bricht sie mit der inzwischen Neunjährigen auf, um den Vater zu suchen. Nachdem ihr schon in Wien niemand Auskunft geben konnte, ist es in Prag noch schlimmer. Mutter und Tochter bekommen am eigenen Leib zu spüren, dass das Habsburger Riesenreich im Inneren längst zerbrochen ist: Vergeblich ziehen sie von Krankenhaus zu Krankenhaus, ohne etwas über das Schicksal des Vaters zu erfahren. Sie sprechen nicht Tschechisch und bekommen auf ihre Fragen in aller Regel keine Antwort – ganz gleich, ob die um Auskunft Gebetenen Deutsch sprechen oder nicht. Auf dem Gehsteig wird sie abgedrängt, erinnert sich Wilhelmine, und sogar ausgespuckt wird vor ihr. Ohne den Vater zu finden, fahren sie zurück: »Ich glaube, wir haben beide bis Wien geweint.«

Die Beharrlichkeit von Wilhelmines Mutter zahlt sich am Ende aber doch aus. Sie erfährt, wo ihr Mann geblieben ist – und es gelingt ihr sogar, ihm in ein improvisiertes Wiener Spital verlegen zu lassen, das in einer Schule eingerichtet worden ist. Dann kommt endlich der Augenblick, da Wilhelmine mit pochendem Herzen und einem Blumenstrauß in der Hand den Vater besuchen darf. Ein ganz fremder Mensch tritt ihr entgegen. Er ist glattrasiert – sie hat den Vater immer nur mit einem sehr gepflegten Vollbart gesehen. Er trägt einen abgewetzten Militärmantel statt der perfekt sitzenden Anzüge, die er früher trug, und hinkt auf zwei Krücken. Warum nur umarmt die Mutter diesen Unbekannten? Und noch viel schlimmer: Warum muss sie sich von ihm umarmen lassen, obwohl sie dabei stocksteif wird? Als sie das Spital endlich verlassen, flüstert sie der Mutter zu: »Gelt, das war nicht unser Vater!«

Helena Krammer, 1905 geboren, kann dem Krieg noch viel weniger entrinnen als die allermeisten Kinder, denn sie ist in dem damals österreichischen Gebirgsdorf Sant' Ilario bei Rovereto im Trentino aufgewachsen. Die allermeisten Bewohner sprechen Italienisch als Muttersprache, aber hier gibt es immerhin eine deutschsprachige Privatschule, die vorwiegend von

K.-u.-k.- Offizierskindern besucht wird. Bei Kriegsausbruch wird die Kleinstadt Rovereto, die direkt an der Dolomitenfront liegt, sofort evakuiert; die Leute in den umliegenden Gebirgsdörfern dürfen aber bleiben, wenn sie wollen.

Helenas Vater, gelernter Zuckerbäcker und später Filialleiter einer großen Brotfabrik, hat bei Kriegsausbruch seine Stellung verloren – denn wo die Familie wohnt, wird ab jetzt nicht mehr Torte verziert, sondern getötet. Nunmehr arbeitslos, meldet sich der Vater zum Militär, betreut von nun an eine Kantine der Armee. Helenas Mutter will die Familie beisammenhalten und entscheidet sich, ungeachtet der Gefahren im Kriegsgebiet zu bleiben. Die gut geschützte militärische Arbeitsstelle des Vaters erweist sich dabei letztlich sogar noch als sicherer als das heimatliche Haus in Sant' Ilario.

»Es ist merkwürdig, wie Kinder sich leicht an alles gewöhnen«, erinnert sich Helena. »Wie in normalen Zeiten Kinder mit Glaskugeln spielen, tat ich es mit Bleikugeln, die von Schrapnells stammten. Ich fürchtete mich nicht und weiß noch, wie ich an Tagen, wo wir nicht beschossen wurden, scherzte: ›Da ist ihnen wieder die Munition ausgegangen.‹« Bald hat Helena eine so große Fertigkeit erworben, bei einer Kanonade anhand der Geräusche Zielrichtung und Gefährlichkeit abzuschätzen, wie sie eigentlich nur erfahrene Frontsoldaten beherrschen.

Die Schrecken des Krieges erfährt das Kind von früh auf ganz elementar. Da hat eine Fliegerbombe zwei Trainsoldaten getroffen, die in Sant' Ilario Lebensmittel für die Truppe auftreiben sollten; Helena verfolgt das Bild noch Jahrzehnte später, wie direkt vor ihrem Haus dem einen Soldaten das Gehirn als unförmige graue Masse, dem anderen das blutige Gedärm herausquoll. Auch selbst ist sie öfter in Lebensgefahr. Da durchschlagen einmal Schrapnellstücke die Jalousie ihres Zimmers, während sie zum Glück gerade in der Küche ist. Ein andermal sitzt Helena in der Krone eines Maulbeerbaumes, als der Beschuss einsetzt. In letzter Sekunde kann sie vom Baum gleiten und hinter einer zufällig ausgehängten Tür Schutz vor den ansausenden Eisensplittern suchen. Sie überlebt – der Maulbeerbaum nicht.

Es ist wie ein Finale ihres gefährlichen Lebens, als sie am 24. Juli 1916 Zeugin eines unglaublichen Naturschauspiels wird. Die nahe gelegene Bergspitze des Monte Cimone, »die wie ein steiler Zahn ins Blaue stach«, ist eines Tages von einer »kolossalen schwarzen Wolke eingehüllt«. Als sich der Rauch verzieht, ist die markante Bergkuppe einfach verschwunden. Diesmal waren es die Österreicher, die durch die Sprengung den Berg einnehmen konnten. Kurz darauf wird Helenas Vater aus Altersgründen aus dem Heer entlassen. Dies ist der Anlass für die Familie, endlich aus der Gefahrenzone zu fliehen. Nach einer monatelangen Odyssee finden sie in Mitterndorf in Niederösterreich Zuflucht. In diesem Lager mischen sich italienisch und deutsch sprechende Flüchtlinge aus dem Trentino – ohne Animositäten. Ein Novum in diesem Krieg.

Bomben auf Städte

Phyllis Lunn, ein Internatsmädchen aus der englischen Hafenstadt Scarborough, hatte in der Nacht auf den 16. Dezember 1914 schlecht geschlafen. Eigentlich freute sie sich auf den kommenden Tag, denn in der Schule sollte ein Basar stattfinden, bei dem selbstgebackene Kekse verkauft würden, um für die britischen Soldaten und Seeleute Spendengelder zu akquirieren. Das Klassenzimmer war schon entsprechend festlich geschmückt. Doch ihre Freundin hatte sie mit einem orakelhaften Satz in Angst versetzt: »Es liegt was in der Luft, ich weiß nicht was.« Am Morgen war es noch so dunkel, dass Phyllis glaubte, zu früh geweckt worden zu sein, doch es war exakt 8.30 Uhr – so wie immer. Gerade einmal zwei Minuten später gab es jedoch einen fürchterlichen Krach. Das Mädchen hielt es zunächst für Gewitterdonner, wenn auch der Dezember nicht eben der richtige

Gewittermonat zu sein schien. Doch nach einem zweiten Krach rannte Phyllis mit den anderen Schülerinnen zum Fenster: »Eine gewaltige Rauchwolke füllte die Straße, und wir schrien alle auf: ›Es sind die Deutschen.‹« Die Kinder griffen in aller Eile nach ihren Mänteln und flüchteten in einen Umkleideraum im Keller – keinen Augenblick zu spät, denn plötzlich ließ eine fürchterliche Explosion das Schulgebäude erbeben. Alles geschah vollkommen geordnet, als würde die Schule täglich beschossen werden; die Kinder blieben in der Sicherheit des Kellers, während die Präfekten von der halben Treppe aus herauszufinden versuchten, ob die in Scarborough stationierten Kriegsschiffe das Feuer der Deutschen erwiderten – und wann die Gefahr vorüber sein würde.

Bereits in den Jahren vor dem Weltkrieg hatten manche Medien sowie einige Science-Fiction-Autoren Angst vor einer deutschen Invasion auf der britischen Insel geschürt. Jetzt schien es so weit zu sein. Die Empörung über den Angriff war groß. In Scarborough wurden unter anderem das berühmte Grand Hotel, drei Kirchen und der Leuchtturm getroffen. Ein im ganzen Land verbreitetes Propagandaposter zeigte ein Mädchen mit einem Säugling im Arm vor einem zerstörten Haus. Der Text lautete: »BRITISCHE MÄNNER! WOLLT IHR DAS HINNEHMEN? No 2 Wykeham Street. Scarborough nach dem deutschen Bombardement vom 16. Dezember. Dies war das Heim eines Arbeiters. Vier Menschen wurden in diesem Haus getötet, darunter die 58-jährige Ehefrau und zwei Kinder, das jüngste im Alter von 5. Insgesamt wurden durch die deutschen Angriffe 78 Frauen und Kinder getötet und 228 verwundet. WERDE JETZT SOLDAT!«

Der Beschuss der englischen Hafenstädte Hartlepool, Whitby und Scarborough im Dezember 1914 durch die Kaiserliche Marine sollte ein singuläres Ereignis bleiben. Nur noch selten würde die trotz der Warnungen des Geheimdienstes von dem Überfall überraschte britische Flotte in diesem Krieg deutsche

Panzerkreuzer in die Nähe der eigenen Küste lassen. Dennoch sind die Bomben auf Scarborough ein bleibendes Fanal. Dass das Kampfgeschehen auch zivile Opfer fordert, bringen Kriege seit jeher mit sich. Doch neu ist in diesem Weltkrieg, dass Angriffe gezielt auf die in der Heimat der Feinde lebenden Menschen gestartet werden: Bomben und Granaten fallen plötzlich nicht mehr nur auf Soldaten, sondern auf friedliche Städte, auf Zivilisten, Frauen und Kinder.

Geeigneter als die schwerfälligen Schlachtschiffe scheint die sich rasant entwickelnde Luftwaffe zu sein. Mehr noch als die leichten Flugzeuge, die damals nur eine geringe Bombenlast tragen können, sind es dabei die in Deutschland entwickelten Zeppeline, die sich für solche Angriffe anbieten. Die Vorteile bestehen in der großen Flughöhe, die sie vorerst schwer erreichbar für Geschütze oder Jagdflieger macht, und die schiere Menge an Explosivstoffen, die sie transportieren können. Es ist ausgerechnet die technologiebegeisterte deutsche Kriegsmarine, die unter Korvettenkapitän Peter Strasser die Entwicklung der Zeppeline vorantreibt – und demnach nicht von Flügen, sondern von Fahrten spricht, wenn die Monstren (häufig auch von Strasser selbst gelenkt) in die Lüfte steigen.

Am 19. Januar 1915, nur einen Monat nach dem Angriff auf Scarborough, bietet sich den Einwohnern der ostenglischen Städte Yarmouth und Kings Lynn ein völlig neuartiges Schauspiel. Samuel Utting, damals ein Schuljunge, erinnert sich später an ein lautes Schießen, das ihn auf die Straße lockte: »Draußen zeigten alle in den Himmel. Und dort, ganz oben, war ein deutscher Zeppelin. Jedenfalls vermuteten wir das. Es sah anders und größer aus als unsere Luftschiffe und hatte die Form einer Zigarre. Es kam aus südlicher Richtung, und weil ich in South Lynn lebte, konnte ich sehen, wie es über die Stadt weiterzog.« Es ist Samuels Glück, dass er nicht im Stadtzentrum wohnt, dem Ziel des Zeppelins. Für Mary Goat dagegen ist das Erscheinen des wundersamen Luftschiffes eine Katastrophe: »Wir waren alle im Obergeschoss, mein Mann, das Baby, Percy und ich, als ich ein lautes Brummen hörte. Mein Mann löschte das Licht aus. Dann sah ich eine Bombe durch das Dachfenster fallen, die das Bett traf, auf dem der Junge lag. Ich versuchte ihn zu wecken, aber er war tot. Dann stürzte das Haus ein. An mehr kann ich mich nicht erinnern.«

Der 15-jährige Percy Goat ist vielleicht das erste Kind, das Todesopfer eines Luftangriffs geworden ist. Viele werden ihm folgen. Diese erste derartige Attacke auf England stürzt das Land trotz der geringen Schäden und der wenigen Toten in eine psychologische Krise. Der »gottgesandte Schutzwall des Ärmelkanals« hat plötzlich seine Wirkung verloren. England ist nicht länger eine isolierte Insel, das sich weitgehend sicher sein konnte, Kriege auf fremdem Terrain austragen zu können. Genau das ist die Absicht der Luftangriffe. Noch ist die Technologie des Bombenkriegs nicht weit genug entwickelt, um flächendeckende Zerstörungen anzurichten; es geht um das Untergraben der Moral, um Einschüchterung und Angst. Ein weiteres Kalkül kommt dazu: Der Gegner wird gezwungen, eine Luftabwehr in der Heimat aufzubauen – Waffen, die an der Front fehlen. Dies ist ein starker ökonomischer Vorteil, denn der Angreifer kann sein Ziel innerhalb der Reichweite seiner Luftwaffe frei wählen, die Verteidiger müssen überall sein.

Tatsächlich häufen sich nach den ersten Zeppelinangriffen im Vereinigten Königreich die Stimmen, die zu einem Einlenken, einem Friedensschluss raten. Doch letztlich überwiegen jene, die nun erst recht weiterkämpfen wollen – und auf Rache sinnen. Insgesamt werden von Deutschland aus 208 Angriffe auf Großbritannien geflogen, 6000 Bomben töten 500 Menschen und verletzen 1100. Der erfolgreichste Zeppelin-Angriff des gesamten Krieges findet im September 1915 statt – der angerichtete Schaden beträgt eine halbe Million Pfund.

Am 1. Februar 1915 werden die Einwohner von Paris erstmals vor möglichen Zeppelinangriffen gewarnt. Marcelle Lerouge nimmt das nicht sehr ernst, spottet hingegen über die ängstliche Großmutter, »die sich selbst schon mit einer Bombe auf dem Kopf vorstellt«. Doch in der Schule wird umgehend trainiert, wie die Kinder bei einem Luftangriff am schnellsten schützende Räume erreichen. Am 21. März werden sie um zwei Uhr in der Nacht dann tatsächlich durch die Motorgeräusche eines Zeppelins geweckt. Der Vater scheucht die Familie in den Keller, bleibt aber selbst oben im Haus, um das fliegende Ungeheuer zu beobachten. Er sieht, wie Bomben auf das benachbarte Asnières fallen, einen Pariser Vorort. Später wird die Großmutter, zurückgekehrt ins heimatliche Lothringen, erleichtert schreiben, um wie viel sicherer sie sich jetzt fühlt – obwohl sie den Geschützdonner der Schlacht von Verdun deutlich hört.

Angst und Faszination: Das erste deutsche Flugzeug am Himmel von Paris, das im September 1914 zu Aufklärungszwecken diente, erhielt den Spitznamen »Taube« – ein Begriff, den Franzosen und Belgier während des ganzen Krieges beibehalten, obwohl er ein Friedenssymbol ist. Wenn von Zeppelinen die Rede ist, werden sie in England gern als »silberne Zigarren« beschrieben. Das tödliche Potenzial der Luftwaffe wird so selbst vom Gegner verniedlicht. Der wagnerbegeisterte französische Schriftsteller Marcel Proust assoziiert die deutschen Bomberangriffe mit dem Ritt der Walküren aus der gleichnamigen Oper; seinen englischen Kollegen D. H. Lawrence erinnern die Zeppeline gar an den Heiligen Geist. Es sind nur zwei von vielen Versuchen, diese neue Ära in Worte zu fassen.

Für die deutschen Kinder sind die Zeppeline eine neue, freilich schwer zu fassende Wunderwaffe, die es dem verhassten Gegner schon besorgen werden – auf eine irgendwie doch harmlose Art. So zumindest klingt es im Tagebuch von Nessi, die im April 1915 in Dresden anlässlich der Feier von Bismarcks 100. Geburtstag zum ersten Mal einen Zeppelin gesehen hat und dabei ihr Lieblingswort strapaziert: »Es war herrliches Wetter. Dabei flog Zeppelin über den Altmarkt. Es war herrlich feierlich!«

Nur Tage später registriert sie zum ersten Mal einen Angriff der »herrlichen« Luftschiffe auf England, das mit Bomben »beträpfelt« wurde.

Ein Jahr später hat Nessi eine recht realistische Einschätzung des Bombenkrieges gewonnen: »In 6 Tagen waren jetzt Zeppeline 5 mal über London und über England überhaupt, also fast jeden Tag oder vielmehr jede Nacht einmal. Man denkt, dass wir vielleicht dadurch den Engländern Furcht einflößen wollen. In England ist natürlich große Aufregung; denn einmal sind die Zeppeline schon bis zum Firth of Forth ganz im Norden gekommen. Man hofft jetzt sehr, dass wir auf diese Weise England dazu bringen, um Frieden zu bitten. Aber ich glaube, die haben einen harten Kopf. Ehe die um Frieden bitten, muss, glaub' ich, ganz England von Bomben wimmeln.«

Inzwischen lässt sich der Gegner das »Beträpfeln« mit Bomben keineswegs mehr so einfach gefallen, sondern schlägt zurück. Er benutzt keine Zeppeline, sondern Flugzeuge, die sich während des Weltkriegs technisch rasant weiterentwickeln. Nessis Tante bekommt das am eigenen Leib zu spüren: »Heute ist schon der 6. Februar (1916). Über Freiburg waren wieder französische Flieger. Tante Else schrieb, es wäre sehr unheimlich gewesen. Es war gerade in der Kaiser-Geburtstagsnacht. Als Antwort auf den Freiburg-Angriff waren von uns Zeppeline über Paris und auch in England. Einer ist leider verunglückt. Er mußte in der Nordsee landen.«

Auch in Deutschland werden jetzt Luftschutzübungen in den Schulen veranstaltet. Der kleine Eduard Mayer aus Nürnberg findet das Ende 1915 noch ziemlich komisch: »Vor feindlichen Fliegern wird immer gewarnt, und in der Schule finden jetzt immer Fliegerproben statt. Das ist sehr lustig. Da müssen wir alle mitsamt dem Herrn Lehrer auf einmal in den Keller hinunterrennen, damit wir, wenn einmal feindliche Flieger kommen, das Rennen besser lernen. Unser Herr Lehrer sagt, die Feinde möchten probeweise gerne einmal Nürnberg bombardieren.«

Doch den französischen Luftangriff auf Karlsruhe im Juni 1916 kann Eduard nicht mehr lustig finden. Sein Tagebuch spricht von 110 Toten und etwa ebenso viel Verwundeten während einer Fronleichnamsprozession. Es gibt auch andere Varianten des tatsächlichen Hergangs. Demnach hätten die Franzosen den Hauptbahnhof bombardieren wollen, aber eine veraltete Karte benutzt und stattdessen ein Zirkuszelt zerstört, in dem gerade eine Kindervorstellung stattfand. Das Ereignis ist als der »Kindermord von Karlsruhe« in die Stadtgeschichte eingegangen: Die offizielle Statistik weist unter den Toten allein 85 Kinder aus.

KAPITEL 10
Wenn Kinder zu Soldaten werden

*Musterungsoffizier, streng: »Weißt du,
was mit Jungen passiert, die lügen?«
13-jähriger Knabe, begeistert: »Sie kommen an die Front, Sir!«*
Britischer Cartoon, 1915

In allen Armeen werden zu Zeiten des Weltkriegs Kindersoldaten eingesetzt, meist heimlich, unter Fälschung der Altersangaben. Man will dem Gegner keine Vorlage für feindliche Propaganda liefern. (Die seltenen Fälle, in denen Minderjährige an der Front Heldenstatus erhalten, werden im nächsten Kapitel behandelt.) In jenen Ländern, die der Wehrpflicht unterliegen, sind Kindersoldaten Ausnahmefälle. Je mehr allerdings im Kriegsverlauf die betroffenen Armeen in Bedrängnis geraten, desto größer ist die Versuchung, die Altersgrenzen bei den Einberufungen sowohl nach oben wie unten deutlich zu verschieben. So geschehen in Deutschland und Österreich, wo als späte Reaktion eine Parodie auf das vor allem in den ersten Kriegsmonaten omnipräsente Lied von der »Wacht am Rhein« kursiert:

> Lieb Vaterland, magst ruhig sein
> Jetzt rücken schon die Kinder ein.

Doch es gibt auch den umgekehrten Fall. In Großbritannien ist die zahlenmäßig relativ kleine Berufsarmee bereits Ende 1914 schwer in Mitleidenschaft gezogen worden. Frische Kräfte sind vonnöten. Da es auf der Insel keine Wehrpflicht gibt, muss um Freiwillige geworben werden, wobei sich einige Probleme stellen: An die Front melden sich überdurchschnittlich viele qualifizierte Facharbeiter, die dann in den Fabriken fehlen. Ebenso groß ist der Kampfeswille bei den Minderjährigen, die noch keine wichtige Rolle in der Gesellschaft spielen, weshalb die Versuchung groß ist, ihren Einsatz als potenzielles Kanonenfutter stillschweigend zu akzeptieren. Die Basis hierfür bildet die immer wieder erneuerte Anordnung, sich beim Altersnachweis auf die mündliche Angabe und den Augenschein zu verlassen, offizielle Dokumente nicht zu verlangen. In der preisgekrönten Fernsehdokumentation »Britain's Boy Soldiers« des Channel 4 aus dem Jahr 2004 vertreten die Autoren aufgrund intensiver Recherchen die schockierende These, dass ungefähr 250 000 Kindersoldaten im Ersten Weltkrieg in der britischen Armee zum Einsatz kamen. Eine Auswertung von Unterlagen der »War Graves Commission« und weiteren Archivalien führte sie zu der Einschätzung, dass etwa die Hälfte von ihnen, 120 000 Menschen, getötet oder verwundet wurden. Selbst wenn diese Zahlen übertrieben sein sollten, zeigen sie doch auf drastische Weise die Dimension des Phänomens auf. Erst mit der Einführung der Wehrpflicht 1916 konnte die britische Armee mehr und mehr auf die »Boy Soldiers« verzichten.

Der Ausreißer

Victor Marlborough Silvester wächst in Wembley, einem Dorf im Nordosten von London, auf. Der Sohn eines Pastors findet es ungerecht, dass er und sein älterer Bruder Temple nie, wie andere Kinder, sonntags spielen dürfen. Stattdessen müssen sie den morgendlichen Gottesdienst besuchen und danach die Sonntagsschule. Jeden Sonntag sollen sie außerdem vor dem Gottesdienst das Tagesgebet auswendig lernen. Von den Söhnen des Pfarrers könne man das erwarten, findet der Vater. Und weil das nicht genug ist, besuchen sie schließlich auch noch den Abendgottesdienst. Zwar ist der Vater strenger als die Mutter, doch auch sie findet, dass man Kinder zwar sehen, aber niemals hören darf. Aus diesem Grund sitzt sie immer mit einem Rohrstock bei Tisch, um gegebenenfalls eingreifen zu können, wenn einer ihrer Söhne ungehorsam ist. Trotzdem lieben die beiden Jungen ihre Eltern sehr. Bei aller Strenge ist familiärer Zusammenhalt und Güte ein wichtiger Bestandteil der christlichen Erziehung im Pfarrhaushalt. Dabei ist die Familie keineswegs wohlhabend und lebt nur von den geringen Einnahmen der Kollekten aus der Gemeinde. Doch wie die meisten Pastoren zählt sich auch Vater Silvester allein aufgrund seines Berufes zu den »Bessergestellten«. Manchmal fehlt es zwar an Geld und auch an Lebensmitteln, aber zum Haushalt gehören immerhin ein Koch, eine Haushaltshilfe und ein Kindermädchen. Als Victor und Temple schließlich aufs Internat gehen, wird ihnen allerdings selbst schnell klar, aus welch ärmlichen Verhältnissen sie stammen: Im Gegensatz zu ihren Kameraden tragen sie unter der gleichmachenden Schuluniform abgelegte Unterwäsche, die Mitglieder aus der Gemeinde der Familie gespendet haben. Auch die Kost im Internat unterscheidet zwischen betuchten und weniger betuchten Elternhäusern. Victor und Temple bekommen nie leckere Beilagen wie Schinkenspeck oder Fleisch. Der Hunger plagt die beiden sehr, und eines Tages, Silvester ist neun, Temple nur wenig älter, fassen sie sich ein Herz und werden deshalb beim Rektor vorstellig. Dieser ist verständnisvoll und serviert ihnen sogar himmlisch duftende Kekse aus einer feinen Porzellanschale. Als sie das Rektorat verlassen, werden sie bereits von einer Gruppe älterer Schüler erwartet. Es ist ein Spießrutenlauf. Die beiden Brüder werden vermöbelt und verhöhnt. Sich beschweren, das lernen sie, ist an dieser Schule keine Tugend. Aber auch die Lehrer helfen ihrer Pädagogik häufig mit einer Prügelstrafe nach. Am Ende der ersten Ferien kann es sich Victor unter keinen Umständen vorstellen, noch einmal an diese Schule zurückzukehren. Doch guter Rat ist teuer. Es bleibt nur die Flucht. Mit

ein paar Münzen, die er aus dem Opferstock in der Kirche ge-
fischt hat, fährt er nach London, um sich dort nach einer Arbeit umzusehen. Doch niemand will einen so kleinen Jungen
anstellen. Nach einer Nacht auf der Straße kehrt Victor reumü-
tig nach Wembley zurück. Das ganze Dorf ist in heller Aufruhr
und hat nach ihm gesucht. Als er das Pfarrhaus betritt, schimpft
niemand. Der Vater schickt ihn auf sein Zimmer und will erst
am nächsten Morgen mit ihm ein Hühnchen rupfen. Victor ist
sicher, dass er eine Abreibung bekommen wird, doch der Vater
möchte am Morgen in erster Linie wissen, weshalb sein Sohn
weggelaufen ist. Als er sein Erleben des Internats beschreibt, ist
das für den Vater Grund genug, seine Söhne von der Schule zu
nehmen. Schon kurze Zeit später besuchen sie eine andere In-
ternatsschule. Doch auch hier ist Victor kein frommes Lamm.
Im Gegenteil. Er bekommt eine Verwarnung nach der anderen.
Immerhin hält er es hier zwei Jahre aus. Dann überkommt ihn
doch wieder die Abenteuerlust, und er verkauft seine Briefmar-
ken und eine kleine, aber feine Sammlung an Vogeleiern, um
sich eine Fahrkarte nach London leisten zu können. Schon auf
der Zugfahrt bereut Victor seine Entscheidung und kehrt klein-
mütig um – allerdings nicht ins Internat, sondern ins Elternhaus.
Einmal mehr sind die Eltern ihm nicht gram. Der Vater tele-
grafiert der Schule, dass Victor nach Hause gekommen sei. Der
Rektor hingegen reagiert mit voller Härte. Victor dürfe nur zurückkehren, wenn der Vater einer öffentlichen Prügelstrafe vor
der gesamten Schulgemeinschaft zustimmt. Victor ist entsetzt.
Mit aller Macht versucht er den Vater davon zu überzeugen,
dass er unter diesen Umständen wieder davonlaufen und dieses
Mal nicht zurückkehren würde. Was seinen Vater am Ende davon abhält, ihn wieder zurückzuschicken, vermag Victor nicht
zu sagen. Ab sofort besucht er in der nächstgelegenen Stadt die
weiterführende Schule als Externer. Temple folgt ihm zu Beginn des neuen Schuljahres. Während zu dieser Zeit an manchen Schulen noch auf Tradition, Unterordnung und Rohrstock

gebaut wird, gibt es mittlerweile auch Pädagogen, die in den Kindern mehr als nur Prügelknaben sehen: es sind die Vertreter der Reformpädagogik. Noch ist die Reformpädagogik ein zartes Pflänzchen, dessen Durchsetzung ein halbes Jahrhundert dauern wird. Doch erste Anzeichen für eine veränderte Wahrnehmung der Welt der Kinder sind deutlich spürbar.

Victor Silvester ist vierzehn Jahre und neun Monate alt, als er wieder einmal die Schule schwänzt und sich in der Rekrutierungsstelle am Tor des Buckingham-Palasts meldet. Der Musterungsoffizier fragt Victor nach seinen schottischen Wurzeln, über die der Junge freimütig berichtet. Der Großvater mütterlicherseits war Schotte. Nach dem Alter gefragt, kommt dies ebenso geradeheraus: »Achtzehn Jahre und neun Monate.« »In Ordnung«, sagt sein Gegenüber. »Füllen Sie dieses Formular aus und warten Sie nebenan.« Kurze Zeit später wird er untersucht, für tauglich erklärt und vereidigt. Dann hat er den schwersten Gang vor sich – er muss die Nachricht den Eltern überbringen. Diese könnten ihren Sohn zwar noch zurückhalten, indem sie ihn als minderjährig melden, doch sie sind, wie viele ihrer Nachbarn, davon überzeugt, dass der Krieg in wenigen Monaten vorbei sein wird.

Zehn Tage später trifft der Einberufungsbescheid ein, Victor rückt ein. Doch er merkt schnell, was die eigentliche Schwierigkeit ist: den Vorgesetzten und die Kameraden von seinem offiziellen Alter zu überzeugen. Das Hauptziel der Grundausbildung ist die körperliche Fitness und Ausdauer. Neben den üblichen Kampf- und Exerzierübungen mit Bajonett werden Übungsmärsche in voller Montur unternommen. Dreimal dreißig Meilen die Woche mit Vierzig-Kilo-Rucksack und Gewehr sind für volljährige Männer eine Herausforderung, aber doch zu viel für einen Vierzehnjährigen. Nach den Märschen kollabiert Victor jedes Mal in seiner Koje und kann sich nicht vorstellen, am folgenden Tag wieder in alter Frische anzutreten. Neun Monate wird er in der Heimat ausgebildet, dann endlich die heiß ersehnte Truppenverlegung nach Frankreich an die Front nahe Arras. In der Brusttasche trägt Victor eine kleine Ausgabe des Neuen Testaments, das ihm die Mutter mitgegeben hat. Kaum angekommen, seine Einheit bezieht Stellung, explodiert eine Granate über ihm. Sie erwischt den Zugführer. »Er war der erste Mensch, den ich sterben sah. Beide Beine waren weggeschossen, sein ganzes Gesicht und sein Körper von Splittern durchsiebt. Der Anblick drehte mir den Magen um. Mir war übel, und ich hatte schreckliche Angst, aber noch mehr Angst hatte ich, dass man mir das anmerkte.«

Die erste Nacht verbringt er mit den Kameraden im Schützengraben. Er ist kaum eingeschlafen, als ihn etwas an der Hüfte zwickt. »Ich fühlte mit der Hand, was da war, und hielt plötzlich eine fette Ratte in den Fingern. Sie hatte sich durch meinen Brotbeutel, mein Hemd und meinen Kilt geknabbert, um an meinen Körper heranzukommen. Mit einem Schrei des Entsetzens schleuderte ich den Nager von mir.«

Ruhm und Ehre

Je weiter der Krieg fortschreitet, desto größer wird der Bedarf an Truppen, und so landen kaum ausgebildete Kinder als Kanonenfutter in den Schützengräben Belgiens, Frankreichs, Russlands und der Türkei, wo sie unter den älteren Soldaten ihren Dienst tun – und auch mit ihnen sterben. Die Eltern stehen je nach politischer Überzeugung dem Vorhaben ihrer Kinder ganz unterschiedlich gegenüber. Nicht wenige sind stolz auf ihre »kleinen Helden«, doch in Zeiten einer weit höheren Kindersterblichkeit als heute ist das Überleben eines jeden Kindes, auch ohne Krieg ein hohes Gut. Während die Väter entweder selbst im Krieg sind und ihre wahren Gefühle nicht zeigen dürfen, gibt es zahllose Berichte von Müttern, die ihre Kinder nur unter Tränen und großem Schmerz ziehen lassen. Und so ist es eine Aufgabe der jungen Rekruten, die Daheimgebliebenen mit ihrer Feldpost zu beruhigen, egal wie es ihnen tatsächlich geht. Auch der sechzehnjährige Johann möchte seiner Mutter Mut zusprechen – mit einem Gedicht:

AN MEINE MUTTER
VON JOHANN, ZUR ZEIT IM FELDE

Mutter, du weinst? Schau mir ins Gesicht!
Mein Vaterland ruft zu den Fahnen. –
Mutter, du kennst ja die heilige Pflicht,
Dran soll mich keiner gemahnen!
Mutter, sie ziehen ja alle hinaus, –
Mutter, es hält mich nicht länger zu Haus.

Eigentlich gibt es im Deutschen Reich strenge Altersgrenzen für die Wehrpflicht, allerdings entscheiden mit der einsetzenden Kriegseuphorie und dem damit verbundenen »Freiwilligenansturm« ab August 1914 die einzelnen Truppenkörper, meist recht willkürlich, über die Tauglichkeit und Annahme der potenziellen Soldaten – auch wenn sie jünger als die geforderten 17 Jahre sind. Die Volljährigkeit wird mit 21 Jahren erreicht, bis zu diesem Alter müssen die Eltern ihr Einverständnis geben, wobei es Einzelfälle gibt, in denen Rekruten falsche Angaben machten.

Hans ist gerade 16 und besucht 1915 das Paulsen-Realgymnasium in Berlin-Steglitz. Da er aus Brandenburg stammt, lebt er während des Schuljahres in einem Pensionat in der Stadt. Um die notwendige Erlaubnis seiner Eltern zu erhalten, ins Heer eintreten zu dürfen, schreibt er seinem Vater einen Brief:

»Mein lieber Vater!

Diesmal schreibe ich Dir in einer Angelegenheit, die mir wichtiger dünkt als alles andere. Ich will mich kurz fassen. Ich will nämlich als Kriegsfreiwilliger in das Heer eintreten. Im Geiste sehe ich schon, wie Du die Stirn in schwere Sorgenfalten legst. Aber diesmal hilft es nicht. Bedenke, wir stehen gegen eine ganze Welt von Feinden, die uns durch die Lügennachrichten niederringen wollen. In dieser schweren Zeit muss doch jeder ganz seine Pflicht tun. Ich tue sie damit, dass ich mich freiwillig zum Heeresdienste melde. Die meisten Klassenkameraden sind schon zu den Fahnen geeilt. [...] Die ersten Anfänge des Soldatenlebens sind uns hier schon beigebracht. Auch haben wir mehrere Märsche gemacht. So fühle ich mich vollkommen fähig, in das Heer einzutreten. Und nun, meine lieben Eltern, bitte ich Euch recht, recht herzlich, daß Ihr mir recht bald schreibt und mir die Erlaubnis zum Eintritt gebt. Ich habe mir meinen Plan wohl durchdacht. Es gibt jetzt kein Zurück mehr. Eine Schande wäre es für mich, daheim zu bleiben. Und sollte ich wirklich mein Leben auf dem Schlachtfelde lassen, so teile ich das Schicksal, das so viele andere mit mir teilen. Mein Leben steht in Gottes Hand, er behüte auch Euch. Ich bleibe Euer treuer Sohn Hans. P. S. Schreibt mir, bitte, bitte, recht bald, damit ich mich so schnell wie möglich melden kann.«

Karl Brunner aus Halberstadt ist 1915 ebenfalls sechzehn Jahre alt und hat es schon geschafft. Er hat die Kadettenschule besucht und ist Offiziersaspirant vom Range eines Fahnenjunkers. Im November 1915 ist er überglücklich – er ist an die Westfront bei Arras abkommandiert. Am 23. Juli 1916 schreibt er an seine Schwester einen Brief aus dem Feld:

»Am 22sten morgens erhielten wir ein leichtes Artilleriefeuer auf den Graben. Ab und zu mal eine 15er, die aber sämtlich Blindgänger waren. Nachmittags, drei Uhr, fingen die Engländer an, uns mit 15er Granaten förmlich zuzudecken. Wir hatten als Schutz nur kleine Wulen in der Wand; was für Schutz das aber war, erwies sich bald. Gleich die ersten gingen dahin, wo meine Wule lag, in der ich Gott sei Dank nicht drin war. Sie verschütteten den Graben bis zur Hälfte und drei Leute, die in den kleinen Löchern Schutz gesucht hatten, darunter meinen Burschen. Ich nahm mir sofort zwei beherzte Kerls, und so machten wir uns gleich ans Rettungswerk. Es war schrecklich. Unter uns lagen die drei und wimmerten herzzerreißend, oben krepierte Schuss für Schuss schwere Artillerie, neben uns mit ohrenbetäubendem Krachen. Wir schippten, dass uns der Schweiß runterlief. Schon stieß ich auf meinen Burschen mit dem Spaten, da schlug eine Granate zwei Meter hinter uns ein und verschüttete uns beinah. Alle Arbeit war umsonst gewesen. Es vergingen 15 Minuten angestrengtester Arbeit, doch immer wieder wurde alles zugeworfen.

Dann gab ich es auf. Es waren schauderhafte Minuten, Stunden. Man hört diese Dinger immer auf sich zuheulen und kann nicht ausweichen vor ihnen. Das entnervt kolossal. Abends machte ich mich daran, meine Wule auszubuddeln, in der Regenmantel, Gasmaske, Brotbeutel usw. lagen. Eine kleine Pause zum Schreiben. Ein Schrapnell warf mir eben einen Batzen Dreck ins Gesicht und auf den Brief. ›Dolle Sache‹! – Während wir arbeiteten, hieß es plötzlich: ›Alle Mann an Bord!‹ Im selben Augenblick ging das feindliche schwere Artillerie-Feuer mehr auf die hinter uns liegenden Batterien. Dafür wurden wir mit einem Hagel von Schrapnells überschüttet. Doch alles atmete erleichtert auf, dass wir keine ›schweren‹ mehr abkriegten. So standen wir etwa 15 Minuten im Schrapnellfeuer, aber innerlich vollständig beruhigt. Vor diesen Dingern hat man keine Angst. Endlich gingen rechts und links die roten Leuchtkugeln hoch, also beiderseits Angriff. Das Artilleriefeuer hörte nun auf, wir standen, in der rechten Hand das Gewehr, links die Handgranate, zum Empfang bereit. Aber sie griffen nicht bei uns an. Plötzlich der Ruf: ›Leuchtpatronen und Handgranaten nach links, Feind ist links eingebrochen‹. Was das bedeutet, glaubt Ihr gar nicht. Auf Deutsch: Die Westfront mal wieder, wie am 14ten, durchbrochen.«

Nur wenige Tage danach schreibt Hauptmann Klutmann, sein Vorgesetzter, folgenden Brief an die Mutter: »Hochverehrte, gnädige Frau! Schmerzlich bewegt erfülle ich die traurige Pflicht und teile Ihnen mit, dass Ihr lieber Sohn, unser tapferer Kamerad, am 23.7., kurz nach 7 Uhr abends, durch ein Artilleriegeschoß einen leichten Heldentod fand. Trotz seiner Jugend hat er mit Hingabe, Pflichtbewusstsein und vorbildlicher Tapferkeit bis zuletzt seinen Zug geführt. Die Kameraden des Regiments und die Mannschaften der 3. Kompanie beklagen tief den Verlust dieses lieben und bescheidenen Offiziers. Ich, als sein Bataillonskommandeur, kann Ihnen nur versichern, dass er in vollstem Maß seine Schuldigkeit getan und als Held angesichts des Feindes gefallen ist! Die Kameraden mussten ihn an Ort und Stelle südwestlich Martinpuich zur letzten Ruhe betten, da ein Bergen in den furchtbaren Kämpfen nicht möglich ist. Seien Sie unserer allerherzlichsten Teilnahme versichert. Voller Ergriffenheit. Klutmann«

Soldat kann jeder werden

Einem Angriff gingen im Feld stets Gerüchte voraus. Die Bestätigung kam in aller Regel, wenn den Soldaten der Plan mit einem detaillierten Layout des Schlachtfelds samt Bäumen, Büschen und Gräben bekannt gegeben wurde. Eine gespenstische Ruhe und Taubheit kehrte ein, während die Ängste der Einzelnen wuchsen. Würde man den Kämpfen mit dem Bajonett gewachsen sein? Würde man bereit dazu sein, den Schützengraben zu verlassen, wenn es an der Zeit war? Und alle fürchteten, tödlich verletzt zu werden und im Niemandsland elendig zu sterben.

Der Gefreite George Adams hat sich im März als Freiwilliger gemeldet, und nach einem 14-wöchigen Training ist er als Nachhut eines regulären Bataillons, dem 1st Middlesex, ins Ausland geschickt worden. Seit zwei Monaten ist er inzwischen in Frankreich und hat sich schnell an das Leben im Schützengraben gewöhnt. Doch die Nachricht, dass er zum ersten Mal selbst aus dem Schützengraben heraus ins offene Feuer soll, macht ihm mehr Angst, als er zugeben mag. Das Bataillon soll preußische Wachposten angreifen und die Gegner mit dem Bajonett ausschalten. Mit seinen 16 Jahren ist er sich vollständig bewusst, dass er dafür körperlich eigentlich zu klein ist und es ihm zudem an Kraft fehlt. Die Idee, einem Kerl, der doppelt so groß und schwer ist wie er, mit der gleichen Waffe gegenüberzutreten scheint ihm in diesem Moment keine besonders gute Idee.

Außerdem regnet es in Strömen, als sich die Truppe in Position begibt. Wenige Tage nach der Schlacht schreibt George seinen Eltern in einem Brief aus dem Feld: »Am Samstagmorgen kamen wir aus dem Graben und von den 700 Kameraden überlebten gerade mal 180. Ich bin einer von ihnen. Es war kein echter Angriff, es war ein bewusstes Opfer, um den Franzosen zu unserer Rechten ein Schlupfloch zu ermöglichen … Wir versprühten unser Gas um 6.10 Uhr, und um 6.20 Uhr warfen wir uns in die Schlacht. Und ich muss leider sagen, dass fast alle meine Kameraden gefallen sind – und Dad, Jack Badrick, der Maurer, der früher für Harry Rooney gearbeitet hat, ist auch gefallen. Ich drehte mich um, um ihm etwas zu sagen, und da lag er. Eine Kugel hatte seinen Kopf durchbohrt. Der Angriff war von Anfang bis Ende eine einzige Katastrophe. Wir warfen uns in die Schlacht und liefen hinter unserem Gas übers Feld, als die Deutschen ihre Flammenwerfer zum Einsatz brachten, um das Gas zu entzünden. Und als sich das Feld gelichtet hatte, standen sie da auf der Anhöhe in Hemdsärmeln und warteten auf uns.«

Die Deutschen waren auf den Einsatz von Gas vorbereitet. Niemand, auch nicht George, kam weit aus dem Schützengraben – der Kugelhagel und die Flammen waren gnadenlos.

Monate später kehrt George an dieselbe Stelle zurück. Die Kämpfe sind an dieser Frontlinie offiziell schon seit Mitte Oktober vorbei, doch hunderte verwesende Leichen liegen immer noch in den Schützengräben und auf dem Schlachtfeld. Der Leichengeruch ist übermächtig. George bekommt die Aufgabe, die Toten einzusammeln und zur Bestattung zu bringen.

»Wir holten also die Körper, die vom 25. Regiment, und es gab eine Reihe fürchterlicher Anblicke. Einige zerfielen in ihre einzelnen Körperteile, als wir versuchten, sie aufzunehmen. Am ersten Abend gelang es uns nur elf Leichen zu bergen und mir war von dem Gestank speiübel. Doch nach Dienstschluss erhielten wir einen guten Schluck Rum, und das half mir dann. Der nächste Tag war weitaus schlimmer, wir konnten nur neun Kameraden bergen, darunter vier ohne Kopf. Ihre Körper waren von Ratten und Würmern zerfressen und völlig schwarz. Durch die Haut schienen hie und da die Knochen. Als wir den letzten dieses Tages aus dem Schützengraben zogen, verliefen wir uns auch noch. Erst vier Stunden später fanden wir unsere Ausgangsposition wieder.«

Ende 1915 hat George Adams genug vom Krieg. Er will nach Hause. Seine Eltern haben einen entsprechenden Antrag gestellt. Einen Monat später wird er zum Militärarzt gerufen, um untersucht zu werden.

»Der Arztbericht ist eingereicht worden, und heute wurde ich dann zum Kommandeur gerufen. Er fragte mich, ob ich immer noch dienen wolle, und versuchte mich dazu zu bringen, ja zu sagen. Doch meine Antwort war ›nein‹. Er sagte, dass er mich zurückschicken würde, und jetzt warte ich auf den Moment, endlich wegzukommen. Ich weiß nicht, ob er meinte, dass ich auf die Basis zurück oder nach Hause geschickt werde. Hoffentlich Letzteres.«

Sechs Tage später wird George auf die Basis in Rouen zurückgeschickt, kurz darauf nach Großbritannien, wo er entlassen wird.

Eine Regel jedoch hatte Bestand. Außer im Falle »extremer Jugend« konnte kein Junge an der Front sein Schicksal mehr selbst bestimmen. Auch wenn jemand plötzlich große Angst bekam und nicht mehr bleiben wollte, konnte er nur noch seine Familie zu Hause bitten, einen entsprechenden Antrag zu stellen, und das Ergebnis abwarten.

Für den König, das Reich ... und Deine Kameraden

Im Vereinigten Königreich hatte die Bevölkerung die Kriegserklärung in der Zeitung oder auf Anschlägen an Litfaßsäulen gelesen oder sie von anderen erzählt bekommen. Es war fast schon eine Erleichterung, die sich nach Jahren der Anspannung und des offen zur Schau gestellten Nationalismus breitmachte. Auch wenn es durchaus kleinere Demonstrationen gegen den Krieg gab, war der überwiegende Teil der Reaktionen überschwänglich und feierlich. Das erlebt auch der vierzehnjährige Horace Calvert:

»Ich ging gegen 7 Uhr abends von der Arbeit nach Hause, als ich auf der Höhe der Richmond Road an der Bradford University am Kiosk vorbeikam. Davor ein großes Plakat: ›Deutschland den Krieg erklärt‹. Die Generalmobilmachung hatte begonnen. Ich ging zur Bellevue Kaserne, wo die 6th West York, ein Infanteriebataillon, stationiert waren. Eine Menschenmenge hatte sich eingefunden. Alle waren ganz aufgeregt, und immer wenn sie einen Soldaten zu sehen bekamen, jubelten sie ihm zu. Es war eine sehr patriotische Stimmung, und die Menschen sangen ›Rule Britannia‹, ›Land of Hope and Glory‹, alle Gassenhauer. Mit der Besetzung Belgiens gab es eine Herausforderung, die unsere Männer unbedingt annehmen wollten. Eigentlich hätte ich um 9 Uhr zuhause sein müssen, aber ich blieb bis spät in die Nacht dort. Alle standen in kleinen Grüppchen herum und sagten ›Wir müssen die Deutschen besiegen‹, und eine Reihe meldeten sich noch an Ort und Stelle freiwillig.«

Bis dahin ist der Alltag für Horace recht eintönig. Jeden Tag die gleiche Routine, die harte und schmutzige Arbeit in einer kleinen Werkstatt. Eigentlich hat er Angst vor den schweren Maschinen, an denen gedreht und zerspant wird. Einmal zwischen die Räder zu kommen scheint nicht ausgeschlossen. Dass der Krieg weitaus größere Risiken birgt, kommt ihm nicht in den Sinn.

»Ich sah den Krieg als ein großes Abenteuer und stellte ihn mir wie eine einzige Abenteuergeschichte vor, so wie ich sie immer wieder im Jugendmagazin ›Wide World‹ gelesen hatte. Ich hatte das Gefühl, dass dies ein großartiges Leben sein müsste«, wird er sich nach dem Krieg erinnern.

Er meldet sich schließlich freiwillig für ein Bataillon des West Yorkshire Regiments. »Ich kam nach Hause, und Vater sagte: ›Wo warst Du?‹ Ich antwortete ihm wahrheitsgemäß, dass ich mich für die Armee gemeldet hatte. Nach einer kleinen Pause sagte er: ›Naja, dann hast du dir dein Bett selbst gemacht. Das war's dann wohl.‹ Mutter vergoss Tränen, aber ich sagte ihr, dass ich glaubte, dass es mir gefallen würde. Ich sagte ihnen noch, dass sie nicht versuchen sollten, mich davon abzubringen. Denn wenn sie das täten, würde ich es wohl nur anderswo wieder probieren.«

Nachdem er seinen Dienst angetreten hat, kehrt bei Horace schnell Ernüchterung ein. Seine romantisch-idealistischen Vorstellungen vom Leben in der Armee haben nichts mit der Wirklichkeit zu tun: »Sie wussten nicht, was sie mit uns in den Kasernen tun sollten. Um 9.30 oder 10 Uhr wurde exerziert. Damit war man dann nach der Mittagessenszeit fertig. Wir waren so viele, dass es kaum genügend Platz zum Marschieren gab. Formiert euch zu vieren, linksherum, rechtsherum; Gewehre hatten wir damals noch nicht. Wir marschierten auch in Begleitung des Militärorchesters durch die Stadt, wobei wir versuchten, weitere Rekruten zu finden. Manche schlossen sich uns dann an, indem sie sich in ihrer Zivilkleidung dem Ende des Zuges anschlossen. Gemeinsam ging es zurück zur Kaserne, wo sie eingeschworen wurden. Am Straßenrand standen die Menschen, sahen uns zu, winkten und jubelten. Manchmal kamen so zwanzig oder dreißig Neue hinzu. Und auf der Straße hörte man die Rufe ›Komm Jack oder Joe, komm, geh mit.‹ und besonders wenn es etwas zu trinken gab, kamen sie am hellichten Nachmittag mit. Es war zu komisch.«

Die britische Klassengesellschaft machte auch vor der Armee nicht halt. Insbesondere die Männer der Mittelschicht wollten nur ungern mit einfachem Volk, Arbeitern und Handwerkern, dienen. Es wurden kleinere Einheiten mit Männern gebildet, die aus derselben Schicht stammten.

Stuart Cloete ist berauscht vom Säbelrasseln. Schon als kleiner Junge, noch keine drei Jahre alt, faszinierte ihn ein Schwarzweißfoto im Daily Telegraph. Es war die Zeit der Burenkriege, und Stuart erinnerte sich noch Jahre später an das Bild:

»Ein Trompeter, ein Junge mit einem bandagierten Kopf, der wie verrückt durch die Explosionen rennt, um Verstärkung zu holen. Mein Vater malte das Bild für mich aus. Das Pferd braun, der Junge in Khaki mit einem roten Fleck auf der weißen Bandage am Kopf. Das Bild hängte er dann in meinem Kinderzimmer auf.«

Stuart wurde mit den Geschichten seiner Vorfahren erzogen, die ebenfalls gedient hatten, darunter ein Ururgroßvater, der im Alter von 15 Jahren die Schlacht von Waterloo mitgemacht hatte. Als Kind spielt Stuart mit hunderten Zinnsoldaten, Gewehren und Forts und liest nationalistische Literatur für sein Alter wie »Jugendliche Helden«, »Helden und Heldenverehrung« oder auch Magazine wie »Des Jungen eigene Zeitung«.

»Ohne es zu verstehen, wurde ich geformt, in eine halbvererbte Form gepresst. Auf eine Art war es wie die Weitergabe eines Handwerks, das vom Vater auf den Sohn übergeht. Vielleicht galten ja der Soldat und der Gentleman in jenen Tagen auch als eine Art Handwerker.«

Die britischen Landstreitkräfte waren im Vergleich zu den anderen Armeen Europas klein. Das Königreich hatte sich bislang auf seine starke Marine verlassen, die das Inselreich in jedem Fall schützen würde.

Ein Junge aus Hartlepool erinnert sich an das Erscheinungsbild der Truppen: »Diese braungebrannten Infanteristen kamen auf ihren langen Übungsmärschen immer mit Sack und Pack und geschulterten Gewehren durch unser Dorf. Wir erwarteten immer sehnsüchtig ihre Rückkehr. Wenn sie dann endlich wieder das Dorf erreichten, trugen sie offene Kragen und sahen mächtig erschöpft aus. Wir boten an, ihre Gewehre zu tragen. Wenn sie es uns erlaubten, begaben wir uns mit ihnen in ihr Lager, wo sie den Pub belagerten und jede Menge gesungen wurde. Die dampfenden Feldküchen, die Essensdüfte und der Stallgeruch der Pferde mit dem Klingen des Zaumzeugs: Das Ganze wirkte auf uns sehr romantisch. Als fünfzehnjähriger Junge wollte man dazugehören und eben auch unbedingt Soldat werden.«

Was Krieg und Tod angeht, waren die Erfahrungen der Kinder zu Beginn des 20. Jahrhunderts sehr verschieden von denen ihrer Altersgenossen heute. Zwar werden Kinder auch heute schon früh medial mit dem Krieg konfrontiert, aber sie sind doch weitgehend vor Erfahrungen mit dem Tod geschützt. Bei den Kindern von einst war es umgekehrt. Zwar kannten sie den Tod nur zu gut, aber wie Krieg in Wirklichkeit aussah, war ihnen nicht bewusst. So war beispielsweise die Sterbekultur weit entwickelt und ermutigte auch Kinder, sich aktiv daran zu beteiligen. Man trug Trauer und küsste die Hand der Verstorbenen. Einen Toten zu sehen war nicht ungewöhnlich, und häufig lagen die Verstorbenen noch einige Tage zuhause aufgebahrt, bevor sie zu Grabe getragen wurden. Krankheiten gehörten ebenso zum Alltag wie Seuchen, die sich in den ärmlichen Arbeitervierteln oft wie ein Lauffeuer ausbreiteten. Ein Fünftel der Kinder dieser Zeit starb vor dem fünften Geburtstag. Es war nicht selten, dass ein Geschwisterkind starb, insbesondere in Großfamilien. Die Alterserwartung lag für Männer bei etwa fünfzig Jahren, für Frauen mit fünfundfünfzig etwas höher. Und so war es für Kinder auch normal, einen Elternteil oder andere nahe Verwandte zu verlieren.

Der Kindersoldat Benjamin Clouting hielt in seinem Tagebuch über die Zusammensetzung der Truppen fest: »Eine ganze Menge Soldaten kamen ursprünglich aus Waisenhäusern. Sie gingen der Kameradschaft wegen in die Armee und weil sie einfach nur irgendwo dazugehören wollten. Manche hatten überhaupt keine

Verwandten mehr, und die Armee wurde ihre neue Familie. Die meisten bekamen dann natürlich nie irgendwelche Post.«

Jungen unter 18 Jahren ließen die Kommandeure zu Beginn des Krieges nicht ausrücken, schon gar nicht nach Übersee. Für die jungen Rekruten war dies aber die größte Schmach, und geradezu panisch versuchten sie ihre Vorgesetzten dazu zu bewegen, sie mit in den Krieg ziehen zu lassen.

Benjamin Clouting ist als 16-jähriger Kavallerist bei den Royal Irish Dragoon Guards und hat nur ein Ziel: in den Krieg ziehen, der für ihn just im rechten Moment begonnen hat. Was das allerdings bedeuten würde, ist weder ihm noch seinen Kameraden klar. »Wir wollten die Deutschen fertigmachen, nichts anderes war denkbar.«

Wenig später werden die Einsatzlisten bekannt gegeben. Bens Name taucht dort nicht auf. »Ich suchte die Namen ab und war wie vor den Kopf geschlagen; man hatte mich einfach vergessen.«

Doch Ben bleibt stur. Zweimal radiert er den untersten Namen aus und schreibt seinen eigenen Namen an die Stelle. Zweimal korrigiert sein direkter Vorgesetzter die Liste. In seiner Verzweiflung führt er Ben schließlich zum stellvertretenden Kommandeur. Ben besteht darauf, dass er 19 ist und selbstverständlich mit ins Feld ziehen muss. Zehn Tage später fährt er mit den ersten Tausend minderjährigen Soldaten gen Frankreich.

Der Todesschütze

Die Schrecken der Front gehen an vielen der jungen Männer nicht spurlos vorüber. Immer wieder versuchen Einzelne zu desertieren. Ein Todesurteil. Und auch Victor Silvester, der sich in seinen kühnsten Träumen nicht hätte vorstellen können, auf einen Kameraden zu zielen, wird eines Tages zu einer Exekution abkommandiert. »Wir marschierten bei Tagesanbruch zu einem nahe gelegenen Steinbruch. Der Deserteur wurde aus einem Schuppen geholt und zu einem Stuhl begleitet, an den er gefesselt wurde. Ein weißes Taschentuch wurde über sein Herz als Zielscheibe gelegt. Angeblich war er beim Anblick des Feindes geflohen. Voll Scham angesichts des armen Tropfs, der sich in seinen Fesseln wand, erhoben wir zwölf auf Kommando unsere Gewehre – uns allen zitterten die Hände. Einige der Männer hatten sich angesichts der Qual des Nachts Mut angetrunken. Selbst wenn sie gewollt hätten, wären sie nicht in der Lage gewesen, mit ruhiger Hand zu zielen. Auch der Verurteilte war in der Nacht mit Whisky betäubt worden, aber ich war in meiner ganzen Furcht nüchtern geblieben. Tränen liefen mir übers Gesicht, wie ich ihn sitzen sah, bemüht, sich selbst zu befreien. Ich zielte blind, und als der Pulverdampf verraucht war, mussten wir zu unserem Entsetzen feststellen, dass er, obwohl verletzt, immer noch lebte. Nach wie vor mit verbundenen Augen versuchte er jetzt, am Stuhl gefesselt, davonzulaufen. Blut rann aus einer Wunde an seiner Brust. Ein Offizier trat nach vorn, um den armen Mann mit einem Gnadenschuss zu erlösen. Er hatte nur einmal aufgeheult und einzig das Wort ›Mutter‹ gerufen. Er wird kaum älter gewesen sein als ich. Später nahm ich noch an vier weiteren solcher Exekutionen teil.«

Flucht in den Untergang

Alles an der Uniform ist falsch. Sie ist zu groß – und sie hat die falschen Farben. Die lange Jacke ist himmelblau, hat einen hohen steifen Kragen, gelbe Borten, eine Doppelreihe funkelnder Metallknöpfe – und offensichtlich einem getöteten österreichischen Soldaten gehört. Statt Stiefeln trägt der Junge ein Paar »Opanke«, bäuerliche Sandalen mit geflochtenen, aufwärts gebogenen Spitzen. Hosen fehlen ihm ganz. Es ist schon ziemlich schlimm für den Serben Stevan Idjidovic, ausgerechnet die Uniform des

Feindes tragen zu müssen. Doch die wenigsten in seiner Einheit, dem 1. Bataillon des 6. Infanterieregiments, haben ordentliche Uniformen; manchen fehlen einzelne Teile, viele andere wiederum haben sich in ihrer ärmlichen bäuerlichen Kleidung und den schwarzen Lammfellmützen zum Kämpfen eingefunden.

Fast hätte Stevan nach seiner Flucht aus dem brennenden Heimatdorf Jarak an der Grenze Österreichs zu Serbien das rettende Ufer nicht erreicht. Kugeln peitschten in die Wasser der Save von beiden Seiten des Grenzflusses. Österreichische Scharfschützen wollten den Jungen als einen Zeugen des in Jarak stattgefundenen Massakers nicht entkommen lassen, ein serbischer Soldat hatte den Schwimmer dagegen für einen Angreifer gehalten. Doch der Junge hatte am Ende Glück und erreichte das rettende Ufer – mit nichts als einer Unterhose bekleidet. In Serbien angekommen, wollte der ihn in Empfang nehmende Hauptmann den 15-Jährigen nach Niš schicken, damit der Schüler dort das Gymnasium besuchen und seine Ausbildung beenden könnte. Niš war seit Kriegsausbruch die provisorische Hauptstadt des Königreichs, Sitz von Regierung und Nationalversammlung, weil Belgrad durch seine Grenznähe direkt von einer Invasion bedroht schien. Stevan jedoch hatte einen anderen Wunsch geäußert: Rache nehmen an den Österreichern für das Leid, das seiner Familie und seinem Dorf zugefügt worden war.

Die serbische Armee führt keine Altersgrenzen für Freiwillige, und so ziehen in ihren Reihen sowohl Kinder als auch Greise gegen die Eindringlinge ins Feld. Außer dem Willen zu kämpfen, so erinnert sich Stevan, mangelt es der Armee an allem: an Uniformen, Geschützen, Munition, medizinischer Versorgung. Zwar will der Junge so schnell wie möglich in die Schlacht, doch stattdessen muss er sich mit deprimierendem Soldatenalltag auseinandersetzen, mit der Kälte, fehlendem Schlaf, elenden Quartieren – und sehr bald auch den Läusen, Plagegeistern, die er zuvor nur vom Hörensagen gekannt hat. Nach wenigen Nächten hat sich Stevan bereits blutig gekratzt, und offene Wunden am ganzen Körper haben sein Hemd rot gefärbt. Die Soldaten zeigen ihm, dass er seine Uniform mit aufgetrennten Nähten über offenem Feuer schwenken muss, woraufhin die Läuse in die Flammen fallen und platzen.

Sie halten Stellung in Šabac, einem Ort, in dem es vor der Rückeroberung durch die Serben zu schweren Kriegsverbrechen gekommen war. Ihr Lager teilen sie mit zahlreichen Flüchtlingen, Frauen und Kindern, die vor den Bombardierungen ihrer Heimatorte durch die Österreicher geflohen sind. Bald müssen sie sich zurückziehen, weil vorrückende Truppen des Feindes die Region zu umzingeln drohen. Kämpfen kann Stevan einstweilen nicht. Im Dezember 1914 erringt die zahlenmäßig deutlich unterlegene serbische Armee in der Schlacht an der Kolubara einen überwältigenden Sieg – doch Stevan hat keinen einzigen Schuss abgeben können. Er ist zu einer Pioniereinheit überstellt worden, die zwischen den einzelnen Truppenteilen Kommunikationswege herstellt und Telegraphenleitungen verlegt.

Die Freude über die überraschende Niederlage der Feinde währt nicht lange. Aufgrund der schlechten sanitären Bedingungen bricht in den Lagern eine Typhusepidemie aus; Ärzte gibt es kaum, und so helfen sich die Soldaten mit Aberglauben und überlieferten Hausmitteln. Auch Stevan erwacht eines Morgens mit Fieber und starken Schmerzen. Der Korporal verordnet sofort eine Rosskur, allen Protesten des jugendlichen Patienten zum Trotz, der beteuert, es stünde gar nicht so schlecht um ihn. Der kleine, an Alkohol kaum gewöhnte Soldat muss eine große Knoblauchzwiebel vollständig kauen und mit einem Liter hochprozentigem Sliwowitz hinunterspülen. Danach fühlt sich Stevan so schlecht wie noch nie in seinem Leben, versinkt in einen todesähnlichen Schlaf, der 22 Stunden andauert. Ob er an einer Lebensmittelvergiftung oder wirklich an Typhus laboriert hat, wird der Junge nie erfahren. Als er wieder erwacht – ist er geheilt.

Auf militärischem Gebiet jedoch steuert Serbien auf eine Katastrophe zu. Deutsche Truppen verstärken die österreichische

Armee, und den glücklosen General Oskar Potiorek, der als verantwortlich für die Niederlagen der K.-u.-k.-Armee gilt, ersetzt der preußische Generalfeldmarschall August von Mackensen. Im Oktober 1915 tritt zudem Serbiens Rivale und Nachbar Bulgarien, bisher neutral, in den Krieg ein. Im selben Monat rücken die österreichischen und deutschen Truppen von Norden her vor und besetzen Belgrad, während die bulgarische Armee im Osten Serbiens einfällt und Niš bedroht. Die serbische Armee ist kräftemäßig nicht in der Lage, einen Zweifrontenkrieg zu führen, und wartet verzweifelt auf die Hilfe der Verbündeten. Als Zeichen der Hoffnung wehen überall in den Städten neben der serbischen auch die französische und die britische Fahne. Doch die Unterstützung bleibt aus. Weil der serbischen Armee die Einkreisung und Vernichtung droht, trifft die Heeresführung eine dramatische Entscheidung und ordnet den vollständigen Rückzug bis an die Adria an. Damit gibt Serbien das eigene Land vollständig in die Hände des Feindes.

Um den Vormarsch der Mittelmächte zu verlangsamen und den Rückzug zu decken, liefern sich serbische Regimenter selbstmörderische Abwehrschlachten. Stevans Einheit erhält den Auftrag, eine Telefonverbindung zwischen den letzten Verteidigungsbastionen im Osten und den abziehenden Hauptverbänden einzurichten. Drei Freiwillige werden gesucht, um sich zu den Bergketten durchzuschlagen, wo sich die Verteidiger verschanzt haben. Stevan ist einer von ihnen. Sie bepacken ein Pferd mit dem schweren Kabel, kämpfen sich durch reißende Bergbäche und tiefen Schnee. Plötzlich bietet sich ein grausiger Anblick: Ein großes Schneefeld ist rot von Blut, zwischen umgestürzten Bauernkarren liegen Tote. Der Korporal erklärt dem entsetzten Jungen, es handle sich wohl um Flüchtlinge, die von den hiesigen Bergbewohnern, einer versprengten türkischen Minderheit, umgebracht worden seien – das Osmanische Reich kämpft auf Seiten der Mittelmächte. Als es dunkel wird, sehen sie zahlreiche kleine Feuer am Horizont. Stevan und seine beiden Kameraden sind unschlüssig, ob es sich um die eigenen Leute handelt oder ob den bulgarischen Truppen bereits der Durchbruch über den Kamm des Berges gelungen ist. Vorsichtig nähern sie sich und kundschaften die Umgebung aus. Dann die Erleichterung: Es sind serbische Soldaten. Sie haben ganze Hütten angezündet, um sich in der bitterkalten Nacht zu wärmen; und sie haben schlechte Nachrichten: Es handelt sich bei ihnen um die versprengten Reste der letzten Verteidigungslinie – auf dem Rückzug. Die Mission der kleinen Pioniereinheit ist damit gescheitert: Es gibt keine Stellungen mehr, die eine Telefonleitung benötigen.

Die bulgarischen und österreichischen Verfolger im Nacken beschleunigen die Flüchtenden, Soldaten, Kriegsgefangene und Zivilisten buntgemischt, das Tempo. Wer nicht mithalten kann, bleibt zurück. Die Lebensmittel sind längst zur Neige gegangen; in den Dörfern, die sie durchqueren, ist kaum etwas zu bekommen. Eine der Vertriebenen ist die zwölfjährige Katarina Kostić, eine Halbwaise, die gemeinsam mit ihrem Bruder, der ebenso alt ist wie Stevan, im Treck mitzieht. Kurz vor der Einnahme durch Generalfeldmarschall Mackensen haben sie das heimatliche Belgrad verlassen. Auf dem Weg durch Serbien »folgten uns die traurigen Augen von denen, die blieben«, erinnert sie sich später. Dabei ist es schwer auszumachen, ob es besser ist, auszuharren oder in ein ungewisses Schicksal aufzubrechen. Der Marsch führt durch den Kosovo, der bis 1912 zum Osmanischen Reich gehörte und im Balkankrieg von Serbien erobert wurde. Katarina berichtet: »Es kam vor, dass wir den ganzen Tag marschierten, aber nirgends Wasser. Nur in den Hufspuren der Pferde. Mit einem Löffelchen schöpften wir winzige Schlucke der matschigen, abgestandenen Flüssigkeit.«

»Die aus dem Norden kommenden Flüchtlinge hatten schon hunderte Meilen zu Fuß ohne Unterkunft unter nicht endenden Entbehrungen zurückgelegt«, beobachtet Stevan mitleidig. »Ohne zu wissen, wann es das nächste Mal etwas zu essen geben würde, hielten sie durch, als würden sie zur Armee gehören. Ohne Mäntel, ohne Schuhe, ungepflegt und hungrig, erbaten sie nie etwas von uns. Die Augen starr auf den Boden gerichtet, schleppten sie sich schweigend immer weiter.«

Allgemeines Ziel der Odyssee ist Peć. Hier soll sich die Armee sammeln, Verpflegung aufgenommen und über die weitere Route der Flucht entschieden werden. Peć liegt am Fuß des Prokletije, der höchsten Erhebung des Dinarischen Gebirges. Als sie es erreichen, haben sie zugleich die Heimat verlassen – auf lange Zeit. Die Stadt gehört zum Königreich Montenegro, das erst vor fünf Jahren gegründet wurde und mit Serbien verbündet ist. Deshalb hoffen die Flüchtlinge auf freundliche Aufnahme. Doch die jahrhundertelange türkische Herrschaft hat weitaus mächtigere Spuren hinterlassen. Der Ort ist mehrheitlich von Muslimen bewohnt, die ihre Stadt vor Anrücken des Trecks verlassen haben. Die Geschäfte sind entweder mit Brettern vernagelt oder leer. Frauen, Kinder und Greise sowie über 100 000 Soldaten suchen verzweifelt nach Nahrung, die sich nur sporadisch finden lässt. Hinter ihnen die feindlichen Armeen, vor ihnen das Hochgebirge, scheinen sie hier in der Falle zu sitzen – und sich dem Gegner auf Gedeih und Verderb ausliefern zu müssen. Es ist Ende November 1915.

Das Oberkommando entscheidet sich, das Heer zu teilen. Die 2. Armee, zu der Stevan gehört, soll – gesichert von der 1. Armee – über den Čakor-Pass das Gebirge überwinden; der Rest der Truppen soll auf einer südlicheren Route quer durch Albanien marschieren. Beide Verbände sollen das albanische Shkodra ansteuern, von wo es nicht mehr weit zur Adria ist – dort, so hofft man, werden die Alliierten mit Schiffen warten und die Rettung bewerkstelligen.

In den letzten Tagen vor dem allgemeinen Aufbruch bietet die Stadt ein gespenstisches Bild. Alles, was nicht über die Berge transportiert werden kann, wird zerstört, damit es nicht dem Feind in die Hände fällt: Geschütze und Munition, Pferdefuhrwerke und Automobile. Ohrenbetäubende Explosionen und gewaltiges Feuerwerk wirken wie Vorboten der Apokalypse. Tatsächlich wird die Überquerung des Passes für die ausgehungerten Flüchtlinge zur Todesfalle. Es herrschen extreme Wetterbedingungen, Schneestürme fegen über sie hinweg. Dennoch ist der Weg nicht zu verfehlen – er ist links und rechts von den Leichen der Erfrorenen und Verhungerten gesäumt; es sind hunderte. Österreichische, deutsche und bulgarische Kriegsgefangene schleppen sich ohne Bewachung vorwärts. Jeder Schritt kann der letzte sein; jeder kämpft den gleichen Kampf ums Überleben. Stevan sieht Mütter und ihre Kinder, die sich im Tod fest umarmt halten, erlöst von den Schrecken des Marsches.

Katarina Kostić und ihre Familie haben scheinbar die leichtere Route gewählt. Sechs Wochen benötigen sie für den Weg durch Albanien. Die Albaner sind den Serben feindlich gesinnt; immer wieder wird der Treck von kleinen Gruppen bewaffneter Bergbewohner überfallen: »Auf dem Weg schauerliche Anblicke: Leichen von getöteten und ausgeraubten Flüchtlingen, ausgezogen bis zur Nacktheit und mit Laub bedeckt. Wir sehen Gefangene, die Stück für Stück Pferdekadaver zerpflücken. Sie räuchern das Fleisch der verendeten Tiere über dem offenen Feuer und essen. Sie sind so abgestumpft vor Erschöpfung und Hunger, dass sie uns noch nicht einmal bemerken.« Nirgendwo können sie lange bleiben; überall lauert die Gefahr: »Häuser aus Stein, ohne Fenster. Sie verheißen uns nichts Gutes. Nur mit Schießscharten für Gewehre. Deshalb schlafen wir mitten auf den Feldern. Neben dem Feuer, das uns die eine Körperseite verbrennt, während die andere Körperseite fast erfriert. Unsere Mutter umarmt uns mit ihren Armen wie mit Flügeln. An sich selbst denkt sie nicht.« Eines Tages, im Morgengrauen, seufzt eine der Flüchtlingsfrauen nach dem Erwachen zufrieden, wie schön weich sie es heute Nacht endlich wieder einmal unter dem Kopf hatte: »Zu unser aller Entsetzen: Das Weiche war eine menschliche Leiche.«

Als Stevan und seine Kameraden den Tod in den Bergen hinter

1 Elisabeth Liebe, Radebeul um 1914

2 Vater Adalbert Lang ist aus dem Krieg zurück: Johann mit den Eltern, den Schwestern und dem jüngeren Bruder Otto, Unterschneedorf/Böhmen im Frühjahr 1918

3 Richard Nettersheim, Bedburg/Erft 1916

4 Anaïs Nin (undatiert)

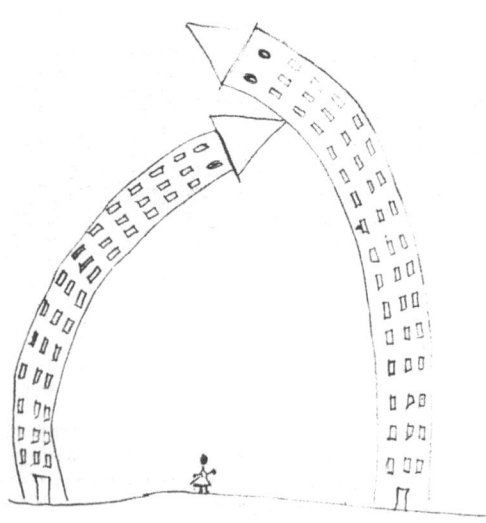

5 Kinderzeichnung von Anaïs Nin, New York 1914

6 Aus »ABC for Baby Patriots« von Mary Frances Ames, Illustration des Buchstaben D

7 Wir fahren gen Engelland, Kinderzeichnung um 1915

8 Kleines Mädchen mit Puppe, Reims 1917

9 Spielende Kinder am Place Drouet d'Erlon, Reims 1917

10 Spielende Kinder in der Rue Greneta, Paris 1915

11 Junge im Holzflieger in der Rue Greneta, Paris 1915

12 Alexej Romanow mit seinem Vater Nikolaus II. in der Gefangenschaft in Sibirien, 1918

13 Elfriede Kuhr mit ihrer Mutter, Großmutter und Bruder Fritz, Schneidemühl 1915

14 Marcelle Lerouge (undatiert)

Weihnachten 1914

Zuerst beim Weihnachtskerzenschein
lieb Väterchen denken wir dein,
wir beten, kehr gesund zurück
Gott schenke uns dieses höchste
Glück

15 Kriegsweihnacht 1914

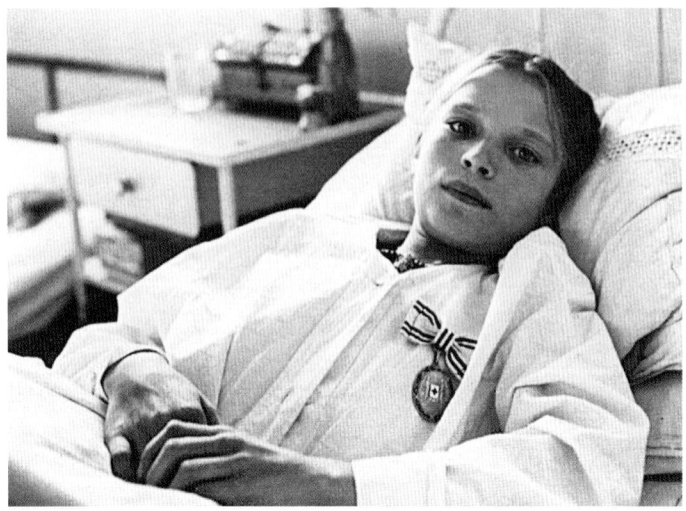

16 Das »Heldenmädchen« Rosa Zenoch in einem Wiener Krankenhaus, 1914

17 Propaganda-Postkarte zu Ehren der jüngsten Kriegshelden

18 Es wird alles gesammelt, auch Essensreste und Obstkerne

19 Danksagung für Liebesgaben britischer Schulkinder an Soldaten, London 1916

20 Wohlfahrtspostkarte für Kriegswaisen

21 Französische Witzpostkarte (undatiert)

22 Stevan Idjidovic, um 1914

23 Victor Silvester in schottischer Uniform, 1914

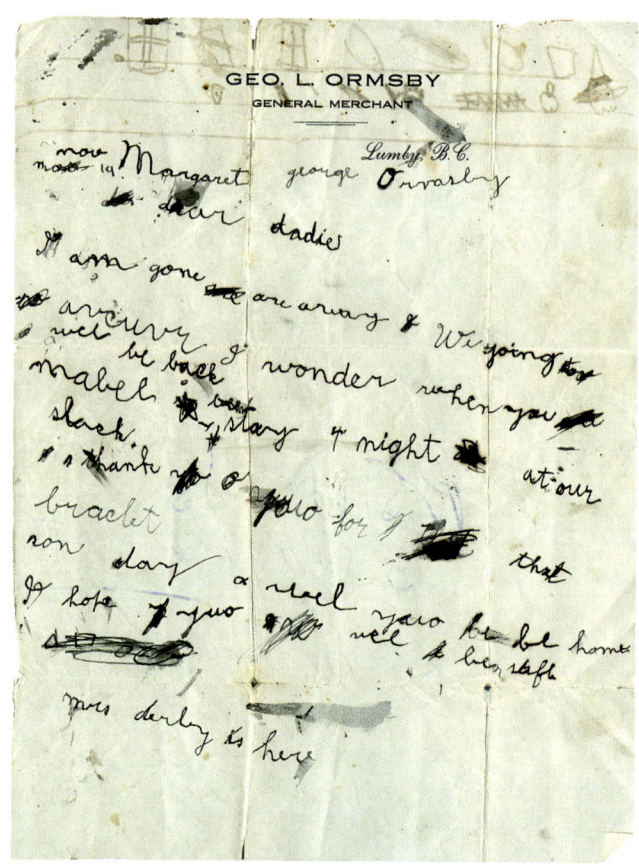

24 Undatierter Brief an den Vater, der an der Front in Europa ist. Margaret Ormsby fragt, wann er wieder zurückkommt, und hofft, dass es ihm gut geht.

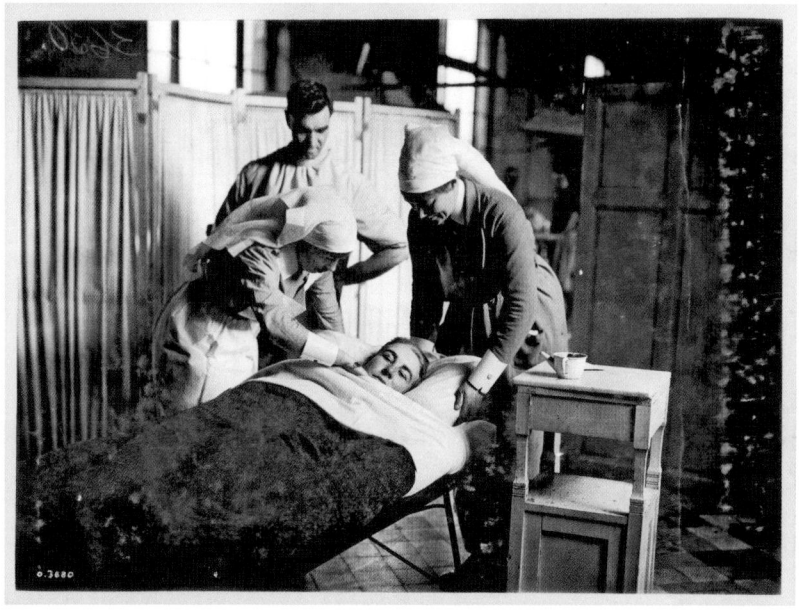

25 Der 17-jährige kanadische Patient eines Lazaretts wurde nur 15 Minuten vor Inkrafttreten des Waffenstillstandes am 11. November 1918 verletzt.

26 Belgisches Kind, mit deutscher Pickelhaube, fleht: »Nein, Mama... bloß keine Drecksdeutschen!«

27 Italienisches Mädchen mit Granate, 1918

Quand des zeppelins j'entends le bruit des moteurs
Sous mon pépin, je me cache avec ma sœur.

28 »Wenn ich die Motorengeräusche der Zeppeline hören, verstecke ich mich mit meiner Schwester unter meinem Schirm.«

29 Mobilmachungsplakat nachdem im englischen Scarborough 78 Frauen und Kinder bei einem deutschen Bombenangriff ums Leben kamen und 228 verletzt wurden.

30 Jacinta (7), Lúcia (10) und Francisco (9) aus Fatima, 1917

31 Deutsche Schule im Internierungslager Berrima, Australien 1917

32 Französische Kinderzeichnung vom 18. Mai 1917: »Die beiden Tage ohne Fleisch«

33 Französische Kinderzeichnung: »Besuch bei den Soldaten, die für das Vaterland starben«

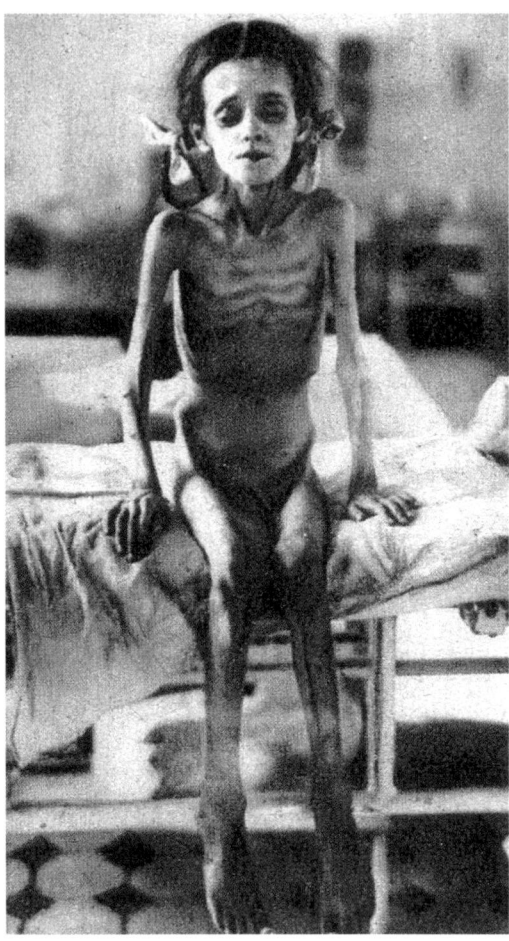

34 Ein achtjähriges Mädchen wird wegen Unterernährung in einer
Wiener Klinik behandelt. Hunderttausende Kinder hungern in den
letzten Kriegsjahren.

35 Marina Yurlova, Wladiwostok 1918

ANTHONY BLAKE, *Presents*

MARINA YURLOVA

DANCE CONCERT

Thursday
July 21st,
1932

8:30 P. M.

HOLLYWOOD PLAYHOUSE THEATRE
Tickets: 50c—$3.00
AVAILABLE AT ALL GITTELSON BROS. OFFICES
HOLLYWOOD, CALIFORNIA

36 Aus einem Tanzprogramm von Marina Yurlova, Hollywood 1932

sich gelassen haben, glauben sie das Schlimmste überstanden zu haben. Doch alle Etappenorte, in denen sich angeblich Versorgungsdepots befinden sollen, sind längst ausgeplündert, bevor sie ankommen; die Bevölkerung verhält sich umso feindseliger, je näher sie Albanien kommen. Nach weiteren Opfern erreichen sie schließlich doch Shkodra – das ebenso verlassen ist wie alle anderen Zwischenstationen zuvor. Sie schlagen sich praktisch ohne Nahrung weitere hundert Meilen bis nach Durrës durch; acht Tage brauchen sie für den Marsch. Hier soll die Flotte der Alliierten auf sie warten. Doch kaum ein Schiffsmast zeigt sich am Horizont. Katarina Kostić hat zu diesem Zeitpunkt das rettende Ziel Griechenland bereits auf dem Landweg erreicht, praktisch in letzter Minute, bevor die bulgarische Armee die Region besetzt.

Weil die österreichische Kriegsmarine einige Versorgungsschiffe versenkt hat, scheint Franzosen, Engländern und Italienern das Risiko weiterer Verluste zunächst zu groß. Erst als das Ausmaß der humanitären Katastrophe sichtbar wird, kommt Hilfe. Stevan und seine Kameraden werden von einem französischen Schiff aufgenommen. »Die lange Auszehrung hatte etwas mit unserem Verstand gemacht. Unsere Körper schrien nach Essen, Tag und Nacht; wir konnten an nichts anderes denken als an Essen, Essen, Essen. Wir wussten nicht, wohin das Schiff uns brachte – es war uns ganz gleichgültig.« Die Überlebenden des Rückzugs werden über die Adria nach Korfu und Saloniki gebracht. Für Stevan endet hier der Krieg; er ist gerettet worden, doch sein Rachewunsch ist unerfüllt geblieben.

Verglichen mit seiner zahlenmäßig kleinen Bevölkerung von 4,6 Millionen hat Serbien von allen kriegführenden Mächten mit weitem Abstand die meisten Toten zu beklagen. Schätzungen zufolge sterben mehr als 600 000 serbische Soldaten durch Kämpfe, Hunger und Epidemien; die Opfer unter der Zivilbevölkerung sind etwa ebenso hoch.

KAPITEL 11

Kleine Helden

Ob durch Propaganda in Schule, Literatur oder Medien, für die meisten Kinder war das Heldentum während des Krieges ein Identifikationsmoment. Der französische Historiker Audoin-Rouzeau meint Hinweise darauf zu haben, dass allerdings in keinem Land so exzessiv Kinder versuchten, »heldenhaft auszureißen«, um an die Front zu kommen. Eine erste Welle setzt bereits 1914 ein, was zu regelmäßig in den Zeitungen veröffentlichten Suchanzeigen führt. Bis 1916 bleibt das Problem so akut, dass Pariser Grundschulen dafür eigens eine Untersuchung durchführen, um das Phänomen zu verstehen. Auch Mädchen waren davon betroffen. Sie wollten an vorderster Front als Krankenschwestern dienen.

Ein junger Bretone, Jean Corentin Carré, geboren 1900, wird in Frankreich zum jugendlichen Kriegshelden stilisiert. Jean ist ein auffallend begabter Junge, dessen Schulleiterin ihn bereits im Alter von zwölf Jahren dem Stadtkämmerer seiner Heimatstadt als Hilfsbuchhalter empfiehlt. Kaum hat Jean seinen Arbeitsplatz angetreten, bricht der Krieg aus. Sein Vater wird eingezogen und kommt direkt an die Front. Nur zu gern würde Jean ihm folgen, aber er ist deutlich zu jung, und sein Freiwilligengesuch wird postwendend abgelehnt. Als Jean den Bürgermeister fragt, ob er ihm nicht falsche Papiere ausstellen kann, lehnt dieser entrüstet ab. Doch so schnell gibt Jean nicht auf. Im April 1915 teilt er seiner Familie mit, dass er Frankreich verlassen möchte, um nach Lateinamerika zu gehen. Die Mutter lässt ihn ziehen, ohne zu wissen, was Jeans eigentlicher Plan ist. Jean fährt in die südfranzösische Stadt Pau, wo er sich bei der Musterungskommission als 18-jähriger Auguste Duthoy aus einem Dorf in den Ardennen ausgibt. Da die Region besetzt ist, gibt es für die Behörden keine Möglichkeit, die Identität des jungen Mannes zu überprüfen. Jean, der jetzt Auguste heißt, wird in die Armee aufgenommen und ist somit der vielleicht jüngste Soldat Frankreichs. Sein Traum: Er will Pilot werden. Ein langer Weg steht ihm bevor.

Nach einer verkürzten Ausbildung kommt Jean an die Front in der Champagne, wo er bereits während der Septemberoffensive dient. Bald schon wird es Winter, der erste in der Kälte und im Schnee. Da er sich geschickt anstellt, wird Jean im Januar 1916 zum Korporal befördert, im Juni zum Sergeanten.

18 Monate später erhält Jean zum ersten Mal Fronturlaub. Es ist August, Sommer in der Bretagne. Um unerkannt zu bleiben, lässt sich Jean die Aufenthaltsgenehmigung für eine andere Stadt geben. Doch in der Region bleibt seine Ankunft nicht unbemerkt. Der Direktor der Schule und einige Mitschüler begegnen ihm, und die Kunde vom heldenhaften Sergeanten, der im Alter von 15 Jahren an die Front ging, verbreitet sich wie ein Lauffeuer. Doch niemand verrät ihn, und so kehrt er nach seinem Urlaub wieder unbehelligt an die Front zurück. Im Dezember 1916 schließlich macht er reinen Tisch. In einem Brief an seinen Vorgesetzten gesteht er seine falsche Identität und ist bereit, die Konsequenzen zu tragen. Der Oberst, der Jean sehr schätzt, setzt sich für ihn ein, doch die Militärbehörde beharrt auf der sofortigen Suspendierung und der neuerlichen Musterung zwei Monate später. Aufgrund seiner bisherigen Verdienste erlangt er im Schnelldurchlauf wieder seinen vorherigen Dienstgrad und kann kurz darauf seinen großen Traum vom Fliegen endlich verwirklichen. Er wird als Anwärter in die Luftwaffe aufgenommen. Wie in seiner gesamten militärischen Laufbahn gelingt es ihm auch hier, in kürzester Zeit den Pilotenschein zu machen, und so fliegt er ab Herbst 1917 eigene Missionen.

Am 18. März 1918 wird er von drei feindlichen Fliegern angegriffen. Bis zum Schluss, so die Wehrberichte, verteidigt er sich »energisch«. Dann wird sein Flugzeug abgeschossen, mit 18 Jahren findet Frankreichs junger Held den Tod an der Maas.

Auch über das Kriegsende hinaus wird Jean in Frankreich als Held gefeiert. 1919 wird zu seinen Ehren ein Plakat gedruckt, das den Schülern in seinen Worten erklärt, weshalb eine gute Bildung wichtig ist: »Ich hätte niemals unter dem Joch des Feindes leben können. Deshalb bin ich Soldat geworden. Es ist dieses Gefühl der Ehre, das mir bereits in der Schule von einem jener geschätzten Lehrmeister mitgegeben wurde, die mich unterrichteten! Ich wünschte, alle kleinen Schüler verstünden, wie ich damals, die Bedeutung der Ausbildung, die sie erhalten. Das Leben an sich ist nichts wert, wenn man es nicht gut zu nutzen weiß.«

Ein Prinz an der Front

Nachdem am Morgen des 4. Augusts 1914 deutsche Truppen in Belgien einmarschiert waren, zog sich die Regierung Belgiens nach Sainte-Adresse bei Le Havre, in den nicht besetzten Teil Frankreichs, zurück. Der König blieb jedoch mit seiner Familie in De Panne, nahe den Truppen hinter der Front bei Yser. Albert, der seit 1900 mit Elisabeth Herzogin von Bayern verheiratet war, wollte in diesen Tagen bei seinem Volk sein und, wann immer möglich, die Truppen im Feld unterstützen. Wenn der Krieg für die Königin eine innerliche Zerreißprobe war, ließ sie es sich zumindest nicht anmerken. Das Volk jedenfalls hatte keine Zweifel, dass die deutsche Prinzessin voll und ganz hinter ihrer Wahlheimat stand. Sie besuchte Lazarette und die notleidende Bevölkerung und stand ihrem Mann bei offiziellen Terminen zur Seite.

Der erstgeborene Leopold, der 1901 in Brüssel das Licht der Welt erblickt hatte, war der ganze Stolz seiner Eltern. Albert, der wegen einiger Todesfälle in der Familie recht überraschend

König geworden und darauf nicht vorbereitet gewesen war, wollte seinen Sohn besser auf die Thronfolge vorbereiten und erzog ihn schon von klein auf im Wissen um sein späteres Amt.

Dazu gehörte für Albert auch die Vorbereitung auf eine angemessene militärische Ausbildung. Entsprechend folgt Kronprinz Leopold im April 1915 dem Vater ins 12. Belgische Regiment – er ist gerade vierzehn Jahre alt und wird von Albert I. in den Rang eines Gefreiten erhoben.

Leopold ist stolz, dass sein Vater ihm schon zutraut, mit den Großen ins Feld zu ziehen. »Offenbar hatte Papa dem zuständigen Offizier gesagt, ›lass ihn Schützengräben ausheben, damit er sieht, wie es ist, Blasen an den Händen zu haben.‹« Was in seinen Aufzeichnungen etwas lapidar klingt, war keineswegs nur eine Freizeitbeschäftigung. Bereits in den ersten Tagen im Schützengraben gerät Leopold ins Kreuzfeuer – und bleibt unverletzt. Doch das Erleben ist eindrücklich und prägt seine Überzeugungen bis weit ins Erwachsenenalter.

»Sechs Monate blieb ich bei diesem Regiment und kämpfte Seite an Seite mit den Kameraden.« Nach einem halben Jahr wird der Kronprinz nach England an die Eliteschule Eton geschickt. Allein im Feld, so der Vater, kann er keine standesgemäße Ausbildung erhalten. In einem sind Vater und Sohn sich jedoch einig: Die Ferien werden beim Regiment verbracht.

Die Leiden des Zarewitsch

»Ich war kein Kind mehr.« Dieser Satz zieht sich, früher oder später, durch viele, vielleicht sogar die meisten Selbstzeugnisse derer, die sich angesichts von Schrecknissen, Verlust, Frühreife, Verwahrlosung, Verletzung, Verwundung ihrer Kindheit beraubt sahen. Es gibt aber auch Fälle, wo gegen die stärksten Widerstände hinweg ein Kind lange dafür kämpft, ein solches bleiben zu dürfen.

Der elf Jahre alte Alexej ist ein ziemlich durchschnittlicher Junge mit Stärken und Schwächen, kann liebenswürdig und brav sein, dann wieder eigensinnig und unfolgsam. Er spielt am liebsten mit Zinnsoldaten und Miniaturkanonen. Alles scheint normal an ihm – nur zwei Dinge sind es nicht. Der Junge leidet an Hämophilie, einer unheilbaren Blutkrankheit, bei welcher bereits die geringfügigste Verletzung einen lebensbedrohlichen Zustand nach sich zieht. Und Alexej ist der einzige Sohn von Nikolaus II., dem russischen Zaren; der einzige Thronerbe, über den das Reich verfügt.

Entsprechend hoch sind gerade in Zeiten des Kriegs die Erwartungen und Ansprüche an den Jungen, der von Geburt an pro forma Kommandeur dreier Eliteeinheiten ist: des Finnischen Garderegiments, des 51. Litauischen Infanterieregiments und des 12. Sibirischen Schützenregiments. Ernst wird es mit dem Soldatentum erst im Herbst 1915. Der gerade erst Elfjährige begleitet den Vater aus dem ebenso idyllischen wie weltfernen Zarskoje Selo bei Petrograd in das 800 Kilometer südlich am Dnepr in Weißrussland gelegene Mogiljow. Hier befindet sich die »Stawka«, das Hauptquartier des russischen Generalstabs. Nach einer Serie von Niederlagen seiner Armee hat der Zar persönlich den Oberbefehl über das Heer übernommen – freilich gegen die dringliche Empfehlung seiner Berater, die es riskant finden, den Zaren so weitab vom politischen Zentrum des Reiches zu sehen. Insgeheim zweifeln sie außerdem an den militärischen Fähigkeiten des Zaren und fürchten, dass weitere russische Niederlagen von nun an dem Herrscher persönlich angelastet werden.

Alexej immerhin ist begeistert. Für ihn ist es Teil eines großen Kriegsspiels, ein Abenteuer, dessen existentiellen Beigeschmack die »Glashauspflanze – so blass und fragil« (so der italienische Missionschef Marsengo über den Zarewitsch) zunächst überhaupt nicht spürt. Überglücklich macht ihn, dass er das Schlafzimmer mit dem Vater teilen darf. Er weckt den Zaren, der bis in die Nacht gearbeitet hat, immer zu früh – dem der Schlaf dann fehlt. Sie unternehmen gemeinsam Frontbesuche; einmal befinden sie sich dabei in Reichweite der gegnerischen Artillerie, weshalb dem Jungen anschließend wegen besonderer Tapferkeit das Georgskreuz IV. Klasse verliehen wird. Doch fast noch wichtiger ist dem Jungen, dass er im Mai 1916 nicht symbolisch, sondern tatsächlich zum Gefreiten ernannt wird, eigentlich einem sehr niedrigen Dienstgrad. Von nun an trägt der Zarewitsch häufig eine einfache Soldatenuniform, und bei Tisch will er zeitweise nur noch Schwarzbrot essen oder jedenfalls das, was auch die Soldaten bekommen.

Doch gerade die Tischmanieren seines Sohnes treiben den Zaren gelegentlich zur Verzweiflung. Obwohl Alexej zu diesem Zeitpunkt schon Lazarette mit Schwerverwundeten gesehen hat, begeht er an der Mittagstafel in der Stawka alle Flegeleien eines ungezogenen Jungen. Er schmiert seinem Tischnachbarn absichtlich Butter an den Hals oder schüttet ihm Wein in die Suppe und Salz aufs Dessert, und als sich nach dem Mahl die Tischgäste missbilligend über sein Benehmen äußern, bewirft er sie mit Messer und Gabel. Schlimm daran ist vor allem, dass es sich bei den solcherart Geneckten um die Militärattachés der verbündeten Mächte sowie um hochrangige russische Militärs handelt.

Bei den Ausländern trifft der Zarewitsch auf erstaunliche Toleranz – freilich tun sie das im guten Gefühl, ihrem Heimatland einen Dienst zu erweisen, wenn sie schon früh ein gutes Verhältnis zu dem künftigen Herrscher aufbauen. Heftige Kritik trifft Alexej vor allem von Seiten seiner Erzieher und der russischen Geistlichen. Sie finden zudem, dass der Prinz faul ist und schlecht lernt. Fremdsprachen und Bruchrechnung bereiten ihm Mühe; andererseits fertigt er filigrane Zeichnungen an und ist im Garten ein geschickter Baumeister.

Angesichts der teilweise negativen Beurteilung seitens der für den Zarewitsch Verantwortlichen, könnte man im Gegenzug die Frage aufwerfen, ob der Sohn dem russischen Riesenreich tatsächlich mehr Sorgen bereitet als der Vater. Nikolaus II. trifft in der Stawka keine eigenen Entscheidungen, sondern überlässt sie seinem Armeechef Alexejew (der auch nicht als brillant gilt), beschränkt seine Wirksamkeit auf symbolische Auftritte an der Front oder in Lazaretten. Das eigentliche Machtzentrum Petrograd hat er seiner Frau mitsamt ihrem dubiosen und vom Volk gehassten Berater, dem Wunderheiler Rasputin, überlassen.

Immer am frühen Abend versammelt man sich in der Stawka, um dem aus Sicht von Alexej eigentlichen Höhepunkt des Tages beizuwohnen: den Filmvorführungen. Gezeigt werden Wochenschauen der aktuellen Ereignisse sowie Komödien zur Entspannung, aber auch privates Filmmaterial der Zarenfamilie. Es dürfte in der damaligen Zeit kein zweites so ausgiebig gefilmtes Kind gegeben haben wie den Zarewitsch. Man sieht ihn ganz staatsmännisch in vielen Aufnahmen in verschiedenen Uniformen, während ihm Generäle die Hand küssen – und bei diesen propagandistisch motivierten Aufnahmen macht Alexej durch sein lebendiges Auftreten zumeist eine bessere Figur als der häufig linkisch und steif wirkende Vater. Es gibt auch Aufnahmen, die schwerlich für die Öffentlichkeit bestimmt waren: Da tollt der Junge mit seinem über alles geliebten Hund »Joy«, oder er hopst auf einem Schiff in Matrosenuniform inmitten seiner vier gleichgekleideten Schwestern auf dem Deck herum (dies noch Jahre vor dem Krieg aufgenommen). Eine Filmaufnahme ist dabei besonders interessant: Sie zeigt Alexej während des Krieges bei einer Frontbesichtigung; doch der Thronfolger scheint des ewigen Grüßens und Händeschüttelns leid zu sein, denn er bohrt deutlich sichtbar mit der Zunge in seiner Wange. Krieg kann ganz schön langweilig sein, scheint diese Geste zu besagen.

Auf Wunsch seiner Mutter beginnt Alexej im Januar 1916 ein Tagebuch zu führen. Die Einträge sind von fast schon provozierender Banalität – angesichts des dramatischen Weltgeschehens sowie der einflussreichen Persönlichkeiten, mit denen er täglich aufs Engste verkehrt. »2. Januar. Stand spät auf. Spielte nicht. Las englisch. Aß mit OTMA zu Mittag. Mama liegt im Bett.

Spazierte tagsüber nicht. Spielte mit Alexej und Sergej. Aß um 6 Uhr zu Abend. Um 8 Uhr war ich bei Mamas Abendtisch. Ging spät schlafen.« OTMA ist die Abkürzung für die vier Schwestern; bei den beiden Jungen handelt es sich um die Kinder eines seiner Aufpasser. Vielleicht ist das Leben in Zarskoje Selo, wo die Familie über den Jahreswechsel in seiner Lieblingsresidenz, dem Alexanderpalast, vereint ist, tatsächlich so ereignislos. Doch auch in der geliebten Stawka bleiben die Einträge dürftig, selbst wenn der Zarewitsch von weltgeschichtlichen Ereignissen Kenntnis erhält, wie dem Tod des österreichischen Kaisers Franz Joseph, der fast 68 Jahre regiert hatte: »Früh aufgestanden und mit allen Kaffee getrunken (...) Mit allen Mittag gegessen. Erfuhr, das Kaiser Franz Joseph gestorben ist. (...) Borschtsch nach Rezept von jemandem aus dem Konvoi gegessen.«

Lebendiger lesen sich die Briefe, die er zur gleichen Zeit an die Mama schreibt – vor allem dann, wenn er sie um Geld anbetteln muss, weil er wieder einmal beim Kartenspiel verloren hat. Man spielt das aus Frankreich stammende »Nain Jaune« (»Gelber Zwerg«). Und am lebendigsten ist der Junge nach wie vor, wenn er Soldat spielen darf, anstatt sich mit dem echten Krieg auseinanderzusetzen. Da kommandiert er eine kleine Kompanie aus 25 Gymnasiasten oder hält mit seinem Spielzeuggewehr vor dem Schlafzimmer des Vaters Wache, bis dieser herauskommt, und verharrt regungslos in Habachtstellung, wenn dieser seinen Morgentee trinkt. Das einzige Verschulden des Thronfolgers ist, einfach ein normaler Junge sein zu wollen – und kein Held.

Ein Himmelfahrtskommando

Lange hat die 1901 geborene Kosakentochter Marina Yurlova nach ihrer Aufnahme in die Truppe an der russischen Südfront Pferde versorgt und ist von den Soldaten allmählich akzeptiert worden. Doch jetzt will sie endlich gegen die Türken kämpfen.

Ihren Vater, den Kosakenoberst Yurlov, hat sie an der Front nicht gefunden. Das Leben unter den rauen Männern scheint alternativlos geworden zu sein; dabei ist es alles andere als einfach. Zuerst musste sie lernen, wie ihre Einheit heißt. Da sie nur den Namen ihres väterlichen Mentors Kosjol kannte, antwortete sie auf die entsprechende Frage: »Zu Kosjols Trupp«, was endloses Gelächter auslöste, denn Kosjol heißt »Ziegenbock«. Inzwischen weiß Marina längst, dass sie zur Erkundungshundertschaft des 3. Jekaterinodarski-Regiments gehört – und schließlich hat sie sogar Achselklappen mit dem Namen und der Nummer bekommen.

Nach zwei Monaten an der Front hat ihr Vorgesetzter Kosjol ein unendlich kostbares Geschenk für sie – einen Säbel! Schon lange hat sie den Männern bei den Übungen zugesehen und kennt die meisten Kommandos, die das Reglement vorschreibt. Doch als Kosjol sie zum Säbelexerzieren mitnimmt, hat sie am Abend den schlimmsten Muskelkater ihres Lebens. Eines Abends beobachtet sie, wie zwei Kosaken um die Güte ihres Säbels wetteifern. Sie schlagen ihre Waffen auf einen Stein – der beste Klang entscheidet. Am anderen Morgen erprobt Marina Kosjols Geschenk auf die gleiche Weise, doch es gibt überhaupt keinen Laut von sich. Immer wieder und wieder haut sie zu, und am Ende hält sie etwas in der Hand, das am ehesten einem Korkenzieher ähnelt. Das Ding ist aus Zinn – ein sehr weiches Metall, aus dem Spielzeugsoldaten gefertigt werden. Kosjol gibt zu, Angst gehabt zu haben, Marina könnte sich beim Exerzieren mit einem richtigen Säbel verletzen: »Aber nachdem du gelernt hast, damit umzugehen. Ich werde schon einen richtigen für dich auftreiben – sobald wir einen Toten haben.« Darauf wartet das Mädchen von nun an: auf eine Schlacht, auf einen Toten.

Ihr erster Winter an der Front bringt neue Schwierigkeiten mit sich. Solange es warm genug war, schlief sie in eine Decke gewickelt unter freiem Sternenhimmel, weit genug entfernt von den Männern. Jetzt werden enge Hütten gegen die Kälte gebaut, in denen zehn Soldaten immer gerade so Platz haben. Erst jetzt werden dem Mädchen die Gewohnheiten der Kämpfer bewusst – und ihr anderes Geschlecht. Die Luft ist abends zum Ersticken wegen des Machorkaqualms – und des Gestanks ungewaschener Männerkörper. Dann gehen sie auf Läusejagd, ziehen sich aus, trennen die Nähte ihrer Uniformen auf, wo die lästigen Gäste sitzen, um sie an dem kleinen Kanonenofen zu grillen. Marina schämt sich fast zu Tode angesichts ihrer nackten, pelzigen, schweißtriefenden Kameraden – und der obszönen Zoten, die sie bei ihrer Beschäftigung reißen. Sie haben völlig vergessen, dass ein Mädchen in ihrer Mitte ist.

»Ein Kind gewöhnt sich an alles, und schon nach einem Monat war mir der Anblick der Männer vertraut und nichts Menschliches mehr fremd«, erinnert sich Marina später. »Aber ein Instinkt, der weit mehr als Scham war, ließ mich mein Selbst eifersüchtig vor ihnen verbergen. Niemals zog ich mich in ihrer Gegenwart aus, und ich lief oft meilenweit, bis ich einen unbeobachteten Ort gefunden hatte. Keiner, nicht einmal Kosjol, ahnte etwas davon.« Irgendwann jedoch sorgen die Läuse dafür, dass sich Marina Kosjol anvertrauen muss. Der bringt sie zu einer Rotkreuzbaracke, wo sie zum ersten Mal seit Kriegsausbruch baden kann, unbeobachtet sogar: »Das Wasser sah wie ein Jauchetümpel aus, als ich herausstieg.« Die Krankenschwester sieht keine andere Möglichkeit, als Marinas Wäsche zu entsorgen, bevor sie das Mädchen von Kopf bis Fuß mit Desinfektionsmittel behandelt. Die Unterhosen, die sie danach bekommt, scheinen ihr die größten der ganzen russischen Armee zu sein. Doch irgendwann bekommt sie von Kosjol den versprochenen echten Säbel – und sogar ein eigenes Pferd. Jetzt fiebert sie der Stunde entgegen, es dem Feind zu zeigen.

Doch es ist der Feind, der es ihnen vorerst zeigt. Der Großteil der russischen Truppen ist an der westlichen Front gebunden. Die türkische Armee hat eine Offensive gestartet. Marinas Regiment hat sich in die Nähe der armenischen Stadt Jerewan zurückgezogen. Ein direkter Angriff auf die in diesem Frontabschnitt zahlenmäßig weit überlegene osmanische Armee scheint unmöglich. Als ein General im Lager auftaucht und die Soldaten als »Brüder« tituliert, weiß selbst die unerfahrene Marina, dass die Lage sehr ernst ist. Eine große Brücke über den Aras-Fluss soll gesprengt, zwei kleinere sollen verbrannt werden, um den Vormarsch der Türken in Richtung der russischen Eisenbahnlinie zu verlangsamen, was bei Nichtgelingen die gesamte russische Logistik im Süden zusammenbrechen lassen würde. Ein Himmelfahrtskommando, von dem nur wenige zurückkommen werden – doch für Marina sind derartige Vorbehalte sehr abstrakt; natürlich meldet sie sich! Freilich geht sie auch davon aus, dass die meisten Kosaken, kampfesmutig, wie sie sich immer geben, aus dem Glied nach vorn treten werden; doch da hat sie sich getäuscht. Kosjol will verhindern, dass Marina ausgewählt wird – ohne sie wären es jedoch nur zwölf Freiwillige, statt der vom General geforderten dreizehn, dem es gleichgültig ist, dass einer davon ein Mädchen und noch ein Kind ist. Auch Kosjol hat sich schließlich gemeldet, und sei es vielleicht nur, um ein Auge auf Marina haben zu können.

Ein Sergeant der Pioniere leitet das Unternehmen. Während sie in die Nähe der Brücken kriechen, wählt er je drei Soldaten aus, die die kleinen Brücken zur rechten und zur linken mit Petroleum anzünden sollen. Marina und Kosjol sind nicht dabei – sie gehören demnach zum Sprengkommando. Vorsichtig kriecht Marina vorwärts: »Aber Kosjol war ja bei mir – ich konnte einfach nicht glauben, dass mir an seiner Seite etwas geschah.« Dann geschieht etwas, was mit Marinas Vorstellung vom Krieg nicht zu vereinbaren ist: »Ein abgehacktes Knattern, ein schrilles Pfeifen über unseren Köpfen.« Maschinengewehrfeuer. »Es klang wie die großen Wespen in Rajewskaja.« Immer hat sich Marina vorgestellt, mit gezücktem Säbel auf ihrem Pferd eine Attacke zu reiten. Jetzt ahnt sie zum ersten Mal, dass das in diesem Krieg der sofortige Tod wäre.

Während vier Kosaken die große Brücke bereits erreicht haben und die Sprengladungen anbringen, sind die Nachrückenden, der Sergeant, Kosjol und Marina, bereits entdeckt worden und werden befeuert. Die Türken marschieren bereits auf die Brücke zu. Der Sergeant rechnet der kleinen Marina die besten Chancen aus, die Zündschnur doch noch zu betätigen. Kosjol ignoriert den Befehl und wartet das Zeichen ab, dass das Dynamit fertig verlegt ist. Dann geht er nach oben in die Knie, um die Zündschnur reißen zu können. Im gleichen Moment sieht Marina, wie ihm die Pelzmütze vom Kopf fällt, Blut aus seiner Stirn sprudelt. Sie will zu ihm laufen, doch ein Schlag auf ihr Bein lässt sie in die feuchte Erde sinken. Sie sieht noch den einen Blitz, der sich in den Himmel bohrt, hört noch die Schreie der türkischen Soldaten, die bereits die Brücke erreicht haben. Dann wird es dunkel um sie.

Als Marina wieder zu sich kommt, liegt sie auf einem Lazarettkarren, unter sich nur eine Holzpritsche ohne Kissen und ohne Decke. Doch das nimmt sie kaum wahr. Lichterscheinungen quälen sie. Erst dann spürt sie den Schmerz, der nun immer stärker wird. Man hat sie von der Front hierhergetragen und ohne Pflege zurückgelassen. Wahrscheinlich müssen die Sanitäter weitere Verletzte bergen. Die Luft stinkt vom Blut der vielen Verwundeten; und es ist, als würde mit einer Lanze auf ihr Bein eingestochen: »Ich jammerte nach meinem Kindermädchen. In Rajewskaja hatte sie meine kleinen Kratzer und Wunden verbunden. Ich schrie nach den Händen meiner Mutter, die die kühlsten Hände der Welt waren, nach einer freundlichen Stimme.«

Links und rechts neben ihr auf dem gleichen Karren liegen zwei Männer. Der eine umklammert plötzlich ihren Arm, packt immer fester zu. Rumpelnd setzt sich der Karren in Bewegung, reiht sich ein in einen ganzen Zug. Marina wird durchgeschüttelt – und hat den Mann immer noch nicht loswerden können: »Ich betete, dass wenigstens dieser Mann neben mir sterben möge. Aber er starb nicht. Ich war wütend, weil sie solche Leute neben mich legten.« Marina sieht an sich hinunter, ihr Bein steckt in einem Notverband. Jetzt bemerkt sie, dass an ihrem Hals ein Zettel mit ihrem Namen und ihrer Diagnose hängt: »Unterschenkelschuss. Das klingt harmlos. Aber wenn der Sanitäter zum Verbinden kam, mit seinen ungeschickten Händen und rohen Witzen, fand ich niemals den Mut, hinzusehen.«

Ganze zwei Wochen dauert der Transport ins Krankenhaus nach Baku. Weil die Eisenbahnzüge mit Truppen- und Munitionstransporten völlig überlastet sind, müssen Teile der Strecke auf Karren über holprige Wege zurückgelegt werden. Wenn es regnet, wirft der Sanitäter eine Zeltplane über sie, unter der das Mädchen völlig verschwindet. Als sie endlich Baku erreichen, stürzt sich eine ganze Schar von nach Desinfektionsmitteln riechenden Krankenschwestern in sauberer Tracht auf die Verwundeten.

Ein junger Arzt nimmt sich sofort des Mädchens an, wickelt den Verband ab. Diesmal will Marina nicht feige sein und sieht hin. Ihr Bein ist bis zum Oberschenkel auf das Dreifache des normalen Umfangs angeschwollen und sieht schwarz aus. Der Arzt zögert keine Sekunde und lässt sie in das Operationszimmer bringen. Die Sanitäter haben sie schon fast hinausgetragen, als sie noch die leisen Worte des Arztes gegenüber der Schwester hört: »Schade um das Kind – muss amputiert werden! Wundbrand im ganzen Bein. Vielleicht kommt sie überhaupt nicht durch.« Diese Information weckt Marinas Widerstandswillen.

Schwer verletzt zu sein und bleibende Schäden zu behalten, fürchten viele Soldaten noch mehr als den Tod. Und dabei ist dies ein sehr häufiges Schicksal. Im Verlauf des gesamten Krieges werden 21 Millionen Soldaten einmal oder mehrmals verwundet – das sind vierzig Prozent aller Kämpfenden. Gerade in den ersten Jahren des Weltkrieges kämpfen Ärzte und Krankenschwestern häufig auf verlorenem Posten. Ein Bruch des Oberschenkelknochens führt in etwa achtzig Prozent der Fälle zum Tod. Viele Soldaten sterben infolge von Blutverlust – Transfusionen werden noch nicht medizinisch beherrscht. Die Ursachen des Wundstarrkrampfs sind zwar bereits bekannt, doch noch existieren keine praxistauglichen Impfstoffe. Infektionen sind ein großes Problem – man versucht es mit Chloroform und Hygiene zu lösen.

Über zehn Prozent der Verwundeten verlieren ihre Gliedmaßen oder ihr Augenlicht. Während in den modernen Industrienationen große Fortschritte in der Prothetik gemacht werden, ist Russland mit der Versorgung vollkommen überfordert. Das Riesenreich hat Millionen Soldaten in den Krieg geschickt, kämpft erbittert auf Tausenden Kilometern Frontlinie. Doch zur gleichen Zeit kollabiert der Staat im Innern. In den zentralen Krankenhäusern der Großstädte gibt es noch Hilfe, nicht zuletzt weil das Rote Kreuz sehr aktiv ist und viele Krankenschwestern, vor allem aus Großbritannien, als Helferinnen gekommen sind. Doch auch hier richtet sich das Augenmerk vor allem darauf, die verwundeten Soldaten wieder kampffähig zu machen. Die Krüppel aus den Schlachten können nicht auf die Fürsorge des Staates hoffen, für den sie ihre Unversehrtheit geopfert haben. Erst einmal aus dem Krankenhaus entlassen – und ohne weiteren Wert für die Armee –, werden die russischen Kriegsversehrten von der Gesellschaft schnell vergessen, müssen sich auf ein Schicksal als Bettler einstellen, die auf das Mitleid der Menschen angewiesen sind.

So weit reichen Marinas Gedanken nicht, als sie auf dem Operationstisch liegt und die Chloroformmaske sich bereits ihrem Gesicht nähert: »Nie wieder reiten, nie wieder zurück zur Truppe, nie wieder laufen? Nie wieder, sofern ich jemals heimkam, auf Berge steigen, nie wieder tanzen, nie wieder spielen?« Als der Arzt die kleine blitzende Säge in die Hand nimmt, beginnt sie sich zu wehren. Sie schreit, sie wolle lieber sterben, als ein Bein verlieren. Zwei Schwestern müssen sie packen, doch sie reißt sich los, behauptet, das Bein tue gar nicht weh und sie könne prima laufen. Sie setzt einen Fuß auf den Boden und bricht

zusammen. Doch noch am Boden ruft sie, sie sei Freiwilliger –
und ohne ihre Zustimmung dürfe man sie nicht operieren. Es
ist, als hätte sie damit eine Zauberformel gerufen. Ein älterer
Oberst hinkt auf seinen Krücken vorbei und erinnert den Arzt
an die Vorschriften.

Der Chefarzt, der als einer der renommiertesten Chirurgen
Russlands gilt, wird gerufen, besieht sich das Bein und verspricht, sich selbst um den Fall zu kümmern. Tatsächlich gelingt
es ihm, die Kugel zu entfernen und den Wundbrand zu stoppen.
Ein solches Glück ist den wenigsten Soldaten in einer ähnlichen
Situation beschieden. Als der Chefarzt Marina nach einiger Zeit
noch einmal besucht, verspricht er ihr, in ein paar Wochen könne sie endlich nach Hause. Ihre Mutter hätte sicher große Sehnsucht nach ihr – und in ein paar Monaten werde sie sich an den
Krieg gar nicht mehr erinnern. Marinas Antwort erschreckt ihn.
Sobald sie wieder ohne Krücken laufen könne, werde sie sich zurück zu ihrem Regiment melden. Das Mädchen glaubt es dem
toten Kosjol schuldig zu sein.

Heldenmädchen

Am 29. November 1914 erscheint in der New York Times ein
nicht ganz alltäglicher Artikel. »Zwölfjährige Heldin von Granate verletzt, während sie deutsche Soldaten mit Wasser versorgte«, lautet die Überschrift. Er erzählt die Geschichte der
galizischen Bauerntochter Rosa Zenoch, die über Nacht zum
Heldenvorbild für Millionen Kinder wird. »Das Mädchen, das
in Wien derzeit am meisten verehrt wird, ist die zwölf Jahre
alte Rosa Zenoch. Sie liegt in einem Krankenbett des Wiener
Allgemeinen Krankenhauses in der Klinik von Professor Ho-
henegg. Das Kind, das zwölf Tage lang den durstigen Soldaten
Wasser in die Schützengräben in der Nähe ihres Zuhauses getragen hatte, war von einem Granatsplitter verletzt worden, der

einen ihrer Füße abriss. Kaiser Franz Joseph ließ ihr eine Gold-
kette mit einem Diamantanhänger schicken, der seine Initialen
darstellte. Die Wiener schicken ihr Obst, Leckereien und Blumen sowie jede Menge Bücher, die sie gar nicht lesen kann. Es
gibt auch Geldgeschenke, die die Mutter des Kindes, die bei ihr
ist, sparsam verwaltet. Die Mutter, die nur Ruthenisch spricht,
erzählte einem Korrespondenten der Berliner Vossischen Zeitung die Geschichte des kleinen Mädchens: »Wir sind arme
Bauersleute aus der Gegend von Navaruska. Wir haben nur einen Morgen Land und eine kleine Kate. Doch das ist jetzt auch
weg: die Russen haben es abgebrannt und meinen Mann ver-
schleppt – Gott weiß wohin. Täglich kamen die Soldaten bei uns
vorbei. Wir sind arme Leute und haben wenig zu essen. Doch
Joseph, unser Ältester, meldete sich auch zur Armee. Und wann
immer Soldaten an unsere Tür klopften, fragte Rosa, ob Joseph
bei ihnen sei. Die Soldaten sprachen nur Deutsch oder Ungarisch, und sie spricht nur Ruthenisch. Die Soldaten waren aus-
gehungert und unglaublich durstig. Schließlich lernte Rosa so
viel Deutsch, dass sie die einzige deutsche Frage, ›Haben Se was
zu trinken?‹ verstand. Und sie lernte einen deutschen Satz, um
zu antworten: ›Ja, wir haben.‹ Solange wir Milch und Brot hatten, teilten wir es gerne. Dann ging ich auch zum Brunnen, ließ
den Eimer hinunter und holte Wasser für die Soldaten. Manchmal gingen die Soldaten auch am Haus vorbei. Dann sagte Rosa:
›Gib mir den Eimer‹, und sie rannte mit dem Eimer den Soldaten
hinterher, um ihnen Wasser zu geben. Die Soldaten hatten häufig tagelang nichts zu trinken gehabt. Immer wenn wir das Haus
verließen, sahen wir, wie sie in den Sümpfen Wasser schöpften;
es gibt viele Sümpfe und viel Sand in unserem Land. Dann plötzlich kam tagelang niemand mehr. Doch wir hörten das Donnern
draußen, und Rosa flehte mich an: ›Mutter, hole so viel Wasser,
wie du kannst!‹ Sobald der Eimer gefüllt war, schleppte sie ihn
zu den Soldaten, die da im Graben lagen. Die Soldaten erkann-
ten sie.« »Die Soldaten behandelten mich gut«, erklärt das klei-

ne Mädchen vom Bett aus. »Ja, sie herzten sie und baten um mehr Wasser«, sagte die alte Frau. »Und so lief sie viele Tage ohne Unterlass vom Brunnen zu den Soldaten und von den Soldaten zum Brunnen. Ich beobachtete immer, ob der Feind im Anmarsch war, aber ich sah ihn nie. »Am Ende«, so die Alte, »kannten sie alle Soldaten. Sie war vollkommen erschöpft vom Hin- und Herlaufen und dem Wasser tragen. Und nachts konnte sie auch nicht so gut schlafen, wegen des Lärms, der nachts schlimmer war als tags. Als dann die Nachbarn zu uns kamen und sagten, dass die Kanonengeschütze schon deutlich zu hören seien und der Feind nahe sein müsse, verbat ich Rosa hinauszugehen. Immer mal wieder kam ein Soldat, um nach Wasser zu fragen. Dabei waren sie so durstig, dass sie kaum noch sprechen konnten. Dann ging ich selbst hinaus und holte Wasser. Aber Rosa war viel flinker, und die Soldaten begrüßten sie schon von weitem, wenn sie sie sahen, und küssten ihr die Hand und segneten sie. Und immer wenn ich ihr sagte, sie müsse jetzt zuhause bleiben, war ihre Antwort: ›Aber vielleicht ist Joseph unter ihnen.‹ So ging das, bis ich an einem Morgen das Haus verließ und einen Schrei hinter mir hörte. Als ich mich umdrehte, sah ich noch, wie Rosa fiel. Ich hob sie hoch und sah, wie ihr Fuß lose baumelte. Ich trug sie eine große Entfernung zum Kasernenlager, wo die verwundeten Soldaten behandelt werden. Die Schwestern legten sie auf einen Ambulanzkarren, der sie ins Spital nach Meglerow brachte und wo ihr Fuß abgenommen wurde. Dann brachte man sie nach Wien und mich dazu, damit ich auf sie aufpassen kann.«

Für ihre Heldentat wird Rosa außerdem mit einem Besuch des Kaisers belohnt und mit der Silbernen Ehrenmedaille mit Kriegsdekoration für Verdienste um das Rote Kreuz ausgezeichnet. Der Wiener Künstler Adolf Karpellus schließlich gestaltet eine Bildpostkarte für das Rote Kreuz, die zur damaligen Zeit eine weite Verbreitung fand, und der Bevölkerung Vorbild für aufopfernde Tapferkeit sein sollte.

Im August 1915 berichtet der Erfurter Allgemeine Anzeiger in einer Notiz über das »Heldenmädchen von Rawaruska«: »Das vierzehnjährige ruthenische Mädchen Rosa Zenoch, das den Soldaten bei Rawaruska in den Schützengräben unermüdlich Wasser und Obst brachte und dem bei diesem Samariterwerke am 3. September vorigen Jahres von einem Schrapnell der rechte Fuß zerschmettert wurde, weilt gegenwärtig zur Erholung im Kurort Vöslau. Dieser Tage nun wurde am Orte zu wohltätigen Zwecken ein Parkfest abgehalten, bei dem es eine eigenartige Sensation im Zeichen des Krieges gab. Bei der Jungmädchenschönheitskonkurrenz erhielt nämlich Rosa Zenoch den Schönheitspreis. Aber damit nicht genug, verzichteten auch die Trägerinnen des zweiten und dritten Preises auf ihre Gaben, und so erhielt das tapfere Mädchen von Rawaruska außer ihrer goldenen Damenuhr auch noch ein goldenes Armband und eine silberne Armbanduhr. Die kleine Heldin, die im Gebrauch ihres auf Kosten des Kaisers Franz Joseph hergestellten künstlichen Fußes schon sehr geübt ist, ist auch Inhaberin der Silbernen Ehrenmedaille vom Roten Kreuz am weiß-roten Bande, die ihr Erzherzog Franz Salvator persönlich angeheftet hat.«

Gliedmaßen im Krieg zu verlieren ist an sich nicht heldenhaft. Wie die Betroffenen ihr Schicksal annehmen aber manchmal schon. Die kleine Denis Cartier aus Paris fiel einem frühen Luftangriff auf die Stadt am 29. September 1914 zum Opfer und büßte ein Bein ein. Legendär wird sie in Frankreich durch ihre tapfere und positive Einstellung gegenüber dem Verlust, vor allem aber, weil sie sich widerstandslos in patriotische Inszenierungen jeder Art einbinden lässt und ihr amputiertes Bein gar zu einem »Geschenk an Frankreich« verklärt.

Die 1899 geborene Viktoria Savs ist hingegen schon eine Heldin, als ihr im Mai 1917 nach einem Granateinschlag ein Bein amputiert werden muss. Als »Viktor Savs« hat das Mädchen seit 1915 in der österreichischen Armee gedient – und dabei nicht nur ihr Alter, sondern auch ihr Geschlecht verheimlicht.

Als ihr Geheimnis entdeckt wird, erteilt ihr der Feldmarschall Eugen von Habsburg persönlich die Erlaubnis weiterzukämpfen, wobei nach wie vor nur wenige Vertraute ihre Geschichte kennen. Der Fall gilt als singulär für das Habsburger Reich. Viktoria dürfte die mit weitem Abstand höchstdekorierte Jugendliche des Ersten Weltkriegs sein, der eine Vielzahl österreichischer Orden verliehen wurde. Ihr Ruhm hat ihren Tod im Jahr 1979 sogar noch überdauert – zwanzig Jahre nach ihrem Ableben benannte das österreichische Heer einen Unteroffizierslehrgang nach ihr.

Doch die kindliche Heldeneuphorie treibt auch kuriose Blüten. Ebenfalls im Herbst 1914 berichtet die Neue Freie Presse über Fritz Stanka: »Ein sechzehn Jahre alter Kriegsheld in Wien« – Nur wenige Tage später veröffentlicht das Illustrierte Wiener Extrablatt ein Foto Stankas mit dem Titel »Ein Kriegsschwindler – Die Phantastereien eines Sechzehnjährigen.« Zwischen den beiden Berichten liegt ein rigoroses Ermittlungsverfahren der Polizei, die den vermeintlichen Kinderhelden schnell entlarvt. Fritz war in einer bunten Uniformenmischung in Wien angekommen. Mit deutscher Kopfbedeckung, französischem Bajonett und dem Schwert eines österreichischen Offiziers sowie Rot-Kreuz-Verbänden, die angeblich Schrapnellwunden bedeckten, die er im Kampf um Lüttich davongetragen hatte. Reportern sagte er, dass er auf eine Audienz beim Kaiser hoffte, um die Auszeichnungen für seine Tapferkeit abzuholen.

Die anfängliche Begeisterung für Fritzens Heldengeschichte verflog, als die Ärzte die Verbände abnahmen und mitteilten, dass er nicht den kleinsten Kratzer habe. Die Polizei kam zu dem Ergebnis, dass Fritz kein Held war, sondern ein zurückgelassenes Kind, dessen Vater in die USA ausgewandert und dessen Mutter ohne ihn nach Berlin gezogen war. Er hatte sich einem Wanderzirkus angeschlossen und sich später an einer Lehre versucht. Doch so wie die Presse Rosa Zenoch in den Heldenolymp schrieb, verdammte sie Fritz als pathologischen Lügner.

Das Kaiserreich brauchte zwar einzelne Helden als Vorbilder, aber zu viele sollten es auch nicht sein. Wichtiger waren ihm die hunderttausenden jungen Arbeiter, die pflichtgetreu ihre kleine Rolle für das große Ganze erfüllten.

In »Die Kinder und der Krieg« aus dem Jahr 1915 zitiert Herausgeber Hanns Floerke einen Artikel aus der polnischen Tageszeitung Nowa Reforma, die in Krakau erschien, das damals Teil des Habsburger Reiches war. Demnach habe sich ein zehnjähriger polnischer Junge im Dezember 1914 österreichischen Truppen angeschlossen, nachdem seine Familie auf der Flucht vor russischen Truppen versprengt, die Eltern durch Schrapnellfeuer getötet worden seien. Bei der Truppe sei er zum Liebling der Soldaten geworden und hätte Botengänge zwischen den einzelnen Schützengräben erledigt, um Lebensmittel oder Wasser zu transportieren. »Einmal waren in einem Schützengraben die Patronen zur Neige gegangen, aber infolge des feindlichen Geschosshagels war es unmöglich, die Munition zu ergänzen. Jeder Versuch misslang. Als der Junge dies sah, bot er sich zu diesem Dienst an, was jedoch mit Rücksicht darauf, dass er dem sicheren Tode geweiht worden wäre, abgelehnt wurde. Der Junge schlich sich indes doch aus dem Graben zum Munitionsdepot, erreichte dieses und kehrte mit der Munition zurück. Kaum hundert Schritte vom Schützengraben platzte ein Schrapnell, und man sah, dass der Knabe getroffen worden war. Der junge Held eilte aber weiter, bis er, etwa zehn Schritte vom Schützengraben entfernt, von weiteren Geschossen getroffen wurde und zusammenbrach. Er wurde durch die Soldaten rasch geborgen, die auch die Munition in Sicherheit brachten.« Der Junge sei anschließend im Reservespital in Mährisch-Weißkirchen seinen Verletzungen erlegen und dort unter großer Anteilnahme beerdigt worden. Auf der Kranzschleife habe die Widmung gestanden: »Dem kleinen verwaisten Helden – Reservespital.« Sogar der Name des Zehnjährigen wird mitgeteilt: Jan Wisniewski aus Rychwald bei Tarnow.

Am glaubwürdigsten an dieser haarsträubenden Begebenheit ist noch das Ende, der tragische Tod eines auf der Flucht befindlichen Jungen, der zuvor seine Eltern verlor, und die Beisetzung in der Nähe des Lazaretts. Auch die Botendienste des Jungen mit Essen und Wasser könnten so stattgefunden haben, sind doch ähnliche Fälle, wie etwa bei Rosa Zenoch, recht gut dokumentiert. Ganz und gar in den Bereich der Legende müssen jedoch die mitgeteilten Umstände seines Todes verwiesen werden. Schon allein aufgrund der im modernen Krieg erforderlichen riesigen Mengen Munition stellt sich die Frage, wie ein Zehnjähriger solche Gewichte durch eine von Artillerie zerpflügte Landschaft unter Beschuss transportiert haben soll.

Der Wahrheitsgehalt solcher und ähnlicher Geschichten, die in fast allen Ländern kursieren, ist schon damals für die Zeitgenossen kaum überprüfbar. Es ist sogar bezweifelt worden, ob die solcherart heroisierten Kinder tatsächlich existiert haben – oder selbst Namen und Orte der Phantasie der Verfasser solcher Zeitungsartikel entsprungen sind. Immerhin sind solche und ähnliche Geschichten damals dermaßen verbreitet, dass die Art ihres Aufkommens nach einer Erklärung ruft. Einen bemerkenswerten Hinweis dafür, wie aus wenig spektakulären Begebenheiten ein sowohl spannendes wie auch propagandistisch wertvolles Ereignis werden kann, liefert die Betrachtung einer von Ernst Jünger in seinem berühmt-berüchtigten »Tagebuch eines Stoßtruppführers« (»In Stahlgewittern«) erwähnten Episode. Darin geht es um den Anschluss zweier verwaister französischer Knaben im Alter von acht und zwölf Jahren an das deutsche Heer im besetzten Nordfrankreich. Beide hätten Uniform getragen, fließend Deutsch gesprochen und Offiziere auf der Straße vorschriftsmäßig gegrüßt. Für ihre Landsleute hätten sie nur Verachtung empfunden. »Sie konnten tadellos exerzieren«, heißt es; »ihr größter Wunsch war, einmal mit ihrer Kompagnie in Stellung gehen zu dürfen.« Und auch eine Pointe lässt sich der Schriftsteller Jünger nicht entgehen, der das Buch mit dem Anspruch veröffentlichte, nicht zu beschreiben, »wie es hätte sein können, sondern wie es war«. Der ältere der beiden Knaben soll später nach Deutschland auf eine Unteroffiziersschule geschickt worden sein.

Nun lässt sich aber der Ursprung dieser Geschichte nachvollziehen, seit im Jahr 2010 unter dem Titel »Kriegstagebuch 1914–1918« die ursprünglichen, nicht redigierten Tagebuchaufzeichnungen Jüngers publiziert worden sind. Unter dem Datum »25. IX. 15« lesen wir hier: »Es fiel mir dort [im Quartier der 6. Kompanie] ein kleiner Franzosenjunge von 10–12 Jahren auf, der schon monatelang bei der Küche war und schon gut deutsch sprechen konnte. Seine Mutter war in Cambrai. Ein armes Kerlchen, das sich schon vollständig an dieses wüste Granatfeuer gewöhnt hatte.« Das ist alles.

Bei der Umarbeitung der Originalnotizen in eine publizierbare Form hat sich der eine Junge quasi verdoppelt, ist mal acht, mal zwölf Jahre alt geworden. Aus einem »armen Kerlchen«, dessen Mutter sich ebenfalls in Frontnähe befindet, ist ein Waisenknabe erstanden, der sich deutscher gebärdet als jeder Deutsche. Der, statt in der Küche zu helfen, am liebsten exerziert. Die beabsichtigte Botschaft ist klar: Im besetzten Nordfrankreich lehnen keineswegs alle Bewohner die Okkupation ab, empfinden vielmehr die schneidigen deutschen Soldaten als Vorbilder für eigenes künftiges Heldentum.

KAPITEL 12

Leben ohne Väter

Im zweiten Kriegswinter führt keine Nation mehr den Krieg, den sie erwartet hat. Alle in den Friedenszeiten geschmiedeten Pläne sind katastrophal gescheitert. Die herkömmlichen Regeln der Kriegführung haben sich als untauglich erwiesen. Die Befehlshaber aller Armeen suchen fieberhaft nach neuen siegreichen Strategien. Sie sollen das Jahr 1916 zum Jahr der Entscheidung in diesem Weltkrieg machen.

Im Dezember 1915 haben die wichtigsten alliierten Staaten Großbritannien, Frankreich, Russland und Italien eine koordinierte Offensive für das folgende Jahr verabredet. Erstmals in diesem Krieg sollen dadurch die gegenüber Deutschland und seinen Verbündeten weit überlegenen Ressourcen an Menschen und Material maximal ausgenutzt werden. Es soll dem Gegner unmöglich gemacht werden, Truppen von anderen Kriegsschauplätzen an bedrohte Frontabschnitte zu verlegen. Die Westmächte wollen an der Somme gegen die Deutschen einen Durchbruch erzwingen. Russland soll an der Ostfront Österreich-Ungarn in Bedrängnis bringen und zugleich an der Kaukasusfront weit in türkisches Gebiet hineinstoßen. Den österreichischen Truppen soll am Grenzfluss Isonzo von der italienischen Armee ein weiterer Todesstoß versetzt werden.

Doch bevor die alliierten Offensiven anlaufen, schlagen deutsche Truppen an der Westfront los. Ziel der Heeresführung ist die Festung Verdun. General von Falkenhayn will mit seiner »Operation Gericht« die französischen Truppen durch unaufhörliche Angriffe »ausbluten« lassen. Fieberhaft bereiten die Briten an der Somme einen Militärschlag bisher nie dagewesenen Ausmaßes vor. Er soll dem bei Verdun in Bedrängnis geratenen französischen Heer so schnell wie möglich Entlastung bringen.

Bis zum Sommer 1916 haben die seit Februar wogenden Angriffswellen bei Verdun keineswegs die vom deutschen Generalstab erhoffte »Zermürbung« der französischen Armee gebracht. Und während deutsche und französische Soldaten zu Hunderttausenden bei Verdun verbluten, beginnen die Alliierten, 250 Kilometer entfernt, ihre eigene Großoffensive an der Somme. Rund drei Millionen Granaten haben sie für ein apokalyptisches Trommelfeuer herangeschafft. 1500 Geschütze allen Kalibers sind auf einer Frontlänge von 15 Kilometern zusammengezogen – alle zwanzig Meter ein Geschütz. Zur Unterstützung der Offensive setzen die Alliierten neben der Feuerkraft ihrer Artillerie auf die modernsten verfügbaren Waffen. Unter größter Geheimhaltung ist unter dem Tarnnamen »Tank« eine neue Waffengattung entwickelt worden: der Panzer.

Ohne Rücksicht auf Verluste an Menschen und Material werden die russischen Offensiven an der Ostfront und in Anatolien vorangetrieben. Erfolge erzielt vor allem General Brussilow, der die Österreicher in Galizien weit zurückdrängt. Die Front der Mittelmächte droht zusammenzubrechen. Deutschland ist gezwungen, dem Verbündeten zu Hilfe zu eilen, muss Truppen aus Verdun nach Osten verlagern. Dies bedeutet eine entscheidende Schwächung der Westfront, die eine weitere Offensive vor Verdun fast unmöglich macht. Ein Durchbruch an der Somme könnte nun den Krieg für die Alliierten entscheiden.

Noch nie in der Geschichte haben so viele Männer unter Waffen gestanden – noch nie zuvor waren die Opfer so hoch. Viele Kinder werden die Väter erst wiedersehen, wenn sie selbst an der Schwelle zu einem Alter sind, in dem sie selbst in den Krieg ziehen müssen. Viele andere werden ihre Väter nie wiedersehen.

Millionen von Kindern wachsen in den Jahren des Weltkriegs ohne Väter auf. In manchen Fällen ist es eine Erlösung aus patriarchalischer Enge. Marlene Dietrich fühlt sich von einer reinen Frauenwelt umgeben: »Die wenigen Männer, mit denen wir zusammenkamen, waren alt oder krank, keine wirklichen Männer.« Von ihrem Stiefvater Eduard von Losch bleibt wenig mehr in Erinnerung als die Dose Büchsenfleisch, die er 1916 von der Front schickt, zu einem Zeitpunkt, da so etwas schon seit Monaten nicht mehr zu bekommen war. Das Fleisch wird in fast papierdünne Scheiben geteilt – und auch die leere Dose wird noch mehrmals auf den Herd gestellt, um in den verbliebenen Resten von Fett Kartoffeln anzubraten. Von solchen Entbehrungen abgesehen, findet es Marlene recht bequem, in einer männerlosen Gesellschaft zu leben: »Unser Leben unter Frauen war zu einer so angenehmen Gewohnheit geworden, dass die Aussicht, die Männer könnten zurückkommen, uns manchmal beunruhigte – Männer, die das Zepter wieder in die Hand nähmen, wieder Herren in ihrem Hause würden.«

Doch was der spätere Filmstar hier beschreibt, bildet in der damaligen Zeit eine seltene Ausnahme. Die meisten Frauen stöhnen unter der Doppelbelastung, die das männerlose Leben unter den Bedingungen des Krieges mit sich bringt. Von den Frauen wird neben ihren traditionellen Aufgaben als Mütter und Hausfrauen verlangt, die Arbeit der Männer zu übernehmen: Sie werden Straßenbahnschaffnerinnen oder Postbotinnen, lenken neumodische Automobile, bedienen sogar große Lokomotiven für Güter- und Personenzüge oder schuften im Wald als Holzfällerinnen. Sie unterrichten zunehmend auch als Lehrerinnen an Knabenschulen, was vor dem Krieg fast undenkbar schien. Die meisten werden in den Rüstungsfabriken gebraucht, um unter extrem gesundheitsgefährdenden Bedingungen Granaten für die sogenannten »Materialschlachten« herzustellen.

Auf dem Land

Die Uniform ist wie ein Fluch in der Beziehung zwischen Marie und Paul Pireaud. Während der Verlobungszeit musste Paul seinen zweijährigen Wehrdienst ableisten, eine Zeitlang davon in Marokko – weit weg von zu Hause. Als der Krieg ausbricht, sind sie gerade sechs Monate verheiratet; es war eine Liebesheirat – alles andere als eine Selbstverständlichkeit in dem konservativen Milieu des ländlichen Südfrankreich, in dem sie aufgewachsen sind. Im August 1914 gehörte der frischgebackene Ehemann zu den Ersten, die zu den Waffen gerufen wurden. Eine Katastrophe für das junge Paar, denn nun musste Marie allein die eigene Landwirtschaft betreiben – und die wenige gemeinsame Zeit hatte nicht ausgereicht, um ihren größten Wunsch zu erfüllen: ein Baby. Das Hochzeitsgeschenk der Eltern ist das Ehebett gewesen, dessen eine Hälfte auf lange Zeit leer bleiben würde.

Marie und Paul stammen aus Nanteuil-de-Bourzac, einem winzigen Dorf in der Dordogne, 300 Kilometer südwestlich von Paris. Maries Eltern besitzen hier ein Gut. Im Reichtum schwimmen sie dennoch nicht, die Erträge reichen gerade für den Eigenbedarf. Die Arbeit auf dem Feld ist hart, und ständig muss Marie befürchten, dass ihre Kühe von der Armee requiriert werden. Als Erntehelfer stehen nur halbwüchsige Jungen zur Verfügung. Konnte sie die 15-Jährigen im Sommer 1914 noch für 1,50 Francs pro Tag beschäftigen, verlangen sie im Jahr darauf schon 2,50 Francs, Tendenz steigend. Das Geld kann sie kaum aufbringen.

Einzig der Briefwechsel mit ihrem Mann Paul spendet Marie Trost. Die beiden sind Teil einer ersten Generation ländlicher Paare, die im Unterschied zu ihren Eltern leidlich Lesen und Schreiben gelernt haben. Mit fehlerhafter Orthografie, ohne Punkt und Komma – doch angesichts von Millionen auseinandergerissener Paare und Familien kommt im Ersten Weltkrieg dem Briefeschreiben eine Bedeutung zu wie nie zuvor. Der Erste Weltkrieg bedeutet den Durchbruch der modernen Massen-kommunikation. Führend beim Postversand ist Deutschland, wo während des Krieges 28 Milliarden Ansichtskarten beför-dert werden; Briefe und Päckchen kommen noch hinzu. In den Großstädten werden die intimen Botschaften bis zu elfmal täg-lich ausgetragen oder durch Rohrpost versendet. In Frank-reich werden täglich vier Millionen Briefe zur Front und zurück transportiert – kostenlos.

»Schreib, so oft es geht«, hat Paul in seinem ersten Brief ge-schrieben: »Dann werde ich weinen wie die anderen Kamera-den auch.« Sehen konnten sie sich vorerst nicht. In den ersten Kriegsmonaten verbot die französische Heeresführung Kontak-te der Soldaten mit ihren Frauen im Hinterland nahe der Front. Auch Heimaturlaub wurde nicht gewährt. Nichts sollte die Ar-meen von ihrer Bestimmung abhalten: zu kämpfen und zu tö-ten. Frauen, so fürchtete man, würden die Moral der Truppe unterminieren. Die derart ungeschwächte Kampfkraft der Sol-daten sollte das rasche Ende des Krieges herbeiführen. Paare, die sich verbotenerweise dennoch trafen, riskierten 15 Tage Ge-fängnis. Kinder zu bekommen, hatten die Pirauds bisher kaum Gelegenheit.

Mit diesem Problem sind sie nicht allein. Frankreich hat oh-nehin die niedrigste Geburtenrate in ganz Europa, und im Krieg sinkt sie noch einmal um vierzig Prozent. 15 Prozent der Babys sterben bei der Geburt. Wissenschaftler warnen schon vor dem Aussterben der »Grande Nation«. So wird allmählich die Pro-duktion von Kindern ebenso kriegswichtig wie die von Nah-rung oder Granaten. Während eine ganze Generation junger Männer in den Schützengräben verblutet, sorgen sich die Men-schen darum, wer am Ende noch da sein wird, um den künftigen Frieden zu gestalten – wenn er denn jemals kommt.

Im September 1915 haben sich Marie und Paul endlich sehen können. Und diesmal ist sie tatsächlich schwanger geworden. Kurz vor der Geburt kämpft Paul bei der schweren Artillerie, verschießt in Verdun Giftgasgranaten und sorgt sich um das künftige Kind, denn Marie versucht trotz ihres dicken Bauchs die Ernte einzufahren. Wie es anders gehen soll, weiß auch Paul nicht. Es gibt kaum noch Ärzte in ihrer Umgebung, falls Komplikationen auftreten sollten – die meisten tragen inzwischen Uniform. Auch Hebammen sind schwer zu bekommen.

Am 15. Juli 1916 schreibt Marie an Paul: »Mein Paul, wie froh ich bin, dass Du nicht hier bist. Denn zwischen 5 Uhr abends am 11. bis 4 Uhr am 13. … Oh wie ich gelitten habe! Mach dir aber keine Sorgen! Das Schlimmste ist überstanden. Wir haben einen großen, hungrigen Jungen! Oh mein armer Paul, wie habe ich gelitten! Oh wie ich gelitten habe, mein armer Paul!«

Wie froh das Paar auch ist, dass Marie die Geburt gemeistert hat, die Schwierigkeiten haben erst begonnen. Baby Serge kränkelt; manchmal ist sich Marie nicht sicher, ob sie den Kleinen durchbekommt. Weil sie dem Kind nicht die Brust geben kann, ist sie auf Milch angewiesen, und obwohl sie Bäuerin ist, geben die geschwächten Kühe kaum genug her – ein grelles Schlaglicht auf die Schwierigkeiten, die erst recht Städterinnen haben, die in dieser Zeit Kinder bekommen. Ebenso schwer wiegt die Angst, ob Paul seinen Sohn jemals sehen wird. Denn er durchleidet gerade den Höhepunkt der Schlacht um Verdun, die von den Soldaten »Knochenmühle« oder einfach nur »Hölle« genannt wird.

Er schreibt an die geliebte Frau: »Ich bin unglücklich, denn niemand ist glücklich im Krieg. Ich vermisse mein Heim und alle, die mir lieb sind. Ich vermisse auch meine Freiheit. Wir alle sind Märtyrer dieses Jahrhunderts.«

Eine Arbeiterfamilie

Anna Pöhland, Hausangestellte und Zeitungsausträgerin aus Bremen, hat neben der Arbeit fünf Kinder zu versorgen und satt zu bekommen. »Brennen mir die Augen so sehr, dass ich sie immer anfeuchten muss. Auch bin ich wie gerädert«, schreibt sie an ihren geliebten Mann Robert, der 37-jährig im Juli 1915 zum Militärdienst einberufen worden ist: »Musste nämlich auf der Gasanstalt 3 Stunden, am Dienstag 1¼ Stunde am Schlachthof stehen; dazu noch die Wäsche; dann muss ich Kassieren. Wenn Du kommst, wirst Du es ja sehen, wie wir Frauen ausgebeutet werden.«

Anna kann sich sicher sein, mit ihren Nöten Verständnis bei ihrem Mann zu finden. Der gelernte Maurer Robert Pöhland ist Bauarbeiter und wie auch seine Frau für Emanzipation und von allem Anfang an gegen den Krieg eingestellt. Das Paar ist politisch engagiert, gehört dem extrem linken Flügel der Sozialdemokratie an und bildet damit eine Minderheit innerhalb der Partei. Manchmal ist das Geld so knapp, dass Anna nicht einmal zu den ihr überaus wichtigen Versammlungen der SPD fahren kann, weil die erforderlichen zwanzig Pfennige für die Straßenbahn fehlen. Kinder sind der einzige Reichtum der Arbeiter, findet sie.

Die durch den schweren Alltag wie viele Bremer Arbeiterfrauen überforderte Anna könnte ihre Kinder tagsüber in ein städtisches Kinderheim geben, das extra für solche Fälle geschaffen worden ist. Doch das will sie nicht: »Gewiss ist es für einige Mütter, die keine Min. Zeit für ihre Kinder überhaben, angenehm. Aber die Kinderstube leidet, der Wille wird gebrochen, der Geist für Freiheit vertilgt. Habe auch die Mütter darauf aufmerksam gemacht, als sie mich frugen, warum ich denn meine Kinder nicht hinschickte.«

Ihr Mann Robert sieht das genauso und ist – entgegen der Meinung zahlreicher Sozialdemokraten – der Ansicht, ihre Kinder könnten sich gar nicht früh genug mit Politik beschäftigen. Die erforderlichen Antworten sind dabei gar nicht so leicht zu geben. So schickt Anna einerseits die Kinder fast täglich zu einer vom Roten Kreuz organisierten Mittagsspeisung, wo sie sich an Erbsen mit Speck oder weißen Bohnen satt essen können (der siebenjährige Richard bringt es locker auf fünf Teller pro Mahlzeit). Andererseits lehnen die Pöhlands das Rote Kreuz als eine konservativ-bürgerliche Einrichtung ab, wo Wohltaten nach Gutsherrenart verteilt würden. Da hat das sechsjährige Gretchen der Mutter gesagt: »Die Damen vom Roten Kreuz sehen aber nicht so elend aus wie du!« Und der Vater kommentiert: »Muss man einem solchen Kind darauf nicht antworten, dass wir eben zu viel arbeiten, zu schlechte Nahrung und zu wenig Ruhe haben und bei dieser Gesellschaft das strikte Gegenteil der Fall ist? Und grenzen solche Antworten nicht schon an Politik?«

Entsprechend widerständig treten die atheistisch erzogenen Sprösslinge in der Schule und in der Nachbarschaft auf. Erleichtert kann Anna dem Mann berichten, der über die Mittagsspeisung des Roten Kreuzes nicht begeistert ist: »Auf den Tellern stehen fromme Worte, davon nehmen unsere Kinder keine Notiz, wie mir Klärchen sagte.« Zu Kaisers Geburtstag am 27. Januar sind alle Schulkinder gehalten, weiße Schürzen zu tragen. Nur das 1903 geborene Klärchen wird von der Mutter mit einer roten Schürze zur Feierstunde losgeschickt, schon als Kind auf diese Weise deutlich als anders und – schlimmer noch – als »Sozi« zu erkennen. Ein anderes Mal soll das Mädchen vor dem Lehrer ein Lied zu Ehren des in Deutschland gottgleich verehrten General Hindenburg mitsingen:

Wie ist's dem Russen hier ergangen!
Er tilgt ihn aus mit Stiel und Stumpf.
Hat hunderttausend Mann gefangen,
Den Rest gejagt in See und Sumpf.
Sich an der Grenz' zu finden durch
Glückt keinem dank Herrn Hindenburg,
Herrn Hi-Ha-Hindenburg.

Doch das Mädchen verbirgt schluchzend den Kopf auf der Schulbank und erklärt dem besorgten Lehrer: »»Mein Onkel Paul ist gerade in Masuren gefallen, ich kann das nicht singen!‹ – Stimmte auch, bloß weinen musste ich eigentlich nicht. Aber so ein Kriegslied wollte ich doch nicht singen! – Da waren meine Eltern dann auch ganz stolz auf mich.« Allerdings: selbst noch als hochbetagte Frau wird Klärchen den Text des Liedes nicht vergessen.

Robert Pöhland schreibt viel und im Ton sehr verbindlich aus dem Feld – und er dosiert den Wahrheitsgehalt seiner Schilderungen je nach Empfänger sehr genau. Nur seiner Frau vertraut er die allmähliche Steigerung des Schreckens an, dem er sich ausgesetzt sieht. Da ist zunächst der Stumpfsinn des Kasernendrills, das pausenlose Exerzieren und die schikanöse Behandlung durch die Unteroffiziere. Der militärische Kadavergehorsam ist dabei für einen Kriegsgegner wie Robert doppelt schwer zu ertragen. Im März 1916 wird er ins belgische Flandern abkommandiert; als Maurer ist er einem Pionierbataillon zugeordnet. Bei Ypern, wo bereits zwei monatelange Schlachten stattgefunden haben, ist die Front gerade relativ ruhig. Robert schaudert angesichts der verwüsteten Landschaft, beschreibt riesige Wälder, die nur aus schwarzen toten Stümpfen bestehen. Seine Aufgabe besteht in der Errichtung monströser Betonunterstände: »Wenn die Besitzer der zerstörten Ortschaften wieder zurückkehren und dieses sehen, sie werden verrückt.«

Obwohl nicht unmittelbar in Lebensgefahr, beherrscht ihn ein Gefühl vollkommener Hoffnungslosigkeit, suchen ihn Todesahnungen heim: »Macht euch mit dem Gedanken schon vertraut, dass ich wohl schwerlich zurückkehren werde.« In diesem Fall solle Anna keine Todesanzeige in die Zeitung setzen, denn was darin seiner Meinung mitgeteilt werden müsste, würde die Zensur ohnehin nicht passieren. Ebenso verbittet er sich Trauerkleider für die Frau und die Kinder. »Das wäre für mich keine Ehrung, sondern eine Verhöhnung meiner Grundsätze.« Annas Reaktion, die verloren ging, ist nicht geeignet, Robert zu trösten. Er antwortet ihr: »Auch Du schreibst, Du hättest oft keine Lust mehr zum Leben, aber trösten wir beiden Todeskandidaten einander doch, so gut es geht. Hätten wir nicht solch prächtige Kinder, Liebste, so würde ich sagen, wozu soll man sich denn hier auch noch lange herumquälen.«

Immer öfter wird das Pionierbataillon in die vordersten Schützengräben geschickt, um die zerschossenen Unterstände auszubessern, entsprechend wird der Frontalltag immer gefährlicher, und Anna bangt jede Minute um ihren Mann. Doch der Krieg hält noch eine Steigerung bereit, als Robert im Herbst 1916 nach Frankreich an die Somme abkommandiert wird, wo die größte Schlacht des gesamten Krieges tobt. Das Trommelfeuer, dem Robert ausgesetzt ist, ist fürchterlich; ein Dröhnen und Grollen, dass der Kopf zu zerspringen scheint; hunderte Einschläge pro Minute schleudern mit der Gewalt von Vulkanausbrüchen haushohe schwarze Fontänen aus Erde und Pulver in die Luft. Das stundenlange Stöhnen der langsam sterbenden Verwundeten, denen keine Hilfe zuteil werden kann, ist unerträglich. Nur der Gedanke an die Kinder lässt Robert ausharren und ein Fünkchen Lebensmut schöpfen.

Ein härterer Kontrast als die zeitgleichen Briefe des Vaters an die 1909 geborenen Zwillinge Lottchen und Gretchen ist schwer vorstellbar. Aus Belgien schreibt er im Sommer 1916: »Vorgestern hatte ich eine Freude an 3 jungen Kätzchen und einem Hund. Der Hund war ein kleiner schöner gutmütiger rotbrauner Fuchshund. Er spielte mit kl. Kätzchen, als wären es seine Kinder. Sie kletterten ihm auf den Rücken, kratzten ihn manchmal auch an die Nase, er aber biss sie nicht, sondern tatschte sie ganz sanft mit seinen Pfötchen. Dann kam ein Soldat, dem die Katzen u. der Hund gehörten, rief die Kätzchen zu sich, nahm sie auf den Schoß und streichelte sie. Der Hund lag an der Kette und konnte nicht an den Soldaten gelangen, aber da hättet Ihr das Heulen dieses Hündchen hören sollen. Er wollte nämlich auch gestreichelt und geliebkost sein. Mir tat es so leid, dass ich zu dem Soldat sagte, er möchte ihn doch auch einmal liebhaben, was er auch gleich tat. Da war aber die Freude groß!« Zwei Tage später wird Robert vom gleichen Ort an seine Frau schreiben: »Die Schwerverwundeten lagen ganz frei auf einer Tragbahre. Bei solchen Anlässen durchwühlt es mein Gehirn, dass ich oft befürchte, ich könnte wahnsinnig werden.«

Vor den Kleinen verbirgt der Vater sorgfältig diesen Wahnsinn, lässt den Krieg nur in vorsichtigen Dosen in seine anrührenden Briefe an Lottchen und Gretchen hinein. Zwei Wochen vor dem Abmarsch nach Frankreich schreibt er: »Habe eben so viel schöne, große, schwarze Brommelbeeren gepflückt, die so groß waren wie Kirschen. Wie gern wäre ich wieder bei Euch, weil es da so schön war. Hier muss ich schöne Felder, Wiesen und Wälder zerstören helfen, und dort hätte ich schöne Häuser bauen können. – Ist das nicht schrecklich? Hoffentlich geht der Krieg bald zu Ende, und ich bleibe am Leben. Dann pflücken wir alle zusammen Brommelbeeren, und dann könnt Ihr so viel in Eure Plappermäulchen stecken, soviel nur reinwollen. Ich küsse Euch auf Eure kleinen süßen Rappelschnuten, Euer Vater.« Das kleine Lottchen schreibt wenige Tage später einen Brief, in dem deutlich wird, dass es den Erwachsenen kaum noch gelingt, die einigermaßen heile Fassade aufrechtzuerhalten: »Mein lieber guter Vater! Wann kannst Du denn mal auf Urlaub kommen. Mutter sagt, es wär schon Frieden im Herbst, sie glaubt es aber nicht.«

Klärchen, sechs Jahre älter als die Zwillinge, erhält die wohl widersprüchlichsten Nachrichten des Vaters. Seine Schilderungen sind wahrheitsgetreu, wenn auch nicht so drastisch wie gegenüber der Ehefrau, und immer wieder flicht er Bilder der Hoffnung ein. Einerseits: »Hier haben wir ganze Länder wie Belgien und das halbe Frankreich fast derart verwüstet, dass diese Menschen vielleicht erst in 20 Jahren wieder ihr Land hergerichtet haben, wie es vor dem Kriege war. Wir müssen uns hier totschießen lassen, um die Geldsäcke der Reichen zu füllen.« Dann aber wieder: »Oben auf den Unterständen müsstest Du einmal die Blumenpracht sehen können, Hunderte, ja Tausende von prächtig roten Mohnblumen (das Symbol des Lebens) blühen darauf. Kein Mensch hat sie hingepflanzt oder gesät. Nirgends stehen diese herrlichen Mohnblumen so schön und so dicht als wie auf den Unterständen, als ob sie den armen Menschen, die da unten halb verfaulen müssen, zurufen möchten: ›Verzagt nicht!‹« Zu ihrem 13. Geburtstag im August 1916 geht der Blick des Vaters sehnsuchtsvoll zurück in die Vergangenheit: »Heute vor 13 Jahren war mir anders zu Mute als jetzt. Da war ich der glücklichste Mensch der Welt. Da lag ein kleines winziges lebendes Püppchen mit schwarzem Haar in einem Bettchen neben seiner Mutter und machte uns beide überglücklich.« Dann erinnert sich Robert Pöhland an die Stunden nach dem Abschied aus dem letzten Heimaturlaub: »Weil ich den Abend so unglücklich war, weinte ich mich richtig aus. Sonst hätte mich der Schmerz fast erstickt. Verzeihe nun, liebes Kind, dass ich Dir in solch schwermütiger Weise den Brief beende. Aber wenn Du wüsstest, wie unglücklich ich mich hier fühle, würdest Du mir nicht böse sein.«

Klärchen verzeiht und ist nicht böse. Und dennoch sind diese Wechselbäder der Gefühle, gepaart mit der schmerzlichen Abwesenheit des Vaters, zu viel für das hochsensible Mädchen. Seit ihrem Schuleintritt leidet sie an periodisch auftretender Gesichtsrose. Mit dem Weggang des Vaters in den Krieg verstärkt sich die Krankheit noch einmal dramatisch. »Das war wohl mit seelisch bedingt«, erinnert sich Klärchen später: »Hat Vater auch gemeint. Aber er hat sich eben auch bei mir erleichtern müssen, er war ja doch ganz fertig.« Praktisch die gesamte erste Jahreshälfte 1916 verbringt Klärchen im Krankenhaus. Die Ärzte fürchten, dass von einem Befall an der Nase ausgehend die Infektion das gesamte Nervensystem befallen und somit einen lebensbedrohlichen Verlauf nehmen könnte. Sie diskutieren verschiedene Wege einer Operation; doch das Mädchen hat nur einen einzigen Gedanken: wann sie endlich wieder in die Schule gehen und lernen kann. Dabei spielt wohl auch eine Rolle, dass sich die von Klärchen geliebte Klassenlehrerin, Fräulein Berg, intensiv um sie kümmert, während der Erkrankung immer wieder, zum Teil auf Stunden ausgedehnte, Hausbesuche bei den Pöhlands macht. Robert Pöhland schreibt lange Briefe an Fräulein Berg, um ihr einerseits zu danken, sie andererseits aber auch zu bitten, Klärchen nach der langen Abwesenheit in der Schule nicht zu überfordern und ihr die Möglichkeit zu geben, das Versäumte Stück für Stück nachzuholen. Dies ist in der damaligen Zeit alles andere als selbstverständlich, wo der akute Lehrermangel zu Klassen von bis zu sechzig Schülern geführt hat.

Doch ihr Leiden bekommt Klärchen nicht unter Kontrolle. Fast fürchtet sie sich schließlich mehr vor einem neuen Brief des geliebten Vaters, als dass sie ihn ersehnt: »Das hat mich natürlich immer wieder sehr aufgeregt, was er mir geschrieben hat, oder wenn er mir eine Originalaufnahme von der Wirkung einer unterirdischen Mine schickte.« Dabei erfährt nach wie vor nur Anna Pöhland, wie es wirklich um ihren Mann bestellt ist. Am 18. Oktober 1916 schreibt er: »Nun befinde ich mich wirklich in der Hölle. Jetzt wünschte ich mir wahrhaftig den Erlöser Tod herbei.« Die Soldaten hocken in einem Stollen, der unter den Dorffriedhof getrieben ist, über sich die Toten und das Grauen der Schlacht. Ein Witzbold hat über den Eingang »Villa Ruhe sanft« geschrieben. Später hockt er in einer Erdhöhle unter der Kirchhofsmauer, fast ohne Deckung, während die Granaten links und rechts von ihm einschlagen. Zwei Tage später leidet er an einem Brechdurchfall, doch der Kompaniearzt will ihn vorerst nicht krankschreiben, weil er die Soldaten vorwiegend für Simulanten hält.

Anna antwortet: »Mein innig geliebter guter Mann! Man weiß nicht, ob du überhaupt lebst. Ich nehme nun an, dass Postsperre ist? Obgleich ich vergangene Woche fast nichts von Dir erhielt, hatte ich immer ein so frohes Gefühl, als müsstest du unverhofft kommen. Sogar mit dem Essen habe ich mich immer etwas eingerichtet. Die Augen habe ich mir bald ausgeguckt, wenn ich am Bahnhof so viele Menschen sah; immer war es mir, als müsste ich Dich dazwischen erblicken.«

Doch als sie den Brief abschickt, ist ihr Mann schon seit acht Tagen tot. In seinem letzten Brief vom 21. Oktober schwelgt Robert in einem schönen Traum, den er gerade gehabt hat: »Ich war zu Hause bei Euch und ruhte in Euren Armen. Wie wohl ward mir da zumute. Ich konnte vor Glückseligkeit keine Worte, nur Tränen der Freude und des Schmerzes hervorbringen.« Wenige Stunden später reißt ihm eine Granate den Kopf ab. Die Kameraden begraben ihn auf dem Friedhof, unter dem er im dunklen Stollen die letzte Woche seines Lebens verbrachte.

Frau Lauts, die durch und durch bürgerliche Frau des Bezirksleiters vom Bremer Roten Kreuz, will der Familie beistehen, doch die Hilfe ist bei den Pöhlands nicht willkommen, wie sich Klärchen erinnert: »Frau Lauts hat dann auch gleich Trauerkleider gebracht. Aber Mutter hat gesagt: Nee! Vater hätte geschrieben, wir sollten nicht in Schwarz gehen, wenn er nicht wiederkäme, und wir sind alle in Bunt gegangen – ja, wie an Kaisers Geburtstag. Vor denen da oben, hat Mutter gesagt, zeigen wir unsere Trauer nicht. Sie hat aber die ganze Straße zusammengeschrien, als sie die Nachricht kriegte, geschrien und geschrien – das ist mir nie wieder aus den Ohren gegangen.«

Verwaist

An den Weltkrieg kann sich die 1913 geborene Gertrude Farr schon aufgrund ihres Alters kaum erinnern. Die wenigen Gedächtnisfetzen sind dafür umso dramatischer – und werden Auswirkungen auf den Rest ihres Lebens haben. Ihren Vater Harry hat sie nie bewusst erlebt. Er ist als Berufssoldat schon im November 1914, wie auch seine fünf Brüder, nach Frankreich ins Feld gezogen. Bis zum Oktober 1916 konnte er kein einziges Mal auf Heimaturlaub nach England kommen.

Natürlich weiß die Kleine nicht, dass Harry nach zahllosen Attacken und Angriffen im Mai 1915 in ein Hospital in dem französischen Küstenort Boulogne eingeliefert wurde, weil er den permanenten Artilleriebeschuss nicht mehr ertrug. Seine Briefe an die Frau Gertie musste er einer Krankenschwester diktieren, weil seine Hand so zitterte, dass er keinen Stift halten konnte. Nach fünf Monaten war er als »geheilt« entlassen worden, obwohl sich die Symptome nur geringfügig gebessert hatten. Ein Jahr hatte er anschließend durchgehalten, die Schlacht an der Somme von Beginn an mitgemacht, das wochenlange Vorbereitungsfeuer, den Auftakt durch die bis dahin größte von Menschen verursachte Explosion, ausgelöst durch eine Mine unter den deutschen Gräben, die Trümmerteile bis zu 1200 Meter in den Himmel schleuderte und deren Wucht der Detonation sogar noch in London zu spüren gewesen sein soll, wo Gertrude mit der Mutter lebt.

Er hatte den blutigsten Tag der britischen Militärgeschichte erlebt, als der erfolglose Angriff auf die angeblich völlig zerstörten deutschen Stellungen innerhalb weniger Stunden 20000 Soldaten das Leben kostete, ebenso wie den ersten Einsatz von Panzern im September. Und irgendwann an einem Tag im Oktober konnte Private Harry Farr nicht mehr, meldete sich beim medizinischen Dienst, der sich weigerte, ihn zu behandeln, weil er nicht krank sei. Als es aus dem Schützengraben heraus zum Angriff gehen sollte, weigerte er sich, obwohl der Offizier ihm drohte, ihn eigenhändig zu erschießen. Am 18. Oktober (drei Tage bevor der deutsche Familienvater Robert Pöhland in der gleichen Schlacht nur wenige Kilometer entfernt fallen wird) wurde Harry von den eigenen Kameraden standrechtlich erschossen.

All das wird Gertrude erst viel später herausfinden, doch im Oktober 1916 muss sie die Nachricht verkraften, dass ihr Vater nie wieder nach Hause kommen wird. Gertrude lebt mit ihrer 21-jährigen Mutter in North Kensington, einem sehr ärmlichen Stadtteil von London. Mehr als die Einzimmerwohnung in einer

Mietskaserne für zwei Pfund und sechs Schilling pro Woche können sie sich nicht leisten, finanziert durch die Pension, die den Ehefrauen und den Kindern der Soldaten zusteht. Doch eines Tages begleitet sie die Mutter wieder einmal aufs Postamt, wo diese sich die Unterstützung auszahlen lässt – doch diesmal sagt die Dame am Schalter, sie habe leider keinen Scheck für sie erhalten. Gertrude versteht nicht, worüber die beiden Frauen streiten; angesichts der »besonderen Umstände« des Todes von Harry würde Gertie die Pension nur übergangsweise für die Dauer von sechs Monaten ausgezahlt, das Kind habe gar keinen Anspruch. Niemals, von der Todesnachricht abgesehen, hat die Kleine ihre Mutter jemals so verzweifelt gesehen. Über Nacht kann diese nicht einmal mehr die geringfügige Miete aufbringen – und die Hausbesitzerin verlangt von ihr, die Wohnung zu räumen. Immer wieder bittet Gertie um Aufschub und Verständnis für ihre hoffnungslose Lage, aber die Antwort der Vermieterin ist unverändert die gleiche: Sie habe mit ihrem Leben nichts zu schaffen, nur wer zahle, könne auch eine Wohnung beanspruchen.

Mutter und Tochter sind nun obdachlos, und eine Arbeit wird dringend benötigt. Doch die ist schwierig zu finden, weil jeder Arbeitgeber wissen will, weshalb eine Kriegerwitwe, dazu noch mit Kind, überhaupt Beschäftigung braucht. So etwas kommt eigentlich gar nicht vor. Schließlich finden die beiden doch noch Aufnahme bei einem philanthropischen Ehepaar im noblen Hampstead. Die Mutter darf als Dienstmädchen bleiben, und Gertrude wird von der reichen Familie gut behandelt. Sie spielt mit den Töchtern des Lords, die etwas älter sind als sie, darf deren Kleider tragen, wenn die Mädchen aus ihnen herausgewachsen sind, bekommt deren abgelegte Spielsachen. Gertrude darf sogar still danebensitzen und zuhören, wenn die drei Töchter von ihrem Privatlehrer Unterrichtsstunden bekommen.

Dennoch zittern Mutter und Tochter unaufhörlich, sie könnten einen Fehler begehen und wieder weggeschickt werden – denn ein zweites Mal werden sie kaum wieder auf so viel Verständnis stoßen. Da verschwinden über einen längeren Zeitraum immer wieder Dinge aus Küche und Haushalt, Eier, Zucker, Tee und schließlich auch die Zigaretten des Lords. Schnell wird Gertie verdächtigt, schließlich ist sie die ärmste unter den Angestellten, und Gertrude lebt in panischer Furcht, die Lady des Hauses könnte den stillschweigenden Beschuldigungen Glauben schenken. Und auch die Kleine selbst ist ständigem Druck ausgesetzt, nur nichts falsch zu machen, nur nicht zu stören. Immer wenn sie sich einmal verletzt hat, herrscht die Mutter sie an, auf keinen Fall zu heulen und den Koch von ihrem Wehwehchen nichts hören zu lassen. Immer wenn Gertrude eine Kinderkrankheit durchmacht, einmal ist es Ziegenpeter, ein andermal Masern, wird sie von der Mutter in der Dachkammer eingesperrt, die die beiden bewohnen. Ein mit dem Desinfektionsmittel Lysol getränktes Laken wird über die Tür gehängt, damit auf keinen Fall Keime zu den Töchtern der Herrschaft gelangen. Tatsächlich gelingt es Gertie und Gertrude, Lord und Lady zufriedenzustellen – sie dürfen bleiben. Die Mutter lernt einen Mann kennen, heiratet; es ist der einzige Daddy, den Gertrude jemals kennengelernt hat. Doch Friede kehrt damit nicht ein: Auch der Stiefvater muss nach Frankreich in den Krieg, wird Opfer eines Gasangriffs, an dessen Folgen er Jahre später stirbt.

Der erste Genozid

Im Herbst 1915 ist die Kosakentochter Marina Yurlova nach ihrer Verwundung aus dem Krankenhaus in Baku wieder zu ihrem Regiment zurückgekehrt. Angeblich soll ihr das Georgskreuz verliehen werden, die russische Tapferkeitsmedaille. Doch was sie an der Kaukasusfront erlebt, ist wenig heroisch. Statt zu kämpfen, müssen sich die Kosaken damit auseinandersetzen, dass immer mehr Vertriebene und Überlebende von Massakern, die die feindliche türkische Seite begangen hat, zu ihnen überlaufen. Es handelt sich um Armenier, die mehrheitlich das Gebiet besiedeln. Männern wurden Hände und Beine abgehackt, Ohren und Zungen abgeschnitten. Bei den Kosaken treffen sie auf wenig Mitleid, denn die Russen schauen auf die Armenier eigentlich herab, halten sie für unehrlich, geldgierig und minderwertig. »Armenier sind bekanntlich immer Bettler, und in guten Zeiten braucht man kein Mitleid mit ihnen zu haben«, glaubt Marina zu wissen. »Aber jetzt waren sie wirklich erbarmungswürdig.« Angesichts der Schreckensbilder packt nicht nur Marina, die von ihren Kameraden öfters als »Babba«, als weichherziges Großmütterchen, verspottet wird, sondern auch einige der männlichen Kosaken das Bedauern.

Manche der Misshandlungen hat Marina selbst gesehen, anderes kennt sie vom Hörensagen. »Scharen sterbender Kinder schwärmten durch die Gegend.« Angeblich leben sie von Überfällen, um ein paar Kanten Brot zu erbeuten; und es heißt, »diese erbarmungswürdigen kleinen Geschöpfe seien wie Wölfe über einen Menschen hergefallen und hätten ihn Glied für Glied zerfetzt.« Russische Militärpatrouillen sollen die Kinder aufgreifen und fortschaffen – »wie ich hoffte, einem besseren Geschick entgegen«. Das russische Rote Kreuz hilft, so gut es eben geht. Doch da die Feldlazarette wegen des Nahrungsmangels bei den Truppen mit Skorbutkranken überfüllt sind und Mangel an Medikamenten herrscht, geht es eben kaum sehr gut.

Von dem eigentlichen Geschehen im benachbarten Osmanischen Reich kann Marina zu diesem Zeitpunkt nichts wissen. Dort suchen die Politiker nach Sündenböcken für die Niederlagen gegen die russische Armee. Sie beschuldigen die christlichen Armenier, mit dem Feind gemeinsame Sache zu machen. Tatsächlich ist es im Frühjahr 1915 zu regionalen Aufständen von Armeniern gegen die türkische Oberherrschaft gekommen. Dies ist den Generälen ein willkommener Vorwand, die systematische Vertreibung und Ermordung der Armenier in Gang zu setzen. Unterstützt von weiten Teilen der türkischen Bevölkerung, inszenieren Armee und Gendarmerie einen Genozid, das Martyrium hunderttausender armenischer Männer, Frauen und Kinder. Der Völkermord geschieht vor den Augen der Weltöffentlichkeit – zu drastisch ist das Geschehen, zu viele Augenzeugen, darunter hochrangige Diplomaten, verbreiten die Nachricht.

Es mag nachvollziehbar sein, dass die Verbündeten des Osmanischen Reiches, vor allem Deutschland, wider besseres Wissen den Genozid ignorierten, doch auch die gegnerischen Alliierten protestierten nur schwach. Es scheint zum einen, dass für die Propaganda das Märchen von abgehackten belgischen Kinderhänden besser zu verwerten ist als die Wahrheit abgehackter armenischer Männerhände. Zum anderen geht mit zunehmender Dauer des Weltkriegs eine Gleichgültigkeit gegenüber Tod und Leid einher. Alles ist erlaubt – zivilisatorische Regeln sind ohnehin schon längst außer Kraft gesetzt. In der Türkei indes wird der Mord an den Armeniern noch heute weitgehend geleugnet.

Viele Augenzeugenberichte über das Leiden der verfolgten Kinder im Osmanischen Reich sind erschienen, etliche davon erst Jahrzehnte später, aufgeschrieben von den Nachgeborenen. So veröffentlichte etwa die Schriftstellerin Thea Halo im Jahr 2000 unter dem Titel »Not Even My Name« die Erinnerungen ihrer Mutter, die zur griechischen Minderheit in der Türkei gehörte und im Alter von zehn Jahren einen Todesmarsch überlebte – als Einzige ihrer Familie. David Kheridan hat in »The Road from Home« die Leidensgeschichte seiner armenischen Mutter aus Azizya beschrieben. Mae M. Derdarian erzählte in »Vergeen: A Survivor of the Armenian Genocide« die dokumentierte Geschichte einer 13-Jährigen, die den Tod ihrer Mutter ansehen musste und an Beduinen als Sklavin verkauft wurde. Der 1900 geborene Vahram Dadrian publizierte drei Jahre vor seinem Tod 1948 in »To the Desert: Pages from my Diary« Notizen, die er nach eigenen Angaben während des Genozids angefertigt hatte.

Der spezifische Wahrheitsgehalt dieser Quellen ist nicht immer leicht zu beurteilen. Bemerkenswert scheint uns der erstmals

1921 in der Zeitschrift »Der Orient« publizierte Augenzeugen-
bericht eines zwölfjährigen armenischen Jungen. Aufgeschrieben wurde er von Therese Lehmann-Haupt, der Ehefrau eines
der führenden deutschen Altorientalisten, der zum Zeitpunkt
der geschilderten Vorgänge Professor an der neugegründeten
Universität Konstantinopel war. Das Ehepaar war und blieb
deutschnational gesinnt, hoffte auf einen Sieg der Mittelmächte und hatte keinen Grund, den armenischen Völkermord zu
erfinden. Die Schilderung des Jungen deckt sich bis ins Detail
mit archivalischen Quellen. Den Namen des Zwölfjährigen teilte Therese Lehmann-Haupt nicht mit, vielleicht fürchtete sie Repressalien an Verwandten des Knaben, die noch im türkischen
Einflussbereich lebten.

Die Familie lebt in Trapezunt (Trabzon) am Schwarzen Meer.
Die hier ansässigen Armenier gelten als unpolitisch und »oft
türkischer gesinnt als die Türken selbst«. Das schützt sie nicht
vor der Verfolgung, die von einer Behörde mit dem verharmlo-
senden Namen »Komitee für Einheit und Fortschritt« organisiert wird. Ein erstes Massaker findet auf dem Meer statt, wo
mit Armeniern vollbesetzte Boote hinausfahren – und leer zurückkommen. Die wohlhabende Familie des Jungen mit guten
Beziehungen zur örtlichen Bürokratie ist davon nicht betroffen.
Doch im Juli 1915 wird die Deportation der kompletten armenischen Bevölkerung binnen fünf Tagen angeordnet; 15 000 sind
in Trapezunt und Umgebung betroffen.

»Am Morgen des schrecklichen Tages kamen Gendarmen, die
von Offizieren befehligt wurden. Sie trugen graue Lammfellmützen mit goldenem Halbmond und Stern und hatten Gewehre mit Bajonetten. Sie trieben alle Männer zusammen und fes-
selten sie zwei und zwei aneinander, so auch meinen Vater und
meinen Onkel. Viele Frauen hingen sich an ihre Männer mit
Weinen und Küssen und boten den Gendarmen Geld, wenn sie
sie freiließen, aber diese ließen sich nicht erweichen, sie nahmen uns ja bald ohnehin all unser Geld fort. Dann wurden die

Männer alle fortgetrieben. Mein Bruder und ich liefen nebenher, aber ein Gendarm stieß uns mit dem Gewehrkolben fort. Meine Mutter und meine beiden Großmütter standen und blickten ihnen nach, und mein Vater sah sich um, solange er konnte. Wir haben den Vater nicht wiedergesehen. Sie sollen *alle* getötet worden sein.«

Für die Kinder hat der Gouverneur von Trapezunt ein anderes Schicksal vorgesehen: Sie sollen in Waisenhäuser gebracht und zum Islam bekehrt werden, ihre armenischen Wurzeln vergessen. Die Altersgrenze wird mit 15 für Mädchen, mit zehn für Jungen festgelegt. Und obwohl der Knabe schon zwölf Jahre alt ist, trifft auch ihn und den jüngeren Bruder der vorläufige Abschied von der Mutter. Die Kinder werden gut behandelt, bekommen zu essen, werden unterrichtet. In der Wäsche, die ihnen zugeteilt wird, findet der Junge das eingenähte Monogramm seiner Familie – es stammt aus seinem Haus, das offensichtlich geplündert worden ist. Doch das Experiment wird nach zehn Tagen abgebrochen; auch die Kinder werden auf den Deportationsmarsch geschickt, und irgendwann vereinigen sie sich wieder mit dem großen Zug der vielen Tausend armenischen Frauen aus Trapezunt und Umgebung: »Plötzlich entdeckten wir unsere Mutter, die uns auch gesehen hatte und auf uns zustürzte, wir haben sehr geweint. Von unserem Vater wusste niemand etwas. Von den 300 Kindern haben nur wir unsere Mutter wiedergefunden, und wir durften zusammenbleiben.«

Der Marsch zieht sich für den Jungen über zehn Wochen hin. Städte und Dörfer werden in einem Bogen umgangen, und irgendwann muss die Familie begreifen, dass es keine Deportation ist – sondern ein Todesmarsch. Am schlimmsten sind die glühende Hitze und der Durst. »Als wir eine Quelle fanden und trinken wollten, jagten uns die Gendarmen mit Gewehrstößen zurück. Indes wir Kinder voranmarschieren mussten, wurden die Bäuerinnen zurückgehalten. Nur die Hälfte kam wieder zu uns; sie erzählten, dass man alle anderen getötet habe. Wir mussten weitermarschieren, trotzdem uns vor Furcht die Knie so zitterten, dass wir meinten, nicht einen Schritt tun zu können. Aber die Kinder, die zurückblieben, wurden sofort getötet, meist durch Schläge mit dem Gewehrkolben.« Auch den kleinen Bruder des Knaben verlassen die Kräfte. Er weint und ruft nach der Mama. »Sobald der Gendarm merkte, dass wir uns nach der Mutter umsahen, kam er mit finsterem Gesicht heran und nahm das Gewehr von der Schulter. Da nahm ich schnell den Bruder auf den Rücken und trabte davon – allen voran. Da ließ der Gendarm uns laufen. Unsere Schar war schon recht klein geworden. Denn viele von den Kindern waren gestorben, manche auch gestohlen worden.«

»Gestohlen« bedeutet, dass Türken hübsche ältere Mädchen unter den Kindern auswählen und mit sich nehmen. Was dann mit ihnen geschieht, kann sich der Junge noch nicht recht vorstellen. Eines Abends rastet der Zug an einer Karawanserei, wo die dem Verdursten nahen Kinder eine Quelle entdecken. »Etwa fünfzehn von uns Kindern liefen hin, um zu trinken. Der Offizier glaubte, dass sie fliehen wollten. Er schickte zwei Gendarmen nach, die sie anhielten, ließ sie sich in Reih und Glied aufstellen und alle fünfzehn vor unseren Augen töten. Sie waren im Alter von 8 bis 12 Jahren.« Die systematische Ermordung oder Vergewaltigung von Kindern ist selbst in dem an Grausamkeiten reichen Weltkrieg ein singuläres Ereignis. Der Junge muss noch ansehen, wie die Großmutter, die vor Entkräftung nicht weiterkann, mit einem Bajonett erstochen wird. Die Mutter stirbt kurz darauf an der Ruhr. Deutsche Offiziere, verbündet mit den Osmanen, greifen den Rest der Familie auf, fahren mit ihnen nach Konstantinopel. Dort erfährt Therese Lehmann-Haupt von dem Schicksal des Jungen und zeichnet es auf. Von der deportierten Großfamilie überleben nur der Knabe, sein Bruder und eine Tante.

Ein Jahr darauf hat die russische Armee eine erfolgreiche Offensive an der Kaukaususfront beendet und viele der Gebiete besetzt, in denen der Völkermord an den Armeniern stattgefunden hat, darunter auch Trapezunt. Marina Yurlova hat daran teilgenommen; im Spätherbst des Jahres ist sie in der russischen Stadt Jerewan, in der von jeher viele Armenier und zusätzlich Überlebende des Genozids leben. Es herrscht Hungersnot. Die armenischen Kinder müssen hier zwar nicht ihre gezielte Vernichtung befürchten, doch das große Sterben geht weiter. »Wenn wir durch die Straßen gingen«, erinnert sich Marina, »griffen uns Scharen verzweifelter Kinder an. Sie waren fast nackt, mit fürchterlich aufgetriebenen Bäuchen. Ihre Beine waren so dünn, dass man nicht begriff, wie sie darauf stehen konnten, ihre Rippen wollten durch die angespannte Haut platzen. Sie klammerten sich an unsere Beine und stießen uns ihre schrecklichen kleinen Klauen in die Taschen, während sie um eine Brotrinde bettelten. Ihr Geschrei klang wie das Zwitschern kleiner Vögel, so heiser hatte sie der Hunger gemacht.«

Eine Bilanz

Mit dem Beginn der großen Materialschlachten verband sich die Zuversicht, den Krieg binnen weniger Monate endgültig entscheiden zu können. Die Bilanz der Offensiven ist verheerend. Eine Million russische Verluste sind allein im Sommer 1916 zu verzeichnen. An der Somme ist die Zahl der Toten und Verwundeten ebenso hoch – es ist damit die verlustreichste Schlacht des gesamten Krieges. Der von Engländern und Franzosen mit diesem »Blutzoll«, wie man damals gern sagt, erkaufte Geländegewinn beträgt nur wenige Kilometer. Dazu kommen hunderttausende Tote vor Verdun, am Isonzo. Nirgendwo gelingt ein entscheidender Durchbruch. Die kriegführenden Staaten bluten buchstäblich aus; ihre Armeen erreichen nie wieder die Stärke des Jahres 1916.

Doch die Militärführungen ziehen keine klaren Lehren aus dieser Katastrophe. Sie opfern immer weiter Soldat um Soldat,

Regiment um Regiment. Ein Friedensschluss, der allen Seiten gerecht würde, ist undenkbar geworden. Nur die vollständige Vernichtung des Gegners könnte die eigenen Verluste rechtfertigen. Haben die Heereskommandos bisher ihren Berechnungen des Bedarfs an Soldaten, Waffen und Nachschub immer ein Jahr zugrunde gelegt, planen sie jetzt mehrere Jahre im Voraus – ein Zeichen, das sie an den schnellen Sieg nicht mehr glauben.

Die Versuchung wird immer größer, auch in Ländern, die sich bisher zurückhaltend gezeigt haben, auf Minderjährige als Soldaten zurückzugreifen. Doch der heroischen Begeisterung der frühen Kriegsmonate ist in weiten Teilen der Bevölkerung Ernüchterung und Entsetzen gefolgt. Es ist für die Propaganda immer schwerer, die Kinder von der Notwendigkeit ihrer Opfer zu überzeugen. Kindersoldaten bleiben in den meisten Staaten ein Randphänomen.

Das Schicksal der meisten Kinder ist angesichts der vielen Toten ein anderes: Sie werden zu Waisen. Der französische Historiker Olivier Faron hat in seinem 2001 erschienenen Buch »Les enfants du deuil« (»Die Kinder der Trauer«) Schätzungen über die Zahl der vaterlosen Kinder in der Zeit des Ersten Weltkriegs aufgestellt:

Deutschland:	mehr als 1 Million (bei 525 000 Witwen)
Frankreich:	1,1 Millionen (bei 600 000 Witwen)
Großbritannien:	350 000 (bei 240 000 Witwen)
Italien:	300 000 (bei 200 000 Witwen)
Rumänien:	350 000
Belgien:	20 000
Länder des späteren Jugoslawien:	500 000

KAPITEL 13

Aus der Ferne

Der Erste Weltkrieg begann als europäischer Konflikt, weitete sich jedoch sehr rasch auf den gesamten Globus aus. Einerseits trugen die europäischen Kriegsparteien ihre Auseinandersetzungen sehr bald auch auf anderen Kontinenten aus, vor allem in Asien und Afrika; zusätzlich wurde auf den Ozeanen gekämpft. Dabei drang der Krieg in die entlegensten Winkel vor; nach der vernichtenden Niederlage der deutschen Überseeflotte in der Schlacht bei den Falklandinseln im Dezember 1914 flüchtete sich etwa der Kreuzer »Dresden« in eine Bucht der aus einem Jugendroman bestens bekannten »Robinson-Crusoe-Insel« vor Chile – und blieb selbst dort nicht von der Verfolgung durch britische Kriegsschiffe verschont. In Papua-Neuguinea bewaffnete ein Hauptmann der kaiserlichen Armee, ausgezogen eigentlich, um ethnografische Studien zu treiben, die Mitglieder eines Kannibalenstammes, um gegen die Truppen des Commonwealth eine Art Widerstand zu organisieren.

Weit schwerer als derartige Episoden wiegen freilich die furchtbaren Kämpfe an den verschiedenen Fronten des Osmanischen Reiches sowie die Einbeziehung von hunderttausenden Soldaten aus Kanada, Australien, Neuseeland sowie den verschiedensten britischen und französischen Kolonien in die Kämpfe. Die meisten von ihnen wurden an die Westfront oder zu den Dardanellen geschickt. Nicht selten als Kanonenfutter benutzt, um die eigenen Kerntruppen zu schonen, erlitten sie furchtbare Verluste, die als nationale Traumata bis in die Gegenwart wirken.

Gerade der Erste Weltkrieg zeigt, wie relativ schon damals der Begriff der »Ferne« geworden war. Die Welt war hochgradig vernetzt und globalisiert, viele Menschen sehr mobil. Doch gerade diese Modernität ermöglichte es dem Krieg, sich mit rasender Geschwindigkeit auszubreiten.

Fern im Osten

Japan zählte zu den Mächten, die sehr früh, bereits im August 1914, in den Krieg eintraten. Vorwand war ein Bündnisvertrag mit Großbritannien; im Hintergrund standen jedoch handfeste territoriale Interessen im Pazifik sowie Hegemonialansprüche gegenüber China, das in ein halbkolonialisiertes Land verwandelt werden sollte. Dass sich China für neutral erklärt hatte, spielte dabei für die japanischen und britischen Truppen ebenso wenig eine Rolle wie für die Deutschen, als sie Belgien überfielen.

Ziel der Angriffe war vor allem die von China gepachtete deutsche Kolonie Kiautschou auf der Shandong-Halbinsel mit seiner Hauptstadt Tsingtau. Hier lebt die 1906 geborene Hilla Lessing, deren Vater an der hiesigen Hochschule arbeitet. Fast noch als Baby ist Hilla nach China gekommen; Chinesisch ist ihre Muttersprache, die sie in den ersten Jahren besser beherrscht als Deutsch. Die Familie bewohnt eine traumhafte Villa am Meer auf einem Hügel, der zur See hin schroff abfällt. Hilla liebt Tsingtau mit seinen alten geheimnisvollen Gebäuden und der faszinierenden Landschaft, die die Stadt umgibt. Auf der einen Seite der Ozean mit seinen weißen Stränden, »ausgestattet wie ein deutsches Seebad mit Musikpavillon, Strandkörben und Kurpromenade«, wie sich Hilla erinnert. Im Hinterland dagegen das von üppigem Wald überzogene Lauschan-Gebirge mit seinen bizarr gezackten Gipfeln. Ihr aus europäischer Sicht exotisches Leben ist für Hilla nichts Besonderes; und das Mädchen hat sich nicht einmal gewundert, als sie kurz vor Kriegsausbruch zwei Prinzen vorgestellt wurde, Verwandten des Kaisers von China, der infolge der Revolution von 1912 abdanken musste. Sie war mit den Prinzen in einer rotlackierten Glaskutsche durch die Stadt gefahren und hatte mit ihnen durch wildes Grimassenschneiden die Passanten geärgert und anschließend im Garten des Palastes mit einem Äffchen gespielt.

Dann kommt die Nachricht vom Kriegsausbruch nach China: »Wir Kinder hatten bei dieser Nachricht große Angst, denn im Krieg, so dachten wir, wird jedermann erschossen«, erinnert sich Hilla. Wie gut informiert selbst die gebürtigen chinesischen Kinder von Beginn an sind, zeigt ein Schulaufsatz, den die »Central China Post« 1914 abdruckt. Darin heißt es (nach der Erwähnung der Ermordung des österreichischen Thronfolgerpaares): »Österreich wurde böse und fing einen Krieg mit Serbien an. Deutschland schrieb Briefe an Österreich und sagte: ›Ich werde dir helfen!‹ Russland schrieb einen Brief an Serbien: ›Ich helfe dir!‹ Frankreich hatte keine Lust, sich zu schlagen, aber machte seine Soldaten bereit. Da schrieb Deutschland einen Brief an Frankreich: ›Du sollst dich nicht bereit machen, denn tust du das, so haue ich dich nach neun Stunden.‹ Und Deutschland begann, sich mit Frankreich zu schlagen, und marschierte durch Belgien. Belgien sagte: ›Ich bin ein Land und keine Landstraße für dich.‹ Und Belgien schrieb einen Brief an England von dem, was Deutschland angestellt hatte ...« Besser kann man die komplizierte Ausgangslage des großen Krieges kaum zusammenfassen.

»Es war klar, dass die Japaner Tsingtau angreifen und sicher einnehmen würden«, schreibt Hilla Lessing später. »Seltsam, jeder wusste es, die Stadt war nicht zu halten, doch sie vernünftigerweise ohne Blutvergießen aufzugeben wäre feige und ehrlos gewesen, niemand erwog diesen Gedanken.« So werden im September 1914 zunächst Frauen und Kinder aus der bedrohten Stadt evakuiert. Hillas Mutter und Großmutter sowie ihre drei Geschwister sind betroffen, während der Vater in Tsingtau ausharren muss. Ein umgebauter Kulitransporter soll die Flüchtlinge nach Tientsin bringen. Die Lessings sind in einer

Viererkabine untergebracht, als sie mitten in der Nacht von einem furchtbaren Donnerschlag erwachen. Das Schiff bebt, und plötzlich stehen die Maschinen still. Das Licht fällt aus; schreckensstarr sitzen die Kinder auf ihren Betten, als Matrosen gegen die Kabinentür klopfen und ihnen verbieten, vor dem Morgen die Koje zu verlassen. Als es am nächsten Tag endlich wieder hell ist, stellt sich heraus, dass ein englisches Kriegsschiff den Kulitransporter gekapert hat. Auf Umwegen über einen von Briten besetzten Hafen dürfen sie in einem englischen Wachboot die Fahrt nach Tientsin zwar fortsetzen, doch bald geht an Bord das Essen aus, und selbst das Trinkwasser wird knapp. Hunger und Durst machen Hilla aggressiv; sie berichtet, mehrfach englische Matrosen geohrfeigt zu haben, obwohl sich diese freundlich verhielten.

Endlich in Tientsin angekommen, finden sie bei Freunden eine Unterkunft, während sich in Tsingtau die Deutschen gegen eine zehnfache Übermacht britischer und japanischer Truppen erbittert verteidigen. Zum Glück gehört Hillas Vater nicht zu jenen, die kämpfen müssen, da er keinen Wehrdienst abgeleistet und noch nie ein Gewehr in die Hand genommen hat. Eines Nachmittags tobt über Hillas Quartier in Tientsin ein schwerer Sturm, der Türen und Fenster fast aus den Angel zu heben droht; Regen und Hagel prasseln gegen die Scheiben. Hilla erinnert sich: »Als der Krach sich ganz ungewöhnlich verstärkte, sahen wir vom Spiel auf. Am Fenster der Haustür stand ein Mann, triefend, mit Schlapphut, dessen Mantel im Sturm aufflog und ihn von Zeit zu Zeit völlig bedeckte. Wir hatten Angst und schrien wie am Spieß.« Doch das Wesen, halb Geist, halb schwarzer Mann, schlägt immer wieder gegen die Scheiben – und schließlich erkennen sie in ihm den Vater. Dieser konnte mit Hilfe chinesischer Freunde nachts die japanische Umzingelung überwinden, wurde jedoch anschließend von Soldaten verfolgt.

Nach diesem Erlebnis rückt der Krieg für Hilla Lessing auf lange Zeit in weite Ferne. Doch im Sommer 1917 beugt sich die chinesische Regierung dem Druck der Alliierten und erklärt Deutschland den Krieg. Wie alle anderen Deutschen im Land sind nun auch die Lessings von Internierung bedroht; es gelingt ihnen jedoch noch rechtzeitig, in einen buddhistischen Klostertempel auf dem »Drachenfühlerberg« zu fliehen, wo bereits eine ganze Reihe von Flüchtlingen Unterschlupf gefunden hat, darunter eine jüdische Familie, die den Lessings zur Bekämpfung der täglichen Monotonie Jiddisch beibringt. Mit der Schilderung des Lebens im Tempel brechen Hillas Aufzeichnungen, die in ihrem Nachlass gefunden wurden, abrupt ab.

Der Kriegseintritt Chinas hat auch einen Widerhall im Tagebuch des Sedaner Schülers Yves Congar gefunden. Am allerschlimmsten sei die nicht endende Monotonie und das Fehlen von Information, klagt der Dreizehnjährige. Das französische Sedan ist nun schon seit drei Jahren von den Deutschen besetzt. »Eingesperrt zu sein ist schrecklich. Es macht dich mutlos, raubt dir jede Energie, frisst an deiner Seele ...« Am 12. August 1917 gibt es jedoch Nachrichten, die Yves wieder Mut machen. »China hat Deutschland den Krieg erklärt. Auch wenn die chinesischen Soldaten wohl nicht sehr nützlich sind«, notiert er voller Unschuld, »so werden die niedrigbezahlten Arbeiter, die sie uns schicken, doch eine große Hilfe sein.«

Der fünfte Kontinent

Australien und Neuseeland, die beide seit 1907 als selbstverwaltete Dominions aus dem Vereinigten Königreich entlassen worden waren, fühlten sich bei Ausbruch des Krieges der englischen Krone verpflichtet und kämpften fortan Seite an Seite mit den britischen Streitkräften. Während die Engländer die als etwas unorthodox geltenden Divisionen der Australier und Neuseeländer Ende 1914 noch in der ägyptischen Wüste auf ihren Einsatz vorbereiteten, wurden die Einheiten in einem gemeinsamen

Corps umorganisiert, den Australian and New Zealand Army Corps, kurz ANZAC.

Als die Fronten in Westeuropa etwa zur gleichen Zeit erstarrten, planten die Briten einen Angriff auf den Verbündeten der Deutschen im Vorderen Orient – das Osmanische Reich. Die Angriffe der ANZAC auf das Gebiet der heutigen Türkei gingen als Schlacht von Gallipoli in die Geschichte ein.

Jim Martin kam 1901 in Hawthorn, einem Vorort von Melbourne, zur Welt. Sein Vater entstammte einer jüdischen Familie und war als junger Mann aus dem neuseeländischen Auckland nach Australien emigriert. Hier hatte er seine Braut Amelie kennengelernt, die er kurz vor deren 18. Geburtstag ehelichte. Jim war das dritte von insgesamt sechs Kindern der Martins. Der Vater arbeitete in mehreren Jobs, um die Großfamilie über Wasser zu halten. Jim besuchte von 1910 bis 1915 die Grundschule in der Manningtree Road. Dort erhielt er auch eine militärische Grundausbildung als Kadettenschüler im Rahmen der australischen Jugendwehrpflicht, die ab 1911 für junge Männer im Alter zwischen zwölf und 26 Jahren galt.

Mit Ausbruch des Krieges herrscht auch in Australien eine große Euphorie. Es gibt weit mehr Freiwillige, als die Streitkräfte integrieren können, jene mit einer Grundausbildung werden bevorzugt genommen. Jim weiß, dass er gute Karten hat, und bekniet seine Eltern, in den Krieg ziehen zu dürfen. Anfangs sind sie strikt dagegen. Erst als er ihnen droht, sich unter falscher Identität einzuschreiben und niemals wieder zu melden, willigen sie schließlich ein. Am 12. April 1915 wird er in die Armee aufgenommen – zwar unter seinem Namen, aber mit einem gefälschten Geburtsdatum. Er sei achtzehn, erzählt er dem Musterungsoffizier. In Wahrheit ist er 14 Jahre und drei Monate alt.

Der Gefreite Martin wird im Juni 1915 an Bord der HMAT Berrima nach Ägypten ausgeschifft. Nur zwei Monate später ist er auf dem Weg nach Gallipoli, als sein Transportschiff von einem deutschen U-Boot torpediert wird. Jim überlebt den Angriff, treibt aber mehr als vier Stunden im Wasser, bevor er gerettet wird. Lange kann er sich nicht ausruhen. Schon wenige Tage später erreicht er sein Ziel, wo er fortan in den Schützengräben um Courtney's Post seinen Dienst tut. In einem Feldpostbrief an seine Eltern schreibt er: »Die Türken sind schon noch etwa sechzig Meter entfernt von uns.« Er bittet sie, sich keine Sorgen zu machen, denn es gehe ihm »hier blendend«. Während seiner gesamten Einsatzzeit erhielt Jim keinen einzigen Brief von zuhause, obwohl die Eltern ihm fleißig schrieben – das Feldpostsystem war zusammengebrochen.

Mitte Oktober, nach einer ungewöhnlich kalten Periode mit schweren Regenfällen, geht es Jim gesundheitlich immer schlechter. Anfangs glaubt er, es mit einer Grippe zu tun zu haben, die er nicht behandeln lässt. Doch dann bestätigt sich, was ältere Kameraden befürchten: Er ist an Typhus erkrankt. Am 25. Oktober wird er auf ein Lazarettschiff evakuiert. Noch in derselben Nacht erliegt er einem Herzversagen – mit 14 Jahren und neun Monaten ist er der jüngste ANZAC-Soldat, der in diesem Krieg stirbt. Obwohl nur den Eltern und seinem besten Freund sein wahres Alter bekannt war, erscheint am 18. Dezember 1915 eine Meldung zu seinem Tod in der Melbourner Zeitung The Herald: »Jüngster Soldat stirbt«. Jim Martin war einer von etwa zwanzig australischen Soldaten unter 18, die im Ersten Weltkrieg starben. Bis heute ist die Niederlage der ANZACs von Gallipoli ein nationaler Mythos der australischen Geschichte. Für viele gilt er als die Geburtsstunde des modernen Australien – als sein erster großer militärischer Einsatz.

Doch Australien beherbergte insgesamt auch etwa 7000 Kriegsgefangene, darunter viele Deutsche – zum einen aus dem zu Beginn des Krieges eroberten Deutsch-Neuguinea, zum anderen aus den Reihen der deutschen Einwanderer, die während des Krieges als »feindlich« galten. Ein rein deutsches Kriegsgefangenenlager lag etwa 120 Kilometer südwestlich von Sydney im kleinen Örtchen Berrima. 329 Deutsche waren hier in der Zeit von 1915 bis 1919 untergebracht. Das Besondere: unter ihnen war auch eine Handvoll Familien mit Kindern. Es gab die Hurtzigs, die Glinz, die Jepsens, die Brauns, die Machotkas und die Wallners. Da die meisten Internierten von gehobenem gesellschaftlichem Rang waren, wurde das Lager zwar offiziell von der australischen Armee kontrolliert, das Tagesgeschäft aber von einem »Camp Komitee« aus Kapitänen, Beamten und erfahrenen Seeleuten geleitet. In guter deutscher Manier hatten es sich die Deutschen in der Fremde schnell gemütlich gemacht. Neben organisiertem Sport- und Unterhaltungsprogramm wurde auch ein kleiner Handel mit deutschen Waren betrieben, der es den Gefangenen ermöglichte, Saatgut und Werkzeug für den Gartenbau zu kaufen. Auch an Bildung sollte es nicht fehlen, sodass einzelne Berufsgruppen ihr Wissen an die anderen Mitgefangenen weitergaben. So wurden Kurse in Kartenlesen und Navigation, Fremdsprachen oder auch Musik gegeben. Besonders populär waren Rundfunkkurse, in denen einfache Transistoren gebaut wurden, um den Empfang lokaler Sender zu ermöglichen. Häufig wussten die Deutschen dadurch eher über die neuesten Weltnachrichten Bescheid als die australischen Dorfbewohner.

Die Familien Glinz und Hurtzig teilten sich ein zweigeschossiges Haus, das ursprünglich für die Lagerleitung gedacht war. Mutter Hurtzig erzählte gern, dass sie niemals ihrem Mann in die Gefangenschaft gefolgt wäre, hätte sie gewusst, wie schmutzig ihr sich das neue Heim präsentieren würde. In ihrem Tagebuch schreibt sie: »Ich bete zu Gott, dass ich niemals wieder hinter einer Horde Soldaten herputzen muss.« Auch die anderen Familien waren in respektablen Häusern untergebracht. Der ganze Stolz des Lagerkomitees war jedoch die »Deutsche Töchterschule Berrima«, eine Zwergenschule mit wechselnden Fächern im Angebot und mit einem Schulleiter für drei Schülerinnen: Hanna Hurtzig, Carmen Machotka und deren Schwester Eva. Das Schulhaus war eine kleine Buschhütte, die am Fluss in der Nähe der »Hansabrücke« lag. Nur noch wenige Dokumente und Fotos sind aus dieser Zeit überliefert.

Die USA erklären den Krieg

Die junge amerikanische Reporterin Mary Ethel McAuley verbringt zwei Jahre zwischen 1915 und 1917 in Deutschland. Unvoreingenommen beschreibt sie in ihrem Buch »Deutschland in Zeiten des Krieges – was ein amerikanisches Mädchen sah und hörte« den Alltag einer gebildeten Amerikanerin im Feindesland.

Die Reportage, die deutlich im Gegensatz zur ideologisierten Tages- und Wochenpresse steht, setzt sich mit Reiseformalitäten und der »German Sparsamkeit« ebenso auseinander wie mit dem Leben in den Großstädten Hamburg, München und Berlin, der Beschaffung von Lebensmitteln oder typisch deutschen Rezepten in der Mangelwirtschaft. Sie, die aus der Ferne und zudem aus einem Feindesland kommt, fühlt sich in Deutschland gut behandelt. Sie wohnt in einer Pension in Berlin, wo sie sich mit einem kleinen deutschen Mädchen anfreundet. Eines Tages, die beiden plaudern über Alltägliches, sagt die Kleine zu ihr: »Du und ich, wir sind richtig gute Freunde geworden. Wärst du eine Engländerin, hätte ich mich nie mit dir angefreundet. Aber gegen die Amerikaner haben wir Deutsche nichts.« So erstaunlich das Zitat einerseits anmutet, McAuley findet darin einen wahren Kern und schreibt: »Das scheint mir tatsächlich für die meisten Deutschen zuzutreffen – ich spreche nicht über hochrangige Beamte und Militärs, denn deren Haltung kenne ich nicht, aber die Deutschen haben nichts gegen uns.«

Eines Tages fragt Amelia, das Zimmermädchen, sie, ob Amerika ebenfalls am Krieg beteiligt sei. McAuley bejaht, woraufhin das Mädchen wissen will, auf welcher Seite. Ihre Reaktion amüsiert die Amerikanerin einerseits, andererseits scheint sie typisch für den wenig gebildeten Durchschnittsdeutschen seiner Zeit: »Donnerwetter! Wir haben so viele Feinde. Ich komme da gar nicht mehr mit. Aber ich möchte eines Tages nach Amerika, und nach dem Krieg mache ich das auch.«

Bei Beginn des Weltkriegs 1914 war eine überwältigende Mehrheit der US-Amerikaner für die Neutralität des Landes, was wenig überrascht angesichts der multiethnischen Zusammensetzung des Einwandererlandes. Präsident Woodrow Wilson sah seine Aufgabe in der internationalen Politik dementsprechend nicht darin, den Konflikt zu vergrößern, sondern vielmehr ihn durch Friedensinitiativen einzudämmen, im besten Fall zu beenden. Dennoch sieht sich Wilson im April 1917 gezwungen, Deutschland den Krieg zu erklären – und wieder weiß der Präsident die öffentliche Meinung seiner Bürger hinter sich. Diesen Stimmungsumschwung, der sich innerhalb von knapp drei Jahren schleichend vollzog, hat das Kaiserreich überwiegend selbstverschuldet.

Meldungen über wirkliche (und vermeintliche) Kriegsverbrechen der Deutschen im neutralen Belgien hatten bereits für Empörung gesorgt, als ein deutsches U-Boot im Mai 1915 den britischen Ozeandampfer »Lusitania« torpedierte und den Tod von 1200 Menschen verursachte, darunter 128 Amerikanern. Aufgrund einer scharfen Protestnote wies Kaiser Wilhelm die Flotte an, keine Passagierdampfer mehr zu versenken. Doch ab Mitte 1916 hatte sich die Wirksamkeit der britischen Seeblockade derart erhöht, dass die Versorgung der Bevölkerung immer schwieriger wurde und im Hungerwinter 1916/17 fast zusammenbrach. In dieser verzweifelten Lage verfügten die Generäle Hindenburg und Ludendorff den »unbeschränkten U-Boot-Krieg« ab Februar 1917 gegen jegliche Schiffe außer denen der Verbündeten – ohne Vorwarnung. Der deutschen Diplomatie war klar, dass dies die USA in den Krieg hineinziehen würde. Die riesigen Ressourcen der Amerikaner an Soldaten und Rohstoffen würden nun über kurz oder lang das Pendel zugunsten der Alliierten ausschlagen lassen. Die Frage war nur, ob es Deutschland gelingen würde, einen entscheidenden Schlag zu führen – bevor der Großteil der amerikanischen Verbände mobilisiert war und den europäischen Kontinent erreicht haben würde.

Eine größere Freude über den Kriegseintritt der USA als bei der 14-jährigen Anaïs Nin ist schwerlich vorstellbar. Seit Kriegsbeginn lebt sie in New York; und Amerika kommt ihr seit einiger Zeit auch nicht mehr so schrecklich vor wie in den ersten Monaten. Nun verbinden sich zudem die neue und die alte Heimat zu einem Ganzen. »Bei den beiden großen Worten ›Gerechtigkeit‹ und ›Freiheit‹ hat sich ganz Amerika erhoben«, schreibt sie in einem Brief an den Vater, der immer noch in Frankreich lebt, »und in einer gemeinsamen Regung haben sich alle Herzen hier mit dem französischen Herzen verbündet. Und vor allem, Papa, stell Dir meine riesige Freude vor, meinen Stolz, wenn ich unsere Fahne gemeinsam mit der amerikanischen in der Luft flattern sehe.« Die deutschen Kinder in der Schule haben keinen leichten Stand, freut sich Anaïs, »und bei allen Spielen werden sie erniedrigt«.

Ihrem Traum, Jeanne d'Arc zu sein, kommt das Mädchen in diesen Tagen so nahe wie nie zuvor. Sie darf in einem Vaudeville-Stück über das Leben der Nationalheldin mitwirken – allerdings nicht in der Titelrolle, sondern als Tänzerin. Aufregend genug ist es dennoch. Zwar ist das Union Square Theatre ziemlich heruntergekommen, den Holztischen in der »Künstlergarderobe« fehlen die Beine, und es stinkt nach Zigaretten und billigem Wein. Doch all das ist vergessen, als in dem Stück die Jungfrau von Orléans auftaucht, heißt es in Anaïs' Tagebuch: »Was sie sagt, dringt wie ein undeutliches Geräusch zu meinen Ohren, ich höre nichts, mir ist sogar, als sähe ich nichts mehr. Ich weiß nur, dass ich in diesem Augenblick in den Tanz mitgerissen wurde. Ich singe, aber ich weiß nicht mehr, wo ich bin.«

Am 10. Mai 1917 steht sie wieder einmal vor der geliebten Statue der Jeanne d'Arc am Riverside Drive. Doch diesmal ist sie nicht allein, wie meistens, sondern eine von 25 000 enthusiastischen New Yorkern. Sie feiern hier einen lebenden französischen Volkshelden, Marschall Joseph Joffre. Etwas von dieser Begeisterung schwappt jetzt auf die Amerikaner über; Joffre wird als Leiter der französischen Militärmission in den USA bleiben. Der Marschall gilt als Retter Frankreichs, weil es ihm 1914 in der Schlacht an der Marne gelang, den deutschen Vorstoß auf Paris zu stoppen. Zwar ist er im Dezember 1916 wegen der furchtbaren Verluste bei Verdun und an der Somme von seinem Amt als Armeechef entbunden worden, doch noch immer ist er in Frankreich überaus populär.

Anaïs bewundert vor allem die »edle Schönheit« seiner Uniform. An diesem Tag im Mai, vermerkt die New York Times, gehen die Jubelstürme der Menge in ein bewegtes Schweigen über, als »Papa Joffre«, wie er liebevoll genannt wird, einen Kranz aus weißen Lilien vor der Statue niederlegt. Das Mädchen geht in dem Fahnenmeer fast unter: »Ich habe nur eine kleine französische Fahne, aber brauche ich eine riesengroße Fahne, wenn sowieso keine Fahne so groß ist wie meine Liebe für dieses Frankreich, das so weit entfernt ist von mir?«

Im Juni 1917 sind die ersten 14 000 US-Soldaten in Frankreich eingetroffen. Bis zum Ende des Krieges werden es eine Million sein. Und so fragt Anaïs im August in einem Brief an den »lieben, kleinen Papa«: »Was hältst Du von den Amerikanern, die zu Euch hinübergekommen sind? Gewiss, wenn Du sie alle aufgrund dieser wenigen beurteilst, wirst Du Dich in mehreren Punkten irren, denn es wurden die Besten dorthin geschickt, die es hier gibt. Als sie ausgerückt sind, habe ich sie ganz ehrlich beneidet.«

Ein Teddy aus der Neuen Welt

In einem im Commonwealth weitverbreiteten Schulbuch schreibt der britische Lehrer und Schulbuchautor Sir Edward Parrot: »Die Deutschen haben noch nie die Bedeutung des Wortes Ritterlichkeit verstanden. Vom ersten Moment des Krieges an haben die Deutschen gezeigt, dass sie bereit sind, sich jegliche Form der Niedertracht und Grausamkeit zu eigen zu machen, um zu gewinnen. Den absoluten Tiefpunkt erreichten sie, als sie die Krankenschwester Edith Cavell ermordeten. Die zivilisierte Welt war in Anbetracht dieser Tat mit Entsetzen erfüllt. Doch die Deutschen schämten sich dafür nicht, im Gegenteil, sie applaudierten.«

Es sind Zeilen wie diese, im Übrigen auch in der Tagespresse verbreitet, die den Kindern das Bild der Märtyrer ihrer Zeit vermitteln und deren Auswirkung sich häufig in ganz konkreten Zahlen niederschlagen. So verdoppeln sich in ihrem Fall in den ersten beiden Monaten nach Cavells Hinrichtung allein in Kanada im Oktober 1915 die Freiwilligenzahlen der kanadischen Streitkräfte.

Kanada unterstützte das britische Empire in großem Umfang im Ersten Weltkrieg. Mehr als 600 000 Kanadier meldeten sich freiwillig, wovon 424 000 in Übersee eingesetzt wurden. 60 000 wurden getötet und über 120 000 verletzt. Der überwiegende Teil der Einsätze dauerte zwischen 15 und 18 Monaten, wobei nur ein geringer Teil den gesamten Krieg hindurch an der Front war. Fast achtzig Prozent der kanadischen Soldaten waren Singles und im Durchschnitt etwa 26 Jahre alt. Familienväter waren die Ausnahme.

Der Sergeant George Ormsby ist einer der älteren Soldaten, der ab Mai 1915 an der Westfront dient. 17 Monate im Schützengraben sind oft von Heimweh und Langeweile geprägt, während seine Frau Maggie zuhause in British Columbia kaum weiß, wie sie die beiden Kinder durchbringen soll. Manchmal ist sie wütend auf den abwesenden Mann, aber meistens versucht sie, eine gute Patriotin zu sein und ihren Mann, der mit seinem »ganzen Herzen und ganzer Seele in diesem Krieg« ist, brieflich zu unterstützen, ihre Sorgen für sich zu behalten. Während Soldaten, die nicht lesen und schreiben konnten, oft jahrelang keinen Kontakt nach Hause hatten oder Helfer brauchten, um kleine Lebenszeichen zu senden, waren Briefe für diejenigen, die eine Schulbildung hatten, eine wichtige emotionale Stütze. Neben einer ausführlichen Korrespondenz mit seiner Frau ist im Nachlass der Ormsbys ein Brief seiner Tochter Margaret erhalten. Auf dem Geschäftspapier des »General Store«, ihres Lebensmittelgeschäfts, das die Mutter in der Zwischenzeit hatte aufgeben müssen, schreibt Margaret am 19. November [o. J.] u. a. dass sie sich frage, wann er denn zurückkommt. Artig bedankt sie sich für ein Armband, das er ihr geschickt hat. Sie endet: »Ich hoffe, Du bist in Sicherheit. Dein Darling ist hier.«

Die kleine Aileen Rogers lebt mit ihren Eltern und ihrem drei Jahre jüngeren Bruder Howard in der Provinz Quebec, wo Vater Lawrence Rogers eine kleine Farm betreibt. Es ist harte Arbeit, und die Winter auf dem Land sind lang und kalt. Mutter May ist ihrem Mann nur ungern in die kanadische Wildnis gefolgt, wo das Leben Anfang des 20. Jahrhunderts kaum vergleichbare Annehmlichkeiten wie in der Stadt, also etwa Strom und fließendes Wasser, bietet. Doch Aileen ist ein sonniges Kind, dem auch die Widrigkeiten des Lebens wenig anhaben können – das stellt sie, die bereits als Kleinkind mit Polio zu kämpfen hatte, tagtäglich unter Beweis. Sie muss nach wie vor Schienen tragen, kann nur schlecht gehen und hat immer wieder schlimme Schmerzen. Ihre Eltern sind ungeheuer stolz auf sie. Als Vater Lawrence 1915 in den Krieg zieht, stellt das aber auch Aileen, die inzwischen zehn Jahre alt ist, auf eine harte Probe. Als Sanitäter wird er arbeiten, also Verwundeten helfen.

Die folgenden zwei Jahre sind geprägt von unzähligen Briefen, die die Eltern einander schreiben – und manchmal auch die Kinder. Zwar freut sich die Mutter immer über Post aus dem fernen Belgien, wo der Vater jetzt stationiert ist, aber Aileen bemerkt auch, dass sie oft sorgenvoll schaut, wenn sie die Briefe liest. Eines Tages fasst sie sich ein Herz und bittet die Mutter, ihr zu helfen, ihren geliebten braunen Stoffteddybär an den Vater zu schicken. Sie möchte, dass der Teddy auf den Vater im Krieg aufpasst. Er soll erst wieder mit ihm nach Kanada zurückkehren. Obwohl immer wieder Post verloren geht, kommt der Teddy wohlbehalten beim Vater an der Front an.

Im Mai 1917 schreibt der Vater einen Brief an Aileen, nachdem er von ihr kurz zuvor ein Schulzeugnis erhalten hatte: »Liebe Aileen, ich erhielt heute einen Brief von Mutter mit einer Abschrift Deines Oster-Schulzeugnisses. Es ist gut, und Dad ist sehr stolz. Ich habe es allen Kameraden gezeigt, natürlich auch Dan, der fast so stolz war wie ich. Gestern habe ich auch Euer Osterpäckchen erhalten und konnte Dan seine Osterhasenkarte und etwas von den getrockneten Trauben abgeben, die wir gerade essen. Er hat noch nie so etwas gesehen und sich sehr darüber gefreut. Das Wetter ist gerade wunderbar und sonnig und warm. Du weißt ja, dass ich es gerne warm mag. Also alles in Ordnung. Ich möchte noch einen Brief an Deinen Bruder beifügen und schließe deshalb. Alles Liebe für Euch alle von Daddy«

Fast ein Jahr trägt Vater Lawrence den Teddy schon bei sich, als er im Herbst 1916 seiner Frau May schreibt: »Bitte richte Aileen aus, dass ich den Teddybären immer noch habe und versuchen werde, für sie auf ihn aufzupassen. Er ist inzwischen schmutzig, und seine Hinterläufe baumeln ein bisschen, aber er ist immer noch bei mir.«

Im November erhält die Familie ein kleines Päckchen mit den Hinterlassenschaften des Vaters – er ist in der Schlacht von Passchendaele gefallen. Die traurige Nachricht erzählt in wenigen Zeilen von den letzten Momenten im Feld: »Er starb, während er half, die Verwundeten zu versorgen. Es gab ein Ambulanzzelt, aber der mutige Kamerad, der er war, hatte sich entschlossen, das Zelt den Schwerstverletzten zu überlassen und selbst unter freiem Himmel die Verletzten direkt zu verarzten, ohne dabei an seine eigene Sicherheit zu denken.« Aileens Teddybär trug er währenddessen immer noch bei sich. Auch er fand sich unter den persönlichen Dingen, die der Familie nach seinem Tod übersandt wurden. Bis ins hohe Alter treiben Aileen Fragen nach der Motivation des Vaters um: Warum zog der Vater einst in den Krieg? Wie konnte er nur seine Familie verlassen?

Auch die kleine Margaret wartet im Spätsommer 1916 sehnsüchtig auf den Papa. Doch selbst Briefe aus dem Feld gibt es nicht. Sergeant George Ormsby ist Teil der Reservetruppen, die im September die Verluste an der Somme ausgleichen sollen. Er ist mit dem nackten Überleben befasst. In einem kurzen Brief vom 17. September möchte er seine Frau beruhigen, die sich nur aus Zeitungsberichten ein allgemeines Bild von der Lage in Europa machen kann: »Ich wollte Dich wissen lassen, dass ich am Leben bin und es mir gut geht.« Die Erleichterung hält nicht lange vor. Kurz darauf erreicht sie der Brief eines Kameraden, der ihr mitteilt, dass George am 26. September verletzt wurde, »als eine Granate in seiner Nähe explodierte«. Margaret spürt, dass die Mutter in großer Sorge ist. Wie es dem Vater gehen mag? Ist er auf dem Wege der Besserung? Wurde er womöglich verstümmelt? Schlimmeres mag sie sich nicht ausmalen.

Eine Nachricht von George erreicht sie Mitte Oktober, und sie klingt erst einmal gut. Auch wenn seine Beine und die Wirbelsäule ständig schmerzten, so freue er sich nach einem anstrengenden Jahr im Schützengraben über eine »ordentliche Ruhepause«, schreibt er. An drei Stellen sind Splitter in seinen Rücken und die Schulter gedrungen, und doch ist er froh, denn »die Somme ist ein entsetzlicher Ort, und wer dort nur eine Verwundung erleidet, hat, wie ich finde, großes Glück gehabt«. George wird in Großbritannien von einem Lazarett ins nächste verlegt. Seine Verletzungen sind doch schwerer als zuerst angenommen, und er gesundet nur langsam. Hinzu kommen Infektionen, darunter eine chronische Bronchitis und die Folgen von Gasangriffen, die ihn häufig nur noch nach Luft japsen lassen. Es dauert neun Monate, bevor er im Juni 1917 nach Kanada zurückverlegt werden kann. Auf Grund seiner schweren Verletzungen wird ihm schließlich eine hundertprozentige Veteranenrente zugesprochen – eine Seltenheit in jenen Tagen.

Freiwillig in die Hölle

Pünktlich um 12 Uhr am 30. Juli 1917 schleppen zwei Soldaten den »Private 7439« vom 6. Bataillon des British West Indies Regiments vor einen Unterstand der Essex Farm, wie die Briten einen Standort ihrer schweren Artillerie nahe der belgischen Stadt Ypern getauft haben. Das Opfer wehrt sich kaum noch, als es mit Hand- und Fußschellen an einer Wand in Kreuzform festgekettet wird, denn das immer gleiche Ritual vollzieht sich bereits seit zwei Wochen täglich. Um 12.30 Uhr beginnen 2297 britische Geschütze zu feuern, einige davon so nah, dass dem gefesselten Soldaten die Trommelfelle zu platzen drohen. Es ist der bisher heftigste Granatbeschuss in der Geschichte der Menschheit. Die Antwort der deutschen Artillerie lässt nicht auf sich warten. »Private 7439« beginnt zu weinen und schreien, als sich um ihn die Höllentore öffnen, Feuer speien, Steine in die Luft schleudern. Ein Bündel Mensch, schutzlos im Stahlgewitter. Offiziere und Soldaten hasten geduckt an ihm vorbei, auf der Suche nach der nächsten Deckung, Spott haben die einen für ihn, Mitleid die anderen in den Augenwinkeln. Seine Vorfahren waren Sklaven. Wie einen Sklaven hat man ihn hier angekettet. Anders als bei den Offizieren ist seine Hautfarbe nicht weiß. Anders als die übrigen Soldaten ist er kein Mann. Er ist nur ein schwarzer Junge, ein halbes Kind, gerade 17 geworden. Er stammt aus Jamaika – und sein Name ist Herbert Morris.

Um 14 Uhr werden Herberts Fesseln gelöst. Was ihm widerfuhr, bezeichnet seine Militärakte lapidar als »FP No.1«. FP steht für »Field Punishment« – Bestrafung im Kampfgebiet. Ausgesprochen am 17. Juli, als eine Militärpatrouille den Jungen im nordfranzösischen Hafen Boulogne-sur-Mer beim Versuch erwischte, auf einen Überseedampfer zu gelangen. Herbert wollte nur noch weg aus dem Krieg, zurück nach Hause, in die Karibik. Am Tag zuvor war er aus der Essex Farm geflohen, nur wenige Stunden nachdem die britischen Batterien aus allen Rohren zu feuern begonnen hatten. Vorbereitung für eine Offensive, bei der noch mehr todbringende Waffen zum Einsatz kommen sollen als 1916 bei den Materialschlachten um Verdun und an der Somme. Während Herberts zweiwöchentlicher Tortur haben die Briten vier Millionen Geschosse abgefeuert – da hat die eigentliche Schlacht noch nicht einmal begonnen, die mit dem 31. Juli als die Dritte Flandernschlacht in den Kriegstagebüchern geführt wird.

Es war für Herbert Morris nicht leicht gewesen, überhaupt an die Front zu kommen. Als 16-Jähriger musste er sein Alter verschweigen. Als Schwarzer musste er die rassistischen Stereotype der Werber überwinden, die den Patriotismus von Abkömmlingen der früheren Sklaven bezweifeln. Dabei versuchen diese gerade durch den Militärdienst ihre Herkunft hinter sich zu lassen, als gleichberechtigte Bürger des Commonwealth ihre Loyalität gegenüber der Krone unter Beweis zu stellen. Dennoch sind sie Soldaten zweiter Klasse. Die meisten von ihnen sterben nicht im Kampf, sondern an Krankheiten aufgrund mangelhafter Versorgung.

Ypern und die umgebenden Orte haben als Stätten menschlicher Behausung längst aufgehört zu existieren. Kein Haus, keine Straße steht mehr, jeden Quadratmeter Boden haben Granaten hundertmal durchpflügt. Diesen Nicht-Ort umgibt auch keine Landschaft mehr, nur Baumstümpfe und schwarzer Morast, so weit das Auge reicht. Hier verrichtet das British West

Indies Regiment seinen Dienst. Wo die Eisenbahnschienen aus dem Hinterland abrupt enden, beginnt die Arbeit des 6. Bataillons. Die Westinder laden bis zur physischen Erschöpfung die fast dreißig Kilogramm schweren Granaten tagtäglich zu Tausenden von den Waggons und befördern sie zu den Geschützbatterien der Essex Farm. Ihre Plackerei vollzieht sich an einer Schlüsselstellung der strategischen Pläne des britischen Oberbefehlshabers Douglas Haig. Denn die Jamaikaner unterstützen das XVIII. Corps der britischen Armee, das am Beginn der Offensive den Hauptstoß des Angriffs führen soll. Deshalb unterliegt ihr Dienst einer besonders strengen Kontrolle.

Auf Gefahr und Entbehrungen war Herbert gefasst; seit Monaten verrichtet er seinen Dienst, ohne dass es Beanstandungen oder Rügen gegeben hätte. Doch die elementare Gewalt der Kanonade trifft ihn unvorbereitet. Herbert ist mit seiner Panik nicht allein. Pater van Walleghem, ein belgischer katholischer Geistlicher, dessen Heimatort sich zum Schlachtfeld gewandelt hat, beobachtet in den Tagen von Herberts Bestrafung eine allgemeine extreme Angst unter den westindischen Truppen vor den schweren Geschützen. Während des Granatfeuers agieren sie verwirrt und orientierungslos. Mitgefühl ist alles, was van Walleghem den schwarzen Soldaten geben kann. Zu helfen vermag er nicht – auch Herbert Morris nicht. Nach Verbüßung seiner Strafe wird Herbert wieder in sein Bataillon zurückgeschickt.

Drei Wochen hält Herbert Morris nach seiner Bestrafung und Wiedereingliederung durch. Die Soldaten des 6. Bataillons bauen Wälle und Brustwehre für die schwere Artillerie, die währenddessen keine Sekunde aufhört zu feuern. Wegen der häufigen Verwundungen wird Herberts Bataillon in eine »sicherere Zone« verlegt. Sicher ist freilich nichts im Umfeld dieser mörderischen Schlacht, die innerhalb weniger Wochen beiden Seiten insgesamt eine halbe Million Verluste an Soldaten einbringt – jedoch keinen irgendwie gearteten nennenswerten Vorteil. Unter den westindischen Truppen kommt es täglich zu Ausfällen, auch ohne die Beteiligung an direkten Kampfhandlungen. Alfred Horner, ein Kamerad aus Herberts Bataillon, vermerkt Anfang September in seinem Tagebuch, die »Boches« würden sie unaufhörlich mit schwersten Kalibern beschießen, Tag und Nacht vergingen in einem einzigen unaufhörlichen Schrecken.

Als Herbert am 20. August mit ansehen muss, wie sieben seiner Kameraden dem Bombardement zum Opfer fallen, versagen seine Nerven. Er springt von dem LKW, der ihn an die Front zu seiner Batterie fährt, rennt in Panik davon. Einen Tag später wird er aufgegriffen, wieder in Boulogne. Er hat versucht, in ein Erholungscamp der britischen Armee zu kommen, ohne eine Abmeldeerlaubnis seiner Truppe bei sich zu führen. Wieder landet der Fall vor dem Kriegsgericht. Dem verängstigten schwarzen Jungen wird nicht einmal ein Verteidiger gewährt.

Vor dem Tribunal erklärt Herbert: »Etwas ist in meinem Kopf nicht mehr in Ordnung. Ich kann den Knall der Kanonen nicht ertragen. Ich habe das auch dem Doktor erklärt, aber er hat mir keine Medizin oder andere Hilfe gegeben.« Die Militärrichter halten es nicht für nötig, den Namen des Arztes herauszufinden, auf den sich Herbert beruft. Es wird auch kein anderer medizinischer Sachverständiger hinzugezogen, der den physischen und psychischen Zustand des Jungen begutachten könnte. Stattdessen werden zwei Zeugen aufgerufen, die erklären, Herbert sei jederzeit ein fleißiger Arbeiter gewesen, besäße eine überdurchschnittliche Intelligenz und hätte niemals Schwierigkeiten gemacht.

In der Perversität des Militärprozesses wenden sich diese Aussagen gegen den Angeklagten. Gerade weil Herbert bislang immer treu und pflichtbewusst gedient hat, ist er auch voll schuldfähig. Das Urteil ergeht gemäß Militärstrafordnung, Kapitel 12, Abschnitt 1a: »Unerlaubte Entfernung aus dem aktiven Dienst in den Streitkräften Seiner Majestät«. Tatbestand: »Obwohl an seine Pflichten gemahnt, wurde Herbert Morris nach am 20.8.1917 festgestellter Abwesenheit am 21.8.1917 von der Militärpolizei in Boulogne festgenommen.« Das Urteil: Standrechtliche Erschießung. Um in Kraft zu treten, muss es jedoch zuvor vom britischen Armeechef Douglas Haig gegengezeichnet werden. Auch aus damaliger Sicht verstößt das Urteil gegen geltendes Recht. Als Minderjähriger hätte Morris niemals in der Armee eingesetzt, geschweige denn bestraft werden dürfen. Üblich ist es, Jungen, die ihr Alter hochgeschwindelt haben, nach der Entdeckung zum Roten Kreuz zu versetzen.

Außerdem zeigt Herbert in geradezu klassischer Form alle Anzeichen von »shell shock«, wie die heute als »posttraumatische Belastungsstörung« definierte Kriegsneurose im englischen Sprachgebrauch damals genannt wird. Zu Beginn des Krieges hatte man noch geglaubt, es mit Drückebergern und Simulanten zu tun zu haben, wenn zuvor tapfere Soldaten plötzlich ihre Waffe fallen ließen und davonrannten oder ihre Gliedmaßen nicht unter Kontrolle halten konnten, groteske Bewegungen vollführten. Im deutschen Heer sprach man deshalb von den »Kriegszitterern«. Ab 1915 setzte sich in fast allen Armeen die Erkenntnis durch, es mit einer Erkrankung zu tun zu haben, die der medizinischen Behandlung bedarf. Anfangs deuteten die Militärärzte das Phänomen als eine physische Schädigung aufgrund des Donners und der entstehenden Druckwelle beim Explodieren der Granaten – daher der Name »shell shock«. Doch als immer mehr Fälle bei Soldaten registriert wurden, die niemals einem Artilleriebeschuss ausgesetzt waren, traten am Ende für die Ärzte die psychischen Ursachen in den Vordergrund.

Auf Herbert Morris jedenfalls träfe jedweder medizinischer Erklärungsversuch zu. Doch aus Sicht des Tribunals wie auch des Armeehauptquartiers ist es wichtiger, mitten in der Schlacht die Räson unter den Soldaten durchzusetzen, als Verständnis zu zeigen. Feldmarschall Haig bestätigt das Urteil. Es soll der ab-

schreckenden Wirkung wegen vor der angetretenen Truppe voll-
streckt werden.

In der Morgendämmerung des 20. September diktiert der
eben erst 17-jährige Herbert dem ihm beistehenden »Pater van
Walleghem« einen Abschiedsbrief an seine Eltern William und
Ophalia Morris in Jamaika. Dann wird er im belgischen Dorf
Poperinge nahe der Essex Farm vor sein Bataillon geführt und
an einem Kohlenschuppen aufgestellt. Das Erschießungskom-
mando besteht aus sieben westindischen und drei weißen Soldaten.

Heute ist Essex Farm Synonym für eines der großen Gräber-
felder des Ersten Weltkriegs, Erinnerungsstätte und Pilgerort.
Herbert Morris hat hier seine letzte Ruhe gefunden. Der Grab-
stein vermerkt die Dienstnummer und den Tag seines Ablebens.
Weder Herkunft, Alter noch die Umstände des Todes sind ver-
zeichnet.

KAPITEL 14

Gut Dampf!

Der erstmalige Einsatz von Giftgas ist für immer mit dem Ersten Weltkrieg verbunden, ein Symbol für die Skrupellosigkeit der Wissenschaftler, neueste Technologien für die Entwicklung von Massenvernichtungswaffen bereitzustellen. Während des Krieges sterben etwa 90 000 Soldaten durch Giftgas, angesichts von insgesamt 17 Millionen Toten eine geringe Zahl. Doch weitaus größer ist die Zahl der durch das Gas Erblindeten oder durch die Wirkung auf das Nervensystem bleibend Geschädigten. Das Gas wird von den Soldaten gefürchtet, es kommt als schleichender Tod. Es zerstört die Kampfmoral, wirkt zusätzlich als Psychowaffe. Umso mehr beschäftigt es die Phantasie der Kinder, wird für sie zum Synonym für einen nicht fassbaren Schrecken.

Die Terrorisierung der Zivilbevölkerung seitens der Deutschen mit Giftgas wurde während des Krieges von alliierter Seite allgemein erwartet. Wer in Belgien Kriegsverbrechen verübte oder mit Zeppelinen Bomben auf London oder Paris warf – dem war dies durchaus zuzutrauen. Fotos zeigen ganze Familien, auch Babys und Großmütter, die im Hinterland mit Gasmasken ausgestattet wurden. Tatsächlich wurden solche Pläne von deutscher Seite nie ernsthaft erwogen – zu groß war die Gefahr vergleichbarer Vergeltungsmaßnahmen durch die Entente. Daher machen die Kinder eher selten und dann auch nur auf indirekte Weise mit den Wirkungen von Giftgas Bekanntschaft. Andrea Süchting-Hänger behauptet allerdings in ihrer Studie »Kindermörder« über die vergessenen Opfer des Fliegerterrors im Ersten Weltkrieg, bei dem verheerenden Luftangriff auf Karlsruhe im Juni 1916 mit 85 toten Kindern seien einige der Bomben mit »Giftgas, Cyanose« gefüllt gewesen, wie es ein Jahr zuvor von deutscher Seite aus in Ypern zum Einsatz gekommen war: »Durch das Giftgas führten auch kleine Verletzungen zu Blutvergiftung und Tod.« Eine Quelle gibt sie hierbei nicht an. Cyanose ist allerdings kein Giftgas, sondern ein Krankheitsbild, bei dem sich aufgrund von Sauerstoffmangel die Haut blau verfärbt; und in Ypern wurde Chlorgas eingesetzt. Vielleicht meint die Autorin Cyanwasserstoff, besser bekannt als Blausäure. Dieses Gift kam zwar 1916 bei der Ermordung des Wunderheilers Rasputin zum Einsatz und wurde im Juli 1916 von Frankreich an der Westfront erprobt. Als Kontaktgift hat Blausäure tatsächlich eine verheerende Wirkung; jedoch scheiterte der Einsatz als Beimischung zu Giftgas wegen der schnellen Verflüchtigung des Stoffes und wurde anscheinend nicht wiederholt. Ob es tatsächlich vor dem Fronteinsatz eine frühere Erprobung an der Heimatfront gegen Kinder gegeben hat, erscheint mehr als fraglich. Die beschriebene tödliche Wirkung hätte so ohnehin nicht eintreten können.

Die Auswirkungen des Giftgases an der Westfront beherrschten die damaligen Medien, eine Gewichtung, die auch heute noch überwiegt. Über die Ostfront ist weit weniger bekannt. Dabei sind mehr als die Hälfte aller Gaskriegstoten Russen, Schätzungen zufolge etwa 56 000. In den 1970er Jahren suchte der polnische Dokumentarist Wiesław Sokołowski nach Zeitzeugen des lange vergessenen ersten Giftgasangriffs der Geschichte, der sich am 31. Januar 1915 in Bolimów in der Nähe von Łódź (dt. Lodsch) ereignete, zwei Monate vor dem ungleich berüchtigteren Einsatz von Gas im belgischen Ypern. Er stieß auf den 1905 geborenen Franciszek Smoliński, der ihn durch eine detaillierte Schilderung der damaligen Vorgänge beindruckte.

Franciszek Smoliński hatte ein präzises Bild vor Augen, wie er als Zehnjähriger an einem milden, schneelosen Wintertag um sieben Uhr morgens direkt vor dem eigenen Hof Rauch aufsteigen sah: »Ich lief ins Haus zurück, wobei ich schrie: ›Es brennt!‹

Alle wurden wach und sprangen auf, sie eilten zum Hof – und es war kein Rauch, sondern Gas, das uns in den Augen biss.« 15 Minuten später seien die gaskranken russischen Soldaten gekommen: »Sie wurden in vollgeladenen Wagen transportiert, lagen aufeinander. Diejenigen, die imstande waren, gingen zu Fuß. Sie waren blau, hatten Schaum im Mund und tranken Wasser; offensichtlich brannte es ihnen im Hals. Wir trugen ihnen das Wasser eimerweise auf den Weg.« Auch das Datum war Smoliński noch präsent: Es musste der 2. Februar gewesen sein, denn an diesem Tag hatten sie zur Kirchweih ins benachbarte Miedniewice gehen wollen.

Smolińskis Bericht zeigt das generelle Problem des Wahrheitsgehalts von Kindheitserinnerungen. Tatsächlich war der Giftgaseinsatz ein Fehlschlag auf ganzer Linie. Die Temperaturen waren so niedrig, dass das Gas nicht zerstäubte und sich nicht ausbreiten konnte. Die mehreren Tausend verschossenen Gasgranaten blieben ohne Wirkung; der deutsche Angriff scheiterte. Bei dem eingesetzten Gift handelte es sich um das Tränengas Xylylbromid, das weder Schaum um den Mund noch blaues Anlaufen hervorruft. Und der Angriff fand bereits am 31. Januar statt. Erzählte Franciszek Smoliński dem Interviewer die Geschichte so und nicht anders, weil er sich als Zeitzeuge wichtigmachen oder weil er die Erwartungen seines Gesprächspartners erfüllen wollte? Oder hatten sich Bilder des Gaskriegs, die er später gesehen hatte, in ihn eingebrannt und waren eine Verbindung mit dem eigentlichen Erlebnis eingegangen, die er selbst nicht mehr zu lösen vermochte? Die Aufzeichnungen des Interviewers Wiesław Sokołowski können hierzu nicht mehr zu Rate gezogen werden – sie wurden in den 1980er Jahren vom polnischen Geheimdienst beschlagnahmt und sind seither verschwunden.

Elfriede Kuhr notierte in ihrem erstmals 1982 publizierten Tagebuch unter dem 24. Mai 1915: »Es gibt eine neue schreckliche Kriegswaffe: Giftgas! Wer es zuerst eingesetzt hat, kann ich nicht rauskriegen, obwohl so etwas öffentlich vor das Kriegsgericht gehört. Giftgas wird bereits hüben und drüben verwendet; es soll sogar besondere Arten geben, zum Beispiel Grüngas und Gelbgas; eins ist schrecklicher als das andere.« Hier sind zumindest Teile der Passage ganz offensichtlich später eingefügt, denn Grünkreuz (ein Lungenkampfstoff) wurde erstmals eine Woche nach dem Tagebucheintrag bei Ypern eingesetzt; Gelbkreuz (ein hautschädigendes Senfgas) wurde zwar tatsächlich erstmals bei Ypern verwendet – jedoch erst im Jahr 1917.

Zu dem Zeitpunkt als Elfriede vorausschauend von dem Schrecklichen, das später mit dem Begriff »Giftgas« verbunden werden wird, wissen will, herrscht in Wirklichkeit in der deutschen Öffentlichkeit Verharmlosung vor, wie beispielsweise ein Artikel im Berliner Tageblatt vom 26. April 1915 zeigt: »Das Tagesgespräch sind die ›deutschen Dämpfe‹ bei Ypern. Es soll sich also um Chlordampf handeln; genauere Analyse fehlt, bis sie von den armen Opfern des Schnupfenqualms selber gemacht wird. Soviel wir hören, geschieht gar nichts Lebensgefährliches, sondern nur ein hässlicher Zustand von etwa vier Stunden … Die Engländer sind rührende Gesellen: setzen alles daran, uns in den scheußlichsten Tod der Heimatbevölkerung hineinzutreiben, und lamentieren nun über etwas geschwollene Schleimhäute. Und nachdem sie die Völkerrechtsbeschlüsse nicht unterschrieben haben, verlangen sie, dass wir sie halten sollen. Gut Dampf!«

Änderungen oder Einfügungen sind bei Tagebüchern aus dem Ersten Weltkrieg nicht ungewöhnlich. Diese Selbstzeugnisse existieren nur noch selten im Original, sondern sind oftmals von den Verfassern oder ihren Angehörigen in späteren Jahren abgeschrieben und kopiert worden. Häufig wurden dabei Lücken, Auslassungen oder vermeintliche Fehler stillschweigend ergänzt oder korrigiert. Bei emotional stark besetzten Themen ist die Versuchung besonders groß, die Tagebücher zu »verbessern«, nachträgliches Wissen oder Einstellungen, die sich erst nach dem Krieg herausgebildet haben, zeitlich vorzuverlegen.

Wie ein offenes Grab

Kaum etwas erinnert daran, dass Marina Yurlova ein Mädchen ist, als die Gasmasken verteilt werden. Ihr Haar ist kurzgeschoren, der Blick abweisend und hart. Es war kurz vor dem Sturm auf die türkische Gebirgsfestung Erzurum, als sich ein Offizier Marina nähern wollte. Er bekleidete den Rang eines Sotniks, was unter den Kosaken einem Leutnant oder Hauptmann entspricht; und es hieß, er sei der Neffe des Generals, der sich alles herausnehmen dürfe. Zwei kostbare Güter sprangen für Marina heraus: ein Bad, das dritte während des gesamten Krieges. Und ein »herrlich fetter« Hering, der auf dem Toilettentisch des Sotniks neben der Fotografie einer schönen jungen Frau lag. Während sie den Hering gierig verspeiste, die erste befriedigende Mahlzeit seit Wochen, überlegte sie, ob das Bild die Ehefrau oder Tochter des Sotniks zeigte. Ebenso wenig fand sie heraus, ob der Offizier für sie nun erotische oder väterliche Gefühle hegte. All das verging in der mörderischen Schlacht um Erzurum. Und seither hat niemand mehr in ihr etwas anderes gesehen als einen Soldaten.

Ihren Dienst verrichtet sie an der südlichen Front des russischen Imperiums. Eine Kosakenarmee ist in das Osmanische Reich vorgedrungen, hat unter erheblichen Verlusten die Türken geschlagen – und bestreitet doch nur einen Nebenschauplatz des großen Krieges. Im August 1917 rückt sie gegen die persische Stadt Rawanduz vor, einen strategisch wichtigen Verkehrsknotenpunkt. Ihre Gegner sind nicht mehr die »Erbfeinde Russlands«, wie Marina die Türken nennt, sondern kampferprobte deutsche Truppen, die dem osmanischen Verbündeten zur Seite springen mussten.

Nur spärlich dringen Nachrichten zu den ausgedörrten Gebirgswüsten vor, durch die sich die an Wassermangel leidende Kosakenarmee hindurchquält. Eigenartige Gerüchte machen die Runde. Es heißt, der Zar würde bald gestürzt werden. Den

Kosaken scheint dies abwegig, obwohl der Zar schon vor einem halben Jahr den Thron verloren hat. So kämpfen sie ihre Schlachten weiter und glauben lieber an eine andere Fama: Dass ihre ganze Armee aufgrund einer namenlosen Verschwörung absichtlich ins Verderben gejagt würde.

Vor einem Jahr hat Marina Yurlova einen Lehrgang zur Kraftfahrerin besucht, wird nun nicht mehr bei den Soldaten, sondern durch das Rote Kreuz eingesetzt. Weniger gefährlich ist das Leben im Krieg dadurch nicht geworden. Sie ist nicht länger das Maskottchen, der Glücksbringer der Truppe; sie genießt keine Sonderbehandlung mehr.

Noch nie in drei Jahren Krieg hat Marina eine Gasmaske aufgesetzt. Anfangs findet sie es kurios, die Gespenster vor sich zu sehen, in die sich die Kameraden verwandelt haben: weiße Flecke an Stelle der Gesichter, runde dunkle Glasscheiben statt der Augen. Die Schlacht um Rawanduz beginnt vor Tagesanbruch. Auf dem einen Berg stehen die Russen, auf dem anderen die Deutschen, verstärkt durch einige Österreicher. Marina schreibt mit einem Anflug von Grauen: »Zwischen den Fronten gähnte das Tal wie ein offenes Grab.«

Ihr Sanitätswagen steht auf der einzigen Bergstraße, die es gibt, dicht hinter der Gefechtslinie, ohne Schutz. Ein Hinterland existiert hier nicht. Keinen Augenblick zu früh haben sie die Gasmasken über die Köpfe gezwängt. Gasgranaten der Deutschen explodieren, setzen schwarze Giftwolken frei, aus denen die Morgendämmerung ein hässliches Zwielicht formt. Die Schlacht bleibt für Marina hinter Rauch und Spiegelungen halb verborgen. Mühsam muss sich das Mädchen daran gewöhnen, nicht mehr dem vernebelten, verwaschenen Blick zu trauen, sondern sich an den Geräuschen zu orientieren, die sich zwischen ihrem keuchenden Atmen unter der Maske drängen: Granateinschläge, Schreie, Schüsse, Stöhnen, das Pfeifen von Querschlägern. Die Sanitäter schwärmen aus, um die Verwundeten von den Berghängen zu sammeln und zu den Wagen zu tragen.

Die Schlacht scheint wie ein unwirklicher Spuk – und ist deshalb doch nicht weniger blutig: »Meine Maske schien eine Scheidewand zwischen mir und der Außenwelt zu ziehen. Teilnahmslos betrachtete ich durch diese Wand den Kampf rings um mich her. Niemand sah mehr menschenähnlich aus. Selbst wenn einer fiel, fiel er wie ein Tier und lag da, das Gesicht mit der Maske nach oben, den Körper verrenkt zur Seite gekehrt. Selbst wenn sie völlig zerfetzt wurden – und oft genug habe ich gesehen, wie Arme, Beine und Köpfe durch die diesige Luft flogen –, fand ich nichts dabei. Betäubt und sprachlos tat ich meine Arbeit.«

Die Sanitätsfahrzeuge kommen nicht durch, die Straße ist in der Gegenrichtung von Munitionskolonnen und frischen Truppen verstopft. So stolpert Marina, statt am Lenkrad zu sitzen, ungeachtet der schmerzenden Arme und Schultern inmitten anderer Sanitäter mit den Krankenbahren die Abhänge der Berge vor und zurück. Nach zwei Tagen sind die Verwundeten immer noch nicht aus der Kampfzone abtransportiert. Russische Pioniere sollen daher eine neue Straße für die Lazarettwagen bauen. Sie schütten aus frischer Erde einen Feldweg auf, der sich zwischen einigen schützenden Hügeln hindurchwindet.

Immer wenn der Weg tiefer hinein ins offene Grab des Tals führt, spüren sie die verdorbene Luft, ziehen sie instinktiv die Gasmasken fester. Der Umgang mit den Verwundeten ist rau, für Pflege keine Zeit. So schnell wie möglich wollen sie ihre Kraftwagen aus der Gefahrenzone bringen. Doch es dauert nicht lange, bis die Deutschen die neue Straße entdecken und sie mit Geschossen bepflastern. Sie schießen mit einer anderen Sorte von Gasgranaten, die nicht mit einem rötlichen Aufblitzen explodiert, sondern beim Aufschlag nur einen trüben Lichtschein erzeugt, der im Dämmerlicht kaum wahrzunehmen ist.

Marina hat diese neue Bedrohung noch nicht bemerkt, als sie sich mit einem leeren Wagen wieder der Schlacht nähert. Plötzlich wird das ihr vorausfahrende Fahrzeug immer langsamer, bleibt plötzlich stehen. Als sie aussteigt und nachsieht, liegt der

Fahrer mit dem Kopf vornüber gebeugt am Lenkrad. Er ist bewusstlos oder tot. Sie schiebt ihn zur Seite, rückt seine Füße vom Gashebel und von der Fußbremse weg und ergreift das Steuer. Vor und hinter ihr längs des Weges schlagen Granaten ein. Das Mädchen lenkt das Automobil zurück auf die Behelfsstraße. Dort verhindert bald ein weiterer Lazarettwagen in Gegenrichtung das Durchkommen, der sich an einer Biegung festgefahren hat und mit Verwundeten vollbeladen ist. Auch hier ist der Fahrer von seinem Sitz weggesackt, zusammengesunken. Erst jetzt erkennt Marina, dass ihre Gasmaske gegen dieses Gift nicht schützt. Sie weiß nichts von dem Rüstungswettlauf zwischen immer neuen Giftstoffen und neuen Gasmasken seit dem ersten Einsatz 1915: Weißkreuz, Blaukreuz, Grünkreuz, Gelbkreuz lauten die Kunstnamen der heimtückischen Substanzen – und keine Gasmaske ist sicher gegen all diese Stoffe.

Einer Panik nahe, versucht Marina den Wagen mit den Verletzten zurück zum Verbandsplatz zu bugsieren. Seit sie die Strecke zum letzten Mal fuhr, sind neue Bombentrichter hinzugekommen. Nie wird sie während der Schlacht einen Deutschen zu Gesicht bekommen – die Granaten, die er schickt, bleiben der einzige Kontakt. Der Feind hat sich auf den Höhenzug eingeschossen. Eine Kurve noch, dann hat das Mädchen hinter einem Hügel wieder Deckung.

Doch sie erreicht das Ende der Kurve nicht. Plötzlich wird alles weiß vor ihren Augen. Sie sinkt zusammen, der Wagen bleibt an einem Abhang stehen. Das hektische Atmen unter der Gasmaske wird leiser und erstirbt. Wodurch sie getroffen wurde – und wie die Schlacht ausging –, wird Marina Yurlova, die an die Front ging, um ihren Vater, den Oberst Yurlov, zu suchen, nie erfahren.

Caporetto

Im Juni 1916 hatte Giovanni Cossio aus dem Dorf Santa Maria nahe der Isonzofront im Nordosten Italiens zum ersten Mal Bekanntschaft mit der neuen Wunderwaffe, dem Giftgas, geschlossen. Er begleitete den Geschäfte mit den Frontsoldaten machenden Vater auf der Pferdekutsche, als sie von einem Militärfahrzeug überholt wurden. Aus dem Innern des Wagens waren die Schreie sterbender Soldaten zu hören. Es handele sich um Gaskranke, wurde dem Jungen gesagt. In der Rückschau war es dieses Erlebnis, das dem damals Zwölfjährigen klarmachte, was Krieg wirklich bedeutet. Die Reaktion des Vaters auf das Entsetzen seines Sohnes war von entwaffnender Direktheit: »Was kann man da schon machen«, habe der Vater gesagt: »Du wirst auch eines Tages sterben – und für die Toten können wir nur beten.«

Dieses Erlebnis kann sich tatsächlich so zugetragen haben. Am 29. Juni 1916 kam es bei San Michele ganz in der Nähe von Giovannis Zuhause zum ersten Gasangriff an der Isonzofront. Die Österreicher bliesen um 5.15 Uhr morgens aus 6000 Zylindern Chlor und Phosgen in die italienischen Schützengräben und trafen die gegnerischen Soldaten vollkommen unvorbereitet. Trotz hoher Verluste konnten die Italiener jedoch die Stellung behaupten. Tausende Soldaten starben an diesem Tag – der in den Chroniken als bedeutungslos geführt wird, weil er zwischen der fünften und sechsten Isonzoschlacht lag, also nicht einmal für sich beanspruchen konnte, Teil einer besonderen Bemühung zu sein, die feindliche Front entscheidend zu durchbrechen.

Giovanni weiß nun, was Krieg ist – und er wird es immer schmerzlicher erfahren. Zwei seiner Brüder fallen am Isonzo. Als das Jahr 1917 anbricht, ist auch der dritte Bruder vermisst, gerade einmal 18 Jahre alt. Es ist überhaupt ein Jahr der Sorgen und der Trauer. Vier Monate lang bleibt der Regen aus, die Felder sind dürr und ausgetrocknet. Lange warten die Bauern auf Regen. Ende Oktober kühlt die Luft endlich ab, das Wetter wechselt in eine angenehme Herbststimmung, immer mehr Wolken ziehen auf – und endlich kommt der ersehnte Regen, in Strömen stürzt er vom Himmel. Doch mit dem Regen kommen die Feinde.

Am 26. Oktober wird Giovanni Cossios Familie nachts aus dem Schlaf geschreckt. Verwandte sind aus einem nahe gelegenen Tal geflohen und berichten von einem Inferno aus Explosionen und Feuer von der Bergstraße über den Kolovrat, wo nicht nur die italienisch-österreichische Grenze verläuft, sondern auch die dritte und letzte Verteidigungslinie der Armee. Wenn dort gekämpft wird, heißt das, der Gegner hat bereits die vorderen Linien überrannt. Den Flüchtlingen ist der Schrecken noch immer anzusehen. Besonders schockiert sie der Umstand, dass nur die Österreicher zu schießen schienen, während die eigene Artillerie stumm blieb.

Zwei Tage später ist das ganze Dorf in Aufruhr. Niemand weiß, ob es besser ist, zu fliehen oder zu bleiben – und vielleicht sogar Barrikaden gegen den Feind zu errichten. Reiterlose Pferde galoppieren in Panik über die Dorfstraße, während manche Bewohner im strömenden Regen ihre Habseligkeiten auf Karren packen. Einige Pferde stürzen zu Boden, ihr Blut rinnt über die Straße. Bei den Cossios erscheint ein Soldat auf einem Fahrrad, gesandt von einem mit ihnen verwandten Offizier, der ihnen ausrichten lässt, sie sollten schleunigst fliehen, die Front sei in Auflösung. Die Bürgerwehr hört von dem Unglücksboten und denunziert ihn als Aufrührer bei zwei vorbeikommenden Militärs, die den vermeintlichen Verräter erschießen wollen und sich schließlich nur durch das Flehen von Giovanni und seiner Familie davon abhalten lassen. Nun beladen auch die Cossios ihr Fuhrwerk, doch sie können sich nicht entschließen, das Dorf zu verlassen. Am folgenden Abend hören sie Schüsse ganz nah an ihrem Haus. Der 13-jährige Giovanni erinnert sich: »Armselige Häuser im Dunkeln, voller Angst. Die Erwachsenen wachten. Uns Kinder hatten sie schlafen geschickt, wir sollten uns auf den Boden legen aus Angst vor den Schüssen, die die Wände durchbohren könnten.«

Am 30. Oktober erlebt Giovanni den Abzug der bei ihnen stationierten Soldaten; die meisten kennt er beim Namen; viele sind verwundet, tragen blutige Verbände. Sie haben in der Nacht versucht, den Vormarsch der Feinde zu verlangsamen, um der geschlagenen Armee den Rückzug über einen Gebirgsfluss, den Tagliamento, zu ermöglichen. Doch nicht alle fliehen. Plötzlich häuft ein kräftig gebauter Infanterist direkt vor ihrem Haus große Steine aufeinander und bringt dahinter ein Maschinengewehr in Stellung. Ein Hauptmann mit Zigarette im Mund und einem Revolver in der Hand befiehlt, das Feuer zu eröffnen. Die Antwort der Feinde lässt nicht auf sich warten. Ihre Stellung befindet sich nur hundert Meter entfernt, direkt neben der Dorfschule. Zwei Soldaten stehen in der Küche der Familie, reichen Munition nach draußen, sobald das Maschinengewehr schweigt. Doch nach kurzem Schusswechsel ziehen auch die letzten Verteidiger ab – und wünschen der zurückbleibenden Familie viel Glück. Das Dorf ist in der Hand des Feindes.

Giovanni ist verwirrt, als die fremden Soldaten einrücken. Er hat die blauen Uniformen der Österreicher erwartet, wie er sie aus den Titelbildern der »Domenica del Corriere« kennt; doch die Soldaten tragen Feldgrau und Stahlhelme. Es sind Deutsche.

Was Giovanni erlebt hat, ist die zwölfte Isonzoschlacht, die als »Schlacht von Caporetto« in die Geschichte eingeht. Wie der Junge an den Auswirkungen zu spüren bekommt, ist sie ganz anders verlaufen als die elf Schlachten zuvor. Verstärkt durch deutsche Verbände, sind die Österreicher nach mehr als zweijährigen zermürbenden Abwehrkämpfen diesmal völlig überraschend zum Angriff übergegangen. Es ist dabei neben der von den Soldaten bisher nicht gekannten Intensität des Artilleriefeuers vor allem der hohe Anteil an Gasgranaten, der sehr schnell zu Auflösungserscheinungen bei der Zweiten Italienischen Armee führt.

Das Resultat der Schlacht steht innerhalb des Ersten Weltkriegs einzigartig da. 400 000 angreifende Soldaten haben 850 000 Verteidiger überwunden. Angesichts der gewaltigen Dimension der Kämpfe ist die Zahl der Gefallenen erstaunlich gering. Sie betragen auf Seiten der Italiener etwa 13 000 Mann, auf Seiten der Mittelmächte gar nur 5000. Es sind andere Zahlen, die belegen, wie vollständig die Niederlage des italienischen Heeres ist. 300 000 Soldaten geraten in Gefangenschaft; zusätzlich laufen über 6000 zum Feind über. 300 000 Soldaten werden versprengt, haben den Zusammenhalt mit ihren Einheiten verloren. All dies sind Zeichen, dass die Soldaten immer weniger bereit sind, in einem Krieg, der jegliche Dimensionen sprengt, ihr Leben zu opfern. Die Sehnsucht nach Frieden, einer Rückkehr in die Normalität des Lebens, wiegt stärker als der Befehl zu kämpfen, der sich in den vorigen Schlachten häufig als sinnlos erwiesen hat.

66 000 italienische Soldaten sind nach Caporetto nicht mehr Willens weiterzukämpfen und desertieren. Die Bauern in der Nähe des Isonzo sind häufig bereit, ihnen Unterschlupf zu gewähren. Auch im Haus der Cossios versteckt sich ein Soldat, der Gewehr und Uniform weggeworfen hat und vor der Gefangennahme durch die Deutschen geflohen ist. Es handelt sich um einen Grenadier aus Padua namens Ferruccio Bressan, der sich mit Giovanni anfreundet, ihn begleitet, wenn er sich einmal heimlich aus dem Haus wagt – und häufig hockt er bei ihm in seinem Versteck und lässt sich Geschichten erzählen.

In den ersten Tagen nach der Besetzung finden die Kinder heraus, dass die Deutschen weniger schlimm sind, als ihnen in der Schule beigebracht wurde. Es entstehen manchmal sogar Freundschaften, aber häufiger bleiben ihnen die Besatzer wegen ihrer herrischen Art unheimlich und fremd. Und etwas noch Unheimlicheres bleibt für immer an den Deutschen haften: der von ihnen betriebene Einsatz von Giftgas.

Der 1908 geborene Luigi Novello aus Nespoledo, einem Nachbarort von Giovannis Dorf, erinnert sich, dass kurz nach der Besetzung die Deutschen in einem kleinen Haus in der Nähe der Kirche in Richtung Udine ihre Gasmasken testen. Zwanzig von ihnen, mit ihren Masken wie Horrorgestalten aus einem Alptraum anzusehen, gehen in das Haus hinein, in das Giftgas geblasen wurde. Diejenigen, deren Masken defekt gewesen zu sein scheinen, taumeln hinaus und stürzen sich in einen Wassergraben. Es ist schrecklich anzusehen, wie ein Schütteln durch ihren Körper geht und sie erst allmählich wieder das Bewusstsein erlangen.

Zur gleichen Zeit, als die italienischen Soldaten nach der Schlacht von Caporetto davonlaufen und so dem Krieg einen passiven Widerstand entgegensetzen, ereignet sich im fernen Russland eine Revolution gegen die bestehende Ordnung, angeführt von einer kleinen radikalen Partei, die den Menschen vor allem eins verspricht: Frieden.

KAPITEL 15

Sehnsucht nach Frieden

Die Russische Revolution

Gustl Erhardt, ein deutsch-baltischer Kapellmeister, und Alice Neldner haben sich kurz nach der Geburt ihres 1909 geborenen Sohnes getrennt. Seither ist Heinz vorwiegend bei den Großeltern mütterlicherseits in Riga aufgewachsen, das damals Teil des russischen Zarenreichs ist. Doch im Herbst 1916 taucht überraschend die Mutter auf und holt den Kleinen zu sich nach Petrograd. Dort soll der Junge, der kaum Gefühle für die ihm fremde Alice hegt, eingeschult werden – und samt einem neuen Ehemann und potenziellen Vater Teil einer neuen Familie werden. Das Vorhaben scheitert. Heinz fühlt sich in der Stadt unwohl, der Stiefvater ist auch bald über alle Berge – und in der russischen Hauptstadt sind Unzufriedenheit und Aufruhr schon deutlich zu spüren, bevor sie direkt ausbrechen. Die wichtigste Petrograder Erinnerung von Heinz Erhardt, der später einer der erfolgreichsten deutschen Komiker werden wird, ist eher düster: »Durch die Vororte Petrograds pufffte eine mit Dampf betriebene Straßenbahn, die die anliegenden Häuser reichlich mit übel riechendem Rauch versorgte. Die armen Leute dieser Gegend aber murrten nicht. Im Gegenteil. Sie hängten rohe Heringe an die Fensterkreuze, um sie nach mehrmaliger Vorbeifahrt der Straßenbahn frisch geräuchert zu verzehren.« Noch im selben Jahr schafft die Mutter den Sohn zurück ins heimatliche Riga – scheinbar in Sicherheit vor den Wirren des Krieges und einer sich anbahnenden Revolution. Doch Riga liegt an der Frontlinie, und 1917 wird auch um diese Stadt gekämpft werden.

1916 war für die russische Armee das Jahr der größten Siege – und zugleich der Schlüssel für den Untergang. Die erfolgreichen Offensiven gegen die Österreicher in Galizien und gegen die Türken an der Kaukasusfront kosteten hunderttausende Menschenleben, die im Heer zu ersetzen gleichzeitig den Zusammenbruch der ohnehin schlechten Infrastruktur im Innern des Zarenreichs mit sich brachte. Nun fehlen die Arbeitskräfte für die Ernte; Hungerepidemien und Seuchen fordern bald noch mehr Opfer als das Schlachtgeschehen – bis zum Ende des Krieges werden es zwei Millionen sein. Wegen der starken Verluste sind die Soldaten demoralisiert; zu Hunderttausenden desertieren sie und begeben sich freiwillig in Kriegsgefangenschaft – in der Hoffnung, dort besser versorgt zu werden als durch die eigene Heeresführung.

In der Hauptstadt Petrograd sorgen zum Jahreswechsel 1916/17 Lebensmittelknappheit und Teuerungen für wachsenden Unmut, zumal das Volk den Eindruck hat, dass sein Leiden dem Zaren gleichgültig sei. An den Fensterkreuzen hängen immer weniger Fische, weil selbst Hering, die Armeleutespeise, knapp ist. Nikolaus II. blockiert in jener Zeit selbst geringfügige politische Reformen und glaubt, Bittstellern Almosen zu geben, die sich persönlich an ihn gewandt haben, könnte ein Netzwerk der sozialen Fürsorge ersetzen. »Papa befahl, einer armen Lehrerin Geld zu geben (300 Rubel)«, notiert der Thronfolger Alexej einmal in seinem Tagebuch. Solche mildtätigen Gesten müssen reichen. Warnungen des Bruders, Russland gleiche einem Vulkan, der kurz vor dem Ausbruch stehe, ignoriert der Zar. Als es im Februar zu Streiks in den Betrieben und überwiegend friedlichen Demonstrationen gegen den Hunger kommt, ist der Zar gerade auf dem Weg ins ferne Armeehauptquartier, während der Zarewitsch wegen seiner angegriffenen Gesundheit in Zarskoje Selo geblieben ist.

In der Stawka in Mogilew angekommen, befiehlt der Zar sofort per Telegramm, die Unruhen in der Stadt unverzüglich »zu liquidieren«. Tatsächlich eröffnet anderntags ein Garderegiment das Feuer auf Demonstranten, aber die in Petrograd stationierten Soldaten verbünden sich mehrheitlich mit den Protestierenden, unter denen sich viele Soldatenfrauen befinden. Als sich sogar Kosaken, die treuesten unter den Zarentreuen, weigern zu schießen, wird allerdings deutlich, dass die Tage der Monarchie gezählt sind. Als Nikolaus II. auch noch den Rückhalt der Frontgeneräle und sogar seines Stabschefs verloren hat, entschließt er sich zur Abdankung. Noch will er retten, was zu retten ist, bestimmt zunächst den einzigen Sohn zu seinem Nachfolger – doch wie soll ein Zwölfjähriger, der noch dazu schwer krank ist, die Situation bewältigen? Dies wird auch dem Zaren klar, sodass er seinen Bruder bittet, die Regentschaft zu übernehmen. Doch der lehnt dankend ab – es ist das Ende der jahrhundertelangen Zarenherrschaft.

Von all dem erfährt Alexej zunächst fast nichts. Krankheit und Herkunft haben schon früh bestimmt, dass der Zarewitsch nur gefilterte Luft atmet, schlechte Nachrichten ihm vorenthalten werden. Als die Revolution bereits in vollem Gang ist, liegt er mit Masern in einem abgedunkelten Raum, während ihm sein Englischlehrer, Charles Sydney Gibbes, »Robinson Crusoe« und russische Märchen vorliest. An dem Tag, als der Zar seine Abdankung formuliert, schreibt Gibbes in sein Tagebuch: »Patient geht es besser, kann schon spielen. Bastelten Modellhäuser. Tag verging wie gewöhnlich.« Immerhin vermeldet Gibbes auch, man sei besorgt über den »Ausgang der Ereignisse«, und es würden keine Züge mehr nach Petrograd fahren – doch selbst diese harmlose Umschreibung des dramatischen Geschehens scheint den Patienten Alexej nicht erreicht zu haben.

Inzwischen sind in Zarskoje Selo die Telefonleitungen tot, die Wasserversorgung ist unterbrochen, und trotz großer Kälte funktionieren die Heizungen nicht mehr. Sogar Schüsse sind immer wieder zu hören, und als Alexej besorgt nachfragt, bekommt er als Antwort, es handele sich um ein Manöver. Auch an den

Folgetagen werden Modellhäuser gebastelt und Dominosteine aufgebaut. Dabei sind die Palastwachen bereits auf die neue Provisorische Regierung vereidigt, und es ist nicht recht klar, ob sie die Zarenfamilie eher vor revolutionärer Anarchie schützen oder an der Flucht hindern sollen. Schließlich wird Alexejs Französischlehrer Gilliard die delikate Aufgabe übertragen, den Jungen darüber zu informieren, dass es keinen Zaren mehr gibt und er demzufolge nicht länger Zarewitsch ist. Viel Zeit, diesen Schock zu verarbeiten, bleibt Alexej nicht; denn als kurz darauf der Vater eintrifft, der nun nicht mehr Nikolaus II. heißt, sondern nur noch Nikolai Romanow, lässt sich nicht mehr verheimlichen, dass die gesamte Familie unter Hausarrest gestellt wurde.

Eine der ersten Maßnahmen der neuen Machthaber ist die Öffnung der Gefängnisse, die Befreiung der unzähligen politischen Gefangenen – sowie die Abschaffung der Todesstrafe. Viele Beteiligte der Februarrevolution gegen das Zarenregime haben in der Hoffnung auf baldigen Frieden aufbegehrt. Doch Alexander Kerenski, zunächst Kriegsminister und später Chef der Provisorischen Regierung, zerstreut diese Erwartung alsbald. Die neuen Herrscher stehen treu zum Bündnis mit Frankreich und Großbritannien – und starten im Juli 1917 eine großangelegte Offensive gegen deutsche und österreichische Stellungen in Galizien. Doch nach weniger als drei Wochen bricht der Angriff unter großen Verlusten zusammen; die Gegner gehen zur Gegenoffensive über. Es kommt zu Meutereien unter den russischen Soldaten, viele laufen einfach von der Front weg. Immer mehr von ihnen bekennen sich plötzlich zu einer kleinen radikalen Partei, die bisher in der russischen Politik nur eine Nebenrolle gespielt hat – aber im Gegensatz zur neuen bürgerlichen Regierung Frieden verspricht –: den Kommunisten. Schon nach wenigen Monaten haben die neuen Machthaber um Alexander Kerenski ihren Kredit verspielt. Das Land versinkt im Chaos.

Die Zarenfamilie profitiert freilich nicht davon. Scharenweise verlassen die Angestellten den Palast; nur einige wenige Vertraute bleiben. Da die bewachenden Soldaten verschiedenen politischen Fraktionen angehören, wechselt die Behandlung der Familie zwischen zurückhaltend und grob; für Alexej ist es kaum möglich, sich auf die abrupten Wechsel im Verhalten der Garden einzustellen. Und eines Tages nimmt ihm ein Soldat das Spielzeuggewehr weg, mit dem schon sein Vater als Kind exerzieren geübt hatte. Ein wohlwollender Offizier würde es ihm gern zurückgeben, doch auch in der Armee herrschen jetzt demokratische Gepflogenheiten; Soldaten müssen sich nicht mehr ungefragt Befehlen beugen. Auf Umwegen bekommt Alexej das geliebte Gewehr dann doch noch zurück – es ist jedoch in seine Einzelteile zerlegt. All das sind freilich bald Luxusprobleme, denn kurz nach Alexejs 13. Geburtstag wird die Zarenfamilie im August 1917 von Zarskoje Selo in die Verbannung geschickt, ins sibirische Tobolsk.

Das vierte Jahr

Im August 1917 geht der Krieg in sein viertes Jahr. Atemlos verfolgen die Menschen auf der ganzen Welt die unglaublichen Geschehnisse in Russland, versuchen zu verstehen, wie ein uraltes Herrschaftssystem innerhalb von wenigen Wochen in sich zusammenbrechen konnte.

In Deutschland bringt die mittlerweile sechste Kriegsanleihe fast 13 Milliarden Mark ein. Der Krieg kann also weitergehen. 1000 Mark hat Nessis Vater, Forstbeamter im sächsischen Erzgebirge, beigesteuert. Es kostete ihn freilich viel Mühe, seine Waldarbeiter zu überzeugen, ebenfalls zu spenden. Im August 1917 freut sich Nessi in ihrem Tagebuch über das Scheitern der Kerenski-Offensive: »Die Russen werden immer weiter zurückgedrängt. Ach, käme doch endlich Frieden! Aber, es wird durchgehalten, es muss!«

Die in einem Außenbezirk von Paris lebende Marcelle Lerouge kommt im August 1917 naturgemäß zu ganz anderen Einschätzungen: »Kerenski vervielfacht seine Anstrengungen, um die russische Armee zu stärken. Er hat die Todesstrafe wieder eingeführt, die angesichts der Kriegszustände niemals hätte abgeschafft werden dürfen. Deserteure werden erschossen und der öffentlichen Empörung durch eine Schrifttafel anheimgegeben, die deutlich macht, dass sie im Ergebnis ihrer Feigheit gestorben sind. Ein Teufelskerl, dieser Kerenski!«

Ob die meisten Russen Kerenski im August ebenfalls noch für einen Teufelskerl halten, mag bezweifelt werden. Richtig ist: Kerenski hat nach wenigen Monaten die Todesstrafe wieder eingeführt – Symbol dafür, dass der Krieg nur noch unter hartem Zwang fortgeführt werden kann.

Die Kriegsmüdigkeit grassiert allenthalben. Große Teile der französischen Armee meutern 1917, die Soldaten bilden nach russischem Vorbild zeitweise sogar »Sowjets« – basisdemokratische Soldatenräte. In Deutschland und Österreich, wo die Menschen gegen den Hunger kämpfen, kommt es zunehmend zu Plünderungen und kleinen Aufständen vor Lebensmittelgeschäften. In England und Frankreich streiken die Arbeiterinnen wegen der miserablen, nicht selten zum Tode führenden Arbeitsbedingungen in den Munitionsfabriken.

Auch die meisten Kinder haben den Krieg gründlich satt. Man kann das nicht nur an subjektiven Tagebucheinträgen festmachen, sondern an den Verkaufszahlen von Brett- und Kartenspielen. Hatte Otto Maier in Ravensburg in den ersten Kriegsjahren in Deutschland und Österreich noch mit dem Kartenspiel »Schwarzer Peter im Weltkrieg« oder dem »Viktoria-Kriegsspiel« geworben, so spielte man 1917 wieder »Blütenlotto«, Domino, Gnosis und Co. Betrachtet man Produkte und Anzeigen anderer Spielwarenhersteller, so zeigt sich, dass das Thema Krieg zunehmend verschwindet: Käthe Kruse will anstelle von kleinen Soldaten wieder Babypuppen verkaufen, und Märklin produziert Eisenbahnen statt Kriegsschiffe und Kanonen.

Von dem »Teufelskerl« Kerenski hat Marina Yurlova im August 1917 noch nie gehört. Obwohl 1901 geboren, ist sie schon eine Veteranin des Krieges, Kindersoldatin seit drei Jahren. Als sie nach der Schlacht um Rawanduz, in der sie einen Treffer erhielt, zum ersten Mal wieder die Augen öffnet, sieht sie eine Veilchen-vase mitten im Sonnenlicht. Krankenschwestern huschen schat-tengleich durch einen langgestreckten Raum. Sie sieht aber auch Männer in verdreckten Uniformen, deren rote Augen durch Gasmaskenfenster starren, und einen fahlen Himmel, in den sich rote und grüne Lichter bohren. Dann schwankt das Bett unter ihr, und es wird wieder Nacht. Das eine muss der Traum sein, das andere die Wirklichkeit. Doch es gelingt ihr nicht, das eine und das andere den Bildern zuzuordnen.

Beim nächsten Erwachen steht eine Schwester an ihrem Bett und redet auf sie ein. Sie sieht, wie sich die Lippen bewegen, doch sie vernimmt keinen Laut. Alles bleibt stumm. Sie ver-sucht zu sprechen und hört die eigene Stimme nicht. Und wie-der drängt sich der Alpdruck der Schlacht ins Bewusstsein, übernimmt die Vorherrschaft über ihren Geist. Der Blick der Schwester ist so mitleidvoll, dass sie versucht, herauszufinden, was Schreckliches mit ihr geschehen ist. Ist ihr Gesicht entstellt? Ihr Kopf scheint nicht bandagiert zu sein. Hat sie Gliedmaßen verloren? Das vermag sie nicht festzustellen, denn ihr Körper reagiert nicht auf die Signale ihres Kopfes, ist gelähmt. Schmer-zen verspürt sie keine, sie scheint nicht verwundet zu sein. Aber was ist dann falsch mit ihr? Das Rätsel, was geschehen ist, ver-mag Marina erst zu lösen, als die Schwester ihr einen Zettel hin-hält: Gehirnerschütterung. Nobile-Krankenhaus, Baku.

In den nächsten Tagen nimmt sie die Bilder des Krankenhau-ses noch immer unterlegt mit dem Tosen der Geschütze und den Kampfschreien vorwärtsstürmender Männer wahr. Als end-lich das Gehör wiederkehrt, vermindert sich die Häufigkeit der

Schreckensvisionen. Beginnend bei den Armen, verschwinden allmählich die Lähmungserscheinungen. Noch immer kann sie nicht sprechen, stößt nur eigenartige kichernde Laute aus, die den Menschen in ihrer Umgebung in Mark und Bein zu fahren scheinen. Also gewöhnt sie sich daran, nur schreibend zu kommunizieren. Und immer wenn sie den Kopf hebt, schwingt dieser wie ein Pendel in einer seitlichen Bewegung hin und her, als sei er mit dem Rumpf nur lose verbunden. Das Mädchen muss sich tief in die Kissen hineinwühlen, damit der Kopf still hält.

Jedes Zeitgefühl hat sie verloren, als sie an einem späten Sommer- oder frühen Herbsttag bei einem leichten, duftenden Wind im Garten des Krankenhauses sitzt und ein Patient ihr von der Februarrevolution erzählt. Erst jetzt begreift sie, dass es in Russland keinen Zaren mehr gibt. Die Nachricht ist schlimmer als alles, was ihr im Krieg widerfahren ist. Für den Zaren ist ihr Vater mit den Kosaken in den Krieg gezogen, für den Zaren ist sie den Männern in den Krieg gefolgt. Für den Zaren sind Millionen gestorben, darunter ihr Mentor und Freund Kosjol. Warum hat Gott das zugelassen? Und jeder einzelne Tod ist von einem Moment auf den anderen – sinnlos geworden. Sie erinnert sich an ihre alte Amme, die ihr erzählt hat, zweitausend Jahre nach Christi Geburt sei die Welt zum Untergang verdammt. Jetzt scheint es so weit zu sein, und für Marina ist das fast schon ein tröstlicher Gedanke.

Wo ist Gott?

Am 1. August 1917, auf den Tag genau drei Jahre nach Ausbruch des Krieges, richtet der Italiener Giacomo della Chiesa, seit drei Jahren als Benedikt XV. Papst der katholischen Kirche, einen dramatischen Appell an die kriegführenden Mächte: »Gegen Ende des ersten Kriegsjahres haben Wir die eindringlichsten Mahnungen an die kriegführenden Nationen gerichtet (...)

Leider wurde Unser Ruf überhört, und der Krieg mit all seinen Schrecken wurde noch zwei weitere Jahre mit Erbitterung fortgesetzt; er wurde sogar noch grausamer und breitete sich aus über Land und Meer, ja bis in die Lüfte hinauf, und man sah Verwüstung und Tod über unverteidigte Städte, über stille Dörfer, über ihre unschuldigen Einwohner hereinbrechen. (...) Soll denn die zivilisierte Welt nur noch ein Leichenfeld sein? Soll das ruhmreiche und blühende Europa, wie von einem allgemeinen Wahnsinn fortgerissen, in den Abgrund rennen und Hand an sich selbst anlegen zum Selbstmord?«

Seit Kriegsbeginn hatte der Papst immer wieder zum Frieden aufgerufen und sich dabei einer drastischen Sprache bedient, die sich die angesprochenen Nationen so nicht zumuten wollten. So wurde die Bezeichnung des Weltkrieges als »grauenhaft nutzlose Schlächterei« (horrenda carneficina) in der deutschen Übersetzung zu einem »entsetzlichen Kampf« abgeschwächt, passte ein solches Bild doch nicht zu dem heroischen und patriotischen Gemälde, als das man den Krieg dem Volk präsentierte. Die Friedensnote »Dès le début« (»Seit dem Beginn« – gemeint ist der Beginn des Pontifikats) vom August 1917 geht aber über Mahnungen hinaus und unterbreitet detaillierte Bedingungen für einen gerechten und dauerhaften Frieden, wobei sich der Papst alle wesentlichen Forderungen der säkularen internationalen Friedensbewegung zu eigen macht: Verzicht auf Wiedergutmachung der Kriegsschäden; Rückgabe der besetzten Gebiete; Abrüstung und Verkleinerung der Armeen auf ein Minimum; statt Waffengewalt soll künftig ein Schiedsgericht Konflikte zwischen den Ländern regeln.

Die christliche Friedensbotschaft verhallt ungehört, erntet allenfalls Spott. Jede Seite glaubt sich durch die Vorschläge des Papstes benachteiligt: Die Franzosen wollen Vergeltung für die Gräueltaten der Deutschen in den besetzten Gebieten; die Deutschen wollen ihre Beute nicht ohne weiteres hergeben. »Franzosenpapst« schimpft ihn der deutsche Oberbefehlshaber Erich

Ludendorff – weil Benedikt XV. in der Tat eine persönliche Sympathie für Frankreich hegt. Als »Papst der Boches« verunglimpft ihn Georges Clemenceau, der Premierminister des durch und durch katholischen Frankreich, weil der Heilige Stuhl strikt seine Neutralität wahrt. Und Italien setzt sich mit seiner Forderung durch, den Vatikan von jeglichen Friedensverhandlungen auszuschließen. Die kleine Katholikin Marcelle Lerouge ist in ihrem Tagebuch nicht nur zornig über den Papst, sondern auch über die französischen Kardinäle und Bischöfe, denn die hätten dem eigenen Volk vorgegaukelt, für Benedikt XV. wäre Frieden nur als Sieg Frankreichs vorstellbar – nun würde er stattdessen die Katholiken auffordern, für ein sofortiges Ende des Krieges zu beten.

Die kämpfenden Mächte stellen die Religion ohne jede Einschränkung in den Dienst ihrer Sache. Dass Gott auf der eigenen Seite steht – und der Feind mit dem Bösen verbündet ist – gilt als ausgemacht. In Deutschland segnen katholische wie evangelische Priester ebenso wie strenggläubige Rabbiner Soldaten und Waffen, während zur gleichen Zeit der Erzbischof von Canterbury, Oberhaupt der anglikanischen Kirche, von der Kanzel herab verkündet, die Deutschen wären nicht Gottes Kinder, sie zu töten sei daher ein göttlicher Befehl. Der Mufti von Konstantinopel ruft zum Heiligen Krieg gegen die Engländer, während arabische Unabhängigkeitskrieger den Djihad gegen Türken und Deutsche erklären. Und unter den Alliierten hält sich hartnäckig das Gerücht, der mit den Osmanen verbündete deutsche Kaiser sei zum Islam übergetreten.

Doch es gibt auch ein anderes Gottesbild bei denen, die unter dem Krieg leiden. In allen Ländern erflehen die Daheimgebliebenen Gottes Schutz für die davonziehenden Soldaten. Warum sterben dann aber doch Millionen?, fragt sich Elfriede Kuhr aus Schneidemühl: »Wenn Gott alle Bitten erhören würde, brauchte kein Soldat zu sterben. Aber er hört sie gar nicht. Er ist wahrscheinlich taubstumm geworden. Von wegen dem Kanonendonner.«

Dieser Gott, der taub ist und stumm bleibt, scheint sich dann doch auf eine rätselhafte Weise zu offenbaren, die bis heute viele Menschen in ihren Bann zieht. Allerdings in einem abgelegenen Ort in Europa, fernab vom Kriegsgeschehen – sodass sich die Ereignisse erst Jahre später herumzusprechen beginnen.

Am 13. Mai 1917 trieben drei Kinder, unter ihnen die zehnjährige Lúcia de Jesus dos Santos, ihre Schafherde in eine Talmulde namens »Cova da Iria« (»Mulde der Irene«) nahe dem Dorf Fátima, etwa 130 Kilometer nördlich von Lissabon. Sie taten das schon von klein auf; eine Schule hatten sie nie von innen gesehen; Arbeit und Beten schienen ihr vorbestimmter Lebensinhalt zu sein. Die Menschen in Fátima lebten in bitterer Armut, der Boden war steinig, die Gegend arm an Niederschlägen, und so waren die Schafe der einzig wertvolle Besitz der Bauern. Die Hirtenkinder hatten für die kleine Herde genügend Wiese zum Grasen gefunden, sodass sie Rast halten konnten – als sie plötzlich über einer Steineiche eine Frau von unbeschreiblicher Schönheit schweben sahen, gehüllt in ein weißes Kleid und einen golden umsäumten Mantel, einen Rosenkranz und ein Goldkreuz in den Händen. Lúcia, das älteste und robusteste der Kinder, verwickelte die Erscheinung umstandslos in ein Gespräch und erfuhr unter anderem, die ganz und gar überirdische Dame werde ihnen noch fünfmal erscheinen, immer in Monatsfrist, um ihnen wichtige Geheimnisse anzuvertrauen. Das kleine Wunder sprach sich schnell herum – und am 13. Juni wurden die Kinder bereits von etlichen Schaulustigen auf ihrem Weg in die Talmulde begleitet, wo sie Zeugen wurden, wie Lúcia mit jemandem in der Steineiche sprach, den sie selbst weder hören noch sehen konnten. Im Monat darauf offenbarte die Marienerscheinung den Kindern endlich mehrere Geheimnisse, die sie bis auf Weiteres anderen nicht mitteilen durften (sonst wären es ja auch keine Geheimnisse gewesen, mochten sich die Kinder gedacht haben).

Im August 1917 sind nun auch die örtlichen Autoritäten auf

das übernatürliche Geschehen aufmerksam geworden. Der Bürgermeister der Kreisstadt Vila Nova de Ourém, Arthus Santos, lässt am Morgen vor der allgemein erwarteten neuen Erscheinung die drei Kinder zu sich in das Rathaus bringen, wo er sie festsetzt. Arthus Santos ist gelernter Blechschmied, Freidenker und Republikaner – Kirche und religiöser Kult sind für ihn gefährliche Symptome eines Rückfalls in längst überwundene Zeiten; Portugal ist zu diesem Zeitpunkt ein durch und durch säkularer Staat. Mit allem erdenklichen Druck will er dem Hintergrund des Spuks auf den Grund gehen. Erwartungsgemäß hat die Jungfrau wenig Neigung, im Bürgermeisterbüro zu erscheinen – und die Kinder lassen sich nichts weiter entlocken als die Aussage, es würde ihnen nicht einmal etwas ausmachen, umgebracht zu werden, weil ihnen die Madonna den ungesäumten Aufstieg in den Himmel zugesichert habe. Nach drei Tagen muss der entnervte Bürgermeister aufgrund des Drucks der Dorfbevölkerung die Kinder wieder herausgeben – die Erscheinung kommt dadurch lediglich eine Woche später. Als die Madonna im Oktober 1917 ihre letzte Unterredung mit Lúcia hat, sind tausende Menschen Zeuge – in allen wichtigen portugiesischen Tageszeitungen ist inzwischen über Fátima berichtet worden.

Dem Dorfpfarrer Manuel Ferreira kommt die Aufgabe zu, die Kinder nach jeder Marienerscheinung zu befragen und alles für seine kirchlichen Vorgesetzten zu protokollieren. Er hält dies für eine sehr zweifelhafte Ehre, glaubt er doch (nach dem Zeugnis eines Zeitgenossen aus Fátima) an die Schilderungen der kleinen Hirten ebenso wenig wie an den Weihnachtsmann. Für die katholische Kirche zählen Marienerscheinungen in das schwierige Feld der »Privatoffenbarungen«, die nur selten offizielle Anerkennung finden – und wenn, dann zumeist durch den starken Druck der Volksfrömmigkeit. Folgt man dem skeptischen Urteil des Pfarrers, so bleibt umso mehr die Frage nach dem historischen Hintergrund der »Geheimnisse von Fátima«.

Die Marienerscheinung fällt in eine Zeit, da Portugal seit

mehr als einem Jahr an der Seite Englands in den Krieg eingetreten ist. Das Land ist allerdings politisch und sozial zerrissen;
sein militärisches Engagement bleibt überschaubar, konzentriert
sich auf die afrikanischen Kolonien, vor allem Mozambique,
das damals Portugiesisch-Ostafrika heißt. Liest man die Offen-
barungen von Fátima unter dem Gesichtspunkt, wie ein zehn-
jähriges analphabetisches Hirtenmädchen den Krieg um 1917
gesehen hat, so öffnet sich ein eindrücklicher Blick auf damali-
ges Kinderleben.

Lúcia ist das jüngste von sieben Kindern, darunter sechs Mädchen. Sie gilt als wahrheitsliebend und bescheiden, aber auch
als derb und etwas putzsüchtig. Die angeblich von der Madonna mitgeteilten Geheimnisse werden erst viele Jahre nach dem
Kriegsende veröffentlicht, spätere Hinzufügungen sind daher
wahrscheinlich. Beschrieben wird eine Vision der Hölle, »ein
großes Feuermeer, das in der Tiefe der Erde zu sein schien. Ein-
getaucht in dieses Feuer, sahen wir die Teufel und die Seelen, als
seien es durchsichtige schwarze oder braune glühende Kohlen
in menschlicher Gestalt. Sie trieben im Feuer dahin, emporge-
worfen von den Flammen, die aus ihnen selber zusammen mit
Rauchwolken hervorbrachen. Sie fielen nach allen Richtungen,
wie Funken bei gewaltigen Bränden, ohne Schwere und Gleich-
gewicht, unter Schmerzensgeheul und Verzweiflungsschreien,
die einen vor Entsetzen erbeben und erstarren ließen.« Es ist die
Apokalypse, wie die orthodoxe Christin Marina Yurlova sie am
eigenen Leib erfahren hat, spirituelle Vision – und zugleich die
Wirklichkeit des Krieges.

Bei der Mitteilung des anschließenden Geheimnisses wird die
»Madonna« um einiges konkreter. Hier zeigt sich, wie sehr in
diesem vierten Kriegsjahr die dramatischen Entwicklungen in
Russland in den Mittelpunkt des Interesses gerückt sind, sogar in einem abgeschiedenen portugiesischen Dorf: »Wenn man
auf meine Wünsche hört, wird Russland sich bekehren, und es
wird Friede sein. Wenn nicht, wird es seine Irrlehren über die

Welt verbreiten, wird Kriege und Kirchenverfolgungen herauf-beschwören. Die Guten werden gemartert werden, der Heilige Vater wird viel zu leiden haben, verschiedene Nationen werden vernichtet werden, am Ende aber wird mein Unbeflecktes Herz triumphieren. Der Heilige Vater wird mir Russland weihen, das sich bekehren wird, und der Welt wird eine Zeit des Friedens ge-schenkt werden.«

Flucht vor den Roten Garden

Im Oktober 1917, als sich die Jungfrau Maria bis auf Weiteres von der politischen Bühne verabschiedet, hat sich die Welt ganz offensichtlich entschieden, die geheimen Wünsche der Gottes-mutter zu ignorieren. Die russische Front ist nach dem Scheitern der Kerenski-Offensive zusammengebrochen; deutsche Truppen haben große Teile des Baltikums erobert, darunter auch Riga. Als die Bolschewiki um Lenin und Trotzki im Oktober die Pro-visorische Regierung kurz vor den anberaumten ersten freien Wahlen durch einen Staatsstreich hinwegfegen, ist das Macht-vakuum bereits so groß, dass sich der Putsch still und fast ohne Blutvergießen vollzieht.

Die Macht zu übernehmen ist den Bolschewiki leichtgefallen. Durch zwei Versprechen ziehen sie die Mehrheit der Russen auf ihre Seite: Land für die armen Bauern – und sofortige Friedens-verhandlungen. Das trifft den Nerv der leidenden Bevölkerung. Doch die Macht zu behaupten wird ihnen ungleich schwerer fallen – und mindestens eines ihrer Versprechen wird niemals eingelöst werden können: Frieden. Zwar nehmen die Bolsche-wiki in der Tat sofort Verhandlungen mit Deutschland auf, die in den Separatfrieden von Brest-Litowsk münden. Doch die Be-dingungen des Kaiserreichs sind so unangemessen hart, dass die Aufkündigung des Abkommens nur eine Frage der Zeit ist. An-dererseits sind die Alliierten über das Ausscheren Russlands aus der Triple Entente schockiert. Widerstand im Innern des Landes formiert sich – und wird vom Ausland unterstützt. Russland hat den Weltkrieg hinter sich gebracht – nur um in einem Bürgerkrieg anzukommen.

Die 1909 geborene Irma Bloch lebt in dem winzigen evangelischen Eichental (heute Sorodschne) nahe dem Dnepr in der Ukraine; sie gehört zur ethnischen Minderheit der Wolgadeutschen, die vor 150 Jahren durch die Zarin Katharina die Große gezielt in der Region angesiedelt wurde. Das Dorf ist auch noch 1917 fast ausschließlich von Deutschen besiedelt, die sich vom Kriegsausbruch an klar zu ihrer derzeitigen Heimat bekennen. Für Irmas Vater war es selbstverständlich, in der russischen Armee zu dienen – nach Deutschland, in das Reich des Kriegsgegners, auszuwandern kam für ihn nicht infrage. Er fiel schon während der ersten Kämpfe gegen die Türken im Süden, die auch Marina Yurlova mitgemacht hat. Die Mutter hat ihre kleine Tochter im Stich gelassen, weil sie sich mit den Schwiegereltern auf dem Gutshof nicht verstanden hat; sie ist weggezogen aus Eichental, wo Irma als Waise aufwächst, doch immerhin beschützt von Großeltern und drei Tanten.

Im Herbst ziehen Gruppen von versprengten Soldaten durch das Dorf, zunächst vereinzelt. Die Dorfbewohner haben Mitleid mit den ausgemergelten Gestalten, geben ihnen Milch, Brot, Fleisch und sogar gebrauchte Schuhe, da die Stiefel der Soldaten völlig durchgelaufen sind. Sie lassen sie in den Scheunen schlafen und fragen nicht viel, woher die Gäste kommen und wohin sie gehen. Doch es werden immer mehr. »Täglich werden die Gruppen größer und die Soldaten unverschämter«, erinnert sich Irma später. »Wir können ihnen nicht mehr so viel geben, wir brauchen die Nahrungsmittel selbst. Wenn wir uns weigern, nehmen sie es sich trotzdem.« Die Dorfbewohner verstecken Pferde, Kühe und Ziegen vor den Soldaten. Weshalb sich auch die älteren Mädchen verbergen müssen, wenn wieder eine Horde im Anmarsch ist, versteht die Siebenjährige freilich nicht.

Und dann sind unter den Heranziehenden auch einige Männer des Dorfes. Sie sind von der Front desertiert. Darüber spricht man nicht in Eichental; sie kehren einfach in ihre Familien zurück und packen bei der Ernte an. Irmas Onkel kommt aus Moskau – und erzählt den atemlos lauschenden Bauern von den neuesten politischen Entwicklungen. »Rote Garden, Sozialistische Regierung, Bolschewiken. Worte, die niemand von uns zuvor gehört hat«, wundert sich Irma. Gerüchte tauchen auf, bewaffnete Banden, die sich als Bolschewiken bezeichnen, verschleppten die deutschen Bauern, weil sie ihnen wegen ihrer Herkunft die Schuld am Krieg geben. Irma ist empört, ihr Vater ist ja für Russland gestorben – und auch die anderen Bauern haben längst die russische Staatsbürgerschaft angenommen. Doch die Erwachsenen wissen, dass sich in unruhigen Zeiten wie diesen Vernunft und Wahrheit nur selten durchsetzen.

Irma Blochs Familie vergräbt Geld und Silber in der Scheune, versteckt die Lebensmittelvorräte in einem verborgenen Keller. Alles Vieh der Dorfbewohner wird auf eine entlegene Weide getrieben. Sogar eine Bürgerwehr stellen die Eichentaler auf, und obwohl sie nur mit Sensen und Dreschflegeln bewaffnet ist, reicht sie aus, um die immer größeren Gruppen der desertierten Soldaten, die ihre Gewehre längst weggeworfen haben, vom Dorf fernzuhalten. Doch dann trifft ein Pferdegespann aus dem Nachbarort ein, fast zu Tode gehetzt, um rechtzeitig die Warnung zu überbringen, dass eine große Gruppe Bolschewiken durch die Dörfer zieht und alle »Deutschen« umbringt, auch die Frauen und Kinder. Die Eichentaler sind sich uneinig, ob die Botschaft wirklich zutrifft oder dummes Gerede ist. Manche Bauern vermuten, die Russen aus der Nachbarschaft würden darauf spekulieren, dass die Wolgadeutschen ihre Höfe verlassen – um sie selbst übernehmen zu können.

Die Blochs entscheiden sich, wie die meisten, zur Flucht, während drei oder vier Familien bleiben wollen. Ein Pferdefuhrwerk wird beladen, Irma und jede Tante bekommen ein Huhn auf den

Schoß; Ziel ist der Hof von Verwandten, hundert Werst entfernt – dort hofft man, vor dem roten Terror sicher zu sein. Zwei Wochen bleiben sie da, bis sie hören, die Bolschewiken seien aus Eichental wieder abgezogen, hätten niemanden getötet, statt dessen die Dagebliebenen nach Sibirien deportiert. So kehren sie wieder heim; ihr Hof ist geplündert und verwüstet, doch die versteckten Lebensmittel sind noch da, ebenso das vergrabene Silber. Nur von den Familien, die nicht geflohen sind, fehlt jede Spur – nie wieder wird Irma von ihnen ein Lebenszeichen erhalten.

Ein junger Zionist

Der Sturz des Zaren erfüllte den elfjährigen Manès Sperber mit einer Freude und Erleichterung, wie er sie nie zuvor empfunden hat: »Das Krumme wurde endlich wieder gerade, das Unrecht wich dem Recht, davon waren wir alle überzeugt. Und nun durfte man auf ein baldiges Ende des Krieges hoffen.« Stattdessen gingen die Kämpfe gerade auch in seiner Heimat Galizien endlos weiter – wenn auch zu Ungunsten der verhassten Russen. Längst schon ist seine jüdische Familie aus dem umkämpften Schtetl nach Wien geflohen. Doch hier Fuß zu fassen, fällt der Familie schwer, die im ärmlichen Zablotow wegen ihres Wohlstandes noch bestaunt wurde.

In ihrem Schtetl konnten die sehr orthodox lebenden chassidischen Juden ihre Vorschriften und Rituale problemlos in den Alltag einpassen. In Wien wäre es Manès' Vater ohne Weiteres möglich, einer gut bezahlten Tätigkeit nachzugehen – wenn er sich denn entschlösse, das strenge Verbot zu ignorieren, am Sabbat zu arbeiten. Ihre Wohnung ist heruntergekommen; anfangs haben sie mit Wanzen zu kämpfen – die kannten sie bis dahin nur vom Hörensagen aus den Häusern der Armen; jetzt ist die Familie selbst mittendrin im Abstieg in die Armut.

Tags arbeitet der Elfjährige in einer jüdischen »Ausspeisehalle«, verteilt gegen ein Pfand das Besteck an Kriegsinvalide, Soldaten auf Urlaub und die Ärmsten unter den Bewohnern des 2. Bezirks. Das Elend des Krieges hat er längst selbst erfahren; es gibt keine Illusionen mehr, die ihm der Anblick der Krüppel und der Verzweifelten rauben könnte. Einmal in der Woche trägt er sein Taschengeld ins Nestroy-Kino, atmet die muffige Luft und sieht fassungslos, wie die Kinder seines Alters die Vorführung der Wochenschau mit Höllenlärm begleiten. Sie feuern die Artilleristen an, noch schneller zu laden und zu schießen, und überbieten sich in der Erfindung von immer neuen Schimpfworten für die gegnerischen Gefangenen, die müde über die Leinwand trotten. Manès hat all das das schon in der Wirklichkeit gesehen – und hasst den Krieg mit jeder Faser seines Körpers.

Doch im Herbst 1917 tritt neben die pazifistische Grundeinstellung etwas anderes, Neues: eine Rebellion gegen die Generation der Eltern, die sich alles gefallen ließen, die ihre Heimat aufgegeben haben, demütig, schicksalsergeben. Und die ihren jetzigen Abstieg in die Armut und die Schwierigkeiten, ihr Judentum zu leben, ebenso widerstandslos akzeptieren, allenfalls ironisch seufzend mit jiddischen Sprichworten kommentieren: »Wenn die Armen endlich tanzen dürfen, gehen die Musikanten pissen.«

Manès tritt in Kontakt mit der jüdischen Jugendbewegung »Hashomer Hatzair« (»Der junge Wächter«), die sich als sozialistisch und zionistisch versteht. Die Gruppierung ist ein Zusammenschluss der Pfadfindergruppierung »Haschomer« und des Studentenverbandes »Ze'irei Zion« (»Die Jugend Zions«), die beide kurz vor Beginn des Weltkriegs in Manès' Heimat Galizien gegründet worden waren. Auch in Wien prägen galizische Flüchtlinge den Schomer, wie sich die Gruppe verkürzt nennt. Die Mitglieder treffen sich zweimal in der Woche, singen jüdische Marschlieder, üben Landkartenlesen und Morsealphabet – und diskutieren über die »Alija«, die Rückkehr der Juden nach Palästina. Die Räume gehören »schlagenden« jüdischen

Studenten, die mittlerweile in die Armee eingezogen sind. Nun üben die Jüngeren mit den zurückgelassenen Degen und Säbeln, veranstalten Scheinduelle. Und obwohl Manès alles Militärische verabscheut, ist er dabei, wenn die Gruppe sonntags im Wiener-wald nach hebräischen Kommandos exerzieren lernt, an ihrer Spitze immer blauweiße Fähnchen mit dem Davidstern: »Es war ein für allemal abgemacht, dass wir weder Schimpf noch He-rausforderung unbeantwortet, unbestraft lassen würden. Auch wenn wir schwächer und von geringerer Zahl waren als jene, die uns angriffen, hatten wir standzuhalten. Den Kopf hoch tragen, jedem ins Gesicht sehen, Auseinandersetzung und Kampf nicht meiden, nie, nie mehr davonlaufen! Das lehrte uns der Schomer.«

Trotz seiner elf Jahre interessiert sich Manès brennend für Po-litik, studiert die sozialdemokratische Arbeiter-Zeitung, deren Abendausgabe häufig nur aus einem Blatt besteht – und selbst das ist dann manchmal von weißen Flecken übersät. Gerade diese Flecken zeigen dem Jungen, dass er mit dieser Lektüre auf der Seite der Wahrheit steht: Weil die Arbeiter-Zeitung das Schönreden und Heroisieren des Krieges nicht mitmacht (von der anfänglichen Begeisterung der Jahre 1914 und 1915 einmal abgesehen), ruft sie immer wieder die Zensoren auf den Plan. Besonders intensiv verfolgt Manès die atemberaubende Ent-wicklung in Russland und bezieht dabei klar Stellung. Er ist ge-gen Kerenski, der für die Fortführung des Krieges ist, und für Lenin und Trotzki, obwohl er ihre kommunistischen Ideen nicht teilt. Denn sie versprechen Frieden.

Im Nebel

Ungefähr im September 1917 stellen die Ärzte im Nobile-Kran-kenhaus fest, dass Marina Yurlova an einem solchen Fall von Nervenschock, wie sie es nennen, leidet, dass sie nur in Moskau behandelt werden kann. Und so steht sie eines Tages gemeinsam mit einem knappen Dutzend Schicksalsgefährten auf dem Bahnhof von Baku, wo ein Zug des Roten Kreuzes bereitgestellt werden soll. Doch der Bahnhof ist überfüllt mit Soldaten, die hier schon seit Tagen warten. Immer wenn ein neuer Zug einläuft, ertönt eine Glocke. Dann erheben sich auf dieses Signal hin hunderte zuvor apathische Gestalten, »gleich Toten, die sich bei der Posaune des Jüngsten Gerichts aus der Erde erheben« – so erscheinen sie Marina. Und während die Soldaten auf die Schienen zustürzen, um einen Platz im einfahrenden Zug zu bekommen, was nur einigen gelingt, weil er bereits zum Bersten voll ist, verlieren Marina und die anderen »Kriegszitterer« allmählich die Hoffnung, jemals von diesem Ort wegzukommen. Wie soll sich das Mädchen mit ihrem wackelnden Kopf hier jemals behaupten?

Einen rothaarigen Riesen scheint jedoch das erbärmliche Bild des Häufleins vom Krieg zerstörter Existenzen anzurühren. Mit einigen Kameraden besorgt er den Kranken einen Platz auf dem Dach eines Mitternachtszuges, während er es sich in einem Waggon gemütlich macht. Auch während der Fahrt kümmert er sich um seine Schützlinge, versorgt sie mit Essen. »Wir haben aber kein Geld«, wendet Marina schüchtern ein. Der rothaarige Riese muss lachen: »Das Essen gehört jetzt in Russland den Soldaten und den Starken. Ich bin beides.«

Der Zug erreicht den nördlichen Kaukasus, Marinas Heimat. Die sanften Hügelzüge, die Sonnenblumenfelder, die kleinen Kirchen mit ihren unzähligen Glocken, die den Krieg eingeläutet und danach auf Jahre geschwiegen haben. Inzwischen fühlt sie sich hier wie eine Fremde. Dann hält der Zug an eben jenem kleinen Bahnhof, von dem aus Marina vor drei Jahren in den Krieg gezogen ist. Sie müsste nichts weiter tun, als hier aussteigen. Nach fünf oder sechs Werst würde sie das eigene Haus erreichen, die Mutter wiedersehen, im eigenen Zimmer schlafen. Wieder Kind sein. Dann aber sieht sie ihre Mutter vor sich, wenn sie plötzlich mit ihrem unsteten Blick und dem nach rechts und links pendelnden Kopf am Zaun ihres Anwesens stünde.

Erst will sie sich in Moskau heilen lassen, sagt sie sich. In ihrem jetzigen Zustand soll die Mutter sie nicht sehen.

Im Moskauer Lazarett wird sie monatelang mit Elektroschocks behandelt, früh, mittags, abends, dreimal am Tag. Nachdem sie ihren Heimatbahnhof hinter sich gelassen hat, sind die Beschwerden schlimmer denn je; die hysterischen Anfälle werden heftiger, über die Motorik ihres Kopfes hat sie die Kontrolle vollständig verloren. Sie ist wie betäubt, scheint den rasenden Schmerz, den die Elektroschocks auslösen, kaum wahrzunehmen. Vielleicht braucht sie ihn auch, um überhaupt etwas zu spüren.

Fast ein ganzes Jahr verbringt sie in dem Moskauer Krankenhaus. In diese Zeit fällt die Oktoberrevolution mit dem Sieg der Bolschewiki, die Kapitulation der russischen Truppen, der aus sowjetischer Sicht erniedrigende Frieden von Brest-Litowsk, der Beginn des Bürgerkriegs. In ihren Erinnerungen bekennt Marina Yurlova: »Diese Zeit ist aus meinem Gedächtnis fast völlig ausgelöscht. So bin ich um das betrogen, was vielleicht das größte Erlebnis meines Lebens hätte werden können. Das Moskau von 1918 gehört der Weltgeschichte an, aber für mich ist es nur ein dunkler Nebel.«

KAPITEL 16

Das Ende der Illusionen

Weihnacht '17

Es ist bereits das vierte Weihnachtsfest, an dem die Botschaft des Evangeliums »Friede auf Erden« wie Hohn wirkt. Viele Menschen haben die Hoffnung auf ein Ende des Krieges aufgegeben.

Am Heiligabend 1917 sitzt Yves Congar im von den Deutschen seit über drei Jahren besetzten Sedan und füllt, weil sonst nicht viel passiert, eine neue Seite seines Tagebuchs: »Sehr kalt: 12 Grad unter null! Auf der Maas treiben Eisschollen, und die Ufer sind zugefroren. Es schneit, wie es zu Weihnachten schneien sollte. Aber es gibt keine Mitternachtsmesse und kein großes Fest. Nicht einmal zu Hause feiern wir den Weihnachtsabend richtig.«

Besonders wütend machen den Jungen die deutschen Weihnachtslieder der Soldaten, wenn sie in diesen Tagen durch die Straßen ziehen. Doch immerhin ist die ganze Familie versammelt: Vater, Mutter und die Geschwister. Und: »Immerhin gibt es, was uns wie ein Festmahl vorkommt: Waffeln und Kakao.« Seit langem verfügt man im Haus auch endlich wieder einmal über etwas Butter, Mehl und Schokolade. Freilich reicht Letztere nicht sehr weit: Nur zwei kleine Schokoladenriegel fallen für jeden ab. Statt Genuss zu bereiten, weckt das bei Yves Erinnerungen an das Frühstücken vor dem Krieg.

Trost spendet dem Dreizehnjährigen einzig das Wissen um die prekäre Lage im Land des Kriegsgegners: »Wir machen eine harte Zeit durch. Aber wir glauben fest an Frankreich und an Gott und trösten uns mit dem Gedanken, dass sie drüben in Deutschland wohl genauso unglücklich sind wie wir. Dort herrscht eine Hungersnot in allen großen Städten: Berlin, Dresden und Bayern. Ich hoffe, dass alle dort sterben!«

Am selben Abend hockt die 15-jährige Elfriede Kuhr mit der Großmutter und dem Bruder Willy (der sich inzwischen »Gil« nennt) sowie dem aus Berlin angereisten »Muttchen« vor dem kleinen Weihnachtsbaum, den man in Schneidemühl nur mit Mühe besorgen konnte. Die Familie knabbert »Kriegspfefferkuchen« und Haferflockenmakronen. Von Butter, Mehl oder Schokolade können sie nur träumen. Schon vor einem Jahr, zu Weihnachten 1916, hatte Elfriede im Tagebuch notiert: »Muttchen findet, dass ich dünn wie eine Zaunlatte geworden bin. Aber wer ist in diesem Krieg nicht dünn geworden? Gil hat Beine wie ein Storch.« Inzwischen ist der Hunger allgegenwärtig – niemanden wundert mehr das elende Aussehen der Nächsten.

Erste Liebe

Elfriede waren die eigenartigen Blicke der Männer aufgefallen, wenn sie durch die Stadt lief: »Die Soldaten sprechen jetzt anders mit mir, vielleicht weil ich wadenlange Röcke und aufgesteckte Zöpfe trage.« Als sie zum ersten Mal gebeten wurde, »Tafelmusik« zu liefern, wenn sich die große Schwester einer Klassenkameradin samt einigen Freundinnen mit den Leutnants zum Kaffee traf, dachte sie sich nichts weiter dabei. Nicht einmal, als ein Fliegeroffizier sie auf der Treppe fragte, ob sie »mit von der Partie« sei, und es bedauerte zu erfahren, dass sie nur die Klavierspielerin sei. Er stellte sich sogar vor, zackig, mit zusammengeklappten Hacken: Leutnant Werner Waldecker.

Ein paar Tage später erhielt sie den empörten Brief ihrer Mutter aus Berlin, der sie ahnungslos die letzten Seiten ihres Tagebuchs geschickt hatte: »Ich verstehe nicht, wie Du das tun konntest: Tafelmusik für (offensichtliche!) Liebesfeste von

Schneidemühler Flittchen! Hat der Krieg denn Deine Moral-
begriffe verwirrt?« Elfriede war betroffen: Sie habe wirklich geglaubt, dass die Mädels und die Leutnants Kaffee trinken, sich
vielleicht auch küssen: »Küssen tun sich die großen Mädels mit
den Soldaten immer. Ist ja auch klar: Die gehen dann an die
Front und werden auf jeden Fall verwundet oder getötet. Viele
Frauen küssen die Soldaten aus Mitleid. Natürlich weiß ich auch
die andern Sachen zwischen Mann und Frau. Aber in diesem
Fall habe ich nicht daran gedacht.«

Die Kleinstadt Schneidemühl bei Posen, ein wichtiges logis-
tisches Zentrum und Verkehrsknotenpunkt der kaiserlichen
Armee, ist seit 1915 Standort der »Fliegerersatz-Abteilung« FEA
II, die Piloten ausbildet. Zugleich fertigen die »Ostdeutschen
Albatros Werke« Kampfflugzeuge für die Front: Aufklärer, Jä-
ger, Bomber. Weil viele unerfahrene Flieger über Schneidemühl
kurven, gibt es viele Abstürze. Zwei davon hatte Elfriede mit eigenen Augen gesehen: »Wenn sie die ersten Alleinflüge machen,
wird ihnen oft angst, und dann passiert ein Unglück. Dann
kracht und puppert und knattert es ganz entsetzlich. Dann fängt
sich der Motor wieder. Dann hört er wieder auf. Dann stürzt
das Flugzeug ab.«

Aber viel wichtiger als derartige Erlebnisse war für Elfriede
nach wie vor die Vorstellung spektakulärer Duelle und helden-
hafter Abenteuer hoch oben in den Lüften. Noch immer sam-
melte sie die Postkarten der Firma Sanke mit den Fotografien
der deutschen Fliegerasse; mehrere hundert Motive wurden inzwischen angeboten. »Ob der sich noch in Ausbildung befind-
liche Werner Waldecker auch einmal eine Sanke-Postkarte zie-
ren wird?« Diese Frage schoss Elfriede durch den Kopf, als sie
dem Leutnant in der Stadt kurz nach dem »Liebesfest« vor die
Füße lief und von ihm prompt in die Konditorei mit dem passenden Namen »Fliegner« zum Windbeutelessen eingeladen
wurde. Die Windbeutel waren riesig, und die Kriegs-Ersatz-
schlagsahne schmeckte fast wie echte. Werner hatte blaue Au-

gen und weiches blondes Haar. Ohne die tipptopp geschneiderte Uniform und die schicken Achselklappen würde er vielleicht nicht ganz so adrett aussehen, dachte sie.

Werner Waldecker flog eine Fokker, und fast hätte Elfriede ihm gebeichtet, dass sie selbst schon im Spiel mit ihrer Freundin Gretel als »Leutnant von Yellenic« eine aus Gartenbänken gebaute Fokker geflogen hatte. Aber natürlich erzählte sie das dem echten Leutnant nicht. Sie wollte ihn ja wiedersehen. Doch es verging eine Weile bis zu diesem zweiten Treffen, was auch daran zu merken war, dass die Konditorei »Fliegner« nicht einmal mehr die unechten Kriegs-Windbeutel führte, nur Glühwein und Brezeln aus Rüben.

»Was geht bloß in Ihrem Köpfchen vor?«, wollte Waldecker wissen, während er einen ihrer Zöpfe in die Hand nahm. Er schien auf eine Antwort nicht wirklich zu warten, während Elfriede darüber brütete, was sie sagen sollte. Denn gleich fuhr er fort: »So wunderschönes Haar. Ich möchte es einmal offen sehen. Werde ich das einmal dürfen?« Nach dem Krieg ist er sicher über alle Berge, dachte sie. Der Leutnant brachte sie bis vor die Haustür. Dann wollte er sie plötzlich küssen. Abgeneigt war sie keinesfalls, doch dann schob sich eine andere Vorstellung vor den kussbereiten Leutnant. »Auf einmal stellte ich mir vor, dass er mit seinem Flugzeug abstürzen und tot sein würde. Es stürzen ja jede Woche Flieger bei uns ab. Ich kann die Trauermärsche schon nicht mehr hören. Natürlich hätte ich mich von Leutnant Werner Waldecker gern küssen lassen. Sehr gern sogar! Gott, war ich eine Gans!«

Bei einem späteren Waldspaziergang küsste er sie doch. Nach dem Abschied vollführte Elfriede einen Freudensprung. Doch wenige Wochen später, sie hatte ihn seither nicht mehr gesehen, stoben die Schulmädchen auseinander, als sie das Klassenzimmer betrat, und kamen ins Stottern, als Elfriede nach dem Grund des seltsamen Benehmens fragte. Leutnant Waldecker war am Morgen mit seinem Flugzeug tödlich verunglückt. Am

Tag darauf wurde der Sarg in seine Heimatstadt Bielefeld über-
führt. Elfriede war eine der wenigen, die am 3. Dezember 1917
den Trauerzug zum Bahnhof begleiteten. Eine Rose, vom letzten
Geld gekauft, hatte sie neben den Kranz des Fliegerkorps geworfen; doch die Blume war wieder heruntergerutscht, und so hatte
Elfriede sie aufgehoben und mit nach Hause genommen.

Am Weihnachtsabend 1917 zieht sich Elfriede zurück, um einen Brief zu verfassen, adressiert an das Einwohnermeldeamt
Bielefeld mit der Bitte um Weiterleitung, da sie die Adresse der
Empfängerin nicht weiß. Ihrem Tagebuch vertraut sie an: »Ich
habe an die Mutter von Leutnant Werner Waldecker geschrieben. In dem Brief schrieb ich, dass sie mit ihrem Leid nicht allein
sei. Ich hätte ihren Sohn so lieb gehabt … Aber ich schrieb nicht,
dass ich eine verwelkte rote Rose in einem schwarzen Kästchen
besitze.«

Kriegsmoral

Die Kinder von 1914 sind inzwischen nicht nur älter geworden, sondern auch erfahrener, misstrauischer – verlorener. Viele
sind inzwischen Jugendliche, die ihre ersten Liebeserfahrungen
machen. Doch der Krieg dringt in in alle Winkel der Seele. Er
zerstört nicht nur Städte und blühendes Land; er zerstört nicht
nur das Leben und die Gesundheit unzähliger junger Soldaten.
Er zerstört ebenso Familien, Beziehungen, Intimität. Und er
verändert die Moralvorstellungen. Wer morgen schon tot sein
kann, möchte wenigstens nicht ungeküsst sterben. Während Elfriede Kuhr sich noch zierte, kam es zur gleichen Zeit unter wenig älteren Mädchen in Schneidemühl bereits zu unerwünschten
Schwangerschaften.

Die erste Liebe des ungarisch-österreichischen Diplomaten-
sohns Ödön von Horváth fällt pragmatisch aus. Nachdem er
auf dem Gymnasium in München zweimal sitzengeblieben ist,

haben ihn die Eltern auf eine Schule nach Pressburg (heute Bratislava) geschickt; später sind sie nach Budapest umgezogen. Er ist gerade 17 geworden. »In einem stillen Gässchen holte mich in Budapest eine Frau in ihre Vierzimmerwohnung« erinnert sich Horváth später. »Es dämmerte bereits, die Frau war keine Prostituierte, aber ihr Mann stand im Feld, ich glaube in Galizien, und sie wollte mal wieder geliebt werden.«

Das geschieht Anfang 1918. In der Retrospektive verdichtet der Schriftsteller Horváth die eigenen Erfahrungen zum Bild einer ganzen Generation: »Wir, die wir zur großen Zeit in den Flegeljahren standen, waren wenig beliebt. Aus der Tatsache, dass unsere Väter im Felde fielen oder sich drückten, dass sie zu Krüppeln zerfetzt wurden oder wucherten, folgerte die öffentliche Meinung, wir Kriegslümmel würden Verbrecher werden. Wir hätten uns alle aufhängen dürfen, hätten wir nicht darauf gepfiffen, dass unsere Pubertät in den Weltkrieg fiel.«

Statistiken belegen das kritische Bild: Gegenüber dem Jahr 1914 kommt es 1917 im Deutschen Reich zu etwa doppelt so vielen rechtskräftigen Verurteilungen von Jugendlichen im Alter zwischen 15 und 18 Jahren, eine Zahl, die sich im Jahr 1918 noch etwas steigert. Den größten Anteil machen Eigentumsdelikte aus. Berücksichtigt man aber, dass die Kriminalität unter erwachsenen Frauen im gleichen Zeitraum noch stärker steigt (nämlich um mehr als achtzig Prozent), so wird deutlich, dass die Ursachen der begangenen Rechtsverstöße weniger auf jugendliche Verwahrlosung (die es damals zweifellos auch gibt) zurückzuführen sind, sondern vielmehr auf die Verelendung und Verzweiflung breiter Bevölkerungsschichten.

»Wir waren verroht, fühlten weder Mitleid noch Ehrfurcht«, resümiert Horváth: »Wir hatten weder Sinn für Museen noch die Unsterblichkeit der Seele – und als die Erwachsenen zusammenbrachen, bleiben wir unversehrt. In uns ist nichts zusammengebrochen, denn wir hatten nichts.« Doch hier trügt Horváths apodiktisches »wir«. Im Verlauf des Krieges lässt sich eine stetig steigende Zahl von Selbstmorden und Selbstmordversuchen, auch unter Kindern und Jugendlichen, feststellen. Genaue Zahlen existieren kaum, da die Vorfälle häufig vertuscht, auf höhere Anweisung die Todesursachen gefälscht werden.

Die 13-jährige Ulrike leidet unter dem Alkoholismus ihres Vaters, der in einem Elektrizitätswerk in Wien arbeitet, unter der zerrütteten Ehe ihrer Eltern – und unter dem Krieg: »Vielleicht ist der Tod das Beste, das jedem Menschen widerfährt. Dann hört und sieht er nichts mehr vom Krieg, von Gemeinheit und Niedertracht.« Von diesen Gedanken erfüllt, wartet sie einen passenden Moment ab, um aus dem Leben zu scheiden. Sie ist allein in der Wohnung; es ist ganz still, und die Sonne geht eben unter. Ulrike löst den Gürtel von ihrem Flanellkleid, legt ihn sich um den Hals und zieht die Schlinge mit aller Kraft zu. Sofort verliert sie das Bewusstsein. Doch als sie wieder zu sich kommt, hat sie lediglich eine dicke Beule an der Stirn und ein zugeschwollenes Auge, weil sie im Fallen gegen die Marmorplatte des Waschtischs gestoßen ist. In der folgenden Nacht wacht sie durch Unterleibskrämpfe auf, hält es für die Folge der missglückten Strangulation. Auf dem Nachthemd ist ein großer Blutfleck, der nicht von der Stirnverletzung kommen kann. »Du bist nicht einmal 14«, sagt die Mutter, »und die Menstruation ist schon da. Jetzt könntest du schon Kinder kriegen.«

Ulrike bleiben weder die häusliche Gewalt in der ethnisch gemischten K.-u.-k.-Familie (der Vater ist Tscheche, die Mutter stammt aus Niederösterreich) erspart noch die zunehmenden Entbehrungen durch die Kriegswirtschaft. Was vor kurzem an Essbarem verschmäht wurde, ist im Jahr darauf bereits ein seltener Leckerbissen. Mit Schrecken erinnert sie sich vor allem an das in Österreich bald allgegenwärtige Maisbrot, das anfangs immerhin noch gelb ist, wenn auch fade und so krümelig, dass man es nicht schneiden, sondern nur bröckchenweise essen kann. Doch in späterer Zeit wechselt die Farbe des Brotes von gelb zu grünlich. Die neu hinzugemischten Ersatzbestandteile sind nicht zu erraten – und man will es auch gar nicht zu genau wissen.

Eine ehrenamtliche Tätigkeit in der Betriebsküche des E-Werks, in dem Ulrikes Vater angestellt ist, endet für die Mutter traumatisch. Sie ist als »Aufsichtsdame« beschäftigt, muss den Speisezettel für die Arbeiter planen, die nötigen Lebensmittel bestellen, Abrechnungen vornehmen – und die zehn angestellten Köchinnen überwachen. Aus deren Sicht nimmt es die »gnädige Frau« dabei zu genau; sie verhindert, dass die Küchenangestellten Dosenmilch abzweigen und den »Milchreis« stattdessen mit Wasser kochen oder das Mark aus den Knochen kratzen und es selbst verzehren, bevor die Knochen in der Suppe landen. Nach drei Monaten kippt eine Köchin Ulrikes Mutter eine Schöpfkelle mit kochender Suppe absichtlich über die Schulter. Diese muss im Krankenhaus behandelt werden und gibt resigniert das Ehrenamt auf. Für Ulrike ist es eine elementare Erfahrung, wie der Mangel Solidarität und Moral der Menschen mehr und mehr untergräbt.

Im Kleinen wie im Großen etablieren sich Schattenwirtschaft, Schmuggel und Korruption. In Deutschland werden während des Krieges zwei neue Begriffe für jene geprägt, die durch den Krieg reich werden: »Raffkes« und »Gulaschbarone«.

Hunger als Waffe

Hunger als Waffe ist keine Erfindung des Weltkriegs. Doch in früheren Zeiten wurden lediglich belagerte Städte von der Nahrungsversorgung abgeschnitten – jetzt sind es ganze Länder. Als die Vereinigten Staaten 1917 in den Krieg eingetreten sind, erklärte der damalige Ernährungsbeauftragte der Regierung, der spätere US-Präsident Herbert Hoover: »Food will win the war«: »Der Krieg wird durch das Essen entschieden«.

Aufgrund der erfolgreichen Seeblockade der Briten verstärkt

durch das Fehlen von Arbeitskräften in der Landwirtschaft und Missernten aufgrund schlechten Wetters, ist die Not (von Russland abgesehen) in Deutschland und Österreich besonders groß – sie betrifft letztlich praktisch alle Waren des täglichen Bedarfs. Zunehmend müssen sich die Menschen mit Surrogaten und Ersatznahrung behelfen. Das Brot wird mit Sägespänen gestreckt; Zeitungen veröffentlichen Rezepte für die Zubereitung von Raben und Dohlen. Die Länder der Entente können unter für die Bevölkerung hinnehmbaren Einschränkungen die Versorgung aufrechterhalten. In den Reichen der Kriegsgegner hat dagegen das große Sterben begonnen. Die Frauensterblichkeit war im Deutschen Reich im Jahr 1916 bereits dreißig Prozent höher als in Großbritannien, 1917 vergrößerte sich die Kluft auf 55 Prozent.

Die Kinder reflektieren die Not häufig durch das Umtexten populärer Lieder. Vor allem die 1824 von Wilhelm Hauff verfasste Reiterhymne »Morgenrot, Morgenrot, leuchtest mir zum frühen Tod« kursiert in zahllosen Varianten. In Jülich singen es die Kinder so:

> Morgenrot, Morgenrot
> England hat noch keine Not
> Frankreich backt noch frische Brötchen
> Russland hat noch Schweinepfötchen
> Deutschland nichts als Marmelade
> Und dazu noch Erdkohlrabien.

In den Erinnerungen österreichischer Weltkriegskinder, die Christa Hämmerle in einem 1993 erschienenen Sammelband herausgegeben hat, spielt die Nahrungsbeschaffung eine überragende Rolle. Die 1911 in Wien geborene Maria Milvay beschreibt die morgendliche Verteilung des kleinen Stückchens Maisbrot (»Kukuruzbrot«) als eine schreckliche Zeremonie. Wenn der Vater jedem mit der Küchenwaage sein winziges Stück zuteilt, klagt Maria, jüngstes von vier Kindern: »Warum bekomme ich weniger als die Buben? Hab ja den gleichen Hunger.« Dabei sind es am Ende die Eltern, die leer ausgehen, alles den Kindern geben und im Laufe des Krieges zu Skeletten abmagern.

Der Vater von Margaretha Witeschnik-Edlbacher ist Küchenchef im legendären »Hotel Sacher« in Wien, wo die aus Ungarn stammende Mutter ebenfalls arbeitet. Trotzdem herrscht in der Familie die gleiche Essensnot, kommt außer dem allgegenwärtigen Kukuruzbrot vor allem Brot aus Kartoffelschalen auf den Tisch, das sehr schnell sauer und schimmlig wird und stinkt. Ab 1917 fährt man auch nicht mehr in die Sommerfrische aufs Land, seit die Dorfkinder Margaretha und ihren Bruder beim Spielen mit Steinen verjagt haben: »Weana G'sindl! Foats ham, es fresst's uns alles weg!« (»Wiener Gesindel! Fahrt heim, ihr fresst uns alles weg!«)

Dabei sind die Stadtkinder bald darauf angewiesen, zu Hamsterfahrten aufs Land aufzubrechen, manchmal mit den Eltern, häufig auch allein. Familienerbstücke werden bei den Bauern gegen Kartoffeln oder Milch getauscht, wobei man sich auf der Rückfahrt in die Stadt nicht von allgegenwärtigen Kontrolleuren erwischen lassen darf, denn derartige Schwarzmarktgeschäfte sind verboten. Für die kleineren Kinder werden »Herr und Frau Hamster« zu einer seltsamen neuen Tierspezies, die sich vor den Kontrolleuren fürchten wie die Feldmäuse vor dem Habicht.

Beim »Ährenklauben« dauert es Stunden, so viel übrig gebliebenes Getreide vom abgeernteten Feld zu sammeln, dass man damit eine Kaffeemühle füllen und das Gemahlene zu Kornbrei verkochen kann. Und wenn alles nichts hilft, wird gestohlen, was für manche Jungen bald den schal gewordenen Krieg als neues Abenteuer ersetzt, wie der im hessischen Butzbach geborene Ernst Glaeser in seinem autobiographischen Roman »Jahrgang 1902« (1928 erschienen) beschreibt: »Es war sehr schön gefährlich, mit verbotenen Eiern aus den Bauernhöfen zu schleichen, sich ins Gras zu werfen, wenn ein Gendarm auftauchte, und die Minuten nach Herzschlägen zu zählen. Es war wunderbar und erhaben, diesen Gendarmen zu übertölpeln und nach glücklichem Siegeslauf von seiner Mutter als Held gefeiert zu werden ... Bald erschütterte uns ein eroberter Schinken mehr als der Fall von Bukarest. Und ein Malter Kartoffeln schien uns wichtiger als die Gefangennahme einer englischen Armee in Mesopotamien.«

Der Mangel beschränkt sich keineswegs auf die Nahrungsbeschaffung; es fehlt an Kohlen, Gas und Petroleum, an Baumwolle, Leder und Leinen. Der Alltag der Kinder wird mehr und mehr dadurch bestimmt, an der Ersatzbeschaffung mitzuwirken – oder das Fehlen von Kleidung, Licht und Wärme zu durchleiden. Die 1903 im niederösterreichischen Marchegg geborene Josefine Marhart stammt aus einer Eisenbahnerfamilie. Auf dem Bahnhof gibt es ein Heizhaus, in dem die Kessel der Lokomotiven geleert werden; und Josefine muss die Schlacke nach Kohlenstücken durchsuchen: »Die Ausbeute bestand meist nur aus einigen Stücken. Es war bitter, in der scharfen Schlacke zu suchen. Im Winter war es fast unerträglich, mit bloßen Händen darin zu wühlen. Oft standen auf dem blaugefrorenen Handrücken Blutstropfen.«

Die Wohnung des zehn Jahre jüngeren Sepp Prokesch aus Liesing bei Wien hat keinen Strom; weil Petroleum und Kerzen Mangelware sind, bleibt die Wohnung häufig ohne Licht. Die Mutter arbeitet tags in einer Munitionsfabrik und benötigt die einzige Lampe abends zum Kochen am Herd. Zu dieser Zeit ist Sepps älterer Bruder gerade aus Wien von der Schule heimgekommen und braucht die Lampe für die Schularbeiten am Tisch: »Es war ein dauernder Austausch. Ich spielte im Dunkeln, das machte mir nichts aus.« Der Vater versucht Abhilfe zu schaffen und selbst Kerzen herzustellen. Er verfügt über einen Paraffinvorrat, und hartes Papier gibt es genug; doch das Experiment scheitert an geeigneten Dochten. Mit den verfügbaren Papierschnüren versehen, entstehen Gebilde, die rauchen, rußen, schlecht brennen – und kaum für Helligkeit sorgen. Es sind die gleichen Papierschnüre, die Sepps Schuhe zusammenhalten sollen; sie werden mit Tinte blau gefärbt, doch beim ersten Regen ist die Farbe schon wieder verschwunden – und wenig später der Ersatzriemen gerissen. Weil nichts mehr echt, alles Surrogat ist, machen sich Sepp und seine Spielkameraden Gedanken, wie für den Mangel an der Front Abhilfe zu schaffen ist, wo es an Soldaten und Waffen fehlt. Die vielen Gendarmen im Hinterland, zuständig für die Verfolgung von »Herrn und Frau Hamster«, könnten doch einrücken! – »Und Waffen? Die Zäune haben ja so große Lanzengitter, diese Lanzen könnte man an der Front verwenden … So sprachen wir tatsächlich.«

Nicht nur die Schuhe bereiten den Eltern Sorgen, wenn sie sich Gedanken machen, was die Kinder am nächsten Tag anziehen sollen. Als der ältere Bruder des 1906 geborenen Eduard Mayer aus Nürnberg einen neuen Anzug braucht, muss er sein Fahrrad verkaufen, um sich an der Anschaffung beteiligen zu können. Im Tagebuch zeigt sich Eduard zunächst von der guten Qualität beeindruckt: »Der Anzug ist wahrscheinlich aus Brennnesselstoff; aber beim Anrühren merkt man nichts davon.«

Tatsächlich werden Brennnesseln als »deutsche Baumwolle« propagiert; aus den Stängeln wird eine Art Spinngarn erzeugt. Wirtschaftlich ist das Verfahren kaum – zur Herstellung eines einzigen Soldatenhemdes werden rund zwanzig Kilogramm Brennnesseln benötigt, aus denen vier Kilogramm getrocknete Stängel gewonnen werden. Es ist fraglich, ob Eduards Bruder wirklich so einen Anzug erworben hat, denn eigentlich sind die derart aufwändig hergestellten Kleidungsstücke ausschließlich für das Heer bestimmt. Für die Zivilisten müssen zumeist Kittel aus undefinierbaren Papierstoffen reichen; versucht man sie zu waschen, lösen sie sich zu einer Art Brühe auf, was Eduards Vater zu der galgenhumorigen Bemerkung veranlasst, so ein Papieranzug sei eine praktische Erfindung – wenn er einem nicht mehr gefiele, könnte man immer noch eine gute Suppe daraus kochen und aufessen. Weil alles fehlt, muss alles gesammelt werden, was deutscher Wald und deutsche Wiesen hergeben. Diese Sammlungen, häufig von der Schule organisiert, bestimmen schließlich den Tagesablauf der Kinder stärker noch als die Unterrichtsstunden. Der preußische Unterrichtsminister hat schon 1916 angewiesen: »Solche an sich unerwünschten Störungen des Unterrichts müssen ertragen werden angesichts der Notwendigkeit, die mancherlei Werte in Feld und Wald ... rechtzeitig und restlos den Sammelstellen zuzuführen.« Da hat das organisierte Sammeln gerade erst begonnen.

Benötigt werden Naturerzeugnisse jeder Art; ein Berichtsformular der Kriegsamtsstelle Münster aus dem Jahr 1918 listet auf: »Küchenabfälle, Felle, Kienzapfen, Weißdornfrüchte, Pilze, Blätter, Blüten, Beeren, Früchte, Sämereien, Bucheckern, Eicheln, Kastanien, Obstkerne, Rohrkolben, Brennnesseln, Ginster, Queckenwurzeln, Frauenhaar und Laubfutter.« Die Aufzählung ist keineswegs vollständig. Die österreichische Eisenbahnertochter Josefine Marhart und ihre Mitschüler sammeln zum Beispiel, von den Lehrern angeführt, Heilkräuter in den Feldern, vor allem Schafgarbe, die als blutreinigend und entzündungshemmend gilt und in den Lazaretten verwendet wird.

Zu den von den Kindern am intensivsten gesammelten Naturprodukten zählen Obstkerne und Bucheckern, aus denen Öl gewonnen wird. Allein an den Schulen werden 1917 355 Tonnen Obstkerne gesammelt, im Jahr darauf steigert sich der Ertrag noch einmal deutlich. Aus einem Kilogramm Kerne lassen sich indes nur fünfzig Gramm Öl erzeugen. Volkswirtschaftlich gesehen ist die Aktion unsinnig, denn der Kalorienverbrauch der Schüler beim Sammeln übersteigt deutlich den durch das Öl erzielten Kaloriengewinn. Dennoch werben Plakate: »Jeder Kern ist wichtig!«

Beim Einbringen von Brennnesseln müssen die Lehrer besonders viel Überzeugungsarbeit leisten, denn die Ernte hat besonders unangenehme Begleiterscheinungen. Sie rufen die Kinder dazu auf, sich in die Männer an der Front einzufühlen, denn »den Soldaten tut es auch weh!« Die Methode hat augenscheinlich großen Erfolg. Allein im Jahr 1917 sammeln 1200 deutsche Schulen über 170 Tonnen Brennnesseln, eine Menge, aus der man etwa 42 600 Soldatenhemden herstellen kann – in dieser Statistik sind die meisten der 30 000 Landschulen noch nicht einmal erfasst; und 1918 wird das Ergebnis noch einmal deutlich übertroffen. Ein neunjähriger Schüler aus Flensburg erinnert sich, bei einer Lieferung ab dreißig Brennnesseln von den Hausaufgaben befreit worden zu sein. Noch wichtiger als Anreiz: beim organisierten Sammeln fällt der Unterricht aus.

Bei manchen Sammelobjekten lassen die Schulen freilich Vorsicht walten. Frauenhaar ist als Ersatz für Kamelhaar wichtig – Treibriemen und Filzdichten vor allem für die U-Boote werden daraus hergestellt. Hier bemühen sich die Lehrer, den kindlichen Sammeleifer einzudämmen: Die Mädchen sollen nur ihre ausgekämmten Haare abliefern, sich aber nicht im letzten noch verbliebenen patriotischen Überschwang die Haare abschneiden.

»Ersatz, Ersatz und wieder Ersatz! Der frühere Ersatz wird jetzt wieder durch einen anderen schlechteren Ersatz ersetzt«, klagt Eduard Mayer im Tagebuch, als die Zeitung die Herstellung von »Millionen Ersatzschuhen« verkündet: Das Oberteil besteht aus »Ersatzstoffen«, die Sohle aus Holz. In solchen Schuhen, findet Eduard, müsse man das Laufen völlig neu lernen: »In den Schulen tragen fast alle Kinder Holzschuhe, und wenn diese die Treppe herunterlaufen, meint man, es geht ein Trommelfeuer los.«

Irgendwann funktioniert der Ersatz für den Ersatz nicht mehr. Da verkauft der Magistrat ein »Kriegsmus«, das nach dem Zeugnis von Kindern wie Schuhcreme aussieht – und auch entsprechend schmeckt. Zweieinhalb Pfund hat Eduards Mutter erstanden und lässt die Familie probieren. »Ich habe ein bisschen hinunterschlucken wollen«, erklärt Eduard, »es ist aber gar nicht gegangen, und ich habe dann gleich alles wieder heraufwärts gespuckt.« Wenig später enthält Eduards Tagebuch eine »amtliche« Bestätigung für die Ungenießbarkeit der Ersatzmarmelade: »Das Kriegskostministerium gibt öffentlich bekannt, dass es mit der Herstellung dieses Muses arg bemogelt wurde und mitsamt dem Muse in eine Schwindelei hineingefallen ist. Das zum Mus verwendete Material Obst, Zucker und Kohlrüben wurde unnütz verschwendet, weil kein Mensch und keine Sau dieses Mus essen konnte.«

Da hilft auch die von Eduard treuherzig befolgte Regel nicht mehr, »dass wir im Kriege alle Speisen sehr fein kauen müssen; jede Bissen sechsunddreißigmal hin und her mit den Zähnen, bis sie ganz von selbst in den Magen hinabrutschen. Dadurch kann man ein Viertel der Nahrung einsparen, und wir erhalten mehr Kraft, was auch für unsere Kämpfer draußen sehr wichtig ist.« In der durch und durch bürgerlichen Familie Mayer ist indes die Begeisterung für den »Kampf draußen« dem Kampf gegen den Hunger gewichen. Vor dem Krieg wohlhabend, ist sie ab 1917 des Öfteren auf öffentliche Speisung in der Volksküche angewiesen. Längst sind praktisch alle Dinge des täglichen Bedarfs nur gegen Bezugsschein erhältlich. Als Eduard mit dem Vater Würzburg besucht, fasziniert ihn fast mehr noch als Dom, Schlossgarten und Mainbrücke die Besichtigung der Universitätsdruckerei – denn dort werden die Brotmarken für ganz Bayern gedruckt. Und als der Kaiser zum Truppenbesuch an die Front reist, ist der Junge besorgt, ob denn der Monarch auf die Reise auch genügend Brotmarken mitgenommen hat.

Doch die Marken sind immer häufiger kaum das Papier wert, auf dem sie gedruckt werden; man bekommt das Zustehende nur nach stundenlangem Anstehen – falls die Lieferung dann noch nicht ausgegangen ist. Und Anstehen muss man bald nicht nur um Lebensmittel, sondern auch wegen der Essenskarten für die Volksküche, die im Hercules-Velodrom eingerichtet ist, einst eine überdachte Radbahn, inzwischen ein gastronomischer Großbetrieb. Tausende Nürnberger umlagern das große Fachwerkhaus, sodass Eduard und Vater nicht einmal in die Nähe der Ausgabestelle gelangen. Empört telefoniert der Vater mit dem Magistrat, wo man ihn vertröstet, weitere Volksküchen würden demnächst errichtet werden; und er fragt bei der »Nürnberger Zeitung« an, ob die Redakteure, die jeden Tag in ihr Blatt hineinschrieben: »Wir werden den Krieg gewinnen und können durchhalten«, sich auch um Essenskarten anstellen müssten.

Vielleicht ist es auch ein Ergebnis des Mangels, dass der Protest des Vaters so kultiviert ausfällt. Eduard im Tagebuch: »Tee und Kaffee, welche man bei uns kaum mehr kaufen kann, soll man durch deutschen Brombeer-, Erdbeer- und Himbeerblättertee ersetzen. Dieser Tee regt nicht so auf, die Menschen werden dann viel zahmer, ruhiger und zärtlicher miteinander umgehen.« Bei immer mehr Bürgern scheint jedoch der »deutsche Tee« seine segensreiche Wirkung zu verfehlen. Eduard vermerkt einen Streik von zehntausend Munitionsarbeitern und -arbeiterinnen in Köln, »weil sie so hungern müssen«, notiert aber auch den Ausgang: »... und dann haben sich die Arbeiter doch wieder bändigen lassen.«

Letzte Reserven

Wenn alle Ressourcen erschöpft sind, bleibt am Ende nur die eine, die wichtigste: der Mensch.

Am 1. Januar 1918 beginnt für Yves Congar im okkupierten Sedan das neue Jahr mit bitterer Kälte. Die Schneemengen sind kaum zu bewältigen, jeder muss beim Räumen mithelfen. Traditionell wurden am Morgen die Neujahrsgeschenke ausgetauscht; was er bekommen hat, ist dem Jungen keine Erwähnung wert. Stattdessen vermerkt er den nachmittäglichen Besuch bei einem befreundeten Ehepaar, wobei (in dieser Reihenfolge) zwei Themen zur Sprache kommen: die Rationierung von Heringen – und eine weitere geplante Geiselnahme durch die »Boches«:

»Jedermann ist beunruhigt, doch wir scheinen nicht betroffen. Wir bleiben in dieser Sache gelassen.« Das scheint eine Schutzbehauptung zu sein, denn der gleiche Tagebucheintrag enthält auch den Satz: »Ich möchte alles aufgeben, mein Tagebuch, alles, einfach nur noch daliegen und schlafen und nicht wieder aufwachen, bis der Krieg vorbei ist.«

Drei Tage später kursiert eine Liste in Sedan, die die Namen von 27 männlichen und 33 weiblichen Geiseln umfasst, »Kriegsgefangenen«, wie Yves Congar sie nennt. Als Grund gibt die Besatzungsbehörde Unruhen in der Bevölkerung in Elsass-Lothringen an, die auf diese Weise willfährig gemacht werden soll. Die Geiseln sollen zunächst ins benachbarte Givonne gebracht werden, doch im Raum steht der Weitertransport und der Einsatz als Zwangsarbeiter. Ein Name auf der Liste: »Monsieur Congar«. »Mein Stift weigert sich fast, die folgenden Seiten zu schreiben, und ich bitte meine Leser, mir nachzusehen, dass sie hier nicht alle Gefühle wiederfinden, die mich tatsächlich bewegen und die ich gerne festgehalten hätte«, erklärt Yves. Wieder ist es nicht mehr als »eine gewisse Furcht«, die er bekennen mag. Die Familie habe die Nachricht sehr ruhig entgegengenommen, da sie einfach nicht glauben könnte, dass der Vater sie verlassen werde. Doch schon der nächste Satz im Tagebuch führt diese Hoffnung ad absurdum: »Sie haben das Recht auf 50 Kilo Gepäck, doch Papa wird nur einen Koffer und einen Beutel mitnehmen.«

Deutschland und seine Verbündeten verfügen im Vergleich zu den Alliierten über eine weit geringere ökonomische Basis und greifen daher zu zunehmend drastischen Maßnahmen in den von ihnen besetzten Gebieten. Im Verhältnis zur Bevölkerungszahl kämpfen mehr deutsche Soldaten an der Front als in jeder anderen Nation. Entsprechend dramatisch ist der Arbeitskräftemangel an der »Heimatfront«, wo Frauen und Kinder in den Munitionsfabriken oder auf den Feldern schuften. Ende 1916 wurden bereits über 330000 Kriegsgefangene in der Industrie sowie 735 000 in der Landwirtschaft eingesetzt. Hinzu kommen zahlreiche belgische und französische Zwangsarbeiter, die mit Drohungen, Versprechungen oder Gewalt ins Kaiserreich verbracht werden. Die Zahlen steigen stetig.

»Samstag, 5. Januar. Es ist der letzte Tag, den wir zusammen haben. In diesem Moment lässt man alles Revue passieren, muss alles noch einmal aussprechen, man redet den ganzen Tag, bereitet alles vor. Unsere Haltung ist im Großen und Ganzen gelassen. Papa ist sehr ruhig und wünscht sich von ganzem Herzen, dass Frankreich das Elsass nicht aufgeben wird.« Der 6. Januar ist der Tag des Abschieds, und nun hält die tapfere Fassade, um die sich der 13-Jährige bemüht, nicht länger: »Die letzte Stunde ist gekommen, die letzten gemeinsamen Augenblicke. Wir trinken auf die gesunde Rückkehr der Geiseln! Schließlich ist es so weit. Der Moment Auf Wiedersehen zu sagen, Küsse, Umarmungen ... Furcht und Schmerz erfüllen mein Herz, ich möchte weinen ...«.

Der Vater möchte, dass ihn nur seine Söhne zum Sammelplatz begleiten. Es fällt Yves schwer, mit Papa und den älteren Brüdern Schritt zu halten. Er beißt sich in die Lippen, kneift die Augen zusammen, mustert die Vorübergehenden, die dem kleinen Zug ihr Mitgefühl zeigen. An der Tankstelle vor den Kasernen wartet bereits eine große Menschentraube. Der Vater nimmt die Jungen beiseite: »›Ich glaube wohl, dass ich zurückkehren werde, und doch ist es besser auf das Schlimmste vorbereitet zu sein. Sollte ich nicht mehr zurückkommen, bekommt Pierre meinen Schreibtisch, Robert das Kaminbesteck, Mimi die Kommode und du Onkel Victors Armbanduhr ...‹ Dann küsste er uns und verschwand.« Eine halbe Ewigkeit warten die Söhne noch, bevor sie niedergeschlagen heimwärts laufen. Und obwohl dort die Mutter und die Schwester auf sie warten, »ist es im Haus plötzlich ganz still und es wirkt so unendlich leer«.

Sechs Wochen später erhält Yves die Quittung für seine Art des Widerstandes und vermerkt in einer Mischung aus Triumph und Angst, er sei jetzt ein Krimineller und müsse vor dem Kriegsgericht erscheinen. Ein »Monsieur Congar« ist aufgefordert worden, sich zu einer bestimmten Stunde bei einem Militärrichter der Besatzungsbehörde zu melden. Der Vater kann damit nicht gemeint sein, denn er ist fort. Doch auch die älteren Brüder sind nicht betroffen. Also trottet Yves zur angegebenen Zeit in das Büro, wo ein Verhör auf den Jungen wartet. In seiner Niederschrift liest sich die Begegnung so:

»Ein ›Boche‹, Verzeihung, ein Deutscher (denn ich möchte ja nicht für einen Banditen gehalten werden) kommt auf mich zu, hält mich an meiner Pelerine fest und sagt zu mir:

– Was hast du getan?

– Ich weiß nicht, aber ---.

Nach einigen weiteren Fragen, antworte ich: Ich habe das Wort ›Boche‹ in den Mund genommen.

– Oho! Es kommt einer Gotteslästerung gleich.

– Dabei wollte ich niemanden beschimpfen ...

– Aber doch!

– Nein!

– Ist es etwa nicht eine große Beleidigung der deutschen Armee? Stell dich in die Ecke!

(Irre Welt! Noch nie zuvor in meiner Jugend musste ich in der Ecke stehen.)

– Woher kennst du dieses Wort?

– Von der Straße.

– Gehst du in die Schule?

– In die Unterstufe des Gymnasiums ...

– Du warst die längste Zeit Schüler, jetzt bist du zum Verbrecher geworden.

– Ich wollte doch nichts Schlimmes machen!

– Kleiner Schurke, wenn du das noch einmal machst, kommst du zwei Jahre ins Gefängnis!«

In dem kleinen stickigen Zimmer ist die Luft zum Schneiden. Yves steht, äußerlich gedemütigt, innerlich voller Stolz, in der

Ecke. Allerdings geht ihm die Drohung, zwei Jahre eingesperrt zu werden, nicht aus dem Kopf. Der Aufforderung, sich nun schnell aus dem Staub zu machen, wenn er nicht festgesetzt werden wolle, kommt er allzu gern nach.

Im selben Monat Februar bekommt Elfriedes älterer Bruder Willy den Stellungsbefehl. Die Musterung empfindet er ähnlich demütigend wie Yves seine Vorladung; er muss splitternackt in einer eisigen Baracke stehen und sich betasten lassen, um dann zu hören: »Kerngesundes Gemüse.« Im März wird er zur Jagdstaffel 75 der Flieger in Schneidemühl abkommandiert. Für Elfriede bricht eine Welt zusammen, Willy zu verlieren, der sich Gil nennt, weil er mit dem deutschen Kaiser den Namen nicht teilen will, der Gedichte schreibt und träumerische Klavierstücke komponiert, dessen Traumland Mexiko ist, der immerzu von Revolution spricht: »Und so was wird nun deutscher Rekrut!«, zürnt Elfriede.

Als er fort ist, versucht Elfriede, seine Lieder aus dem Gedächtnis nachzuspielen. Zu Pfingsten kann sie ihn erstmals in der Fliegerkaserne besuchen – und erkennt ihn kaum wieder: »War das Gil? Dieser lange blasse Mensch in Schlotteruniform, mit Harmonikahosen, plumpen Stiefeln und einem wahren Affenhelm? Und das schöne weiche, dunkle Haar kurzgeschoren?« Viel schlimmer noch als das Äußere ist die innere Verwandlung. Willy sieht die Schwester kaum an, knallt mit den Hacken, presst die Hände an die Hosen, hält das Rückgrat steif wie ein Lineal und den Kopf in die Höhe, während der irre Blick ins Leere stiert. Ob zwei Monate Kasernendrill tatsächlich solch eine radikale Veränderung möglich gemacht haben, ist fraglich, doch wahrscheinlich hat die Schwester den Kontrast damals so empfunden. Die Maschinerie des Krieges hat die Seele des Bruders demnach schon verschlungen, bevor er auch nur einen einzigen Kampfeinsatz hatte.

Im Frühjahr 1918 unternimmt das deutsche Heer einen letzten Versuch, in einer großangelegten Offensive den Krieg zu entscheiden, bevor die materielle Übermacht der USA entscheidend zum Tragen gekommen ist. Die Situation scheint günstig, denn durch den Friedensschluss mit Russland sind bedeutende Kräfte im Osten frei geworden. Kriegsgegner Rumänien musste sich aufgrund der nun ausbleibenden russischen Unterstützung geschlagen geben, und seit der Schlacht von Caporetto befindet sich die italienische Armee im Stadium der Reorganisation. Zudem findet die gleiche neue Angriffsstrategie Anwendung, die bereits in Caporetto erfolgreich war. Tatsächlich werden die vereinigten französisch-britisch-amerikanischen Armeen von der Wucht des Vorstoßes überrascht. Bereits am ersten Tag der Offensive können an der Westfront größere Geländegewinne verbucht werden als im gesamten Verlauf des Stellungskrieges in den vergangenen dreieinhalb Jahren. Zum ersten Mal seit der Schlacht an der Marne 1914 ist die französische Hauptstadt wieder unmittelbar in Gefahr.

Am 23. März 1918, einem Sonnabend, um 9.15 Uhr morgens wird in Marcelle Lerouges Schule in einem Pariser Vorort Alarm ausgelöst; die Jugendlichen müssen sich im Keller in Sicherheit bringen und dürfen den Schutzraum nur verlassen, wenn sie von ihren Eltern abgeholt werden; das gilt auch für Marcelle, obwohl sie einen Monat zuvor 17 Jahre alt geworden ist. Die Uhrzeit des vermeintlichen Fliegeralarms ist ungewöhnlich; denn die Gothas und Zeppeline greifen meist dann an, wenn die Nacht am tiefsten ist. Doch dann hört Marcelle, die neue Bedrohung würde nicht aus der Luft, sondern vom Boden kommen. Ein gigantisches Geschütz, stationiert im Wald von Saint-Gobain, etwa 120 Kilometer von Paris entfernt, feuert auf die Hauptstadt. Die Fliegerangriffe hat Marcelle kaum ernst genommen, sich vielmehr über die ängstliche Großmutter lustig gemacht.

Jetzt kommen die Einschläge regelmäßig in kurzen Abständen, eine Vorwarnung ist kaum möglich; auch die Ziele lassen sich nicht erahnen.

Die Artillerieeinschläge sind das stetige Begleitgeräusch der deutschen Frühjahrsoffensive. Einen militärischen Nutzen haben sie nicht; doch sie verbreiten Terror und Schrecken unter der Zivilbevölkerung. Während Marcelle ein tagesaktuelles Gedicht des französischen Librettisten Paul Ferrier über das Martyrium der Zivilbevölkerung in Paris in ihrem Tagebuch abschreibt, kann sie das dumpfe »boum« des Geschützes hören. In der Schule wird nur im untersten Stockwerk unterrichtet; Sandsäcke schützen die Fenster, durch die kaum noch Tageslicht in die Klassenräume dringt. Viele Mitschüler kommen nicht mehr zum Unterricht; etliche von ihnen haben die Stadt verlassen. Die an der Schwelle zum Erwachsensein stehende Marcelle wird wieder halb zum Kind, vertraut sich dem Schutz ihrer beiden Puppen »Nénette« und »Rintintin« an, die die Bomben von ihr fernhalten sollen. Im Juni ist der tägliche Beschuss fester Bestandteil des Lebens geworden, sodass sich Marcelle im Tagebuch wundert, warum die »dicke Bertha« schon seit Stunden schweigt.

Im Mai und Juni starten die Deutschen eine neue Offensive entlang der Marne, bei der sie sich bis auf neunzig Kilometer der französischen Hauptstadt nähern. Am 4. Juni jubelt die sächsische Forstbeamtentochter Nessi: »Hurra! 's geht wieder tüchtig vorwärts! Wir haben Loisson (gemeint ist wohl Soissons, d. A.) genommen und auch einige Forts von Reims. Die Marne ist überschritten. Paris wird alle 8 Minuten mit einem Gruß von unserer dicken Bertha ›beglückt‹! Es ist wirklich ganz herrlich jetzt. Man wundert sich nur, wie die Franzosen noch obenauf sind und ihr Volk weiter belügen.«

Solchen Hurrapatriotismus gibt es nur noch selten – die meisten Deutschen und auch ihre Kinder glauben nicht mehr so recht an den Sieg, der ihnen schon zu oft als unmittelbar bevorstehend versprochen wurde. Die zehnjährige Simone de Beauvoir fühlt sich auf dem Montparnasse in Paris angesichts der deutschen »Beglückung« keineswegs obenauf. Die Stadt hat sich verwandelt, ist nur noch ein düsteres Gegenbild zum einst pulsierenden Leben. Zum Entsetzen ihrer Mutter wird ihr der Frieden wichtiger als der Sieg; der Krieg möge aufhören, ganz egal wie. Die Nächte sind ihrem Geschmack nach noch das Beste. Die Sirenen heulen, gefolgt vom ärgerlichen Ruf des Luftschutzwarts; die Straßenlaternen werden dunkel, hinter den Fenstern erlöschen die Lichter. Dann wird die Stadt totenstill. Diese »Auflösung der Ordnung« findet das Mädchen aufregend.

Doch tags herrscht Tristesse, das Essen hat keinen Geschmack; die Mahlzeiten werden ohne Freude hinuntergeschlungen. Das Leben verlagert sich mehr und mehr unter die Erde; die Metrostationen bleiben nachts geöffnet; insgesamt finden 500 000 Menschen Platz in den von der Stadt eingerichteten Schutzräumen. Während eines Fliegeralarms im März 1918 öffnet sich das Gitter einer Metrostation nicht; Panik bricht aus, 66 Menschen werden zu Tode getreten, darunter viele Kinder.

Der Großvater ist überzeugt, dass dem Beschuss durch die »dicke Bertha« unvermeidlich der Einmarsch der Deutschen folgen wird, und will die Familie evakuieren; die Großmutter erkrankt schwer infolge der nervlichen Anspannung: Ihr Blick ist leer, sie kann nicht mehr sprechen, und als Simone sie besucht, erkennt sie die Enkeltochter nicht mehr. Mit Ausnahme von »einem törichten großen Mädchen von etwa zwölf Jahren« ist Simone die Einzige, die noch ihre Schule besucht und dadurch eine Art Individualunterricht erhält. Trotz aller Niedergeschlagenheit ist sie auf ihren Mut und ihre Kaltblütigkeit angesichts der Gefahr stolz.

Es ist erstaunlich, dass der verniedlichende Name »dicke Bertha« auch vom Kriegsgegner übernommen wird, der unter dem Beschuss zu leiden hat. Dabei irren beide Seiten, sowohl Nessi als auch Marcelle und Simone. Bei der »dicken Bertha« handelt es sich um mehrere schwere Mörser der Firma Krupp mit einer Reichweite von etwa vierzehn Kilometern, die vor allem zur Zerstörung von Festungsanlagen eingesetzt werden, gegen Ende des Krieges aber kaum mehr Verwendung finden. In einem deutschen Schulaufsatz wird aus dem Geschütz, sei es fehlerhaft oder in voller Absicht, die »fleißige Bertha«. Das klingt anheimelnd und sympathisch.

Dabei ist es weder eine dicke noch eine fleißige Bertha, die den Kindern in Paris zusetzt. Das wäre aufgrund der zu geringen Reichweite gar nicht möglich. Das sogenannte »Parisgeschütz« verfügt nur über die Hälfte des Kalibers des Festungsmörsers, hingegen über ein sehr viel längeres Rohr. Auch vor dieser Waffe macht die Infantilisierung der Kriegsbegriffe nicht halt: Es handelt sich bei ihr um eine Weiterentwicklung des »langen Max«. Drei Stück davon sind im Wald von Saint-Gobain stationiert und verursachen zwischen dem 23. März und dem 8. August den Tod von 256 Zivilisten. Am Karfreitag 1918 trifft der »lange Max« die vollbesetzte Kirche St. Gervais während der Ostermesse und tötet 88 Gläubige, vor allem Frauen und Kinder – ein besonders barbarischer Akt, vergleichbar mit dem »Kindermord von Karlsruhe« zwei Jahre zuvor.

Als die ersten Granaten des »langen Max« auf Paris niedergehen, hat die nordfranzösische Frontstadt Reims schon dreieinhalb Jahre permanenten Beschuss hinter sich. Die Stadt konnte, von einem kurzen Intermezzo abgesehen, zwar gehalten werden, doch die sie umgebenden Höhen sind Teil des deutschen Schützengrabensystems. Wegen der gegnerischen Frühjahrsoffensive wird die Stadt am 25. März offiziell evakuiert – doch das ändert kaum noch etwas am Schicksal der Bewohner, von denen nur ein Bruchteil der vor Kriegsausbruch 120000 Bürger ausgehalten hat. Sechzig Prozent der Gebäude sind zerstört oder beschädigt, darunter der berühmte Dom, den die Deutschen als potenziellen Beobachtungsposten besonders intensiv unter Feuer genommen haben; über 1300 Menschen fanden den Tod. Immerhin hat die Stadt versucht, etwas Normalität zu bewahren, und den Schulunterricht bis zuletzt stattfinden lassen – allerdings in den Weinkellern der für ihren Champagner berühmten Stadt, wo täglich zwei- bis dreitausend Kinder lernten und sogar Prüfungen ablegten.

Der Stadt Reims hat einer der ersten deutschen Angriffe des Weltkriegs gegolten – und sie ist auch das Ziel der letzten deutschen Offensive. Im Juli und August 1918 scheitert nicht nur der Versuch, Reims zu erobern; die Deutschen werden umgekehrt auf die Stellungen zurückgeworfen, die sie vor der sogenannten Kaiserschlacht im Frühjahr innehatten. Die Truppen sind längst zu erschöpft und unterversorgt, um noch erfolgreich kämpfen zu können. Sie hat das Schicksal ereilt, das ihr Heerführer den Franzosen zugedacht hatte: Sie sind »weißgeblutet«. Die militärische Niederlage der Mittelmächte ist unausweichlich geworden. Nur der genaue Zeitpunkt ist noch fraglich.

Säuglingssterben

Wenn es denn neben einer Niederlage an der Front auch eine solche in der Heimat geben kann, so vollzieht sie sich im Deutschland des Jahres 1918. Die Leidensfähigkeit der Menschen lässt sich nicht weiter steigern.

Elfriede Kuhr hat in Schneidemühl das Interesse an der Schule fast völlig verloren. Während sie in Deutsch brilliert, wohl eine Folge ihres intensiven Tagebuchschreibens, versagt sie in den meisten anderen Fächern. Wie schlecht ihre Noten sind, nimmt sie nicht einmal wahr – und ist damit nicht allein, wie regionale Statistiken nahelegen, denen zufolge sich die Zahl unentschuldigter Schulversäumnisse während des Krieges ungefähr verdreifachte. Im März 1918 erfährt sie, dass sie nicht versetzt wird – und die Großmutter schimpft nicht einmal. Elfriedes Lieblingslehrerin legt ihr eine Wiederholung der Klasse nahe; doch schon im Juni wirft sie die Schule endgültig hin, ohne Abschluss.

Stattdessen entschließt sie sich, eine Ausbildung als Säuglingsschwester im Städtischen Kinderheim zu beginnen: »Oh diese Babys! Haut und Knochen. Kleine Hungerleichen. Und die Augen so groß! Wenn sie weinen, klingt es wie leises Quäken. Ein kleiner Junge wird bestimmt bald sterben. Er hat ein Gesicht wie eine vertrocknete Mumie. Wenn ich mich über das Bett beuge, guckt mich der Kleine aus riesigen Augen wie ein alter kluger Mann an; dabei ist er erst sechs Monate alt. Ganz deutlich steht eine Frage in seinen Augen, eigentlich ein Vorwurf.«

An allem fehlt es im Säuglingsheim, vor allem aber an Windeln. Die Zellstoffblättchen kleben an den blutigen Popos der Kinder fest; vorsichtig muss Elfriede versuchen, das nasse Papier mit etwas Öl abzulösen; und dennoch schreien die Babys zum Erbarmen. Im August wird Elfriede erstmals für einen ganzen Monat die Nachtwache übertragen, die von sechs Uhr abends bis sechs Uhr morgens dauert. Sie muss die Milchküche übernehmen, die Mischungen für die Kleinen bereiten: jedes Baby bekommt seine eigene, mit großen Thermometern wird die Temperatur überwacht. Dann gilt es trockenzulegen, zwischenzufüttern oder Fieber zu messen. Vor allem vor der Milchküche hat Elfriede Angst: »Wie leicht kann man aus Übermüdung etwas verwechseln!« Es gibt ein Telefon, um im Notfall das Städtische Krankenhaus anzurufen – doch das liegt weit entfernt: »Ich habe auch Angst vor dem Alleinsein in der Nacht. Es ist niemand außer mir und den Kindern in dem großen Haus, auch kein Hund. Wir haben in den Kellerräumen Eisschränke mit Milch- und Mehlprodukten. Die Lebensmittel könnten Einbrecher anlocken. Und was mache ich dann?«

Es bleibt nicht immer beim Dienstschluss am frühen Morgen. Am 10. August musste Elfriede länger bleiben, weil eine Schwester krank gemeldet wurde – und den sieben Monate alte Gerhard baden. Doch das Baby verdreht plötzlich den Leib, verfällt in ein Zittern und liegt dann plötzlich steif in Elfriedes Arm. Die Oberschwester diagnostiziert den Tod infolge eines Kollapses:

»Die Eltern des kleinen Gerhard haben getobt und geschrien, dass das Säuglingsheim die Schuld am Tod ihres Kindes trage. Das ist aber nicht wahr; wir haben Gerhard vorschriftsgemäß und liebevoll gepflegt. Es war eben ein Kriegskind und wahrscheinlich doch nicht recht lebensfähig.«

Die Verzweiflung der Eltern steigert sich noch, als sie erfahren, dass ihr Baby in der Obhut einer erst 16-Jährigen gestorben ist. »Das da ist doch selber noch ein halbes Kind«, rufen sie, und mit »das da« meinen sie Elfriede. Am liebsten würde Elfriede ihre Dienste nur noch antreten, wenn auch eine ausgebildete Schwester vor Ort ist. Doch das ist schwer möglich, weil die Grippe grassiert und geschultes Personal kaum verfügbar ist. Gerhards Tod bleibt kein Einzelfall. »16. August 1918. Nun ist auch das arme Wurm gestorben, das nur Haut und Knochen war. Es war mein Liebling geworden. Ich widmete ihm alle freien Augenblicke, und immer sah es mich aus seinen überernsten Augen wie ein alter, weiser Mann an. Es lächelte nie.« Auch dieses Baby stirbt in Elfriedes Armen. Sie bettet den Jungen unter ein Gazespanntuch und umhüllt den kleinen Körper mit so vielen Wiesenblumen, wie sie finden kann. Doch zwischen den bunten Blüten sieht er »zum Fürchten aus, ein uralter Zwerg, schon hundert Jahre tot«.

Mangelernährung und unzureichende Kleidung führen massenweise zu Krankheiten und Seuchen in einem Ausmaß, wie es Europa seit Jahrhunderten nicht mehr erlebt hat. Die Cholera galt als ausgerottet. Plötzlich ist sie wieder allgegenwärtig. Typhus und Gelbfieber grassieren. Eine Grippeepidemie trifft auf eine hochgradig geschwächte Bevölkerung – und breitet sich ungebremst aus. Sie fordert bald ebenso viele Tote wie das Gemetzel auf den Schlachtfeldern. Auch Eduard Mayers Mutter ist erkrankt. Einerseits scheint sie auf dem Weg der Besserung, hat kein Fieber mehr. Andererseits sagt sie auf einmal, als die ganze Familie auf ihrem Bett sitzt, sie höre fortwährend ein Hämmern. Auf ihre Frage, ob denn eine Mühle in der Nähe sei, weiß mitten in der Stadt niemand eine Antwort: »Wir fürchteten uns ein wenig.«

Die Mutter spricht sehr schwach. Es tue ihr gar nichts mehr weh, sagt sie. Doch nur einen Tag später muss Eduard vermerken: »Unsere liebe, gute Mama ist heute Nacht gestorben. Wir waren alle am Sterbebette versammelt, als sie in Papas Armen für immer die Augen schloss. Ich mache Schluss mit meinem Tagebuch ...«

Nach einigen Wochen nimmt Eduard das Tagebuchschreiben auf Bitten seines Vaters doch wieder auf. Der neue Eintrag ist freilich zutiefst erschütternd: »Wir sehnen uns gar nicht mehr nach dem Frieden; für uns bringt der Friede eine schreckliche Zeit, weil Mama nicht mehr da ist, weil sie mit uns nicht mehr spazieren gehen kann und wir an ihrem Arm uns nicht mehr einhängen können. Wir haben Angst auf die Stunden, wenn die Friedensglocken läuten werden!«

KAPITEL 17

Ein Ende und kein Frieden

> Ja, Kriegs-Tagebuch bist du jetzt ei-
> gentlich nicht mehr, denn der Krieg
> ist zu Ende. Aber Friede ist auch
> nicht, längst nicht! Deshalb finde ich,
> dass du ruhig weiter Kriegstagebuch
> heißen sollst ...
>
> *Agnes Zenker, genannt Nessi,*
> *am 12. Dezember 1918*

Bürgerkrieg

Der im März 1918 unter russischem Protest unterzeichnete
»Friede von Brest-Litowsk« verdient seinen Namen nicht. Das
ehemalige Zarenreich tritt Gebiete von 1,4 Millionen Quadrat-
kilometern mit rund sechzig Millionen Menschen ab, was einem
Drittel der Gesamtbevölkerung entspricht. Verluste, mit denen
sich ein Imperium nicht abfinden kann. Die Bolschewiki um Lenin und Trotzki akzeptieren dennoch notgedrungen, um ihre
Macht im Innern zu sichern; zudem sind sie davon überzeugt,
dass die proletarische Weltrevolution in Kürze die Monarchen
und bürgerlichen Regierungen hinwegfegen und den »Raubfrie-
den« gegenstandslos werden lassen wird.

Dass die Mittelmächte ohne Augenmaß eigentlich unannehm-
bare Bedingungen durchsetzen, sorgt im Lager der Entente für
Empörung. Es ist ein Vorgeschmack, was die Verlierer dieses
Krieges zu gewärtigen haben. Noch im Januar 1918 hatte US-
Präsident Wilson versucht, mit einem 14-Punkte-Programm ei-
nen für alle Seiten akzeptablen Frieden zu stiften, allerdings

vergeblich. Nun ist auch er der Ansicht, dass Deutschland bestraft werden muss – nicht nur seine Führung, auch die Bevölkerung.

Frieden herrscht in Russland auch nach Brest-Litowsk ohnehin nicht. Der Bürgerkrieg erreicht Dimensionen, die dem Weltkrieg nicht nachstehen; er wird 1,2 Millionen Tote fordern. Im
April nähern sich Verbände der Weißen Garde, die gegen die
Bolschewiki kämpfen, der sibirischen Stadt Tobolsk, wo die
Zarenfamilie interniert ist. Die Bolschewiki fürchten die Befreiung der prominenten Gefangenen, die dem antikommunis-
tischen Aufstand eine gefährliche Legitimität verschaffen würden. Daraufhin erfolgt die Verbringung nach Jekaterinburg, in
die Hauptstadt des Ural. Alexej, der Zarewitsch, ist jedoch so
schwer erkrankt, dass er nicht transportfähig ist. So müssen die
Eltern vorausziehen, in der Hoffnung, bald wieder mit ihren
Kindern vereint zu sein. Alexej weint nach dem Zeugnis seines
Schweizer Erziehers Gilliard so bitterlich wie nie zuvor. Vier
Wochen und 22 Briefe der Mutter an ihre Kinder später ist die
Familie wieder vereint. Alexej kann kaum laufen, muss getragen oder im Rollstuhl geschoben werden. Sie sind in der zwei-
geschossigen Villa eines Ingenieurs untergebracht; die Fenster
des oberen Stockwerks sind mit weißer Farbe zugepinselt und
dürfen nicht geöffnet werden, obwohl es im Juni brütend heiß
und stickig wird. Die Order wird erst geändert, als ein so hoher
Zaun um das Grundstück gebaut worden ist, dass nicht einmal
die Wipfel der dahinterliegenden Bäume zu sehen sind. Eine Pri-
vatsphäre gibt es nicht, alle Türen sind ausgehängt; jedes Zimmer wird einzeln bewacht. In Tobolsk hat Alexej noch Briefe an
seinen Freund Kolja geschrieben, sogar Spielzeugkanonen mit
ihm getauscht. Jetzt verzichtet er auf Aufzeichnungen.

Dann hat der Bürgerkrieg auch Jekaterinburg erreicht. Am
12. Juli vermerkt Zarin Alexandra in ihrem (in Englisch ver-
fassten) Tagebuch: »Andauernd hören wir Artillerie vorbeizie-
hen, Infanterie und zweimal in dieser Woche Kavallerie. Täg-

lich kommen Verwundete in die Stadt.« Am 13. Juli bekommt »Baby«, wie die Zarin Alexej nennt, sein erstes Bad, seit er Tobolsk verlassen hat. Erleichtert berichtet Alexandra, dass der kleine Patient ohne Hilfe in die Wanne klettern konnte, obwohl er noch immer nur auf einem Bein stehen kann. Er wiegt nur noch vierzig Kilogramm. Sie gehen zeitig ins Bett, doch es ist keine ruhige Nacht: »Hörten nachts drei Revolverschüsse.« Am 15. Juli sind nachts der »Widerhall eines Kanonenschusses und mehrere Revolverschüsse« zu vernehmen. Naht etwa Rettung, um sie zu befreien?

Auch in der Nacht auf den 17. Juli fallen wieder Schüsse – doch diesmal gelten sie der Zarenfamilie. Man hat sie geweckt, angeblich um sie aus der von der Einnahme bedrohten Stadt zu evakuieren, bringt sie in den Keller. Der Kommandant der Villa, Jurowski, arrangiert die Gefangenen zu einem Gruppenbild: Man müsse eine Fotografie anfertigen, weil Gerüchte im Umlauf wären, dass der Zar geflohen sei. Doch statt eines Fotografen mit seinem Apparat erscheinen elf Rotarmisten mit Pistolen, die das Feuer auf die Romanows und einige ihrer Getreuen eröffnen. Zar und Zarin sind sofort tot. Alexej hat schon vor Wochen geahnt, dass die Bolschewiki seine Familie früher oder später töten würden, und innerlich mit dem Leben abgeschlossen. Sein einziger Wunsch ist es, nicht leiden zu müssen, doch er erfüllt sich nicht. Die Schüsse verwunden ihn nur (wie auch drei seiner Schwestern). Er fällt zu Boden, hält eine Hand schützend vor das Gesicht, während die andere nach dem Hemd seines Vaters greift. Einer der Todesschützen tritt Alexej mit seinem schweren Stiefel gegen den Kopf. Der Zarewitsch stöhnt, dann endlich tötet ihn Jurowski mit zwei Schüssen in das Ohr. Eine Woche später nehmen Weißgardisten die Stadt ein.

Zur gleichen Zeit soll Marina Yurlova von Moskau in eine Klinik nach Kasan an der Wolga verlegt werden. Auf dem Weg zum Bahnhof klettert die kleine Schar der Nervenkranken über Leichen; manche sind Hungers gestorben, andere haben Kugeln im Leib. Als der Zug losfährt, kann niemand sagen, in wessen Händen sich die nächste Station befindet. Überraschenderweise erreichen sie das Lazarett in Kasan ohne Zwischenfälle. Doch bald erscheinen dort Abgesandte der Bolschewiki; sie wollen überprüfen, ob unter den Kranken nicht doch kampffähige Soldaten zu finden sind – denn Kasan wird von der Weißen Armee belagert. Bei der Befragung, auf wessen Seite sie stünden, geben die Invaliden ausweichende Antworten. Und dann entdeckt einer der Rotarmisten, dass Marina eine Kubankosakin ist; ausgerechnet ihre Heimat ist ein Zentrum des weißen Widerstandes. So findet sich das 17-jährige Mädchen schließlich in einer Gefängniszelle wieder. Sie ist jetzt nur noch eine Nummer: 54. Am nächsten Morgen wird sie durch die schweren Tritte einer kleinen Einheit von Soldaten geweckt. Ein scharfes Kommando. »Dann das Krachen einer Salve, deren Echo wie der Flügelschlag eines Taubenschwarms über den Hof rauschte.« Woraufhin das Exekutionskommando wieder abmarschiert, ein Prozedere, das sich zwei- oder dreimal wiederholt.

Marina versucht die Inschriften in ihrer Zelle zu entziffern, vergeblich. Nur eine einzige scheint sich überhaupt deuten zu lassen: »Ihr Urheber, schien es, hatte sie mit seinem eigenen Blut geschrieben. Aber nach den Worten: ›Ich sterbe für …‹ war ihm wohl die Erfindungsgabe ausgegangen. Oder das Blut.« Plötzlich gibt es laute Geräusche im Korridor; eine Liste mit Zahlen wird verlesen, woraufhin Zellen aufgeschlossen werden: »50–51–52 …« Marina betet, dass ihre Zellennummer nicht aufgerufen wird. »48–47–43 …« Sie hat Glück, auch ohne sie scheint der Erschießungstrupp an diesem Tag genügend beschäftigt zu sein.

Am anderen Morgen ist das Gefängnis wie ausgestorben, die Wärter scheinen geflohen zu sein. Stattdessen ist Kanonendonner zu hören. Marina Yurlova verortet das Geschehen in ihren Memoiren im September 1918, doch es ist der 7. August, als die Weiße Armee Kasan einnimmt. Das Datum ist vor allem deshalb historisch, weil den Siegern die gesamte Goldreserve Russlands in Höhe von 650 Millionen Rubeln in die Hände fällt, die während des Weltkriegs hierher verbracht worden war. Es ist aber auch der Tag, der Marinas Leben rettet. Die Weißgardisten befreien sie aus dem verlassenen Gefängnis.

Ein ganzes Jahr wird es noch brauchen, bis sie sich durch die Bürgerkriegswirren bis nach Wladiwostok durchschlagen kann, dem letzten Brückenkopf der Weißgardisten bis zu ihrer vollständigen Niederlage im russischen Bürgerkrieg. Dort wird man ihr nahelegen, ein Schiff nach Japan zu besteigen und ins Exil zu gehen. Sie wird es in dem Bewusstsein tun, nie zurückzukehren. Nur einen letzten Blick würde sie so gern auf ihre geliebte Heimat werfen; doch er ist ihr nicht vergönnt. Als das Schiff ablegt, ist der Himmel grau und verhangen, und es regnet in Strömen.

Letzte Kämpfe in Frankreich

Der deutsche Heeresbericht vermeldet am 22. Oktober 1918 andauernde heftige Kämpfe auf den Aisne-Höhen östlich von Vouziers: »Württembergische Regimenter haben im Verein mit preußischen und bayerischen Bataillonen dem Feinde in erfolgreichem Gegenangriff die Höhen ... wieder entrissen und gegen starke Gegenangriffe des Gegners behauptet.« Abends folgt eine Ergänzung: »Auf östlichem Aisne-Ufer beiderseits Vouziers' und östlich von Airy sind heftige Angriffe der Franzosen gescheitert.« Vouziers ist vierzig Kilometer von Sedan entfernt, wo Yves Congar lebt. Am gleichen Tag notiert Yves im Tagebuch: »Dienstag, 22. Es ist schrecklich, die Kanonen zu hören wie in der vergangenen Nacht. Es ist schrecklich ... Es gab Bomben vergangene Nacht, solche mit schwerer Last ... Es rückte näher, und man begann sich auf die dritte Welle vorzubereiten, falls bombardiert würde. Es ist notwendig, alle Vorkehrungen zu treffen, und wenn Papa hier wäre, würde er es auch so machen. Wir fragen uns oft, was Papa sagen würde; er wird sich ziemlich um uns sorgen; wann können wir ihn wiedersehen?«

Es sind französische Granaten und französische Bomben, die auf Sedan niedergehen: »Wir erwarten die französischen Truppen sehr bald, eigentlich jederzeit. Der Moment, den wir seit vier Jahren so erwarten! Er rückt schnell näher, wir fürchten seine Ankunft doch ein wenig: Evakuierung, Giftgas, Brand, vielleicht sogar der Tod ...«

Die Deutschen sind strategisch auf dem Rückzug, doch sie kämpfen um jeden Meter Boden. Das Heereskommando um Ludendorff und Hindenburg weiß, dass der Krieg verloren ist – und hat die deutsche Regierung aufgefordert, Friedensverhandlungen zu führen. Jetzt geht es ihnen darum, so viel fremden Boden wie möglich besetzt zu halten, um in einer starken Verhandlungsposition zu sein. Doch sie verkennen die Lage, die Erschöpfung der eigenen Truppen und die überwältigende materielle Überlegenheit der Gegner. Für die Entente kann es nur noch einen Frieden geben: durch Kapitulation des Feindes.

Am 22. Oktober 1918 schreibt der in Sedan stationierte Paul Rehm an die Familie im sächsischen Brandis bei Leipzig: »Was man da alles von oben hört, ist schon sehr, sehr schlimm. Da muss tüchtig hineingelangt werden. Hoffentlich kommt es doch zum Frieden. Österreich lässt uns nicht im Stich. Lieber Schatz, gestern habe ich Dir einen Wunsch erfüllen können: 1 ½ Pfund Kaffee. Heute noch 1 Pfund und 2 Pakete Fett, es wird hier verkauft, was noch da ist. Es kostet mich zusammen 12 Mark, hat aber einen Wert von 80. Was ich noch erwische, geht ab.« Es ist die letzte Nachricht des sozialdemokratisch gesinnten Soldaten in die Heimat vor dem Rückzug.

Diese Ausplünderung des besetzten Territoriums kurz vor der Räumung empört Yves Congar: »Das Benehmen der Boches in Frankreich ist skandalös. Die Beute, die sie zurück nach Deutschland nehmen, ist unvorstellbar: es wird ausreichen, um jede einzelne ihrer Städte komplett neu auszustatten. Aber eines Tages wird sich das Blatt wenden. Wir werden zu ihnen gehen, und _wir_ werden stehlen, brandschatzen und plündern! Sie sollten auf der Hut sein!«

Einstweilen jedoch geht es angesichts der immer näher kommenden Kämpfe darum, die eigene Haut zu retten. Die Congars ziehen sich, wie die meisten Einwohner, in das Kellergewölbe ihres Hauses zurück, richten sich dort ein, deponieren Lebensmittel und Decken, vergraben Schmuck, Tafelsilber und Erinnerungsstücke im Kellerboden. Am 30. Oktober ergeht angesichts bevorstehender Kämpfe an alle Bürger Sedans die Aufforderung, sich zur Evakuierung in Richtung Holland bereitzuhalten. »Aber niemand aus Sedan will gehen. Lieber kommen wir in unseren Ruinen um als auf der Flucht! Vive la France!«, schreibt Yves.

Anfang November 1918 starten die 1. amerikanische Infanterie-Division und französische Einheiten den Angriff auf Sedan. Die Deutschen haben sich auf das Nordufer der Maas zurückgezogen, um hier eine neue Verteidigungslinie aufzubauen. Doch in die Verteidigung mischt sich der Rückzug – und die beginnende Auflösung der Armee: »Die Konvois fahren ununterbrochen, sie fuhren die ganze Nacht und auch jetzt wieder. Gruppen von Infanteristen, schlammig, verdreckt, ihre Ausrüstung weggeworfen, ohne Helm, ohne Gewehre. Deserteure, Flüchtige, Infanteristen, Reiter, Artilleristen, Pioniere, alles Fliehende; in Automobilen, ohne jede Ordnung. In der Stadt kann die Militärbehörde die Deserteure nicht mehr aufhalten. Keine Nachrichten, keine Zeitungen, kein Gas, kein Strom; doch bald die Front, die Front der Franzosen und der Erlösung.«

Es wäre militärisch sinnvoll, den mit größerer Schlagkraft ausgestatteten Amerikanern die Initiative beim Angriff zu überlassen, doch die Franzosen tun sich schwer damit, die Rückeroberung des für sie symbolträchtigen Sedan einer fremden Macht zu überlassen. So muss Yves Congar weiter auf die Befreiung warten. »Wenn es vorüber ist, nach ein paar Tagen der Bombardements, werden wir wieder Franzosen sein! Wir werden wieder leben, nicht in der Sklaverei, sondern als freie Bürger!«

Das besiegte Österreich

In einem italienischen Unterrichtsbuch für die Volksschule aus dem Jahr 1931 wird folgende Erörterung des Themas »Weltkrieg« vorgeschlagen. Lehrer: »Italien trat in den Krieg ein, als die Deutsch-Österreicher im Begriff waren, die Alliierten zu überwältigen, und es verhinderte ihren Sieg. Mit der glorreichen Schlacht von Vittorio Veneto hat Italien schließlich den Ausgang des gesamten Krieges bestimmt. Wiederholt es, Sergio, Anselmuccio, Cherubino. Die Kinder wiederholen: Mit der glorreichen Schlacht von Vittorio Veneto hat Italien den Ausgang des gesamten Krieges bestimmt.«

Richtig an dieser, gelinde gesagt, irreführenden Darstellung ist eines: Die Schlacht von Vittorio Veneto, ausgefochten zwischen dem 24. Oktober und 3. November 1918, besiegelt das Schicksal des Habsburger Reichs. Sie wird nur deswegen so lange ausgetragen, weil das politische Chaos in Österreich so groß ist, dass man sich nicht einigen kann, wer für die Kapitulation zuständig ist. Die Soldaten kämpfen zwar demoralisiert, aber erbittert. Sie verteidigen kein Reich mehr, sondern nur noch das eigene Leben; ihre Verluste betragen in einigen Truppenteilen bis zu siebzig Prozent; die Front bricht vollständig zusammen. Zu diesem Zeitpunkt wurde in Prag bereits eine von Österreich unabhängige tschechoslowakische Republik ausgerufen, haben die Ungarn ihre Beteiligung an der Doppelmonarchie aufgekündigt, betreibt ein südslawischer Rat in Zagreb die Gründung eines gemeinsamen Staates der Serben, Kroaten und Slowenen.

Wir wissen nicht, ob »Sergio, Anselmuccio und Cherubino«, aufgewachsen im faschistischen Staat Mussolinis, das heroische Bild vom »kriegsentscheidenden« Italien verinnerlicht haben;

doch es lässt sich feststellen, dass die Kinder aus der Zeit des Weltkriegs ein wesentlich differenzierteres Bild gewonnen hatten. In den Dörfern des Friaul bejubeln sie selbstverständlich den Einmarsch der italienischen Truppen, schwenken Fahnen und werfen mit Blumen. Doch die Stimmung ist insgesamt eher verhalten: Soldaten kommen, Soldaten gehen. Was bleibt, ist die Not in der Gegend. Viele von ihnen bedauern die besiegten Gegner, die ein erbärmliches Bild abgeben. Ein Junge erinnert sich an einen entwaffneten Infanteristen, den man in der Mitte der Piazza von Lestizza festgenommen hat und den die vorbeikommenden Dorfbewohner scharenweise bespucken.

Giovanni Cossio teilt seine Freude über die Befreiung mit seinem Freund Ferruccio Bressan, der sich seit einem Jahr vor den Deutschen verborgen gehalten hat – und jetzt endlich nach Hause gehen kann. Ein wenig trauert er der Zeit mit dem Grenadier aus Padua nach und dem aufregenden Versteckspiel mit den Besatzern. Während zwei von Giovannis älteren Brüdern im Krieg gefallen sind, kehrt immerhin der gerade einmal 19-jährige Primo zurück. Die Familie hatte ihn für tot gehalten, weil es seit 1917 kein Lebenszeichen mehr von ihm gegeben hatte. Giovanni bewahrt ein eigenartiges Erinnerungsstück an den Krieg auf. Es ist eine Tapferkeitsmedaille mit der Aufschrift »GRATI – PRINCEPS ET PATRIA« (»In Dankbarkeit – Herrscher und Vaterland«). Ein Soldat hat den Orden den Geschwistern Cossio gezeigt und dann weggeworfen, bevor er kurz vor dem Einmarsch der Sieger geflohen ist, um einem Schicksal als Kriegsgefangener zu entgehen. Giovanni glaubte, einen Deutschen vor sich zu haben, doch das sogenannte »Karl-Truppenkreuz« ist vom österreichischen Kaiser Karl I. im Dezember 1916 gestiftet worden, unmittelbar nach seiner Thronbesteigung. Jetzt steht der Monarch kurz vor der Abdankung.

Ebenso symbolträchtig ist ein Erlebnis des 1902 in Wien geborenen Karl Sellner aus dem November 1918: »Ich als junger Mensch auf der rechten Auffahrtsrampe des Parlaments sitzend, blickte hinunter auf die Tausenden von Menschen, die hier zusammengekommen waren, um an einer Kundgebung von ›Republikanern‹ nach der Monarchie mit dabei zu sein. Ich sah einen Zug von zurückgekehrten Soldaten mit Gewehren zuschauen. Plötzlich fiel ein Schuss vom Parlament, und blitzschnell feuerte der Soldatenzug eine Salve gegen das Parlamentsgebäude. Und da passierte es, dass im Fries des Parlaments dem dort oben als ›Monarch‹ dargestellten Kaiser die rechte Hand, die er ausgestreckt hatte, abgeschossen wurde.«

Ein deutscher Herbst

Am 4. November schreibt Nessi aus Sachsen: »Ich habe nie gedacht, dass ich einmal so grässlich unpatriotisch sein würde, wie ich jetzt bin. Alles in mir schreit nur immer: Frieden, Frieden, Frieden! Im Übrigen kümmere ich mich um nichts oder sehr wenig. Es ist ja alles schändlich, und es müssen immer mehr junge Menschen sterben. Außerdem geht die Grippe (Influenza) zum zweiten Mal um. Auf der ganzen Welt tritt sie auf und viel schlimmer als das erste Mal. Die meisten Menschen bekommen Lungenentzündung dazu und sterben dran. Jeden Tag stehen viele in der Zeitung, die daran gestorben sind, besonders weibliche Wesen von 12 bis 30 Jahren. Es kommt mir vor, als sollte ein Ausgleich stattfinden. Weil so viel junge Männer sterben, müssen halt auch junge Mädels weg. Warum nicht!«

Tatsächlich rafft die große Grippeepidemie zwischen 1918 und 1920 schätzungsweise zwischen 25 und 50 Millionen Menschen dahin – eine Opferzahl, die die des Weltkriegs sogar noch übersteigt. Doch zum Zeitpunkt ihres Tagebucheintrags beschäftigt Deutschland vor allem etwas anderes: Revolution!

Zwar ist trotz der Rückzugsgefechte die deutsche Front im Westen noch intakt. Der endgültige Durchbruch der Alliierten ist freilich nur noch eine Frage von Wochen, vielleicht sogar Tagen. Dem Deutschen Reich sind die Verbündeten abhandengekommen. Schon vor dem Zusammenbruch in Österreich-Ungarn sind im September das Osmanische Reich und Bulgarien militärisch besiegt worden. In Deutschland hat der Kaiser seinen Heerführer Ludendorff entlassen, der nichts anderes als einen »Siegfrieden« für akzeptabel hielt – und jetzt insgeheim bereits an der zwar haltlosen, aber wirkungsvollen »Dolchstoßlegende« strickt, der zufolge das im »Feld unbesiegte Heer« durch Verrat an der Heimatfront (begangen vorwiegend durch Sozialdemokraten und Juden) zugrunde gegangen ist.

Die Waffenstillstandsverhandlungen, die der neue Reichskanzler Max von Baden führt, sind in vollem Gang. Dennoch plant zur gleichen Zeit die deutsche Kriegsflotte eine letzte Entscheidungsschlacht gegen die hoffnungslos überlegene britische Marine – ein Selbstmordkommando. Es kommt daraufhin in Kiel auf mehreren deutschen Kriegsschiffen zu Befehlsverweigerungen. Es ist der Beginn einer landesweiten Revolution, die nun den allgemeinen Zusammenbruch wie in einem Zeitraffer beschleunigt. Am späten Abend des 4. November weht auf den Schiffen der deutschen Hochseeflotte in Kiel die rote Flagge der Soldatenräte – mit Ausnahme des Linienschiffs »König«. Der zwanzigjährige Wolfgang Zenker, Adjutant und Leutnant zur See auf der »König«, scheint zu ahnen, was auf ihn zukommt, denn er erklärt in einem Abschiedsbrief, »dass es nichts Herrlicheres geben kann, als einer großen gerechten Sache bis zum letzten Atemzuge gedient zu haben. … Ein deutscher Offizier verteidigt seine Ehre, ein deutscher Offizier tut seine Pflicht bis zum Äußersten.«

Am darauffolgenden Tag wollen die revoltierenden Soldaten auch auf der »König« die rote Flagge hissen. Beim vergeblichen Versuch, die Reichskriegsflagge der Marine zu verteidigen, wird der Kapitän schwer verwundet, während der Erste Offizier sowie Wolfgang Zenker im Kugelhagel sterben. Die Nachricht davon erreicht Nessi an einem denkwürdigen Tag, dem 11. November. Der Tote ist ein enger Verwandter: »Mein Vetter Wolf Zenker ist durch eigene Soldaten gefallen, weil er auf seinem Schiff ›König‹ seine Flagge verteidigt hat. Die Menschen sind doch halbe Tiere und so undankbar und ehrlos …«

Außerdem beklagt Nessi im gleichen Tagebucheintrag: »Schlag auf Schlag geht es jetzt. Jeden Tag steht Neues in der Zeitung, aber jeden Tag wird es schrecklicher. Was soll nur werden? Ich bin ganz unglücklich: Der Kaiser hat nun abgedankt und ist in Holland. Unser Kaiser Wilhelm, unser Friedenskaiser, dem wir so viel, so sehr, sehr viel verdanken! … Deutschland Republik! Ich kann es mir noch gar nicht vorstellen. Sozialdemokrat Ebert ist Reichskanzler. Die ganze Regierung ist jetzt eben sozialdemokratisch-bolschewistisch. In Berlin haben Straßenkämpfe stattgefunden. Heute bringen die Zeitungen einen Auszug aus den Waffenstillstandsbedingungen. Ist es nicht entsetzlich? Natürlich müssen wir darauf eingehen, wir können ja nicht weiter …! Wenn wir die Bedingungen annehmen müssen, so ist uns alle Lebensmittelzufuhr abgeschnitten, und Millionen Deutsche müssen verhungern!«

Am 11.11. um 11 Uhr schweigen die Waffen; es ist kein Friede, sondern Waffenstillstand, der aus deutscher Sicht einer bedingungslosen Kapitulation gleichkommt. Am selben Tag klebt sich des »Friedenskaisers« Armeechef Ludendorff einen falschen Bart an und setzt zur Tarnung eine Brille auf, um unerkannt seine Flucht anzutreten, die ihn binnen weniger Tage mit Hilfe eines gefälschten finnischen Passes ins Exil nach Schweden bringen wird. Die Verwaltung der Niederlage überlässt er der zivilen Regierung.

Waffenstillstand

Harry S. Truman, Hauptmann bei der US-Artillerie, feuert mit seiner Einheit einige der letzten Granaten des Weltkriegs ab. Wie auch auf der Gegenseite weiß man längst über die Regularien Bescheid, die die Feindseligkeiten beenden werden – und dennoch wird bis zuletzt aus allen Rohren geschossen. Der spätere US-Präsident Truman schreibt ganz frei von Ironie an seine Frau: »Als das Feuer eingestellt wurde, war es so leise, dass ich glaubte, ich hätte plötzlich meine Fähigkeit zu hören verloren. Es ist eine Schande, dass wir nicht hingehen und Deutschland zerstören können. Und ein paar holländischen Kindern die Hände und Füße abtrennen und ihre alten Herren skalpieren.«

Dass Truman ausgerechnet den Kindern der neutralen, nicht im Krieg befindlichen (damals jedoch insgesamt eher als deutschfreundlich geltenden) Niederlande die Hände abhacken will, zeigt das Ausmaß des allgemeinen blinden Hasses nach vier Jahren Krieg. Und dabei sind von allen betroffenen Nationen die Amerikaner diejenigen, die am stärksten auf Ausgleich und gerechte Behandlung der Besiegten drängen – was ihnen freilich auch leichter fällt, da sie verglichen mit den Europäern nur einen Bruchteil an Opfern zu beklagen haben.

Zu den Verwundeten der letzten sinnlosen Attacken gehört ein 17-jähriger kanadischer Kindersoldat, verletzt am 11.11. um 10.45 Uhr – fünfzehn Minuten vor Beginn des Waffenstillstands.

Doch der Junge, dessen Name nicht überliefert ist, ist bei Weitem nicht das letzte Opfer des Kriegs. Trotz Einwilligung in die Kapitulation hält Großbritannien an der Seeblockade fest – Deutschland soll keine Gelegenheit gegeben werden, bei den Friedensverhandlungen irgendwelche Bedingungen zu stellen. Dieses Pokerspiel kostet unzählige Menschen das Leben. Verschiedene zeitgenössische Schätzungen kommen recht einhellig zu dem Ergebnis, dass infolge von Hunger noch nach dem Waffenstillstand 100 000 Deutsche gestorben sind, vor allem Frauen und Kinder. Das hält den britischen Starjournalisten Ward Price nicht davon ab, kurz nach Weihnachten, am 27. Dezember 1918, in der »Daily Mail« unter der Schlagzeile »Well-Fed Huns – Starvation Bluff« (»Wohlgenährte ›Hunnen‹ – Die Lüge von der Aushungerung«) einen ebenso faktenfreien wie wirkungsvollen

Artikel zu platzieren. Zur gleichen Zeit protestieren mehr und mehr britische Offiziere gegen die anhaltende Blockade, weil sie den Anblick sterbender Kinder direkt vor ihren Augen nicht länger ertragen können.

In Deutschland geht der Tod nicht nur wegen des Hungers, sondern auch wegen der anhaltenden Kämpfe um die Macht weiter um. Die Spartakisten um Karl Liebknecht und Rosa Luxemburg wollen eine proletarische Revolution nach russischem Vorbild in die Wege leiten. Nessi verfolgt die Entwicklungen vom äußersten Rand der Provinz aus sehr interessiert, ist hin- und hergerissen. Hegte sie zunächst Begeisterung für die rechtsradikale »Vaterlandspartei«, neigt sich die Waagschale nun eher zur liberalen Deutschen Demokratischen Partei oder zu den Sozialdemokraten. Doch der Teufel an sich bleiben für sie die Kommunisten, und am 13. Januar 1919 bekennt sie, ganz im Tonfall einer modernen Charlotte Corday, die während der Französischen Revolution den Führer der Radikalen, Marat, erstach: »Ich finde alle, alle müssten sich jetzt mit den Mehrheitssozialisten zusammenschließen, nur um die grässlichen Spartakisten zu besiegen und ihre Anführer: Liebknecht und Rosa zu vierteilen, rädern, hängen und sonst was alles. Denn was richten die alles an. ... Ich bin recht froh, dass ich nicht in Berlin lebe. Ich würde immerzu denken, ich sei dazu berufen, den Liebknecht umzubringen. Jemand muss sich doch opfern!« Zwei Tage später wird auf schreckliche Weise der Kinderwunsch Wirklichkeit. Liebknecht und Luxemburg werden von Freikorpssoldaten in ihre Gewalt gebracht, schwer misshandelt und mit Billigung der Regierung ermordet. »Man wird doch jetzt ganz roh, man frohlockt über den Tod von Menschen und freut sich wie ein Dieb«, bekennt Nessi, als sie die Nachricht erfährt.

Auf den Pariser Friedenskonferenzen diktieren die Siegermächte des Weltkrieges ab Januar 1919 den unterlegenen Ländern ihre Bedingungen. Ihnen werden hohe Reparationszahlungen und enorme territoriale Verluste auferlegt. Deutschland wird das Bekenntnis abverlangt, die alleinige Schuld am Ausbruch des Krieges zu tragen. Geplant wird eine Neuaufteilung der Welt. Drei Monarchien sind zusammengebrochen: das deutsche Kaiserreich, das Reich der Habsburger, das Osmanische Reich. Zahlreiche Staaten erringen die Unabhängigkeit oder gründen sich neu, darunter Polen, Jugoslawien und die Tschechoslowakei, ebenso aber der Irak, Syrien und der Libanon. Willkürliche Grenzziehungen und umstrittene Gebietsforderungen legen den Keim für künftige Konflikte, was Benedikt XV. 1919 zu der visionären Einschätzung führt, dass »die Geschichte eines Tages gezwungen sein wird einzusehen, dass die neue Karte Europas von einem Verrückten entworfen wurde«. Der Versailler Vertrag: für die einen (vor allem Frankreich) gehen die Bedingungen nicht weit genug; für Deutschland ist er eine nicht hinnehmbare Demütigung – die Saat des nächsten Krieges ist gelegt. Die Armeen werden demobilisiert. Die Heimkehrer sind durch den Krieg traumatisiert, fassen im bürgerlichen Alltag nur schwer wieder Fuß. Viele sind voller Rachegedanken, tragen unerledigte Konflikte in sich weiter. Unter ihnen ist eine neue Politikergeneration. Junge Soldaten wie Adolf Hitler oder Benito Mussolini machen ihre Erfahrungen aus dem Weltkrieg zur Grundlage einer zutiefst destruktiven und militanten Politik. Und die Kinder des Weltkriegs werden zu den Soldaten eines künftigen herangezogen, der dazu führen wird, dass die Verheerungen des »Großen Krieges« relativiert werden, weil ein zweiter verheerender Krieg folgt.

Der britische Kindersoldat Victor Silvester stellt sich (vorerst) ganz bewusst in den Dienst dieses neuen Kriegs. Nach einer schweren Verwundung 1917 haben ihn seine Eltern zurück nach England geholt; doch kaum genesen, will Victor weiterkämpfen. Zu seinem Unglück ist der Krieg gerade aus, als er wieder frontfähig geworden ist. Mit Hinweis auf seine Geschichte gelingt ihm die Aufnahme an die elitäre Militärakademie Sandhurst, er muss nicht einmal für seine Ausbildung bezahlen, darf die Aufnahmeprüfung überspringen. Doch kurz bevor er den Kurs im Sommer 1919 beginnen soll, lädt ihn eine Cousine, die während des Kriegs Krankenschwester in Ostafrika war, in ein Restaurant ein, wo ein Tanztee stattfindet. Der Anblick der elegant schwebenden Tanzpaare, das ganz und gar Friedliche des Moments ändert sein Leben auf einen Schlag. Er verabschiedet sich von der Militärakademie, wird Tänzer und Bandleader; später wird er in England eine ganze Ära des »ballroom dance« mitprägen.

Auch Elfriede Kuhr zieht es nach Kriegsende zum Tanz. Sie studiert zunächst klassisches Ballett, fühlt sich aber bald zum modernen Ausdruckstanz hingezogen. Bei ihren Aufführungen unter dem Pseudonym Jo Mihaly verwendet sie teilweise Relikte des Krieges, die schweren Soldatenstiefel ihres Onkels und den Helm des gefallenen belgischen Soldaten. Ihre Performances versteht sie als einen künstlerischen Aufschrei gegen den Krieg.

Marina Yurlova sieht nach Kriegsende ihre russische Heimat nie wieder, flieht über Wladiwostok nach Japan und von dort in die USA. Ein Veranstaltungsheft aus dem Jahr 1932 kündigt ein »Dance Concert« von Marina Yurlova an. Sie trägt ein fließendes langes weißes Gewand, hält die Arme in einer schwärmerischen Pose nach oben geöffnet. Auf dem Programm stehen exotisch-tänzerische Improvisationen zu Klavierbegleitung nach klassischer Musik von russischen, deutschen, französischen und polnischen Komponisten.

Vielleicht war der Tanz die einzige Rettung für Victor, Elfriede und Marina, nachdem sie dem großen Totentanz entronnen waren.

Kommentiertes Verzeichnis der Protagonisten

Simone de Beauvoir (1908–1986) wächst wohlbehütet auf dem Montparnasse auf. Als kleine Nationalistin wird sie 1918 beim Bombardement von Paris unmittelbar mit dem Krieg konfrontiert. Die Verarmung ihrer großbürgerlichen Familie ist eine direkte Folge des Krieges. Später wird sie mit ihren Romanen und Essays zu einer der führenden Intellektuellen ihres Jahrhunderts. Mit dem Philosophen und Schriftsteller Jean-Paul Sartre verbindet sie eine lebenslange Partnerschaft. 86, 87, 140, 317, 318, 141

Elias Canetti (1905–1994) ist der Sohn einer sephardisch-jüdischen Kaufmannsfamilie. Seine Kindheit verbringt er ruhelos in Bulgarien, Großbritannien, der Schweiz und Österreich. Der deutschsprachige Autor emigriert 1938 aus Deutschland und wird britischer Staatsbürger. 1981 erhält er den Literaturnobelpreis. 90, 91

Yves Congar (1904–1995). Der Schüler aus dem nordfranzösischen Sedan beschreibt in seinem Tagebuch akribisch die deutsche Besatzung und deren Folgen in seiner Heimatstadt. Er tritt 1925 in den Dominikanerorden ein und wird katholischer Priester. Als Armeekaplan gerät er 1940 in deutsche Kriegsgefangenschaft. Nach dem Krieg belegt ihn das Heilige Offizium mit einem Schreib- und Lehrverbot. Dennoch wird er zu einem Wegbereiter des Zweiten Vatikanischen Konzils und kurz vor seinem Tod von Papst Johannes Paul II. zum Kardinal berufen. 15, 40, 41, 42, 64, 65, 66, 67, 69, 70, 244, 296, 311, 312, 313, 314, 315, 328, 329, 330, 352

Giovanni Cossio (1904–?) erlebt als Dorfjunge aus dem Friaul die Isonzoschlachten der Italiener gegen die Österreicher und Deutschen. Schon als Kind tritt er in ein Priesterseminar ein und folgt dieser Berufung für den Rest seines Lebens. 152, 153, 154, 155, 270, 271, 272, 273, 332

Vasa Čubrilović (1897–1990) ist im Juni 1914 der jüngste unter den Attentätern des österreichischen Thronfolgers Franz Ferdinand. Als Minderjähriger kann er nicht zum Tod verurteilt werden; 1918 kommt er nach dem Zusammenbruch des Habsburger Reichs aus dem Gefängnis frei. In einer Denkschrift fordert er 1937 die Vertreibung der Albaner aus dem Kosovo. Im sozialistischen Jugoslawien bekleidet er nach 1945 Ministerämter und wird Dekan der Philosophischen Fakultät in Belgrad. Er stirbt wenige Monate vor dem Ausbruch der Kriege Serbiens gegen Slowenien und Kroatien. 25

Maria Magdalene (Marlene) Dietrich (1901–1992) wächst als Halbwaise in einem Frauenhaushalt in Berlin auf. 1930 gelingt ihr als Schauspielerin in dem Film »Der blaue Engel« der internationale Durchbruch. Sie wird der erste deutsche Filmstar in Hollywood. Ab 1950 steht die Dietrich vorwiegend als Sängerin auf der Bühne und feiert mit Titeln wie »Ich bin von Kopf bis Fuß auf Liebe eingestellt« und »Lili Marleen« Erfolge. Ab 1978 lebt sie abgeschottet von der Außenwelt in Paris. 85, 218

Gertrude Farr, verh. Harris (1913–?). 1916 wird ihr Vater Harry wegen angeblicher Feigheit vor dem Feind hingerichtet, weshalb Gertruds Mutter ihren Anspruch auf Witwenrente verliert. Erst vierzig Jahre später erfährt Gertrude von den Umständen des Todes, die als Familiengeheimnis gehütet werden. Im Jahr 1992 beginnt sie einen mehrjährigen Kampf um die Rehabilitierung ihres Vaters. Als Präzedenzfall führt er 2006 dazu, dass die Erschießungen von 306 britischen Soldaten während des Ersten Weltkriegs für unrechtmäßig erklärt werden. 102, 229, 230, 231, 232

Alfred Hitchcock (1899–1980). Der Sohn eines Lebensmittelhändlers im Londoner East End verfolgt den Krieg auf den Seekarten in seinem Zimmer. Ab 1915 ist er Büroangestellter. Zehn Jahre später beginnt der kinobegeisterte Hitchcock eigene Filme zu drehen – und wird schließlich zu einem der größten Regisseure aller Zeiten. 46, 47, 48, 49

Marie Luise von Holzing-Berstett, verh. Kaschnitz (1901–1974) erlebt als Tochter eines preußischen Generalmajors eine wohlsituierte Kindheit in Potsdam und Berlin – in unmittelbarer Gesellschaft des Kaisers. Für ihr vielschichtiges literarisches Werk wird sie 1955 mit dem Georg-Büchner-Preis geehrt. Sie stirbt 1974 in Rom. 36, 37, 38, 39

Ödön von Horváth (1901–1938) erlebt als Sohn eines österreichisch-ungarischen Diplomaten den Kriegsausbruch in München. Aus einem verkrachten Schüler wird ein angesehener Schriftsteller. 1938 flieht er aus

Wien vor den Nazis nach Paris. Mitten in den Verhandlungen über eine Verfilmung seines Romans »Jugend ohne Gott« wird er wenige Wochen später während eines Gewitters auf den Champs-Élysees von einem herabstürzenden Ast erschlagen. 29, 30, 40, 300, 301

Stevan Idjidovic (1899–1981) wird während der Zerstörung seines Heimatdorfes durch k.-u.-k.-Truppen von der Familie getrennt und kämpft anschließend in Serbien als Kindersoldat. Erst Jahre später erfährt er von der Ermordung seines Vaters 1914. 1921 emigriert er in die USA und ändert seinen Nachnamen in Stevens. Mit seiner Frau Edith, einer Künstlerin, hat er zwei Töchter. Gemeinsam leben sie in Buffalo im US-Bundesstaat New York, wo Stevan als selbständiger Immobilienmakler arbeitet. Jahrzehnte nach seinem Tod sorgt die Familie für die Veröffentlichung seiner Memoiren über den Ersten Weltkrieg. 26, 27, 28, 29, 76, 77, 78, 79, 80, 81, 82, 186, 187, 188, 189, 190, 191, 192, 193

Helena Krammer (1905–?). Die Tochter eines Zuckerbäckers erlebt ab 1915 den Krieg in unmittelbarer Frontnähe in den Dolomiten, wo italienische Soldaten aufmarschiert sind. Nach dem Krieg geht ihre Heimatregion an Italien verloren. In Österreich arbeitet sie als Büroangestellte und meldet sich ein Leben lang als streitbare Pazifistin zu Wort. 160, 161

Elfriede Kuhr (1902–1989) erlebt als Schulmädchen aus Schneidemühl (Provinz Posen) im Weltkrieg ihre tragische erste Liebe und wird Hilfskrankenschwester. Nach einer Ausbildung in klassischem Tanz tritt sie als Ausdruckstänzerin unter dem Pseudonym Jo Mihaly auf. 1927 heiratet sie den jüdischen Schauspieler und Regisseur Leonard Steckel und engagiert sich politisch im kommunistischen Spektrum. Im Februar 1933 kommt die gemeinsame Tochter Anja zur Welt. Kurz darauf emigriert die Familie in die Schweiz und entgeht so der Verfolgung durch die Nazis. Ab 1949 arbeitet sie als freie Schriftstellerin. Die Veröffentlichung ihres Kindertagebuchs wird ihr größter Erfolg. 15, 16, 33, 36, 62, 63, 64, 83, 84, 85, 93, 94, 95, 116, 133, 134, 135, 141, 142, 143, 144, 145, 264, 265, 284, 297, 298, 299, 300, 315, 320, 321, 322, 329, 339, 353, 354

Prinz Leopold von Belgien (1901–1983) zieht trotz seines kindlichen Alters als einfacher Soldat in den Krieg: gegen die Deutschen, obwohl seine Mutter selbst eine ist. 1934 besteigt er als Leopold III. den bel-

gischen Thron – und muss nur sechs Jahre später erleben, wie seine
Heimat erneut von deutschen Truppen überrannt wird. Wegen seiner
passiven Haltung während der Besatzungszeit verliert er den Rückhalt
der Bevölkerung und muss 1951 zugunsten seines Sohnes Baudouin abdanken. 196, 197

Marcelle Lerouge (1901–1974) erlebt den Krieg in Lothringen und Paris.
Auf hunderten von Tagebuchseiten hält sie das Leben an der »Heimatfront« fest. Über ihr weiteres Schicksal ist nur wenig bekannt. 66, 67,
139, 140, 165, 216, 284, 316, 317, 318

Hilla (Brunhild) Lessing (1906–1991) hält sich bei Kriegsausbruch in
Tientsin, China, auf, wo sie seit frühester Kindheit mit ihrer Familie
lebt. Chinesisch ist die erste Sprache der Lehrerstochter, der 1914 die
Belagerung der deutschen Kolonie Tsingtao widerfährt. Später wird sie
eine angesehene Völkerkundlerin und bleibt zeit ihres Lebens China
eng verbunden. 241, 242, 243, 244

Eduard Mayer (1907– ?) ist ein Verlegersohn aus Nürnberg. Anfängliche
Begeisterung und zunehmende Ernüchterung angesichts des Krieges
hält er in seinem Tagebuch fest, das Anfang der 30er Jahre unter Pseudonym veröffentlicht wird. Eduard Mayer wird aber nicht Schriftsteller, sondern Arzt. 31, 32, 36, 43, 45, 87, 88, 96, 120, 121, 122, 124,
125, 127, 128, 145, 167, 168, 307, 309, 310, 311, 322, 323

Herbert Morris (1900–1917) will als Nachfahre von Sklaven aus Jamaika
seinen Patriotismus für die englische Krone unter Beweis stellen und
meldet sich freiwillig in die Armee, wobei er sein Alter nach oben fäl-
schen muss. Er erleidet unter schwerem Granatbeschuss eine Kriegsneurose und wird statt medizinisch behandelt als angeblicher Deserteur
zum Tod verurteilt. Das Heereskommando lehnt trotz seiner Minder-
jährigkeit eine Begnadigung ab. 256, 257, 258, 259, 260, 261

Anaïs Nin (1903–1977) zieht als Tochter eines kubanisch-spanischen
Konzertpianisten und einer Dänin 1914 mit der Mutter von Europa
nach New York. Die dauerhafte Trennung vom Vater belastet sie sehr.
Sie bricht ihre Schulausbildung ab, arbeitet zeitweise als Model und
wird schließlich zu einer Pionierin erotischer Literatur aus konsequent
weiblicher Sicht. Obwohl mit dem Filmproduzenten Ian Hugo verheiratet, schließt sie 1947 eine geheime Ehe mit dem 17 Jahre jüngeren
Schauspieler Rupert Pole. Abwechselnd an der West- und Ostküste der

USA lebend, unterhält sie über Jahrzehnte hinweg die bigamistische Beziehung aufrecht. 50, 51, 52, 53, 54, 96, 97, 98, 250, 251, 353

Margaret Ormsby (1909–1996). Die Kanadierin wird als Kind durch die Abwesenheit ihres in Frankreich kämpfenden Vaters und dessen schwere Verwundung, die nie wirklich heilt, traumatisiert. Sie studiert Geschichte und wird 1965 Leiterin der Historischen Fakultät an der University of British Columbia, eine Stellung, die sie bis zu ihrem Ruhestand beibehält. 253, 255

Alexej Nikolajewitsch Romanow (1904–1918) ist der einzige Sohn des russischen Zaren Nikolaus II. und seiner deutschen Ehefrau Alix von Hessen-Darmstadt. Wegen seiner schweren Bluterkrankheit kann er repräsentative Aufgaben nur bedingt ausüben, muss selbst die geringste Verletzung unbedingt vermeiden. Dennoch nimmt ihn der Vater mit ins Hauptquartier der russischen Armee nach Mogiljow. Im Zuge der Revolution wird Alexej wie fast alle Mitglieder der Zarenfamilie festgenommen und 1918 schließlich ermordet. Im August 2000 spricht ihm die Russisch-Orthodoxe Kirche den Status eines Heiligen und Märtyrers zu. 197, 198, 199, 200, 201, 276, 277, 278, 279, 325, 326

Lúcia de Jesus dos Santos (1907–2005). Dem Bauernmädchen erscheint bei Fátima in Portugal die Mutter Gottes. Sie wird Nonne und tritt in den Karmeliterinnenorden ein. In den 1940er Jahren schreibt sie die sogenannten »Geheimnisse von Fátima« nieder. Bis zu ihrem Tod 2005 lebt sie zurückgezogen in dem kontemplativen Orden in Coimbra. 285, 286, 287

Victor Silvester (1901–1978) macht als Pfarrerssohn aus Wembley bei London falsche Angaben über sein Alter, um als Soldat ins Feld ziehen zu können. Nach dem Krieg widmet er sein Leben dem Gesellschaftstanz und komponiert. Bis heute verwenden Tanzschulen auf der ganzen Welt seine Methodik. Seine Musik ist bis heute u. a. in »Dinner for One« zu hören, und seine Platten verkauften sich über 75 Millionen Mal. 170, 171, 172, 173, 174, 185, 338, 339, 355

Manès (Munju) Sperber (1905–1984). Der Sohn einer chassidischen Familie aus einem ostgalizischen Schtetl wird Kriegsflüchtling – und später ein bekannter Schriftsteller, Sozialpsychologe und Philosoph. In seinem literarischen Werk setzt sich Sperber zeit seines Lebens mit dem Totalitarismus und der Rolle des Individuums in der Gesellschaft auseinander. Bis zu seinem Tod lebt er in Paris. 33, 34, 35, 36, 70, 71, 72, 73, 75, 76, 291, 292, 293

Marina Yurlova (1900–1984) sucht vergeblich ihren Vater, einen Oberst der Kosaken, an der Front. Seite an Seite mit gestandenen Männern kämpft sie als Kindersoldatin. 1919 rettet sie sich aus dem Bürgerkrieg über Wladiwostok und Japan in die USA. Dort reüssiert sie als Tänzerin, schreibt Bücher sowie das Theaterstück »Der verrückte Zar«, heiratet – und lässt friseurtechnische Erfindungen beim Patentamt registrieren. 15, 17, 18, 19, 20, 21, 22, 23, 24, 56, 57, 58, 59, 201, 202, 203, 204, 205, 206, 207, 208, 232, 233, 238, 261, 266, 267, 268, 269, 281, 282, 287, 289, 293, 294, 295, 326, 327, 328, 339, 354, 355

Agnes Zenker, genannt Nessi, verh. Kiendl (1900–1991) beobachtet den Krieg mit fester patriotischer Haltung, obwohl sie Naturkind und Tochter eines Forstmeisters ist. 1926 heiratet sie den Studienrat Dr. Hans Kiendl. Sie haben vier Kinder. 44, 45, 84, 93, 145, 146, 147, 166, 167, 279, 317, 318, 324, 333, 334, 335, 337

Rosa Zenoch (1902–?). Das ruthenische Bauernmädchen aus Rawa Ruska in Galizien (heute Ukraine) versorgt k.-u.-k.-Soldaten an der nahe gelegenen Front mit Wasser. Ihre Spur verliert sich 1919 in Österreich. 208, 209, 210, 211, 212, 214

Zeittafel

1914

28. Juni	Attentat von Sarajevo: Der österreichische Thronfolger Erzherzog Franz Ferdinand und seine Gattin Sophie werden von Gavrilo Princip ermordet.
28. Juli	Österreich-Ungarn erklärt Serbien den Krieg.
29. Juli	Mobilmachung in Russland zur Unterstützung Serbiens.
1. August	Deutschland erklärt Russland den Krieg.
3. August	Deutschland erklärt Frankreich den Krieg.
4. August	Deutschland marschiert im neutralen Belgien ein, Großbritannien tritt in den Krieg gegen Deutschland ein.
6. August	In Lüttich/Belgien wirft ein deutscher Zeppelin erstmals Bomben ab.
7. August	Russischer Vormarsch in Ostpreußen.
23. August	Japan erklärt Deutschland den Krieg.
26.–30. August	In der Schlacht von Tannenberg/Ostpreußen werden die Russen von den Generälen Hindenburg und Ludendorff besiegt.
6.–9. September	In der Schlacht an der Marne wird der deutsche Vormarsch kurz vor Paris gestoppt.
Mitte September	Beginn der Grabenkämpfe mit einem Grabensystem von der Schweizer Grenze bis an die Nordsee.
12. Oktober bis 18. November	Erste Flandernschlacht bei Ypern.
29. Oktober	Russland erklärt dem Osmanischen Reich, das auf Seiten der Mittelmächte steht, den Krieg.

7. November	Die deutsche Kolonie Tsingtao in China wird von Japan und Großbritannien erobert.
3.–9. Dezember	Serbischer Sieg gegen Österreich-Ungarn in der Schlacht von Kolubara.
8. Dezember	Bei den Falklandinseln wird ein Großteil der deutschen Überseeflotte durch britische Schlachtschiffe vernichtet.
21. Dezember	Deutsches Seebombardement auf Großbritannien.

1915

Januar	In Deutschland wird die Lebensmittelrationierung eingeführt.
21. März	Erste deutsche Luftangriffe auf Paris.
22. März	Die galizische Stadt Przemyśl wird von den Russen erobert.
8. April	Im Osmanischen Reich beginnen die Deportationen und Massaker an den Armeniern.
22. April	Erster Einsatz von Giftgas bei Ypern/Belgien.
25. April	Invasion der Alliierten auf den Dardanellen bei Gallipoli.
Anfang Mai	Sieg Deutschlands und Österreich-Ungarns in der Durchbruchsschlacht von Gorlice-Tarnów/Galizien.
7. Mai	Der Passagierdampfer Lusitania wird von einem U-Boot der deutschen Marine torpediert und versenkt.
25. Mai	Italien erklärt Österreich-Ungarn den Krieg.
23. Juni	Eine italienische Offensive leitet die erste Isonzoschlacht ein (elf weitere werden folgen).
11. Oktober	Bulgarien erklärt Serbien den Krieg.
Oktober	Serbien wird gleichzeitig von Deutschland, Österreich-Ungarn und Bulgarien attackiert,

	Beginn des serbischen Rückzugs an die Adria.
12. Oktober	Die britische Krankenschwester Edith Cavell wird in Belgien von den Deutschen hingerichtet.

1916

24. Januar	Großbritannien führt die Wehrpflicht ein.
16. Februar	Eine russische Offensive an der Kaukasus-front gegen das Osmanische Reich endet mit der Einnahme der Festung Erzurum.
21. Februar	Beginn der Schlacht von Verdun/Frank-reich (bis 18. Dezember).
9. März	Portugal tritt an der Seite der Entente in den Krieg ein.
31. Mai	Die größte Seeschlacht des Weltkriegs endet am Skagerrak zwischen Deutsch-land und Großbritannien unentschieden.
Juni–September	Erfolgreiche russische Offensive unter General Brussilow in Galizien und der Bukowina.
1. Juli–19. November	Schlacht an der Somme/Frankreich.
31. August	Kriegseintritt Rumäniens an der Seite der Entente.
7. November	Wiederwahl des amerikanischen Präsidenten Woodrow Wilson.
21. November	Tod von Kaiser Franz Joseph von Öster-reich, sein Nachfolger wird Erzherzog Karl.

1917

Januar	Deutschland erklärt den uneingeschränkten U-Boot-Krieg und provoziert damit den Kriegseintritt der USA.
Januar/Februar	Steckrübenwinter in Deutschland, Unruhen wegen Nahrungsmittel-knappheit.
16. März	Die »Februarrevolution« führt zur Abdankung russischen Zaren Nikolaus II.
6. April	Die USA erklären Deutschland den Krieg.
16.-29. April	Schlacht an der Aisne, französische Soldaten meutern.
31. Juli– 10. November	Dritte Flandern-Schlacht (Schlacht von Passchendaele).
August	Erste Aufstände in Turin/Italien wegen Brotknappheit.
1. August	Papst Benedikt XV. ruft zum Frieden auf.
14. August	China tritt auf Seite der Entente in den Krieg ein.
24. Oktober bis 10. November	Die Schlacht von Caporetto endet mit einer schweren Niederlage Italiens.
2. November	Balfour-Deklaration, in der sich Groß-britannien einverstanden erklärt, in Palästina eine »nationale Heimstätte« des jüdischen Volkes zu errichten.
7. November	Sturm auf das Winterpalais; die von Lenin geführten Bolschewiki übernehmen in Russland die Macht.
5. Dezember	Waffenstillstand zwischen Deutschland und Russland.
6. Dezember	Finnland erklärt seine Unabhängigkeit von Russland.

1918

8. Januar	US-Präsident Wilson schlägt seinen 14-Punkte-Plan für einen dauerhaften Frieden vor, hat damit keinen Erfolg.
3. März	Russland unterzeichnet den »Frieden von Brest-Litowsk«.
21. März	Beginn der zunächst erfolgreichen deutschen Frühjahrsoffensive.
16. Juli	Hinrichtung der Zarenfamilie.
18. Juli– 10. November	Gegenoffensive der Entente an der Westfront.
September	Vollständige Niederlage der bulgarischen Armee.
4. Oktober	Neue deutsche Regierung unter Max von Baden bittet um Friedensverhandlungen.
24. Oktober – 3. November	Niederlage Österreich-Ungarns in der Schlacht von Vittorio Veneto.
29. Oktober	Das Osmanische Reich unterzeichnet den Waffenstillstand mit der Entente.
28./29. Oktober	Das Habsburger Reich löst sich auf, Tschechen und Slowaken sowie Serben, Kroaten und Slowenen erklären sich für unabhängig.
3. November	Österreich schließt Waffenstillstand mit der Entente. Kieler Matrosenaufstand.
9. November	Kaiser Wilhelm II. dankt ab.
11. November	Der Waffenstillstand an der Westfront wird unterzeichnet.

Editorische Notiz

Das vorliegende Buch ist keine akademische Abhandlung. Dennoch haben wir uns bei dem Versuch, durch erzählerische Elemente die Welt der damaligen Kinder wieder aufleben zu lassen, strikt an die überlieferten Quellen gehalten.

Allerdings ist die Verwendung der Quellen von einigen Schwierigkeiten begleitet. Nur in seltenen Fällen existieren die Tagebücher oder Briefe der Kinder in ihrer ursprünglichen Form, häufiger sind Abschriften oder auch nur die gedruckte Publikation. Dabei sind spätere Hinzufügungen wiederum eher die Regel als die Ausnahme – die Herausgeber (meist der Verfasser selbst, nunmehr im Erwachsenenalter, oder seine Nachfahren) können offenbar nur schwer der Versuchung widerstehen, Widersprüche zu glätten oder Gedanken zuzulassen, die sich später als falsch erwiesen. Mit diesem Problem hat auch die akademische Forschung zu kämpfen. Ein Ansatz, dies zu umgehen, ist, auf originäre Quellen von Kindern weitgehend zu verzichten.

Führender Experte ist fraglos der französische Historiker Stéphane Audoin-Rouzeau, der neben eigenständigen Monografien über die Kinder im Ersten Weltkrieg auch das Kriegstagebuch des 1904 geborenen Yves Congar mit einer Sorgfalt herausgegeben hat, die fast alle Editionen von Tagebüchern des Ersten Weltkriegs (auch von Erwachsenen) übertrifft. Allerdings wagt Audoin-Rouzeau nur selten den Blick über die Grenzen Frankreichs hinaus, er beschränkt sich zudem auf sehr wenige Selbstzeugnisse von Kindern und hebt vielmehr auf die Auswertung der reichhaltigen pädagogischen und propagandistischen Quellen ab. Diesen Ansatz haben sich Forscher anderer Länder zu eigen gemacht, zum Beispiel Susan Fisher in »Boys and Girls in No Man's Land« (für den englischsprachigen Teil Kanadas) oder Antonio Gibelli in »Il popolo bambino« für Italien. Der Nachteil dieser Betrachtungsweise liegt darin, dass dabei relativ unkritisch der Anspruch der damaligen Pädagogik übernommen wird: Kinder erscheinen als passive Wesen, die das ihnen wie durch den sprichwörtlichen Nürnberger Trichter Eingebläute kritiklos übernehmen. Rebellion oder das Ausbrechen aus Konventionen, die Macht der Träume und der Phantasie haben in diesen Darstellungen kaum Platz – zu Unrecht, wie wir in diesem Buch versucht haben zu zeigen.

Bei unserer Arbeit ergaben sich drei Arten von Schwierigkeiten, die wir an folgenden Beispielen erläutern möchten:

1) *Die Quelle gilt als glaubwürdig, erweist sich bei näherem Hinsehen aber als problematisch (Jo Mihaly alias Elfriede Kuhr, »... da gibt's ein Wiedersehn!«).*
»Heute gilt dieses Tagebuch als eines der authentischsten Dokumente aus dem Ersten Weltkrieg« – diese Einschätzung des Fernsehjournalisten Theo Ott (siehe Vorwort) scheint in der Forschung weitgehend unwidersprochen. Neben Anaïs Nins Aufzeichnungen ist es unseres Wissens überhaupt das einzige Kindertagebuch aus dem Ersten Weltkrieg, das in eine andere Sprache übersetzt worden ist – und entsprechend große Aufmerksamkeit auf sich gezogen hat.
So greift Tammy Proctor, Professorin an der Wittenberg University in Springfield/Ohio, in ihrem Buch »Civilians in a World at War, 1914–1918« ausgiebig auf entsprechende Zitate aus der englischen Ausgabe von »... da gibt's ein Wiedersehn!« zurück. Der renommierte schwedische Historiker Peter Englund macht in seinem Buch »Schönheit und Schrecken. Eine Geschichte des Ersten Weltkriegs, erzählt in neunzehn Schicksalen« Elfriede Kuhr zu einer Hauptprotagonistin. Seine einzige diesbezügliche Quellenkritik betrifft ein fehlerhaftes Datum; oder: Kuhr beschreibt einen Schulbesuch, der auf einen Sonntag gefallen sein müsste. Solche Irrtümer finden sich freilich auch in nachweislich unredigierten Tagebüchern.
Dabei ist Elfriede Kuhrs Tagebuch voller weitaus ernstzunehmenderer Ungereimtheiten. In Kapitel 14 wurde bereits im Zusammenhang mit dem Gaskrieg auf einen offensichtlich später eingefügten Passus hingewiesen. Weitere Passagen ließen sich anführen. Ein eklatanter Fall betrifft die Nagelung eines Eisernen Kreuzes in der Kaiserin-Auguste-Viktoria-Schule in Schneidemühl, bei Kuhr

datiert auf den 2. November 1914. In seiner verdienstvollen Dissertation »Die Bedeutung der Schule für die ›Heimatfront‹ im Ersten Weltkrieg« stolpert Martin Kronenberg über den Eintrag und schreibt: »meines Erachtens der früheste Hinweis auf eine Kriegsnagelung« (vgl. Kronenberg, S. 261). In dem um vollständige Erfassung bemühten Aufsatz »Kriegsnagelungen« von Dietlinde Munzel-Everling findet sich beispielsweise kein Nachweis für Schneidemühl. Von dem Experten für Nagelfiguren, Gerhard Schneider, erhielt Kronenberg dagegen die briefliche Auskunft, dass nicht anzunehmen sei, dass der Eintrag »später eingefügt oder irgendwie gefälscht sein könnte«. (Zum Phänomen dieser Nagelungen vgl. Kapitel 9.)

Auf diese Weise besteht die Gefahr, dass derartige Quellen ein Eigenleben erhalten und auf dem Umweg über die Sekundärliteratur in ihrem Wahrheitsgehalt scheinbar bestätigt werden. Wir haben uns bemüht, derartige Passagen so weit als möglich zu verifizieren und im Zweifel wegzulassen, können allerdings nicht ausschließen, im Einzelfall einem Irrtum aufgesessen zu sein.

2) Die Quelle gilt als unglaubwürdig, scheint aber authentischer zu sein als allgemein angenommen (Marina Yurlova).

Die 1934 erschienenen Memoiren der russischen Kindersoldatin Marina Yurlova wirken so romanhaft, dass ihre Authentizität von vornherein ausgeschlossen scheint. Schon den zeitgenössischen Rezensenten des Buches war die Ratlosigkeit anzumerken. Das Time Magazine lobte im Februar 1934 »Cossack Girl« als einen gut geschriebenen Thriller und urteilte: »Den Lesern mag es leichter fallen, die Geschichte zu lesen, als sie zu glauben«, verwies jedoch auch darauf, dass der Verlag beteuere, nichts in diesem Buch sei erfunden.

Seither ist »Cossack Girl« von Historikern nur mit spitzen Fingern, in der Regel jedoch gar nicht angefasst worden. Selbst in einschlägigen Bibliographien zur Geschichte Russlands in der Zeit von Weltkrieg und Revolution unterbleibt häufig eine Erwähnung. Manche Schilderung wirkt tatsächlich allzu abenteuerlich – und wurde von uns daher nicht berücksichtigt. Andererseits sind eine ganze Reihe von Eckdaten verifizierbar, so die Tatsache, dass Marina Yurlova tatsächlich zwischen 1914 und 1917 in der russischen Armee und später im Bürgerkrieg auf der Seite der Weißen kämpfte; ebenso gibt es Dokumente über ihre Verwundungen und Behandlungen. Aus anderen Quellen wissen wir außerdem, dass Kindersoldaten und kämpfende Frauen in den russischen Streitkräften mit ähnlichen Schicksalen damals keine Seltenheit waren.

3) Es gibt zwei Versionen der gleichen Geschichte, die einander ausschließen (Victor Silvester).

In seiner Autobiografie »Dancing Is My Life« beschreibt Victor Silvester auf mehreren Seiten den Einsatz bei einer britischen Lazaretteinheit auf dem Kriegsschauplatz in Norditalien und seine Verwundung im September 1917. Allerdings kollidiert diese Geschichte mit Angaben aus anderen Quellen über Silvesters Militärkarriere. Der britische Historiker und Pädagoge John Simkin berichtet in klarem Widerspruch zur Italien-Episode über die Beteiligung des damaligen Kindersoldaten an Erschießungskommandos in Frankreich und beruft sich dabei auf ein Interview Silvesters, das dieser kurz vor seinem Tode gegeben habe. Wir haben uns für Simkins Version entschieden und folgen der Annahme, in seiner Autobiografie habe Victor Silvester dieses für ihn traumatische Erlebnis verschleiern wollen.

Abschließend einige technische Anmerkungen:

Im Sinne einer besseren Lesbarkeit sind Kürzungen in Zitaten nur ausgewiesen, wenn sich andernfalls ein sinnenstellender Kontext ergeben hätte. Rechtschreib- und Grammatikfehler in Zitaten wurden nur dann beibehalten, wenn sie ein wesentliches Charakteristikum des Textes sind.

Bei den Protagonisten wird immer der Name verwendet, den sie während des Ersten Weltkriegs trugen.

Bei der Transkription aus dem Russischen folgen wir den deutschen nichtwissenschaftlichen Gepflogenheiten. Eine Ausnahme bildet Marina Yurlova, die unter der englischen Schreibweise bekannt wurde und diese selbst ab 1919 nach ihrer Emigration ausschließlich verwendete. In einigen Fällen verwenden die zeitgenössischen Medien uneinheitliche Schreibweisen für Ortsnamen, auch diese wurden, sofern sich die Orte nicht verifizieren ließen, von uns belassen.

Quellen

VORWORT

Key, Ellen: *Barnets århundrade*. Stockholm 1900. *(deutsch: Das Jahrhundert des Kindes*. Berlin 1902*)*.

Liebe, Elisabeth: *Tagebuch*. Unveröffentlicht, im Besitz der Autoren.

Giuntella, Maria Cristina; Nardi, Isabella (Hg.): *Le guerre dei bambini. Da Sarajevo a Sarajevo*. Perugia 1998.

Audoin-Rouzeau, Stéphane: *La guerre des enfants 1914–1918*. Paris 2004.

Audoin-Rouzeau, Stéphane: *Die mobilisierten Kinder. Erziehung zum Krieg an französischen Schulen*. In: Hirschfeld, Gerhard; Krumeich, Gerd; Renz, Irina (Hg.): ›*Keiner fühlt sich hier mehr als Mensch ...*‹. *Erlebnis und Wirkung des Ersten Weltkriegs* (Schriften der Bibliothek für Zeitgeschichte; N. F. 1). Essen 1993. S. 151–174.

Britain's Boy Soldiers, TV-Dokumentation, 60 min, Testimony Films / Channel Four 2004.

Zeugen des Jahrhunderts: Jo Mihaly, TV-Dokumentation, ZDF, 15. November 1987.

KAPITEL 1

Yurlova, Marina: *Cossack Girl*. New York 1934. (Gekürzte deutsche Ausgabe: *Kosak Maria*, Berlin 1937).

Yurlova, Marina: *Russia, Farewell*. London 1936.

Stadler, Harald / Steininger, Rolf / Berger, Karl C. (Hrsg.): *Die Kosaken im Ersten und Zweiten Weltkrieg*. Innsbruck-Wien-Bozen 2008.

Cresson, W. P. (William Penn): *The Cossacks. Their History and Country*. New York 1919.

KAPITEL 2

Hämmerle, Christa (Hg.): *Kindheit im Ersten Weltkrieg*. Wien 1998. S. 79 f.

Palmer, Svetlana / Wallis, Sarah: *A War in Words. The First World War in Diaries and Letters*. London u. a. 2004. S. 9 ff.

Stevens, Stevan Idjidovic: *The Snows of Serbia: A Child Soldier in the Great War*. North Charleston 2012.

Lunzer, Heinz / Lunzer-Talos, Victoria / Tworek, Elisabeth: *Horváth. Einem Schriftsteller auf der Spur*. Salzburg 2001. S. 14–22.

Buchner, Ernst [Eduard Mayer]: *1914–1918. Wie es damals daheim war. Das Kriegstagebuch eines Knaben*. Leipzig 1930. S. 9 ff.

Mihaly, Jo [Pseud. für Elfriede Kuhr]: *... da gibt's ein Wiedersehn! Kriegstagebuch eines Mädchens 1914–18*. München 1986. S. 13; S. 23.

Sperber, Manès: *All das Vergangene: Die Wasserträger Gottes: Band 1*. München 1978.

Gersdorff, Dagmar von: *Marie Luise Kaschnitz. Eine Biographie*. Frankfurt am Main 1992. S. 25 f.

Kaschnitz, Marie Luise: *Das Haus der Kindheit. Autobiographie*. Hamburg 1956. S. 119 f.

KAPITEL 3

Lunzer, Heinz u. a., a. a. O., S. 17.

Congar, Yves: *Journal de la Guerre (1914–1918)*. Paris 1997. S. 22 ff.

Buchner, a. a. O, S. 17 ff.

Kiendl, Gerold (Hg.): *Nessis Kriegstagebuch aus dem Ersten Weltkrieg*. Bergen 1993.

Strachan, Hew: *The First World War. Volume 1: To Arms*. Oxford 2001.

Spoto, Donald: *Alfred Hitchcock – Die dunkle Seite des Genies*. Aus dem Englischen von Bodo Fründt. München 1984. S. 26 ff. / S. 50 ff.

Röhl, John C. G.: *Wilhelm II. Band 3: Der Weg in den Abgrund, 1900–1941*. München 2008.

Truffaut, François: *Mr. Hitchcock, wie haben Sie das gemacht?* München 1973.

Nin, Anaïs: *Das Kindertagebuch 1914–1919*. Aus dem Französischen von Irène Kuhn. München 1995.

Nin, Anaïs: *Die Tagebücher 1931–1934*. Übersetzt von Herbert Zand. München 1980. S. 96.

Salber, Linda: *Anaïs Nin. Tausendundeine Frau*. Gießen 2002. S. 17 ff.

KAPITEL 4

Yurlova, Marina: *Cossack Girl*, a. a. O.

Kleindienst, Jürgen: *Stöckchen-Hiebe. Kindheit in Deutschland 1914–1933* (Zeitgut, Bd. 3). Stuttgart 2004.

Interview Emmy Brümmer, geb. Wollschläger, in: *Mythos Tannenberg.*
Der Erste Weltkrieg (Teil 1/5). ARD, 26. Juli 2004.

Mihaly, a.a.O.

Congar, a.a.O., S. 30ff.

Lerouge, Marcelle: *Journal d'une adolescente dans la guerre (1914–1918).* Paris 2004.

Sperber, a.a.O.

Hämmerle, a.a.O., S. 150–159.

Stevens, a.a.O.

Holzer, Anton: *Das Lächeln der Henker. Der unbekannte Krieg gegen die Zivilbevölkerung 1914–1918.* Darmstadt 2008.

KAPITEL 5

Mihaly, a.a.O., S. 15.

De Syon, Guillaume P.: *The child in the flying machine: childhood and aviation in the First World War.* In: Marten, James (ed.): *Children and war: a historical anthology.* New York 2002. S. 116–134.

Kiendl, a.a.O.

Mihaly, a.a.O.

Spoto, Donald: *Marlene Dietrich. Die große Biographie.* Aus dem Englischen von Ulrike v. Sobbe. München 1993. S. 26f.

De Beauvoir, Simone: *Memoiren einer Tochter aus gutem Hause.* Aus dem Französischen von Eva Rechel-Mertens. Reinbek 1960.

Buchner, a.a.O.

Hansi [Pseud. für Jean-Jacques Waltz]: *Professeur Knatschke. Oeuvres choisies du grand savant allemand et de sa fille Elsa.* Paris 1912.

Hansi [Pseud. für Jean-Jacques Waltz]: *L'Histoire d'Alsace racontée aux petits enfants d'Alsace et de France par l'oncle Hansi. Avec beaucoup de jolies images de Hansi et de Huen.* Paris 1913.

Tyl, Pierre-Marie: *Le Grand Livre de l'Oncle Hansi.* Paris 1982.

Lukasch, Peter: *Der muss haben ein Gewehr: Krieg, Militarismus und patriotische Erziehung in Kindermedien.* Norderstedt 2012.

Buchner, a.a.O.

Blömer, Ursula / Garz, Detlef (Hg.): *»Wir Kinder hatten ein herrliches Leben ...« Jüdische Kindheit und Jugend im Kaiserreich 1871–1918.* Oldenburg 2000.

Canetti, Elias: *Die gerettete Zunge. Geschichte einer Jugend.* München 1994.

Dasberg, Lea: *An intimate history of Jewish childhood in the Wes-*

tern world 1723–1933 according to autobiographies. Bloomington 2010.

Nin, a. a. O.

KAPITEL 6

Mann, Heinrich: *Der Untertan.* Leipzig, Wien 1918. S. 4 f.

Donson, Andrew: *Youth in the fatherless land: war pedagogy, nationalism, and authority in Germany 1914–1918.* Cambridge, Massachusetts 2010.

Büssow, Johann: *Children of the revolution: Youth in Palestinian Public Life, 1908–1914.* In: Ben-Bassat, Yuval / Ginio, Eyal (Hg.): *Late Ottoman Palestine. The Period of Young Turk Rule.* London, New York 2011. S. 55–78.

Georgeon, Francois / Kreiser, Klaus (Hg.): *Enfance et jeunesse dans le monde musulman.* Paris 2007.

Conrad, Paul: *Das eiserne Jahr 1914 – Ein Büchlein für Kinder.* Berlin 1915. Gillie, E. A.: *A Girl Among Girls.* London 1899.

Ziegler, Theobald: *Zehn Gebote einer Kriegspädagogik.* In: Schwäbischer Merkur vom 10. 09. 1914.

Audoin-Rouzeau, Stéphane: *Die mobilisierten Kinder,* a. a. O.

Schlott, René: *Kinder und Propaganda im Ersten Weltkrieg.* Hausarbeit (Hauptseminar). Berlin 2005.

Becker, Jean-Jacques / Krumeich, Gerd: *Der Große Krieg. Deutschland und Frankreich im Ersten Weltkrieg 1914–1918.* Essen 2010. S. 106.

KAPITEL 7

Hellé, André: *Alphabet de la Grand Guerre – pour les enfants de nos soldats.* Paris 1915.

Brown, Penelope E.: *A critical history of French children's literature: Volume Two: 1830-present.* New York 2008.

Ames, Mary Francis: *An ABC for Baby Patriots.* London 1899.

Brown, Jonathan: *The Great War and its aftermath: The son who haunted Kipling.* In: *The Independent,* 29. August 2006.

Jung-Coeln. Jugendschrift. 2. Jahrgang 1913–14, Heft 11 vom 15. 9. 1914.

Hesse, Hermann in: *Österreichs Deutsche Jugend.* 2. Halbband, Wien 1915. S. 314.

Momma, Wilhelm: *Waffenbrüder.* Reutlingen 1915.

Momma, Wilhelm: *Wider die halbe Welt!* Reutlingen 1915.

Sternbeck, Alfred: *Der Weltkrieg in Frankreich*. Berlin 1915.

Czygans, Maria: *Deutsche Mädel. Erzählung aus Ostpreußens Schreckenszeit*. Berlin 1917.

Gellert, Georg: *Unter russischer Gewaltherrschaft. Erzählung aus dem Weltkriege 1914/15*. Berlin o. J.

Römhildt, Gertrud: *Für unser Kriegskind. Verse aus unserer Zeit mit Bildern*. Esslingen o. J.

Ury, Else: *Hänschens Ritt zu Hindenburg*. Berlin 1917.

Ury, Else: *Nesthäkchen und der Weltkrieg: eine Erzählung für Mädchen von 8–12 Jahren*. Berlin 1922.

Buchner, a. a. O., S. 40 ff.

KAPITEL 8

Donson, a. a. O.

Buchner, a. a. O., S. 76 ff.

Hämmerle, a. a. O., S. 200 ff.

Compère-Morel, Thomas (Hg.): *Les enfants dans la Grande Guerre: exposition du 20 juin au 26 octobre 2003 / Historial de la Grande Guerre*. Péronne 2003.

Hoffmann, Heike: »*Schwarzer Peter im Weltkrieg*«. *Die deutsche Spielwarenindustrie 1 1914–1918*. In: Hirschfeld, Gerhard u. a. (Hg.): *Kriegserfahrungen. Studien zur Sozial- und Mentalitätsgeschichte des Ersten Weltkriegs*. (Schriften der Bibliothek für Zeitgeschichte; N. F. 5). Essen 1997. S. 323–335.

Kleindienst, a. a. O., S. 29 ff.

Mihaly, a. a. O.

KAPITEL 9

Strachan, Hew: *Der Erste Weltkrieg. Eine illustrierte Geschichte*. Aus dem Englischen von Helmut Ettinger. München 2004.

Ferguson, Niall: *The Pity of War. 1914–1918*. London 1999.

Lerouge, a. a. O.

De Beauvoir, a. a. O.

Mihaly, a. a. O.

Munzel-Everling, Dietlinde: *Kriegsnagelungen. Wehrmann in Eisen, Nagel-Roland, Eisernes Kreuz*. Wiesbaden 2008.

Kronenberg, Martin: *Die Bedeutung der Schule für die »Heimatfront« im Ersten Weltkrieg: Sammlungen, Hilfsdienste, Feiern und Nagelungen im Deutschen Reich*. Dissertation, Göttingen 2010.

Kiendl, a. a. O.

Buchner, a. a. O.

Kukla Anna: *Kriegstagebuch*. Schuljahr 1915. Unveröffentlicht, im Besitz von Eryk Snopek, Dębieńsko.

Hämmerle, a. a. O., S. 48 f.

Urli, Ivano: *Bambini nella Grande Guerra*. Udine 2003. S. 13 ff.

Gibelli, Antonio: *Il popolo bambino: infanzia e nazione dalla grande guerra a Salò*. Turin 2005.

Hämmerle, a. a. O., S. 68 ff. / S. 85 ff.

Amtliche Kriegs-Depeschen. Nach Berichten des Wolff'schen Telegr.-Bureaus. 4. Band. Berlin 1916.

Auer, Werner: *Kriegskinder. Schule und Bildung in Tirol im Ersten Weltkrieg*. Innsbruck 2008.

Lunn, Phyllis: *The Bombing of Scarborough*. In: Smith, Angela K. (Hg.): *Women's Writing of the First World War. An Anthology*. Manchester 2000. S. 249 f.

Zeppelin raids over East Anglia. TV-Dokumentation, 27 min., BBC 1972.

Süchting-Hänger, Andrea: *»Kindermörder«. Die Luftangriffe auf Paris, London und Karlsruhe im Ersten Weltkrieg und ihre vergessenen Opfer*. In: Dahlmann, Dittmar: Kinder und Jugendliche in Krieg und Revolution. Paderborn 2000. S. 73–92.

KAPITEL 10

Macintyre, George: *Doomed Youth: how the tragedy of 250,000 boy soldiers in the trenches was covered up*. In: The Journal, 14. Juni 2004.

Silvester, Victor: *Dancing is my life: the autobiography of Victor Silvester*. London 1958.

Feldpostbriefe / Lettres de poilus 1914–1918, Deutschlandfunk, Erstsendung: 11. und 13. November 1998.

Van Emden, Richard: *Boy soldiers of the Great War. Their own stories for the first time*. London 2005.

Simkin, John: *First World War Encyclopedia*. E-Book. 1997–2013.

Stevens, a. a. O.

Mitrović, Andrej: *Serbia's Great War, 1914–1918*. London 2007.

Durić, Silvija / Stevanović, Vidosav (Hg.): *Golgota i vaskrs Srbije 1915–1918*. Belgrad 1986. S. 181 ff.

KAPITEL 11

Audoin-Rouzeau, Stéphane: *Kinder und Jugendliche*. In: Hirschfeld, Gerhard / Krumeich, Gerd / Renz, Irina: *Enzyklopädie Erster Weltkrieg*. Paderborn 2009. S. 135–141.

Audoin-Rouzeau, Stéphane: *Die mobilisierten Kinder,* a. a. O.

Soudagne, Jean-Pascal: *Bretons dans la guerre 14–18*. Rennes 2013.

De Staercke, André: *Tout cela a passé comme une ombre. Mémoires sur la régence et la question royale*. Brüssel 2003.

Kirschen, Gilbert: *L'éducation d'un Prince. Entretiens avec le Roi Léopold III*. Brüssel 1984.

Heresch, Elisabeth: *Alexej, der Sohn des letzten Zaren: »Warum kann ich nicht sein wie andere Kinder ...«*. München 1997.

Yurlova, *Cossack Girl*, a. a. O.

O. V. *Das Heldenmädchen von Rawaruska*. In: Erfurter Allgemeiner Anzeiger vom 11. August 1915.

O. V. *12-year-old heroine; hit by shell while carrying water to German soldiers*. In: The New York Times vom 29. November 1914.

O. V. *Ein Kriegsschwindler – Die Phantastereien eines Sechzehnjährigen*. In: Illustrirtes Wiener Extrablatt vom 24. September 1916.

Healy, Maureen: *Vienna and the fall of the Habsburg Empire: total war and everyday life in World War I (Studies in the Social and Cultural History of Modern Warfare)*. Cambridge, Massachusetts 2004.

Floerke, Hanns (Hg.): *Die Kinder und der Krieg. Aussprüche, Taten, Opfer und Bilder*. München 1915. S. 101 f.

Jünger, Ernst: *In Stahlgewittern. Historisch-kritische Ausgabe*. Band 1. Stuttgart 2013. S. 94 f.

Jünger, Ernst: *Kriegstagebuch 1914–1918*. Stuttgart 2010. S. 43.

KAPITEL 12

Keegan, John: *Der Erste Weltkrieg. Eine europäische Tragödie*. Aus dem Englischen von Karl und Heidi Nicolai. Reinbek bei Hamburg 2000.

Spoto, *Marlene Dietrich*, a. a. O., S. 27 f.

Hanna, Martha: *Your Death Would Be Mine. Paul and Marie Pireaud in the Great War*. Cambridge 2008.

Kachulle, Doris: *Die Pöhlands im Krieg. Briefe einer sozialdemokratischen Bremer Arbeiterfamilie aus dem Ersten Weltkrieg*. Köln 2006.

Van Emden, Richard: *The quick and the dead: fallen soldiers and their families in the Great War*. London 2011.

Yurlova, *Cossack Girl*, a. a. O.

Schwartz, Michael: *Ethnische »Säuberungen« in der Moderne: Globale Wechselwirkungen nationalistischer und rassistischer Gewaltpolitik im 19. und 20. Jahrhundert*. München 2013.

Brandes, Detlef; Sundhaussen, Holm; Troebst, Stefan (Hg.): *Lexikon der Vertreibungen. Deportation, Zwangsaussiedlung und ethnische Säuberung im Europa des 20. Jahrhunderts*. Wien 2010.

Halo, Theo: *Not even my name: from a death march in Turkey to a new home in America, a young girl's true story of genocide and survival*. New York 2000.

Kherdian, David: *The road from home: a true story of courage, survival and hope*. New York 1995.

Derdarian, Mae M.: *Vergeen: A survivor of the Armenian Genocide*. Los Angeles 1996.

Dadrian, Vahram: *To the Desert: Pages from My Diary*. London 2003.

Lehmann-Haupt, Therese: *Erlebnisse eines zwölfjährigen Knaben während der armenischen Deportationen: Aufgezeichnet nach dem mündlichen Bericht des Knaben*. Bremen 1985.

Kévorkian, Raymond: *The Armenian Genocide: A Complete History*. London 2011.

Faron, Olivier: *Les enfants du deuil. Orphelins et pupilles de la nation de la première guerre mondiale (1914–1941)*. Paris 2001.

KAPITEL 13

Detzner, Hermann: *Vier Jahre unter Kannibalen. Von 1914 bis zum Waffenstillstand unter deutscher Flagge im unerforschten Innern von Neuguinea*. Berlin 1920.

Lessing, Hilla: *Kindheit in China*. Norderstedt 2005.

Floerke, a. a. O., S. 151.

Xu, Guoqi: *Strangers on the Western Front: Chinese workers in the Great War*. Cambridge, Massachusetts 2011.

Congar, a. a. O., S. 174.

James Charles (Jim) Martin (1901–1915) auf der Internetseite des Australian War Memorial. URL: http://www.awm.gov.au/encyclopedia/martin/ Stand: 24.08.2013.

Hill, Anthony: *Soldier Boy: the true story of Jim Martin, the youngest Anzac*. Melbourne 2001.

Barrett, John: *Falling in: Australians and ›boy conscription‹ 1911–1915*. Sydney 1979.

Reed, Liz: *Bigger than Gallipoli: war, history, and memory in Australia*. Crawley 2004.

McAuley, Mary Ethel: *Germany in war time: what an American girl saw and heard*. Chicago 1917.

Nin, a. a. O., S. 270 / S. 284 / S. 304.

Parrott, Edward: *The children's story of the war: from the beginning of the war to the landing of the British army in France*. London 1919.

Morton, Desmond: *When your number's up: the Canadian soldier in the First World War*. Toronto 1994.

Fisher, Susan R.: *Boys and girls in no man's land: English-Canadian children in the First World War*. Toronto 2011.

Cook, Tim: »*My Whole Heart and Soul is in this War*«: *The Letters and War Service of Sergeant G. L. Ormsby*. Canadian Military History: Vol. 15, Number 1 (2006). S. 51–63.

Mickleburgh, Rod: *It went to hell and back: Mr. Rogers teddy bear*. In: The Globe and Mail, Memory Project. Toronto 2003.

Briefwechsel zwischen Aileen, May und Lawrence Rogers auf: http://pajamapress.ca/news_reviews/?page_id=1118#abwres/Stand 17. 11. 2013.

Smith, Richard: *Jamaican volunteers in the First World War: race, masculinity and the development of national consciousness*. Manchester 2010.

Reed, Paul: *Black Soldiers in the British Army, 1914–1919*. Unveröffentlichte Magisterarbeit 1997.

KAPITEL 14

Wietzker, Wolfgang: *Giftgas im Ersten Weltkrieg. Was konnte die deutsche Öffentlichkeit wissen?* Dissertation, Düsseldorf 2006.

Süchting-Hänger, a. a. O.

Sokołowski, Wiesław: *Misterium Bolimowskiego* (Fragment). Warschau 1983.

Mihaly, a. a. O., S. 167 f.

Leitner, Gerit von: *Der Fall Clara Immerwahr. Leben für eine humane Wissenschaft*. München 1993. S. 212.

Yurlova, *Cossack Girl*, a. a. O.

Urli, a. a. O.

KAPITEL 15

Berg, Rainer; Klugmann, Norbert: *Heinz Erhardt. Die Biographie*. Oldenburg 2009. S. 13.

Heresch, a. a. O., S. 321 ff.

Strachan, *Der Erste Weltkrieg*, a. a. O.

Kiendl, a. a. O.

Lerouge, a. a. O.

Hoffmann, a. a. O.

Yurlova, *Cossack Girl*, a. a. O.

Utz, Arthur; Galen, Brigitta Gräfin von (Hg.): *Die Katholische Sozial-doktrin in ihrer Geschichtlichen Entfaltung. Eine Sammlung päpstlicher Dokumente vom 15. Jahrhundert bis in die Gegenwart* (Originaltexte mit Übersetzung). Aachen 1976.

Mihaly, a. a. O., S. 97.

De Marchi, John: *The True Story of Fatima*. Minnesota 1952.

Kleindienst, a. a. O., S. 34 ff.

Sperber, a. a. O., S. 125 / S. 157.

KAPITEL 16

Congar, a. a. O., S. 185.

Mihaly, a. a. O., S. 301 ff. / S. 224 / S. 97.

Hildebrandt, Dieter: *Ödön von Horváth mit Selbstzeugnissen und Bilddokumenten*. Reinbek 1975. S. 12.

Lunzer, a. a. O., S. 17.

Daniel, Ute: *Arbeiterfrauen in der Kriegsgesellschaft: Beruf, Familie und Politik im Ersten Weltkrieg*. Göttingen 1989. S. 158 ff.

Hämmerle, a. a. O., S. 170 ff.

Daniel, Ute: *Frauen*. In: Hirschfeld, Gerhard / Krumeich, Gerd / Renz, Irina: *Enzyklopädie Erster Weltkrieg*. Paderborn 2009. S. 129.

Daniel, *Arbeiterfrauen*, a. a. O., S. 357.

Dwork, Deborah: *War is Good For Babies and Other Young Children: A history of the infant and child welfare movement in England 1898–1918*. London 1987.

Hämmerle, a. a. O., S. 35 / S. 46 f.

Glaeser, Ernst: *Jahrgang 1902*. Berlin 1931. S. 292 ff.

Hämmerle, a. a. O., S. 110 / S. 188 f.

Buchner, a. a. O.

Kronenberg, a. a. O., S. 69 ff.

Congar, a. a. O., S. 187 ff. / S. 200 ff.

Mihaly, a. a. O., S. 317 / S. 325 f.

Lerouge, a. a. O., S. 463 ff.

Kiendl, a. a. O.

Süchting-Hänger, a. a. O., S. 81 f.

De Beauvoir, a. a. O., S. 60 ff.

Daniel, *Arbeiterfrauen*, a. a. O., S. 160.

Mihaly, a. a. O., S. 342 ff.

Buchner, a. a. O.

KAPITEL 17

Kiendl, a. a. O.

Heresch, a. a. O.

Kühn, Joachim (Hg.): *Die letzte Zarin. Ihre Briefe an Nikolaus II. und ihre Tagebuchblätter bis zur Ermordung.* Berlin 1922.

Massie, Robert K.: *The Romanovs. The Final Chapter.* New York 1995.

Yurlova, *Cossack Girl*, a. a. O. 217 ff.

Н. Е. Какурин, И. И. Вацетис: Гражданская война. 1918–1921. Sankt Petersburg 2002 (transkribiert: N. E. Kakurin / I. I. Wazjetis: *Grashdanskaja Wojna 1918–1921.* Sankt Petersburg 2002).

Amtliche Kriegs-Depeschen. Nach Berichten des Wolff'schen Telegr.-Bureaus. 8. Band. Berlin 1918.

Congar, a. a. O., S. 230 ff.

http://www.europeana1914-1918.eu/en/contributions/1026#pretty-Photo / Stand 17. 11. 2013

Il libro della terza classe elementare. Letture. Rom 1931. S. 147, zit. nach Benner, Dietrich u. a. (Hrsg.): *Erziehungsstaaten. Historisch-vergleichende Analysen ihrer Denktradition und nationaler Gestalten*, Weinheim 1998.

Rauchensteiner, Manfred: *Der Tod des Doppeladlers.* Graz 1994.

Urli, a. a. O.

Hämmerle, a. a. O., S. 256 f.

Kiendl, a. a. O.

Hintze, Rudolf: *Leutnant zur See Wolfgang Zenker. Ein deutsches Kriegsschicksal.* Leipzig 1937.

Becker, Annette: *Benedikt XV.* In: Hirschfeld, Gerhard / Krumeich, Gerd / Renz, Irina: *Enzyklopädie Erster Weltkrieg.* Paderborn 2009. S. 376.

Silvester, a. a. O.

EDITORISCHE NOTIZ

Englund, Peter: *Stridens skönhet och sorg. Första världskriget i 212 korta kapitel.* Stockholm 2009. (Deutsche Ausgabe: *Schönheit und Schrecken. Eine Geschichte des Ersten Weltkriegs, erzählt in neun-*

zehn Schicksalen. Aus dem Schwedischen von Wolfgang Butt. Berlin 2011).

Proctor, Tammy: *Civilians in a World at War, 1914–1918.* New York 2010.

(ausführlichen Gebrauch von Elfriede Kuhrs Tagebuch machen auch: Palmer, Svetlana / Wallis, Sarah, a. a. O., sowie Filipovic, Zlata / Challenger, Melanie (Hg.): *Stolen Voices: Young People's War Diaries, from World War I to Iraq.* 2010).

Kronenberg, a. a. O., S. 261.

BILDNACHWEIS

Archiv der Autoren, Dresden 1, 2, 6, 7, 12, 14, 15, 16,17, 19, 20, 21, 22, 23, 24, 28, 29, 30, 37, 38

Richard Nettersheim, Stöckchen-Hiebe. Kindheit in Deutschland 1914–1933, Zeitgut, Bd. 3, Berlin 1998 3

Anaïs Nin: »Das Kindertagebuch 1914–1919«, München 1995 4, 5

Médiathèque du Patrimoine, Dist. RMN-Grand Palais, Paris 8

Ullstein bild, Berlin 9

Diomedia, London 10, 11

Archiv Edition Memoria, Hürth 13

Imperial War Museum, London 18, 31

Brigitte Hamann: »Der Erste Weltkrieg – Wahrheit und Lüge in Bildern und Texten«, München 2004 25, 36

George Metcalf Archival Collection, © Canadian War Museum, Ottawa 26, 27.

Picture Alliance, Frankfurt 32

Australian War Memorial, Canberra 33

Musée du Montparnasse, Paris 34,35

Trotz intensiver Recherchen ist es uns nicht in allen Fällen gelungen, die Rechteinhaber ausfindig zu machen. Berechtigte Ansprüche bitten wir an den Verlag zu richten

Dank

Für ihre großartige Unterstützung bei Recherche und Übersetzung bedanken wir uns bei Kerstin Becker Englisch, Jean-Michel Johnston, Katarina Kironska, Maria Kusnezow, Mirijana Lange und Paulina Loszek sowie den Mitarbeiterinnen der Bibliothek des Orient-Instituts Istanbul, dem Deutschen Tagebucharchiv in Emmendingen, dem Australian War Memorial, dem Canadian War Museum und dem Imperial War Museum London.

Für kollegiale Unterstützung möchten wir uns außerdem bei Gesine von Prittwitz und Antje-Susan Pukke bedanken. Christoph Schöngart vom Antiquariat für alle in Kolkwitz (und im Internet) danken wir für die praktische Hilfe bei der Suche nach Büchern.

Im Aufbau Verlag gilt besonderer Dank unserer Lektorin Franziska Günther, die uns mit Warmherzigkeit, Strenge und Humor zum Ziel geführt hat. Inka Ihmels hat sich engagiert und erfolgreich um ausländische Lizenzen bemüht.

Gunnar Dedio und dem Team von LOOKS Film danken wir für die intensive und gute Zusammenarbeit und den großzügigen Austausch von Rechercheergebnissen.

Unseren Familien, insbesondere Christa und Hermann Müller, unseren Freunden Brita, Erkki und Jannik Andelin, sowie unseren Nachbarn in Dresden sind wir zu Dank verpflichtet. Auf sie können wir immer zählen. Christa und Hermann haben uns außerdem immer wieder ausführlich auf Fragen zur Zeit Auskunft gegeben, Korrektur gelesen und anschaulich vermittelt, weshalb familiärer Zusammenhalt nicht nur in Zeiten des Krieges wichtig ist.

Die Geduld unserer Kinder wurde vielfach auf die Probe gestellt, wenn wir Eltern dem Schreibtisch gemeinschaftlichen Ausflügen den Vorzug geben mussten oder selbst noch am Essenstisch über den Ersten Weltkrieg sprachen. Wir freuen uns, wenn Lea und Antonio trotzdem immer noch finden, dass wir eine »ziemlich coole Familie« sind.

Borgå, im Oktober 2013